中国广告发展史研究丛书　总主编　陈培爱

中国近代广告史研究

ZHONGGUO JINDAI
GUANGGAOSHI YANJIU

杜艳艳◎著

厦门大学出版社　国家一级出版社
XIAMEN UNIVERSITY PRESS　全国百佳图书出版单位

图书在版编目(CIP)数据

中国近代广告史研究/杜艳艳著. —厦门:厦门大学出版社,2013.6
(中国广告发展史研究丛书/总主编 陈培爱)
ISBN 978-7-5615-4683-3

Ⅰ.①中… Ⅱ.①杜… Ⅲ.①广告-历史-中国-近代 Ⅳ.①F713.8-092

中国版本图书馆 CIP 数据核字(2013)第 129664 号

厦门大学出版社出版发行

(地址:厦门市软件园二期望海路 39 号 邮编:361008)

http://www.xmupress.com

xmup @ xmupress.com

厦门集大印刷厂印刷

2013 年 6 月第 1 版 2013 年 6 月第 1 次印刷

开本:787×1092 1/16 印张:18 插页:2

字数:332 千字 印数:1~2 000 册

定价:42.00 元

本书如有印装质量问题请直接寄承印厂调换

构建历史广告学的浩大工程

　　厦门大学出版社推出的《中国广告发展史研究》系列丛书,其主要作者是本人招收的人文学院历史系传播史研究方向与新闻传播学院广告理论研究方向的博士研究生。

　　本丛书是在学术积累的基础上深入发展的结果。1997 年,厦门大学广告学专业出版了国内第一本较全面的广告史方面的专著,开创了改革开放后国内高校研究广告史的先河。10 多年来,厦门大学广告学专业在广告史研究方面不断深入拓展,从一般年代的广告现象研究延伸至广告的断代史和区域史研究,从个别广告现象的研究拓展至全方位的广告观察。围绕广告史研究,还培养出一支广告史研究的学术梯队。

　　该丛书即是这一研究工作和学术梯队的展示。

一、研究意义

　　"中国广告发展史"的研究,可以为预测广告市场发展的趋势提供决策依据和参考。改革开放以来,我国传播学理论研究突飞猛进,成为我国新闻传播研究中的"显学",但与传播学理论研究相关的"传播史"、"广告史"研究却相对滞后。

　　"中国广告发展史"的研究滥觞于清末,当时著名的白话文提倡者、白话报刊活动家、江苏无锡人裘可桴写了一篇《广告文考》,可以认为这是我国最早研究广告史的专门论文。"五四"前后,著名新闻学家徐宝璜、新闻史学家戈公振也涉猎广告学及广告史。但直到 1948 年,我国才出现第一本广告史研究专著——如来生的《中国广告事业史》(上海新文化社 1948 年)。尽管该书十分简略,但其开拓之功不可埋没。20 世纪 80 年代以来,我国台湾及大陆相继出版有影响的中国广告史的专著,如樊志育的《中外广告史》、陈培爱的《中外广告史》,这些专著对中国广告史进行了初步探讨,为后来的研究奠定了基础。

　　我国广告发展史是一笔丰厚的文化遗产。研究中国广告史,穷源朔流,从中撷取宝贵的经验,汲取丰富的营养,以启迪我们的智慧和灵机,激发创造活力,促进当代广告事业的繁荣和发展,作为后人继往开来、发扬光大的借镜。本丛书将以断代史形式第一次系统地总结和概括中国几千年来广告发展的历史。从远古到今天,中国广告业经历了漫长的发展历程。从商朝算起,我国的广告事业至今已有3500多年的历史。广告作为一种经济与文化传播,为中华文明和世界文明做出杰出的贡献,是中华文明和世界文明的重要组成部分。

本丛书将从广告发展的角度展现中国经济、政治和社会发展的渊源和脉络,填补中国广告研究的空白。为进一步丰富和发展我国广告传播学科的基础研究提供新的视角,为全面丰富广告传播史的研究提供系统详尽的史实资料,促进我国广告史学研究的科学化。

目前国内已有少量分门别类的广告史方面的著作,但以往这类成果面上情况的介绍多,深入具体的分析解剖少。本丛书力求较全面剖析广告运作的经验,进而揭示广告业发展的特点、规律及其优良传统,这是当前我国广告从业人员和广告学科建设所迫切需要的。

二、研究思路

本丛书以先秦时期的人类文明进步为起点,审视广告活动和广告的发展历程和广告与社会的互动规律。坚持广告是一种"有效信息推销、营销传播活动"的观点,并用这一观点统领丛书的内容。

首先勾勒广告如何随着社会文明进步,从孤立、分散、个别现象发展成为人类生活中的普遍现象,从相对封闭、隔绝的区域内传播信息到更宽泛、更开放的区域传播信息,最后到一个整体的范围内进行信息传递的历史轨迹;进而揭示广告自身发展演变是从附属于经济活动的衍生物变为自觉服务于政治、经济、文化活动的营销传播利器,成为人们日常生活中不可分割的重要组成部分。再次,对广告的概念、分类和特色进行梳理阐发,促使人们更深入地认识广告的本质、广告在社会生活中的地位及社会对广告的促进作用。

我们一直认为,作为科学的广告应由三大部分内容组成——理论广告学、应用广告学和历史广告学。理论广告学主要从宏观上探讨广告学的基本范畴、性质、功能、类别及广告运行的程序、规律和原则等问题。应用广告学主要探讨广告理论、手段、技术、方法在广告实践中的具体运用。历史广告学主要研究、总结人类广告发展、演变的历史。历史广告学的一项主要任务就是探讨广告活动的规律、预测广告发展的趋势和广告与社会之间的互动关系。

多年来,我国广告学者在理论广告学和实用广告学方面颇有建树。如在理论广告学方面,我国学者以传播学、心理学、营销学、新闻学的基本理论和方法为理论基础,结合广告运行原则、观念、方法及运行机制构建出广告的理论体系;在应用广告学方面,我国学者总结和借鉴了国外相关理论,结合中国广告发展、演变的现实,探讨了广告的应用性规律和相关运作机制,涉及的学科分支包括广告创意学、广告策划学、广告文案、广告摄影、广告美术、电脑广告设计。

借鉴理论广告学和应用广告学的成功，我国广告学者逐渐认识到历史广告学研究的重要性并为此积极努力，但历史广告学方面的研究仍很薄弱。

三、研究溯源

最早研究近代广告的，当推徐宝璜、戈公振、赵君豪、如来生等人。徐宝璜在 1919 年出版的《新闻学》中辟专章研究"新闻纸之广告"。1927 年，戈公振在《中国报学史》中又专节论述近代报刊广告，这对于后来的广告史研究产生重要影响。赵君豪的《中国近代之报业》(1936)第十二章专门介绍"广告之进步"。

严格意义上讲，中国广告发展史的研究是从 20 世纪 40 年代末开始的。1948 年，如来生的《中国广告事业史》问世，这是中国第一本广告史研究专著，简要介绍了广告公司的经营状况。这些著作记录和初步探讨了当时的广告业发展，为后来的研究奠定了基础。此后，学者们开始关注广告史的发展动向，从历史发展的角度探讨广告的起源和不同时期的进步。

改革开放后，学术交流不断加强，广告学者也开始新的研究。80 年代以来，广告学者在整体研究的基础上加强了广告研究的深度和广度。唐忠朴、贾斌主编的《实用广告学》第二章专门论述"中国广告发展史"，从黄帝时期入手，追溯各个历史时期广告活动的演变与发展。田弢的《中国古代广告概述》(海潮摄影艺术出版社 1991 年版)比较详细地论述了从商至清代的广告史。

本人的《中外广告史》是"中国大陆解放后第一本较系统的广告史书"，以时间为经、事件为纬阐述了从原始社会末期到清代的广告发展历史，明确提出最早的广告是"社会广告"，经济广告的产生在政治广告之后。这一观点为后来的研究奠定了新的基础。

进入 21 世纪，中国广告史研究又进入新的阶段，广告通史著作相继出现。其中，影响较大的主要有刘家林的《新编中外广告通史》(暨南大学出版社 2000 年版)，赵琛的《中国广告史》(高等教育出版社 2005 年版)，孙顺华等编的《中外广告史》(山东大学出版社 2005 年版)，许俊基的《中国广告史》(中国传媒大学出版社 2006 年版)，杨海军的《中外广告史》(武汉大学出版社 2006 年版)，汪清、何玉杰主编的《中外广告史》(湖南大学出版社 2007 年版)。这几本专著都从广告发展的角度出发，引用大量史料来梳理中国广告史的发展历程。赵琛的《中国广告史》搜集了大量的图片资料来证实广告发展的进程，杨海军的《中外广告史》则分别阐述古代商业广告和社会广告的发展情况。此外,杨海军的《中国古代商业广告史》(河南大学出版社 2005 年版)专门研究古代商业广告的发展,陈树林的《中国广告历史文化》则侧重于研究广告中的文化因素以及广告与文化的联系。

从我国学者的研究状况看,研究成果不多、数量有限,中国古代广告史、近代广告史和国外各个时期广告史等专门史的研究基本上处于空白,因此,历史广告学研究需进一步加强。80 年代以来,我国的广告学者逐渐认识到历史广告学研究的重要性,为此付出巨大努力,结出丰硕的成果。这些成果为今人研究广告史学奠定了坚实的基础,可资为宝贵的借鉴。

四、研究内容

中国广告发展史研究是开拓、创新广告学科的基础性研究工作,为广告理论研究与运用奠定基础。其研究内容包括中国古代广告的发展、中国近现代广告的发展、中国当代广告的发展、中国港台广告的发展及广告的个案史。

(一)主要内容

1. 中国古代广告的发展(公元前—1911 年的中国广告)

本部分论述中国自原始社会末期至春秋末期的广告、战国至隋朝时期的广告、唐宋时期的广告、元明清时期的广告等不同历史阶段广告的发展,把我国广告思想的演进贯穿其中。

2. 中国近现代广告的发展(1912—1978 年的中国广告,包括港澳台地区)

本部分论述中国自辛亥革命至新中国建立前的广告、建国后至改革开放前的我国广告的发展,其中包括本时期港澳台地区广告业的发展情况。

3. 中国当代广告的发展(1979 至今,包括港澳台地区)

本部分论述中国广告业在当代发展中的几个重要阶段,如改革开放后中国大陆广告的复兴、现代广告的探索期、现代广告的发展期、广告业入世过渡保护期、广告业面向全球开放期,以及本时期港澳台地区的广告业的发展。

4. 广告个案史

如《北洋画报》广告研究》、《《申报》广告研究》、《《大公报》广告研究》,《《东方杂志》广告研究》等。这部分研究还有增加的趋势。

形成的主要系列书目有《中国先秦两汉广告史》、《中国唐宋广告史》、《中国元明清广告史》、《中国近现代广告史》、《中国当代广告史》、《中国港台广告史》、《《北洋画报》广告研究》、《《申报》广告研究》、《《大公报》广告研究》、《《东方杂志》广告研究》。

（二）研究重点

丛书尽可能提供详尽史料，为后人留下丰富的文化遗产；考察我国广告思想理论的演进；重点总结 1979—2010 年的中国广告业的发展，为我国经济的全球化服务。

（三）研究难点

中国广告业与世界广告业的互动关系；中国广告业与中国经济和社会发展的相互影响。

（四）主要观点

中国广告发展史是中国文化史的一部分，也是中国经济史、商业史、都市文化史及民俗学史、大众生活史等学科领域的重要组成部分，涉及社会学、心理学、市场学、传播学及行为科学等学科。现代广告不仅是重要的营销文化，也是街头文化及城市文化学研究的重要对象。其主要观点有：

（1）把广告融入广阔的社会文化背景中进行研究，以社会发展编年史的方式理清关系。

（2）以传播学理论为主线，把广告的发展看作人类信息传播的发展。

（3）把广告看作社会信息全方位传播的手段，而不仅仅商业经济运作技巧。本丛书认为，社会广告应先于经济广告产生并可为此找到大量证据。

（4）把中国广告的发展融入世界广告发展的环境中进行全方位的考察。

（5）广告的社会效益与经济效益的融合。

五、分歧与问题

在广告史的研究中，对广告的起源与定义一直存在着两种不同观点：一种观点认为，广告是商品生产和商品交换的产物；另一种观点认为，广告是人类有目的信息交流的必然产物。前一种观点主要研究商品广告，即狭义广告；后一种观点认为，除了研究商品广告，还研究社会广告，即广义广告。

20 世纪 90 年代中期以前的广告学著作一般持前一种观点，如唐忠朴的《实用广告学》，徐百益的《实用广告手册》，田戬的《中国古代广告概述》，孙有为的《广告学》，余明阳、陈先红的《广告学》，丁俊杰的《现代广告通论——对广告运作原理的重新审视》。新世纪以来持这一观点的著作，如黄勇的《中外广告简史》认为，广告史研究必须排除广义广告范畴的干扰，克服泛传播论的倾向，明确广告史的研究对象。孙顺华在《中国广告史》认为："从对广告基本特征的描述中,我们认为广告主要指商业广告,与商品经济的发展密不可分。"①

后一种观点其实也由来已久,清末学者裘可桴的《广告文考》就把各种政府文告,甚至《尚书》等古代经典著作,视为最早的广告文,认为,追溯而上,商朝的汤诰、盘庚,夏朝的甘誓、胤征也都是广告文。冯鸿鑫《广告学》也认为广告的起始很难查考,有文字以后,人类有互助及群众生活以来,像三代的诰誓,战国的令,秦代的制,汉朝的策书、诏书,后魏的露布,官署的批、判及各代的碑志,都是利用文字而向大众公告。商人利用这种通知作为推销方法而增加销售,商业广告于是产生。政治广告、社会公益广告对宣传政令、传播政治信息起很大的作用,也对商业广告的产生、发展有巨大影响。如来生的《中国广告事业史》一书开篇即言:"凡是要使多数人知道,而含有宣传作用的举动,都是广告。譬如像从前酒肆门前挂了一方旗帜,衙门贴出告示……"②他认为广告的性质分为两种——营业广告、人事广告,人事广告如遗失证件、订婚、征求物品、聘请职员、出租房屋等,按现代观点即为分类广告,也即社会广告之一种。

80年代以来的研究中,广义广告长期得不到重视,只有少数学者对此进行论述。90年代初,邹徐文从文化学的角度重新定义广告,他在《广告文化论导论》一文中提出:"现在让我们回过头来,在本文的结尾冷静客观地给广告这一包孕万千的文化现象下一个也许多少带点教条色彩的描述式的定义:广告是向更广泛的公众告知的以反映经济信息和其他社会内容为目的的文化传播形式。"③他的另一篇文章《广告的文化起源》则认为广告观念起源于人类文化观念,作为目标性信息表述方式和中介方式的广告传播就其存在论本质而言是一种文化现象。④

本人则在《中外广告史》一书中明确提出:"广告是人类信息交流的必然产物。"⑤广义广告应包括社会广告和经济广告,作为信息传递基本手段的社会广告应先于经济广告出现,此后很多研究者都接受广义广告。刘家林的《新编中外广告通史》援引《中国大百科全书·经济学》中"广告"条:"广告(advertisement),源于拉丁文Advertere,意为注意、诱导等。广告包括'不以经营为

　①　孙顺华.中国广告史[M].济南:山东大学出版社,2007:1

　②　如来生.中国广告事业史[M].上海:上海新文化社,1948:1

　③　邹徐文.广告文化论导论[J].徐州师范学院学报(哲学社会科学版),1991(03):141~146

　④　邹徐文.广告的文化起源[J].徐州师范学院学报(哲学社会科学版),1992(04):6~16

　⑤　陈培爱.中外广告史——站在当代视角的全面回顾[M].北京:中国物价出版社,1997:1

目的的广告'和'以经营为目的的广告'两大类。前者包括政府、政党、宗教、文化、社会团体及个人等的公告、声明、启事等;后者包括生产、商业、服务行业等经营者的声明、启事、商品及劳务介绍等。商品广告只是广告的一种。"①该书认为我国的商业广告产生于商代,非营利性广告、政治广告及公益性广告出现得比商业广告更早。该书还提到各个时代的社会广告,如汉代的寻人招贴——"零丁"(宋《太平御览》五百九十八文部有"零丁"门,清代著名学者朱彝尊所著《曝书亭集》中收有他为进士陆寅所作的寻父零丁),皇帝求贤的政治广告、露布,唐代的特殊广告——科举放榜,宋代的公益广告和政治广告,明代的公益广告——劝农勤耕的谕旨。杨海军的《中外广告史》一书和他的一些论文如《论广告的起源问题》、《论中国古代社会政治、文化、军事广告的传播特色》等则对古代社会广告进行了比较全面系统的考察。认为社会广告包括政治广告、军事广告、文化广告三种基本形态,每种形态都可分为若干类。杨海军的研究对于进一步深入认识古代的社会广告有着重要意义。

赵琛的《中国广告史》、陈树林的《中国广告历史文化》、由国庆的《与古人一起读广告》等书都注意到中国古代的社会广告,许多广告史著作与论文都特别界定所研究的广告为商品广告还是社会广告。这些都表明,虽然关于广告起源和定义的争论依然存在,但广义广告的概念得到越来越多人的认可,逐渐成为学界比较主流的观点。

研究中存在的问题:

1. 关于社会广告的研究不足

本人在《中外广告史》一书中最早明确提出广告应分为经济广告和社会广告,杨海军的《中外广告史》则把中国古代广告分为商业广告和社会广告,其中社会广告又包括文化广告、军事广告和政治广告三种。

但大多数学者主要探讨的还是古代商业广告的发展情况,重视考察经济活动中的广告形式,而忽视社会中出现的广告现象,如政治诏令等的发布、军事活动中的信息沟通及文化传播中的广告信息,这是目前广告史研究最薄弱的环节。

2. 广告的分类标准问题

在广告史研究中,划分标准也是一个问题。大部分学者多以媒介形式来划分广告,如许多书提到的"口头广告"、"酒旗广告"、"招牌广告"、"诗歌广告",但是这种划分形式未取得研究者的一致认同,也不全面。完全按照广告媒介形式来划分,划分结果也应包括政治广告、军事广告、文化广告等社会广告的内容,这样划分忽略了某些广告形式的特征。

---

①　刘家林.新编中外广告通史[M].广州:暨南大学出版社,2004:2

3. 广告与社会发展的互动关系

广告是经济现象,是商品生产和交换日益发展的产物,研究广告发展史时,学者们大多都会先论述这一时期的经济发展状况,然后指出这个大环境下广告发展的具体进展。

然而,广告也是文化现象,广告的发展离不开同时期社会文化、思想观念、政治环境的影响,还反作用于这些因素。因此,学者们也应关注广告发展的历史与社会生活、文化观念等各方面的整体状况之间的关系。把握综合因素相互作用,才能得出更多关于广告发展自身规律和社会发展整体因素的论断,探索广告与社会之间的互动关系。

六、创新与展望

本丛书从认识论的角度入手,把人们对广告的认识和看法进行系统性的挖掘和整理,找出促进广告事业发展的主客观原因。还将对整个行业的经营和管理的理念进行系统研究和整理。

创新之处有三。

(一)研究角度创新

本丛书对几千年的广告进行断代史研究,这种体例就是一个创新。以往广告史研究多侧重于广告史实、广告活动的现象描述和整理归纳,对影响广告行业发展的观念认识等的关注较少。本丛书则将广告视为一种产业,从影响产业发展的观念变迁入手,进而对影响广告行业发展的创意表现、经营管理等进行系统的研究和阐述,这是本丛书的创新之一。

(二)研究资料创新

该丛书整理并发掘了许多新的广告史材料,这些史料是过去的广告史研究未曾挖掘使用的,将其整理发掘出来,可以为广告史研究奠定良好的基础。围绕着这些史料的整理和挖掘,总结广告创意手法,这将全面奠定广告史研究的基础。

(三)学术地位创新

高校的广告学科主要围绕三个方向——广告理论、广告史、广告实务,其中,广告史是广告学科发展最重要的基础。广告史研究不仅可以梳理广告的阶段性发展情况,还可以从广告的角度透视时代、社会和人文的相关情况。

中国广告史研究还处于探索阶段,有两个方面值得学者们关注:

（1）关注广告与社会之间的互动关联。把广告发展与同时期的政治、经济、文化、思想观念等联系起来，充分利用大历史观，扩大广告史研究的视野和思路，这是未来中国广告史研究的重要课题。

（2）从整体的视角出发，结合中国广告史的发展脉络，更加深入和理性地探讨中国广告发展的规律、特征，揭示中国广告发展的文化传统和民族特性，是广告史研究的重要使命。

陈培爱

中国广告协会学术委员会主任

厦门大学新闻传播学院教授　博导

2011 年 9 月 5 日

目　录

绪论　新旧广告观之变

广告究竟源于何时,已很难考证。现代意义上的广告,始于晚清,徐百益在《我国广告业大有发展前途》一文中这样界定广告:"现代广告是有计划地通过各种媒介(广播、电视、书报、杂志、霓虹灯、路牌等)向消费者介绍商品或提供服务,它既是一门科学,又是一种艺术。"①本国旧有"邸报"、"京报",但都着眼于政治宣传,直到具有大众传播媒介特质的近代报刊出现,新闻与商业广告联姻,现代广告业才得以出现并迅速发展。

近代中国的百年历史,不仅历受帝国主义的屈辱,还遭遇了政党军阀的血雨腥风。在满目疮痍的战乱中,知识分子拿起手中的利器,创办了国人自己的报刊,针砭时政,指点江河,为中国带来了现代文明与科技的曙光。西方列强忙于世界大战,中国民族工商业在战争的空隙中得以发展。商业广告在这一特殊的时刻,与政治宣传的报纸结合起来,开创了报纸刊登广告的先河,并且亦步亦趋,谱写了近代广告事业的辉煌。

近代时期不仅是我国现代广告业的肇始期,同时也是现代广告业在旧中国的鼎盛时期。20世纪二三十年代,政治环境相对安定统一,广告发展到"最繁荣的阶段"②。然而目前对于这段历史的广告研究还仅限于历史现象的描述、梳理和总结,尚无人进行观念层面的研究。广告先是被当作入侵者的"附属品",国人由抗议到怀疑,由接受应用到主动创新,在认识上发生了根本性的变化。以前,由于中国人的保守和疏于竞争,一般人都不注重广告,"登载广告,在一般人看来,无非是一种糜费,登了广告以后,究竟是否有助于推销,好像并无把握"③。经营之初,报馆也"并不十分重视"广告④,洋货在中国的市场和报刊上占据绝对的统治地位,抢夺了国人的注意力,因此"洋货充斥,民易炫惑,洋货率始贵而后贱,市商易于射利,喜为贩运,大而服食器用,小而戏耍玩

---

① 亦冰.徐百益先生的学术成果和学风[J].现代广告,1997(5).
② 黄勇.中外广告简史[M].成都:四川大学出版社,2003:80.
③ 陆梅僧.广告[M].上海:商务印书馆,1940:10.
④ 陆梅僧.广告[M].上海:商务印书馆,1940:7.

物,渐推渐广,莫之能遏"①,民族工商业饱受摧残。在"利权外溢"的经济刺激下,国内仁人志士疾呼"实业救国",广大华商逐渐认识到广告可以促进商品销售,广告为"发展工商业之利器","钥起世界鸿运之门"②。广告意识的觉醒,促使华商拿起"广告"这一武器,抗击"洋货",创造了民族工商业发展的几个高潮,国货也渐为人知,"中国人当用国货"的广告论调一时间成为报章广告的主题。

随着广告业的大发展,广告学的研究也逐渐受到重视,著作颇丰。广告教育及广告法规的管理也提上日程。国人的第一部广告学译著《广告须知》于1918年由商务印书馆印刷出版。1912年,国人研究广告学的第一篇论文《告白学》刊登在《中国实业杂志》上。1918年,四体印业社主人朱庆澜编写出国人编撰的第一部广告学著作——《广告学》,此人经营商业多年,对于广告尤有心得。第一部商标法——《商标注册试办章程》于1904年8月起草出台,第一个管理广告的法规——《核定告示广告张贴规则》于1912年3月由内政部颁布实施,各地区的广告法规管理也随之而至,逐渐完备。第一个有关广告学的研究机构成立,1918年北京大学新闻学研究会成立,徐宝璜担任主讲教师,将"广告学"单独列出,成为早期广告教育的滥觞。1927年,上海6家广告社组织成立"中华广告公会",是中国广告同业的最早组织。

近代国人对广告的"抗拒与怀疑","接受到主动迎战"之观念演变,恰是现代广告学在中国广袤大地生根发芽的过程。在困惑与懵懂中,在"实业救国"的大旗下,国人努力学习西方的广告理论,中国的广告业发展进入独立创作与经营管理的初级阶段。

研究中国近代广告事业的观念变迁,有益于理解和洞察时人创造辉煌事业的艰辛与不易,理解国人如何在社会大变革多方力量的共同推进下,改变传统守旧的广告观,转为"主动开放"的广告观念。继而,广告观念的更新又成为促进我国广告事业发生大变革之先导。我国的广告创作,在"观念先行"的指导下,由传统的简单告知到"求新求异",注重受众心理和艺术的美感。广告经营也从无到有,观念日益成熟和完善,经营向"企业化"、"系统化"、"专业化"转变。这一时期,人们普遍意识到对广告进行管理的重要性,试图通过政府法规和行业自律杜绝不良广告。但由于时局的动荡,缺乏全国统一的广告法等诸多原因,使得广告管理软弱无力。把梳近代广告业的观念变迁,也将有益于现代广告业的变革创新。

"广告",即"由可确认的广告主,对其观念、商品或服务所作之任何方式付

---

①　[清]傅润修、姚光发等.松江府续志.卷5[M].清光绪十年(1884)刻本:15.
②　何嘉.现代实用广告学[M].上海:中国广告学会,1931:张竹平序.

款的非人员性的陈述与推广"①。"观",即"细看,看;《论语·为政》中言:'视其所以,观其所由'"②。"念",即"念头,想法"③。《哲学大字典》解释,观念是"客观事物在人脑中的一种能动的反映形式"④。从马克思主义哲学的角度出发,观念有三层含义,表象或印象;泛指人类对事物的看法和认识;指作为社会存在反映的社会意识,包括人们对社会各种现象的认识、看法而形成的观念以及系统化、理论化的观念形态。

广告观,即人们在社会生活或广告实践过程中对广告的认识和看法。广告观属于意识形态的内容,其行为主体,不仅包括与广告活动创作有关的广告主、创意人员和媒体部门,还包括广告投入市场后对其褒贬不一的广大受众、政府和学人。广告观的客体,不仅有对广告这一社会行为和功能的认识,还包括广告作品及投放到社会上的各个环节所表现出来的有关广告的认识和看法。按其主体与客体,广告观研究也将分为广告认识总论,即宏观层面对广告的认识,以及广告创作、广告经营、广告管理的观念等微观层面的研究。

1. 时间界限

"近代"以1840年鸦片战争为上限,下限至新中国建立前,似乎并无争议。但近代广告史的上限"应以出现大众传播媒体的素材为宜,"⑤严格应始于1815年,中国第一份中文报刊《察世俗每月统计传》在马六甲创办,其创刊号上有一则招生广告——《立义馆告帖》,提出将为学生请老师,无偿提供笔墨纸砚等。研究观念的变迁单以某月某日发生了变化而论,似乎有些机械与武断。须知,观念的变化非一日一时之功,而是潜移默化的影响。因此在行文中,对上对下,如有超越或重复,也属正常。

2. 地域范围

观念的变迁,在空间更新方面,遵循"中心突破"和"四周扩散"的规律,因此对于近代广告观的研究,先考察率先发出响声的上海、北京、天津等发达地区的研究,对于落后地区的研究,由于其在近代广告史上的地位,及其留世的篇幅较少,只能依搜集到的有关近代广告的论说为线索研究其广告观念变迁,不可能面面俱到,尽量用第一手材料反映近代国人对于广告的认识和看法。

---

① 陈培爱.广告学概论[M].北京:高等教育出版社,2004:5.
② 辞源(修订本)[Z].北京:商务印书馆,1979:2860.
③ 辞源(修订本)[Z].北京:商务印书馆,1979:1104.
④ 冯契.哲学大词典(修订本)[Z].上海:上海辞书出版社,2001:476~477.
⑤ 郑自隆.广告与台湾社会变迁[M].台北:华泰文化事业股份有限公司,2008:2.

3. 研究内容

广告观的研究范畴,即谁的,对什么的,什么样的,对这三个方面进行研究。首先,关于谁的,这里包括的有广告创作者、广告经营者、广告管理者、广告接受者、广告研究者等。其次,对什么的,不言而喻,即对广告的观念。在创作人员那里,广告是一幅幅广告作品;在经营者那里,广告是产业,是媒介发展的主要收入;广告管理者,广告是公共事业,可以给人类带来福祉,也可以带来危害;广告接受者,广告是商品信息,是告知,也是诱惑;广告研究者,广告是学也是术,其定义、分类、价值和功能各有差异。本文所要进行的研究,即近代各种广告观,发生了什么样的变化。有关受众对广告的相关认识,由于时间的流逝,我们不可能采取现代化的手段问卷调查,只能从有关杂志或报章中一些读者的来信,或政府对广告进行管理所反映出的人们对各种广告的印象进行粗浅的研究。

总之,本文的研究即对 1840 年以降至 1949 年建国前这几十年广告事业的发展、广告观念的变迁进行研究,探讨广告观念的变化,研究社会、政治、经济、文化的发展对广告观念的影响,以及观念更新对近代广告业的原点时代所带来的无限动力。

近代广告观研究,不同于以往学者对近代广告发展变化现象的描述,而是考察带来这些种种变化的"观念先行"的超前意识和主导理念,考察时人对于广告的认识和看法,"通过梳理广告观念的变化,可以洞察承载于其上的历史进程。"[①]同时,近代广告作为现代广告业的根和源泉,把梳其广告观念产生的源流,是广告学"成为一个独立学科的重要根基"[②]。

对近代广告事业发展中观念层面的变化及其指导行动的动力进行研究,同样也可以为"广告业发展的现状寻求历史线索"[③]。近代广告人对于广告事业的理解与推进,其绝妙的广告创意常常令我们叹为观止。因此对近代国人对广告的认识、创意、经营、管理等观念进行系统的把梳和整理,"正可增长我们的心智修养,正可提高和加深我们的见识和智慧"[④]。

广告观念与社会经济文化的交融并进,认识与创作的互动,创作中所反映出的"求新求异",经营广告业的灵活多变,以及广告管理中利益与社会责任的矛盾等相关问题,是社会不同时期的共同命题,对其经验与教训进行总结和归

---

① 丁俊杰、王昕. 中国广告观念三十年变迁与国际化[J]. 国际新闻界,2009(5).

② 黄升民、丁俊杰、刘英华. 中国广告图史[M]. 广州:南方日报出版社,2006:424.

③ 杨海军、王成文. 历史广告学——广告学研究的一个新领域[J]. 广告大观(理论版),2006(4).

④ 钱穆. 中国历史研究方法[M]. 北京:三联书店,2001:13.

纳,可以帮助"解决现实问题并把握广告发展的愿景。"①

中国近代广告事业作为历史长河中的奇葩,已愈发散发出迷人的光彩,受到越来越多学者和艺术家的关注。婀娜美丽的"月份牌","有美皆备,无丽不臻"的美丽牌香烟,还有那刷满民墙的大胡子"仁丹"广告,仿佛这些足以代表那个时代,成为现代人回想和追忆近代社会生活的一面镜子。

广告观,同样也是广告事业发展意识层面不可缺少的一部分,在搜集前人著作文章的基础上,从观念上进一步论述广告事业,就需要对近代广告史的研究进行全面的回顾和总结。

1. 近代时人的广告学研究

随着广告事业在中国的发展,广告学的研究和广告人才的培养也提上了日程。早期广告学的研究和教学活动依附于新闻学的发展。1913 年,原美国新闻记者休曼著的《实用新闻学》由我国学者史青翻译,上海广学会出版。全书共 16 章,6 万多字,其中第 12 章《告白之文》、第 13 章《登载告白》专门研究了报刊的广告,作者认为"告白之文,须凝练而易刺人目",行文应"平易自然",图画"必取优美合格者",以自己的实践经验告诉世人在创作广告时,应注意研究读者的心理,要"动人兴趣,激人观感",才能"人皆喜而读之"②,广告才能有效。第 13 章是译者史青翻译的与"著书者同姓某之作",此人"为报馆中人有年,且系告白专家,其为阅历之谈。可供参考,故译之,译者识"③。这一译著的出版对于近代广告学的研究有着开创性的意义。

1918 年 6 月,甘永龙编译的《广告须知》由商务印书馆作为"商业丛书第一种"之"商学小丛书"之一出版,该书被认为是"我国最早出版的广告学研究专著"④。此书译自美国的 *How to Advertise*,该书篇幅不大,32 开本,其内容涉及图画广告、杂志广告、新闻广告、邮定广告、户外广告等各种广告形式,介绍广告运作的相关原理。这本书的出版,表明国人已逐渐意识到广告在商业上的作用和价值,希望通过广告理论的普及指导我国的广告事业。

最早由国人创作的广告学著作当推 1918 年 8 月出版的《广告学》一书,此书由四体印业社的主人朱庆澜编写。此人对于商业常识"造诣甚深",广

---

① 杨海军、王成文.历史广告学——广告学研究的一个新领域[J].广告大观(理论版),2006(4).

②③ [美]休曼著,史青译.实用新闻学[M].上海:上海广学会,1913:127~135.

④ 陈培爱.中外广告史——站在当代视角的全面回顾[M].北京:中国物价出版社,1997:53.

告一门，"尤有心得"①，因此特编写此书，供经商之人参谋之用。作者认为广告与商业的关系"犹蒸汽之于机器，有莫大之推动力也"。此书分为三个部分：第一部分对日报杂志广告、传单广告、招贴广告、包纸广告等十九种广告作了简单说明；第二部分介绍了日报杂志广告的要旨；第三部分介绍了刊登广告应注意的事项，广告与文字、绘画的关系等。此书的出版表明，我国国民意识到广告对于商业的作用，提倡商家注重广告经营，以促进实业发展。

专门开始新闻学研究的机构是 1918 年由北大校长蔡元培组织创建的"北京大学新闻学研究会"，该会聘请的导师徐宝璜求学于密歇根大学，曾系统学习过新闻学。广告作为报纸发行的仰给，"有力之商业媒介"已成为教学和研究的内容。他的这些讲稿最初发表在 1918 年的《东方杂志》上，后经四次修订，于 1919 年刊印成书，成为第一本由我国学者自行研究新闻学的理论著作，是我国新闻界的"破天荒之作"。著名报人邵飘萍在《京报》上评价："无此书，人且不知新闻为学，新闻要学。"其中第十章《新闻纸之广告》，对报纸的广告、发行作了初步的论述，对普及广告学的知识有重要的启蒙作用。作者认为："新闻社对于广告……当先审查其内容何如。若所说者为实事，而又无碍于风纪，则可登出之。若为卖春药、治梅毒、名妓到京或种种骗钱之广告，则虽人愿出重资求其一登，亦当拒而不纳。因登有碍风纪之广告，足长社会之恶风，殊失提倡道德之职务；而登载虚伪骗人之广告，又常使阅者因受欺而发生财产之损失。"②这样的指责和批评，即使时隔近一个世纪，仍振聋发聩，发人深省，具有很强的现实意义。

对广告史的研究也成为时代的需要，戈公振于 1926 年撰写《中国报学史》，次年由商务印书馆出版，该书是中国最早的一部论述中国报纸广告的著作，其中第 6 章第 3 节简略介绍了近代广告的状况，对《申报》、《晨报》、《益世报》等 5 种报纸的广告在各报所占版面面积进行统计，将广告分为商务、社会、文化、交通、杂项五门十六种进行统计，"对我国当时的广告状况作了深入的剖析"③。对广告面积及其性质进行定量研究，实为首创。文中还附有《申报》广告章程、刊例等资料。因该著作成书于 20 世纪 20 年代，故常常作为史料引用。同时期的著作还有许多，如下表所示：

①　朱庆澜. 广告学[M]. 香港：商务书局，1918：序.

②　徐宝璜. 新闻学[M]. 北京：中国人民大学出版社，1994：86.

③　刘家林. 新编中外广告通史[M]. 广州：暨南大学出版社，2000：134.

绪论表 1 近代广告学著作统计表

作者	书名	出版单位	出版时间
[美]晢斯敦公司著，甘永龙编译	广告须知	上海商务印书馆	1918 年
朱庆澜著	广告学	香港商务书局	1918 年
北京美术学校出版部绘	广告应用图案集	不详	1919 年
吴中雄编	新式商业招揽法	上海文明书局	1921 年
蒋裕泉编	实用广告学	上海商务印书馆	1925 年
[日]井关十二郎著，唐开斌译述	广告心理学	上海商务印书馆	1925 年
[美]史可德著，吴应图译述	广告心理学	上海商务印书馆	1925 年
黄坚志编	新奇广告术	上海中西书局	1925 年
蒯世勋著	广告学 ABC	上海世界书局	1928 年
高伯时编	广告浅说	上海中华书局	1930 年
孙孝钧编	广告经济学	南京书店	1931 年
苏上达著	广告学概论	上海商务印书馆	1931 年
何嘉著	现代实用广告学	上海中国广告学会	1931 年
[美]L. D. Herrold 著，李汉荪、华文煜编译	实用广告学	天津新中国广告社	1932 年
刘葆儒著	广告学	上海中华书局	1932 年
罗宗善编著	广告作法百日通（最新广告学）	上海世界书局	1933 年
张一尘、郑忠澄著	广告画经验指导	上海形象艺术社	1933 年
朱风竹著	五彩活用广告画	上海世界书局	1933 年
王贡三编著	广告学	上海世界书局	1935 年
叶心佛编著	广告实施学	上海中国广告学社	1935 年
陈冷等著	近十年中国之广告事业	上海华商广告公司	1936 年
赵君豪编	广告学	上海申报馆	1936 年
[美]哥尔德著，陈岳生译述	霓虹广告术	上海商务印书馆	1936 年
傅德雍编绘	广告图案字	上海商务印书馆	1937 年

续表

作者	书名	出版单位	出版时间
陆梅僧著	广告	上海商务印书馆	1940 年
丁馨伯著	广告学	重庆立信会计社	1944 年
吴铁声、朱胜愉编译	广告学	上海中华书局	1946 年
如来生著	中国广告事业史	上海新文化社	1948 年
冯鸿鑫编	广告学	上海中华书局	1948 年
曹志功编	广告与人生	上海申报馆	不详
李培恩①	新广告学	上海商务印书馆	不详

　　资料来源:民国时期总书目(1911—1949)经济卷·下册[M].北京:书目文献出版社,1993:884~885;中国广告大词典[Z].北京:中国广播电视出版社,2007:719~727. 笔者搜罗国家图书馆、上海图书馆、北大图书馆、中山大学图书馆、厦门大学图书馆等所得。

　　有关广告学研究的文章或言论,最早出现于 1907 年第 28 期《商务官报》上的《美商塞勃列子论广告之价值》。其后,还有 1908 年《农工商报》中的《欧美实业家利用广告之法》《广告之必要》《广告之适切》,1909 年《东方杂志》中的《广告价值》等,但早期的研究大都是外国广告方法的译作或介绍。如《欧美实业家利用广告之法》一文,即介绍了欧美广告业的发展,强调广告的重要性,提倡人们作广告以促商业,并提出广告必须新颖奇特,才能吸引人们的注意。《广告价值》一文则提出欧美报章对广告业务非常重视,其刊登的告白"大率异想天开,引人入胜,故撰述广告之价值,亦异常昂贵"②。其所强调的广告价值,指的是撰述广告的薪酬非常丰厚。1912 年,李文权在《中国实业杂志》第 3 卷第 1 期至第 7 期连续发表《告白学》,这是我国学者研究广告学的开始。作者以多年的游历和从商经验,告知我国经营商业者,告白为"商业之精神"、"商业之根本"、"告白不良,商业不昌,商业不昌,国家斯亡",告白由简单的技术或一门学问成为主宰"世界文明之主动力"③。作者呼吁国人注意研究广告学,改变我国极幼稚之广告,以指导商战。

　　1912 年以后,随着广告业的发展,有关广告实践的论说和研究逐渐增多,在《全国报刊索引》数据库中,以"广告"、"告白"为题,1840—1949 年的文献有 2 000 多篇,除去报刊自己的广告、广告刊例,少数因数据库出现的重复外,有

---

　　① 相关文献提及,因文献失散等原因,笔者未看到原文。黄炎培、刘树梅.商科应用书报之一斑[J].教育与职业,1922(36):10—12.

　　② 问天.广告价值[J].东方杂志,1909(11):108.

　　③ 李文权.告白学[J]中国实业杂志,1912(1):101—102.

关广告的论说至少有几百篇。这些文章都是前人积极研究广告学的历史见证,也是研究近代广告观非常重要的一手资料。

2. 建国后的近代广告史研究

80 年代初,老报人徐铸成撰写《报海旧闻》①,此书是作者对自己亲历近代报业的回忆,其中有一篇专门论及近代报纸广告与新闻的关系,具有较高的史料参考价值。徐载平等人撰写的《清末四十年申报史料》②,对《申报》的广告业务与虚假广告作了简略介绍。而一些专门论述报刊新闻史的专著,则较少涉及广告问题,方汉奇撰写的《中国近代报刊史》③,由于专门介绍报刊发展历程,报刊广告只是附带提及,没有展开论述。

最早对广告史进行介绍了专门研究的论著,当推及唐忠朴、贾斌主编的《实用广告学》④,将中国广告发展史单独开列一章,追溯广告身世,回顾了广告在各个历史时期的演变与发展,将近代广告也分为鸦片战争前后、戊戌维新前后、辛亥革命前后、五四运动前后、30 年代等,分别叙述了这段时期商业广告的特点及媒介发展状况。

1983 年,厦门大学开设国内第一个广告学专业,开设《中外广告史》课程,"广告史才作为一门独立的学科进行研究和教学"。1997 年,陈培爱出版《中外广告史——站在当代视角的全面回顾》,是"中国大陆解放之后第一本较系统的广告史书"⑤。此书在大量一手史料基础上整理而成,涉及面广,时间跨度大,作者以"时间为经,事件为纬"阐述了中外广告事业的历史发展,成为中国广告史学的奠基之作。其中第二章《中国近代广告(1840—1949)》结合社会经济文化背景,按时间顺序就广告媒介、广告公司、广告学及广告教学的发展进行详尽的介绍,文图并茂,史料翔实,述评结合。

自 1998 年之后,我国每年都会有一两本有关近代广告史的著作问世,2002 年以后有关近代广告史研究的论文明显增多,已经成为广告史研究以及近代社会史研究的热点。

(1)专著。关于近代广告史研究的专著,大致有两种类型。

一是以史料见长,评述结合的专著。主要有张燕风《老月份牌广告画》,吴昊等人汇编的《都会摩登——月份牌(1910—1930)》,益斌主编的《老上海广告》,宋家麟的《老月份牌》,陈超南和冯懿有的《老广告》,梁京武和赵向标的

---

① 徐铸成.报海旧闻[M].上海:上海人民出版社,1981.
② 徐载平、徐瑞芳.清末四十年申报史料[M].北京:新华出版社,1988.
③ 方汉奇.中国近代报刊史[M].太原:山西人民出版社,1981.
④ 唐忠朴、贾斌.实用广告学[M].北京:工商出版社,1981.
⑤ 陈培爱.中外广告史——站在当代视角的全面回顾[M].北京:中国物价出版社,1997.

《老广告》,由国庆的《老广告》、《再见老广告》和《与古人一起读广告》,于学斌编著的《东北老招幌》,王文宝编著的《吆喝与招幌》,赵琛的《中国近代广告文化》,黄振炳的《走进火花世界》,白云的《中国老广告》,黄克伟和黄莹编著的《为世纪代言:中国近代广告》,林升栋的《中国近现代经典广告创意评析——〈申报〉七十七年》,张正霞的《老广告》,李德生的《烟画中国:昔日摩登女郎》。这些专著图文并茂,史料丰富,作者娓娓讲述多年的收藏经历,用一幅幅美轮美奂的广告画展现近代广告发展的概况。其中尤以月份牌的资料最为丰富,30年代寻常百姓家的月份牌成为收藏家们的最爱,成为怀旧的名片。

　　二是对近代广告史进行综合性的研究性著作。前有陈培爱的《中外广告史》,后有刘家林的《新编中外广告通史》,左旭初的《中国商标史话》、《中国近代商标简史》,赵琛的《中国广告史》,许俊基主编的《中国广告史》,姚曦、蒋亦冰的《简明世界广告史》,孙顺华编著的《中外广告史》、《中国广告史》,黄升民、丁俊杰、刘英华主编《中国广告图史》,苏士梅的《中国近现代商业广告史》,汪清、何玉杰主编的《中外广告史》,陈树林的《中国广告历史文化》。这些专著大多都是以教材的形式出版,结合近代社会政治、经济发展的背景,对当时的广告状况进行宏观描述,因写作体例不同,侧重点各有不同。如左旭初的《中国商标史话》、《中国近代商标简史》从商标管理和企业商标建设入手,对我国近代商标管理上的重大活动和典型事例,以时间为序进行了详细的表述,展示了中国近代的商标文化。许俊基的《中国广告史》突出介绍了代表城市广告业的发展状况。苏士梅的《中国近现代商业广告史》则采用广告通史与专题史研究相结合的方式,一方面勾勒出中国近现代商业广告产生发展演变的线索及框架,一方面又对一些重要的广告表现形态如报刊广告、月份牌广告的发展特色进行归纳总结。尤为可贵的是,此书对近代广告的规律与特点、近现代广告与传统文化、中外广告文化交流等问题进行尝试性总结,拓宽了广告史研究的维度。《中国广告图史》则采用图文并茂的方式,对整个近代广告发展进行了宏观介绍。黄玉涛的《民国商业广告研究》是首部以民国广告为研究的论著,全书共分八章,20万字,其中广告媒介的分类更为细致,作者对报刊广告、户外广告、广播广告等的特点及历史作用进行了初步探讨和归纳,专门分析了广告发展中的人物,专章介绍经营者和画家,这是以往的研究中没有的。

　　张则忠的《古今中外广告集趣》荟萃古今中外广告的趣闻轶事、故事笑话,内容丰富,语言生动活泼,属于知识性和趣味性较强的普及性读物。类似的还有张南舟的《广告趣谈——古今中外广告纵横》,韩伯泉、陈三株、王桂强的《广告趣谈》,都是以轻松活泼的形式展现有趣事例。

　　但这些著作主要描述广告活动、广告现象或广告媒介形态,很少研究近代广告观念的变化以及由此导致的整个广告业的变化。

（2）学术论文及学位论文。有关近代广告的论文，目前见到最早的是1979年辛雨的《漫话三十年代书籍广告》，文中对30年代著名的出版社如商务印书馆、中华书局、生活书店等在报刊登载书籍广告的情况进行了漫话式的评述，举例说明当时的书籍广告含有欺骗的成分，但大部分内容严肃，文字生动，形式活泼，反映了当时文化界的状况和文化生活。这篇文章的问世与"广告"事业本身的发展休戚相关，正是这一年，《文汇报》为广告正名，广告重新走入学者的视线。

80年代以来，广告学研究的文献也愈发增多，越来越多的学者倾情于这段广告历史的发现、整理和研究。

首先，对近代广告做整体性探讨的论文有《近代中国广告的产生发展及其影响》、《中国近现代广告文化的演变》、《近代企业的广告促销技巧研究》、《论近代企业广告宣传的原则》、《近代中国广告转型的原因》①等，研究近代广告的产生、发展与商业之间的关系，广告文化与社会文化共律动的特点，深入研究近代国货运动中民族企业的广告宣传技巧和原则，国货广告体现了国人消费的民族爱国情感，客观、忠诚、可信是广告宣传的根本原则。这些研究对于宏观上把握和认识近代广告的特征，以及广告在抗争洋货中的作用与技巧提供了更为深入的思考和总结。

其他有关近代广告研究的学术论文主要集中于《申报》和《大公报》上，在中国知网上分别对民国四大报、晨报广告进行搜索，如下表所示：

绪论表2　民国四大报、晨报广告研究统计表

报纸	期刊论文（1911—2012）篇名搜索②	学位论文（1999—2012）主题搜索
申报	95	硕22、博1
大公报	26	硕3、博2
益世报	0	硕2
民国日报	0	0
晨报	1	0

资料来源：中国知网数据库。

---

①　朱英.近代中国广告的产生发展及其影响[J].近代史研究，2000（4）；宋玉书、许敏玉.中国近现代广告文化的演变[J].大连理工大学学报，2004（9）；秦其文.近代企业的广告促销技巧研究[J].中国经济史研究，2005（1）；秦其文.论近代企业广告宣传的原则[J].社会科学论坛（学术研究卷），2006（2）；孙会.近代中国广告转型的原因[J].江苏商论，2007（2）.

②　这里的篇名检索，先输入报纸名称进行一次检索，然后再输入"广告"进行二次检索，进行甄别排除。

以上报纸都在解放后影印出版,为科学研究提供了便利条件。其中对《申报》广告的研究最多,有些是以广告为脚本解读社会历史,通过报刊广告的镜像来透视近代社会历史变迁的,如《从〈申报〉广告看近代上海商业的繁荣与发展》、《国货广告与市民消费中的民族认同——〈申报〉广告解读》、《从〈申报〉广告看近世上海社会生活的变迁》、《近代上海消费主义意识形态之建构——20世纪20—30年代〈申报〉广告研究》等①;也有就广告本身进行研究的,探索《申报》广告发展的阶段性变化,广告版面,内容和广告手法的特点等。②

对月份牌的探讨也比较集中,截止2012年,有学位论文27篇③,期刊文

① 许爱莲.从《申报》广告看近代上海商业的繁荣与发展[J].历史教学问题,2000(4);.王儒年.国货广告与市民消费中的民族认同——《申报》广告解读[J].江西师范大学学报(社科版),2003(4);胡俊修.从《申报》广告看近世上海社会生活的变迁[J].历史档案,2003(4);姚小鸥.《申报》的戏曲广告与早期海派京剧[J].现代传播,2004(1);许纪霖.近代上海消费主义意识形态之建构——20世纪20—30年代《申报》广告研究[J].学术月刊,2005(4);王儒年.20世纪初期上海报纸广告对市民的身份塑造——以二三十年代的《申报》为例[J].郑州大学学报(社科版),2005(3);叶宇.作为镜鉴:从20世纪40年代《申报》广告看好莱坞与中国电影的关系[J].上海大学学报(社科版);2006(5).胡俊修.近世上海市民的理性精神——以《申报》广告为主的考察[J].湖北社会科学,2007(12);孙会.近代外商广告中的本土化战略——以《申报》《大公报》为例[J].江苏商论,2008(7).

② 曾宪明.《申报》、《大公报》1925—1935十年间广告手法评析[J].郑州大学学报(社科版),1994(2);王儒年.中国近代广告的最初形态——早期《申报》广告的变化发展[J].常德师范学院学报(社科版),2002(5);林升栋.《申报》分类广告研究[J].新闻大学,1998(3);刘雪梅.浅议《申报》广告的阶段性演化[J].广州大学学报,2003(1);王儒年.早期《申报》广告价值分析[J].史林,2004(2);李敏玲.《申报》广告初探(1872—1905年前后)[J].中山大学研究生学刊(社科版),2004(1);陈洁.谈《申报》的广告传播[J].安阳师范学院学报,2005(4);邹红梅.黑白世界的斑斓——20世纪初《申报》广告表达形式分析[J].电影评介,2006(21);张德俊.民国初年《申报》广告研究解析[J].东南传播,2008(5).

③ 李振宇.老上海月份牌绘画研究[D].西南师范大学2001届硕士论文;蒋英.老上海月份牌广告画研究[D].南京艺术学院2003届硕士论文;钱宇.略论月份牌广告画[D].苏州大学2003届硕士论文;葛菁.美女作为消费图像[D].中国艺术研究院2004届硕士论文;蒋媛.论月份牌中的女性符号[D].西北大学2005届硕士论文;顾万方.杭稚英与月份牌艺术[D].南京师范大学2005届硕士论文;王婷婷.符号与月份牌[D].湖南师范大学2005届硕士论文;时璇."五四"前后月份牌中"女学生"图像的功能研究[D].中央美术学院2008届硕士论文;秦瑶.女性形象在月份牌与当代平面广告中的比较研究[D].苏州大学2008届硕士论文.

章 136 篇①。研究者大都有美术背景,从艺术设计的角度探讨月份牌广告画的技法等特点。秦瑶的《女性形象在月份牌与当代平面广告中的比较研究》,则从广告学的角度对二三十年代的月份牌和当代平面广告中的女性形象,从外在形象的变化、广告设计理念的发展、广告表现手法的丰富等方面进行纵向比较。

有关近代广告研究的其他论文,因篇幅原因,在此不再一一详述。

综上所述,有关近代广告的研究无论是论著还是论文都取得了丰硕的成果。从广告观角度切入进行研究,不管是对近代广告还是对现代广告事业的研究,都不是很多。第一本以"广告观"命名的著作是黄升民的《广告观:一个广告学者的视点》,以论文集的形式将作者多年的在广告学方面的研究成果和思想轨迹记录下来,作者的《新广告观》亦是同样的方式。其中《申报的经营与经营》一文,作者在对《申报》创刊时期的言论及"告白"等进行全面分析论证的基础上,提出《申报》的广告观,"不只是单纯的商业情报,而是成为政治、文化、经济以及对生活态度等意见的发表场所","在中国近代新闻的形成过程中,《申报》所处的时期是一个非常重要的时期……它通过商业竞争,压倒对手,确立了自己的经营地盘……'万象包罗'的广告观和'营利而兼仗义'的经营观也在这个时期基本形成"②。这是国内学者最早对"广告观"的研究,为笔者对近代广告观念进行研究提供了研究视角的借鉴。

在中国知网上以"广告观"、"广告观念"为题,搜索到的论文有 30 篇,这些文章大都是针对现代广告业中广告观念与行业本身的发展进行历史纵时段的切割,研究广告观念变化与中国改革开放发展三十年,国际化发展的趋势互为影响的辩证发展历程等。因此,从"广告观念"入手对广告业发展进行宏观层面的研究,有着重要的现实意义和指导意义。追溯至近代广告业发展,广告观念变迁对广告业发展的影响至关重要。在"辛亥革命以前,中国商人一般不知道广告的效力"③,到民国时期商人逐渐意识到广告为"攻城掠地之工具",为

---

① 主要有:王树村.记"沪景开彩图 中西月份牌"[J].美术研究,1959(2);步及.月份牌画和画家郑曼陀先生[J].美术,1979(4);朱石基.上海"月份牌"年画的今昔[J].美术,1984(8);李新华.月份牌年画兴衰谈[J].民俗研究,1999(1);朱明.广告与时髦——月份牌绘画[J].东南文化,2003(12);陈茉.从中国老广告透视上海月份牌广告画[J].攀枝花学院学报,2004(6);党芳莉.20 世纪上半叶月份牌广告画中的女性形象及其消费文化[J].海南师范学院学报(社科版),2005(3);孙冉.老月份牌里的浮华世界[J].中国新闻周刊 2005(41);李广.上海"月份牌广告"的启示[J].包装工程,2006(1);韩素梅.月份牌广告的消费文化分析[J].广告大观(理论版),2008(1);林振荣.从广告月份牌看 20 世纪初上海保险业的展业广告策略[J].上海保险,2008(10).

② 黄升民.广告观:一个广告学者的视点[M].北京:中国三峡出版社,1996:23～32.

③ 唐忠朴、贾斌.实用广告学[M].北京:工商出版社,1981:31.

战具,"执有利器,战无不克"①,"广告为商战之利器"的论调鼓舞着民族资本家,拿起广告这一利器,与洋货争商战之胜利。广告从业者也积极地从理论上、实践中给以指导和帮助,使得近代成为中国现代广告业的开拓期,因此研究中国近代广告观念变迁,追溯国人广告意识的萌发和观念促动下各方面事业发展的历史事实,对于我们更好地理解近代广告业的辉煌发展具有重要的意义。

以往广告史的研究侧重于各个时期广告现象、广告活动的描述归纳,对于观念层面的研究还比较少。本书则恰从广告观的角度,对近代社会上对广告的宏观认识等进行研究,进而以"观念更新"为先导,对广告创作、广告经营、广告管理等各个方面的观念进行研究,试图以广告观的更新为动因窥探近代广告事业的整个发展历程,这是本文的创新之一。

本选题的研究定位于广告观念的研究,将近代国人对广告的看法和认识进行总结,这需要借助前人发表于近代报章杂志中有关广告的言说,而这在以往的研究中还很少有人触及。笔者将对这些反映近代广告业发展的一手材料进行系统性的整理和研究,试图以"当时的人说当时的事"的形式,尽量还原历史,这也是本文的创新之一。

近代社会动荡不安,战乱频仍,一切都处在未知中。广告作为一新兴事业,关注者毕竟在少数,对此评说保存于世的文献也不太多,且还散落于各地。虽然笔者尽可能地收集整理北京、上海、广州、杭州等地的资料,但有些资料尚未见到。同时广告观念,作为广告活动认识层面的态度和看法,毕竟已成为过去人脑的不可知,我们只能尽可能依据前人为数不多的言论去推断,做到有一分史料说一分话,以求研究的严谨与科学。广告创作观的研究,不仅需要广告学方面的素养,还要借助于历史学、社会学、心理学、传播学、语言学、美术学等学科的研究视野,透过广告表象洞察广告创作观的变迁。

本书分为四章。

第一章从广告认识论的角度,探讨近代国人对于广告的认识发生了怎样的变化,广告意识发生变化的原因及其表现,广告学人对于广告的定义、功能及种类是如何看待的,近代普通大众对于广告是怎样的态度和认识。

第二章中国广告创作观的研究,将以近代报刊广告为研究的稿本,同时结合时人在广告创作上的认识,理论与实践相结合,分五个时期研究近代广告创作观发生了怎样的变化,其中清末至民国前,因报刊广告刚刚进入国人视野,广告创作处于起步阶段,虽时间很长但变化不大,因此不再细分,作为一节进行探讨,继而为民国初年、五四时期、30年代和抗战时期。

---

① 　徐启文.商业广告之研究[J].商业月报,1934(1).

　　第三章中国广告经营观,将按行为主体的不同分为广告主、媒体部门和广告公司,分别探讨其是以怎样的态度和认识经营广告事业。在具体研究中,本章将以各行为主体中的典型代表为研究对象,其中广告主的经营观将以英美烟草公司及南洋兄弟烟草公司、华商烟草公司、三友实业社等为代表。媒体部门的广告经营将以《申报》和《新闻报》为代表。

　　第四章中国广告管理观的研究,将对近代广告法规管理及行业自律管理进行研究,探讨其在管理中的认识和看法。其中广告法规管理中的商标管理,作为广告管理中的重要组成部分,与广告创作及行为本身有着密切的关系,所以单列一节探讨。

第一章
中国近代广告认识论

广告究竟源于何时,已很难考证。大概自有人类,就有"氓之蚩蚩,抱布贸丝"的实物广告,姜太公"鼓刀扬声"的声响广告,以及"伯乐相马,马价十倍"的名人广告,这些原始素朴的广告,与传统的社会风俗形影相随,虽说已具有现代广告的雏形,但仍不是具有现代意义的广告。严格意义上的现代广告,与近代报刊媒体的出现相辅相成,迄于近代,是伴随着帝国主义坚船利炮的附属品,正如"广告"一词也是外来语,源于拉丁文 Advertere,意思是"注意"或"诱导"。受西方科技文化的陶融,国人渐意识到本国工商业技艺的落后,不得不奋起直追。广告才渐入国人眼帘,为国人所倚重。

第一节 近代广告意识的转变

一、民国前广告的无意识及其原因

我国现代广告业的发展,始自鸦片战争,"开启了中国几千年未遇的一大'变局'"[①],但以"出现大众传播媒体的素材"[②]为标准,则始于 1815 年的中文报刊《察世俗每月统计传》。该刊创办于马六甲,创刊号上有该刊主编人米怜的《告帖》,宣传该刊为"奉送"的非卖品,还刊有招生广告《立义馆告帖》。广告中提出将为学生请老师,无偿提供笔墨纸砚等学习用具,最后很客气地说:"若

---

①　李彬.中国新闻社会史[M].上海:上海交通大学出版社,2007:25.

②　郑自隆.广告与台湾社会变迁[M].台北:华泰文化事业股份有限公司,2008:2.

肯不弃,而愿从者,请早带子弟先来面见叙谈,以便识认可也。"①从第一份刊有"告白"的报纸出现算起至民国前,已有 100 年历史,但大部分"经商者对于广告之利用,鲜有正确之认识"②。即便是经过报纸广告最初的引导,我国商人,对"广告之无心得"③,每不加以利用,广告费的支出非常吝啬。

(一)商业未兴,无剧烈竞争

中国自古以农业立国,不重视商业发展,商人的社会地位不高,很少有人专门研究经营上的技巧和方法。传统社会的道路交通并不发达,商业未兴,招牌招贴类的广告等,其目的在于提醒过往行人,传播范围以市场为界,无激烈竞争,因此华商不太重视广告。

1. 我国不重视商业的惯性使然

我国是一个农业国家,概不重视商业,"重本抑末"的轻商政策以及"士农工商"的四民等级制度根深蒂固。虽有陶朱公"三掷千金"的乐善好施,弦高智退秦军的为国解难,吕不韦辅佐秦始皇登上皇位,著书立说的丰功伟业,但商人在传统社会中的地位一直不高,常被视为"不无学术"、"见利忘义"之徒。即便在近代,"实业救国"、"商战救国"的呼声此消彼长,但"轻商"的观念"实则一直存留于国人潜意识中,是抹不掉的传统"④。在轻商思想的影响下,商人在经营上的发明被视为"奇器"、"淫巧之作",因此便少有人去研究经商的技巧和如何做广告。古代正史的记载中,"非特别对于广告无专门的叙述,即对商业方面的记载也很少"⑤。轻商使得商人发明创造的积极性不高,更不消说,如西欧各国将商业作为其扩充国势的战器。

2. 无剧烈竞争

广告作为商业竞争的工具,传统社会的商业经营,行商生财之道在于贸迁有无。坐贾则在商品中附了仿单,门口挂上金字招牌,"知味停车,闻香下马",就等着顾客上门了。偶有药铺在药包的仿单上印上药名、药性、药效及药铺地址、标识等,其传播不过随仿单而走。传统社会生活简单清静,道路交通并不发达,商业缺乏有力之竞争,大都是所谓的独行生意,商业经营只需货真价实便可积累其声誉,附近的居民不需读广告,亦知某店有何物品,因此并不需要

---

① 由国庆.与古人一起读广告[M].北京:新星出版社,2006:195.

② 孙作良.中国日报广告以外之广告事业.陈冷等.近十年之中国广告事业[M].上海:华商广告公司,1936:18.

③ 抗白.吾国商人之弱点[J].中国实业杂志,1912(4):1.

④ 冯筱才.从"轻商"走向"重商"——晚清重商主义再思考[J].社会科学研究,2003(2).

⑤ 吴铁声、朱胜愉.广告学[M].上海:中华书局,1946:4.

广告这样的"利器"。另外,我们还可从中国古代的广告形式,如声响广告、旗帜广告、灯笼广告、实物广告、招牌广告等,推测古代商业竞争的范围"均不可能超出市场的范围"①,只限于一城一邑之内,未可遍及各地,"未尤可角逐于海外"②。从这一点而言,传统社会商业的竞争,同清末海禁大开,外货充斥于中国市场的商业竞争相比,其剧烈程度实属一般,因之对于广告不太重视,自得自鸣于继有市场的占有,从未想过要凭借商业开拓国内外市场。招牌招贴之类的广告,在于"提醒路人耳目"③,属于告知型,不属于"主动诱惑"型。

3. 政治不修,商业不振

我国发展商业的优点很多,"劳银之低廉也,土宜之肥沃也,物产之丰阜也"④,如丝茶业,在对外贸易中,一直使我国处于贸易顺差地位,甚至在明清之际,还创造出西方学者所认为的"白银帝国"神话。但自晚清以来,一向为出口贸易大宗的丝、茶在国际市场上突然销路不畅,不加改良,绸缎生意也"无望行销于外国也"⑤,茶叶生意也因西方列强转购日本茶叶而凋敝。究其原因,"政治不修,而商业不振"⑥是一重大原因。马戛尔尼使团访华,乾隆拒绝外交和通商,他们只能望洋兴叹:"中华帝国只是一只破败不堪的旧船,只是幸运地有了几位谨慎的船长才使他在近 150 年期间没有沉没。它那巨大的躯壳使周围的邻国见了害怕。假如来了无能之辈掌舵,那船上的纪律与安全就都完了。"⑦清王朝故步自封,闭关锁国,更拉开了我国与西方工业革命洗礼后新式工业政体的距离,商业的"保守性"经营与西方"工商"立国"竞争性"的理念相比,自然显得有些落后。

(二)报纸广告未能表现其应有的信用及效力

报纸广告不能表现应有的效力,博得商民的信赖。邸报京报向无广告,只刊登有关官员升迁等消息。洋人在华创办报章,非常注重利用广告为商品倾

---

① 陈培爱.中外广告史——站在当代视角的全面回顾[M].北京:中国物价出版社,1997:5.

② 赵君豪.中国近代报业[M].香港:申报馆,1938:206.

③ 蒋国珍.中国新闻发达史[M].上海:世界书局,1927:67.

④ 抗白.吾国商人之弱点[J].中国实业杂志,1912(1):4.

⑤ 周荣宝.密拉诺万国赛会物品评议[J].商务官报,第 2 册(12)61.

⑥ 蒋裕泉.实用广告学[M].上海:商务印书馆,1925:序二.

⑦ [法]佩雷菲特著,王国卿等译.停滞的帝国——两个世界的撞击[M].北京:三联书店,1993:523.

销鸣锣开道,国内商人"对于在报纸上'买'广告这回事,根本就有点'莫名其妙'"①。申、新二报,皆外商广告,华商刊登者较少。中国改良派、革命派创办的报纸,注重报纸言论,把报纸作为"舆论"争夺的阵地,并不重视商业广告。光绪三十三年(1907)发行的《政治官报》,虽刊载广告,但并不重视,其章程第四项《体类》内的《广告第九》规定:"如官办银行、钱局、工艺陈列各所,铁路矿务各公司及经农工商部注册各实业均准送报代登广告,酌照东西各国官报广告办理。"②广告,只是简单仿照外国报纸的成例。刊登报章广告花费巨大,是否有助于推销尚不得知,国人对此十分吝啬,报刊广告出现相当长一段时间,国人仍然冷落。直到民国以后,随着报纸销路的推广,广告的作用日渐突出。国人才纷纷意识到报纸广告"一纸风行,天下胫走"的效力。

1. 报馆依赖政党津贴,贪懒不谋经济独立

近代东西各国新闻事业的发展,有着几近相同的经历,即"由政论本位而为新闻本位,由津贴本位,进而为营业本位,此殆东西各国所略同"③。清末北方报业中《政治官报》、《内阁官报》为政府官报,直隶总督袁世凯之《北洋官报》,复有《南洋官报》、《安徽官报》、《湖北官报》,这些报纸都是各省的机关报,各报广告收入甚少,不敷所出,"鲜能以营业为本位,故多靠津贴为生活"④。报纸中"所载之官营业广告,如铁路广告、银行广告等,实为津贴之变相"⑤,因此足以养成报馆贪惰之风,不注重报纸广告经营,"未能尽知广告能事,与引起读者与广告主注意之方法也"⑥。他们不知道广告与新闻有同样的价值,此皆报纸广告不发达的原因。

2. 报社广告取费不公,服务不周

"告白费有一定,而中国告白费无一定也"⑦是当时报刊广告经营的真实写照。告白,为报社所赖以生存的根本,因此对送上门的广告,尽其能事挽留。报社虽有"广告章程,视为具文,取费时并不依据"⑧。1912年以前,有些报社招揽广告困难,为求生存,将百元的广告版面减至三五十元或十元八元,这样的广告经营虽似有每天三元五元进账,但却使报纸失去信用,自毁价值。如若这样的潜规则,商界人人尽皆知,则怀疑"该报之真价值"⑨。名不符实的广告招揽办法,何以取信于民呢?同时,已经招揽到的广告,报馆不能按期刊发,缺

---

① 七十五年来本报的广告发行及其他[N].申报,1947-9-20.
② 徐百益.广告学入门[M].上海:上海文化出版社,1988:2.
③ 黄天鹏.中国新闻事业[M].上海:上海联合书店,1930:58.
④ 黄天鹏.中国新闻界之鸟瞰[A].新闻学刊全集[C].上海:上海书店,1990:73.
⑤⑧ 戈公振.中国报学史[M].北京:三联书店,1955:212.
⑥ 黄天鹏.中国新闻事业[M].上海:上海联合书店,1930:70.
⑦⑨ 李文权.忠告报界诸贤[J].中国实业杂志,1912(9):15~16.

乏合作的精神和信用。作为广告公司的经营者,陆梅僧对此也颇有微词:"有若干报纸,登载广告,不能按期,广告稿件,亦不按照原稿排列,预先交登户校对。"更有外埠报纸,"收信而不覆,不守合同价目。殊欠合作精神。间接也影响报馆的利益"①。

3. 广告作品难以引起人们信仰

清末报刊广告,广告的排列和新闻一样单调,排列的形式是一皮一栏的,既没有显著的标题,也没有动人的词句来吸引读者。字体同新闻字体都用五号字编排,密密麻麻不留空白,使得读者难以区分,不若外报将同性质之广告编排在一处,便于读者寻找。另外,报刊广告,如申、新二报多是"美孚"洋行之虎牌、鹰牌火油、立止白浊丸、司各脱鱼肝油等广告,其中洋货约占十之七八,华商广告刊登的极少,无法形成有力之竞争,偶有广告刊登,也多见"包医"、"包治"、"华佗再世"、"四世儒医"等虚伪夸大之词,自难令读者信赖。撰述广告的人员,对于自身的职务,大都认为无足轻重,不肯认真钻研广告技巧,"非言过其实,大吹法螺,即笼统其词,敷衍塞责"②。如书籍广告,多写"材料丰富,编制谨严,实为得未曾有之杰作。研究□□者不可不读","存书无多,欲购从速"③,因此广告自身难以获得读者信任。

(三)保守排外的民族性使然

百年以降,列强挟其政治、经济、军事、文化之实力,排山倒海而来,突破了清王朝故步自封之长城,四千年来自尊自大之中华民族遭受外敌竞争压迫之困境。外国的广告抢占了中国报章及街头巷尾,而我国商人对此则毫无意识,不适应现代市场的激烈竞争。

社会就如同一个大染缸,有其特定的文化特质,赋以生活在其中的人们各种习性,使之形成大致相似的民族性格。"德意志民族之伟大、深沉、彻底、自尊、爱秩序、尚纪律、富于组织力、创造精神,此种优美之特性,固世界民族学者及实际政治家所公认为德意志国家坚固强盛之主要原因",法兰西民族"天性活泼、情感热烈",美国"崇尚自由自治,好奇实验之精神",日本民族"意气狭隘,而情绪紧张,善模仿,而行笃实,阴黠,而奋斗"④,这些都是此等民族之优长特性,致使国家强盛。

反观吾国之民族,自然之富,物产之丰,故其生计以农业为主:其民族为

① 陆梅僧.中国的报纸广告[J].报学季刊,1934 年创刊号:67.

② 骆无涯.广告话[A].王瀣如.新闻学集[C].西安:天津大公报西安分馆,1931:206.

③ 朱小英.做广告的[J].大陆,1941(3):30～32.

④ 赖希如.中华民族性弱点之改造论[J].建国月刊,1935(5),1935-11-10.

"定住的"①、自然的、安息的、消极的。精耕细作的农业生产模式使得人们的性格勤奋而节约,面朝黄土背朝天的生活习性铸就的民族性格,崇尚"宁静无为"。中国人的性格"一为唯我独尊,蔑视一切之'排他性';一为述而不作,信而好古之'保守性'"②。中国人对于外国之常识,将其封锁于长城以外,夷视西洋,称其曰"西夷"、"番鬼",视其文化为"夷化";对于学习西方改革者,耻笑为"从夷"。直至1860年,清朝才有专项条文明确规定不得用"野蛮人"一词指称西方人③。

鸦片战争爆发后,中国沦为半殖民地半封建社会,广大市场成为帝国主义的商品倾销地。西方商人在中国办商业报纸,率先刊登广告,抢占中国市场。国人先是"排斥"、"鄙夷",因为历史上的中国商人都信奉"良贾深藏若虚"、"酒香不怕巷子深"的信条,"除市招包皮外,几无利用广告"④。老舍笔下三和祥的伙计辛德治便始终认为,老字号应保持"君子之风",不打价,不抹零,不张贴广告,卖的是字号,不应该满街拉客,卖的是"言无二价"⑤。因为中国人的生活向来都是"立足在彻头彻尾的实际上面"⑥,很少去讲究宣传产品。

洋货广告强势宣传,物美价廉的洋货受到人们的喜爱,人人喜用"洋货"的市场局面使得中国商人"保守"不变的宣传意识遭到颠覆,他们逐渐意识到"一纸风行,不胫而走。故报纸所到之区,及广告势力所及之地。且茶坊酒肆,每藉报纸为谈料。消息所播,谁不洞知。永印脑袋,未易磨灭。非若他项广告之流行不远,传单之随手散佚也"⑦。在各方面力量的共同推动下,国人的广告观念得以改变,变为主动利用,"求新求奇",以广告为商战武器,与洋商展开激烈的竞争。

二、民国时期广告意识转变的历史转折

国人从前不知利用报纸作商业上的促销宣传,只是在店面外挂上招牌和招贴,提醒过往路人,这样的提醒只限于市场一隅,不若报纸广告风行万里,即

① 李大钊.东西文明根本之异点[J].言治,1918(7).

② 赖希如.中华民族性弱点之改造论[J].建国月刊,1935(5),1935-11-10.

③ [美]阿瑟·史密斯著,王续然译.中国人的性情[M].北京:长征出版社,2008:68.

④ 徐启文.商业广告之研究[J].商业月报,1934(1).

⑤ 老舍著、萧关鸿编.老舍[M].老字号.上海:文汇出版社,2001:199～205.

⑥ [日]内山完造等著,尤炳圻等译.中国人的劣根和优根[M].南昌:江西人民出版社,2009:6.

⑦ 薛雨孙.新闻纸与广告之关系[A].申报馆.最近之五十年——申报馆五十周年纪念[C].上海:申报馆,1923:471.

使未到过这里,也听闻这家店的名声、价格怎样、清洁不清洁等。报刊广告的广泛宣传效果为人共知经历了较长的过程,孙作良在华商广告公司成立十周年之际,云"直至清代末季,始渐渐为国人所注意"①,人们"纷纷登报为招徕,何业何方择日开"②,"至民国时期",广告才"越来越受到工商界人士的重视"③。

(一)洋货横行,利权外溢是刺激广告意识突变的重要因素

自海禁大开,洋货如潮水般充斥中国市场,数十年间,"遂令此莽莽神州成为内货穷外货通,内货塞外货溢之一局"④。洋商们熟知报刊广告的力量,因此"显其故伎"⑤,在报刊上登载广告,抢先占有中国市场,尤其是日用品广告,如"老刀"牌香烟、"人丹"、"味之素""金刚"牙粉,至今还印在国人脑海。对此,《申报》报道称"进口的是泊来品,出口的是中国币"⑥,导致中国"利源外溢,国本消磨,涓涓不塞,终成江河"⑦。利权外溢,亘古未有。据海关统计,自民国以来至1933年,"已有三十九万一千二百万海关两"⑧,国人之衣、食、住、行,皆仰给于外人,非洋货不能满足其奢侈炫耀之心理。吾国生产日减,漏卮年增,国货销路呆滞,商店货物积压,社会生产生活遭到严重迫害。

华商切身利益受到损失,洋商推销货物的手段使华商意识到:不用广告,势难与洋商抗衡;不用广告,国货销路难以推广。清末民初,华商"纷纷登报为招徕,何业何方择日开。只要价廉兼物美,一经上市便增财"⑨。中国商人逐渐意识到,"取一事物以尽晓群众,不能遍执途人而告之,即散给传单,亦只限于一地。纵使印发数千百纸,张贴通衢,往往因地位与时间之关系,行人不加以注目",新闻纸之广告则"一纸风行,不胫而走。故报纸所到之区,及广告势力所及之地。且茶坊酒肆,每藉报纸为谈料。消息所播,谁不洞知。永印脑袋,未易磨灭。非若他项广告之流行不远,传单之随手散佚也"⑩。广告意识觉醒后,华商纷纷利用报刊鸣锣开道。他们用广告宣扬国货,"广告者,乃攻城

---

①　孙作良.中国日报以外之广告事业.陈冷等.近十年之中国广告事业[M].上海:华商广告公司,1936:18.

②⑨　顾柄权.上海洋场竹枝词[M].上海:上海书店,1996:181.

③　朱英.近代中国广告的产生发展及其影响[J].近代史研究,2000(4):92.

④　抗白.吾国商人之弱点[J].中国实业杂志,1912(1):3~4.

⑤　陆梅僧.广告[M].上海:商务印书馆,1940:10.

⑥　申报,1921-7-12.

⑦　申报,1921-12-22.

⑧　吴铁城.提倡国货挽救国运[J].上海市之国货运动事业,1933:3.

⑩　薛雨孙.新闻纸与广告之关系[A].申报馆.最近之五十年——申报馆五十周年纪念[C].上海:申报馆,1923:471.

掠地之工具也。盖商人以诚信为壁垒,以广告为战具,广告精良,犹战具之犀利也。执有利器,战无不克"①。华商以广告作为商战之利器,吹响了国货与洋货竞争的号角。

(二)清末以来商业化的大发展是广告观念突变的内在动力

首先,重商思潮的涌起使商人的地位大大提升。中国传统政治的论纲是"国泰民安",寄希望于风调雨顺,小民安居乐业,施政自然希望民众安守本业,不希望出"奸诈"、"惟利是图"之商辈。受外力的影响,人们开始反省这一"强本抑末"的观念,"稽古之世,民以农为本;越今之时,国以商为本"②。清末,重商思潮的呼声风起云涌,"为今之计,惟有保商、护商、自重其商,或藉商人以助国势,未始非补苴之良法"③,"商固富强之始基而国民命脉之所系也"④。人们逐渐意识到商业的重要性,必须改变农本思想,以工商立国,重商思潮开始出现⑤。1903年,清政府成立商部,奖励实业振兴商务,逐步统一全国货币,以利商品流通。1904年,清政府颁布了第一部商法《商律》、第一部商标法《商标注册试办章程》等,以维护商人的合法权益。1905年的抵制美货运动使人们意识到:"窃闻国家兴亡,匹夫有责。天下虽分四民,而士商农工俱为国民之一分子……而实行之力,则惟商界是赖。"⑥一时间,商业受到全国的重视,商人的社会地位也得到很大的提高。

其次,商业的大发展亟需广告为营业手段。"欲国之富,惟赖于经商,而欲经商之有效,必使人人有营业思想"⑦,营业思想中重要的一点,即利用广告进行商业宣传,"营业之道,依广告为导引,又曰广告者,工商业之女神,印刷墨汁,乃营业生命之血液也。玩此数语,则分业之发展,与营业之竞争,全恃广告之效力,已无疑义"⑧。1912年,实业家李文权⑨在《告白学》一文中指出:"告白为商业之精神可也。谓告白为商业之根本可也。谓告白为商战之主动力可

---

① 徐启文.商业广告之研究[J].商业月报,1934(1).

② 郑观应著,夏东元编.郑观应集[M]上册.上海:上海人民出版社,1982:593.

③ 申报,1903-2-10.

④ 申报,1901-6-19.

⑤ 乐正.近代上海人社会心态(1860—1910)[M].上海:上海人民出版社,1991:62.

⑥ 汪敬虞.中国近代工业史资料(第2辑下)[M].北京:科学出版社,1957:732.

⑦ 申报,1907-12-16.

⑧ 忘筌.最近广告术[J].直隶实业杂志,1914(9):1.

⑨ 李文权,又名李道衡、李涛痕,近代著名实业家,是李叔同在日本创办春柳社、共同演出《黑奴吁天录》时的好朋友,曾任东京商业学校的教师,后从事商业工作。1909年创办《南洋群岛商业研究会杂志》,1912年改为月报,定名《中国实业杂志》,专聘商学大家主持笔政,多工商言论,在南洋一带影响很大.

也。即谓告白为世界文明之主动力亦无不可。"他充分肯定广告为"商业发展之主动力",与国家兴亡、世界文明发展休戚相关,"告白不良,商业不昌,商业不昌,国家斯亡。"①1914 年,忘笙翻译外国译著《最近广告术》,在前序中指出:"我国工商业之所以不振,其故虽有种种失败之由,而于广告之不讲,实为一莫大原因。当此全球交通商战剧烈之时代,不于广告一门研究战略,而欲周施于商战漩涡之中,优胜劣败,天演难逃。兴言及此,可不懼哉。况工商为富强之基,欧美之兴,是其明证。以我国之地大物博,徒以商家不知广告之学,白甘放弃,以致商品不能远输海外,遂使欧美商队之视线纷集于亚东大陆,良可哀也。"②越来越多的国人意识到广告对于商业与营业的重要关系,"纷纷登报为招徕。"③

再次,榜样的社会示范为广告观念的更新提供了选择。1840 年以后,中国传统的城市结构模式发生了重大变化。一系列不平等条约的签订催生新型通商城市,广州、厦门、福州、宁波、上海、汉口等成为外国商品的集散地和销售中心。这些城市由于拥有得天独厚的地理优势和人才优势,发展迅猛,成为中国"接触外部世界和孕育现代化的前沿阵地"④。新型城市设施,如舞厅、电影院、公园、游乐园、图书馆等,不仅扩大了市民的交往空间,使人们享受到新型娱乐活动的乐趣,更有力地"促进了保守封闭的传统观念向积极开放的现代观念的演变"⑤。

民国时期,澳洲侨商相继在上海南京路上创办先施、永安、新新、大新等大型百货公司,他们熟知西方现代广告的方法。创办永安公司的郭乐就说:"余旅居雪梨(悉尼)十有余载,觉欧美货物新奇,种类繁多,而对外人之经营技术也殊有研究……余思我国欲于外国人经济侵略之危机中而谋自救,非将外国商业艺术介绍于祖国,以提高国人对商业之认识,急起直追不可。"⑥1918 年开幕前,永安公司就在上海的各大报纸上登了 14 天的开幕预告,大肆宣传商场布置和经营特色。每年季末,永安公司都大减价,除在市内各报登载减价广告外,还在沪宁、沪杭铁路沿线各城镇张贴招纸,广告力求"装饰辉煌,引人注目"。这些百货公司用橱窗广告、玻璃电台广告、服装表演、化妆表演、冷气设备、电梯等先进的宣传方式吸引市民的注意,触发了华商的广告意识。

---

① 李文权.告白学[J].中国实业杂志,1912(1):102.

② 忘笙.最近广告术[J].直隶实业杂志,1914(9):1~2.

③ 顾柄权.上海洋场竹枝词[M].上海:上海书店,1996:181.

④ 朱英.辛亥革命与近代中国社会变迁[M].武汉:华中师范大学出版社,2001:557.

⑤ 朱英.辛亥革命与近代中国社会变迁[M].武汉:华中师范大学出版社,2001:595.

⑥ 上海社会科学院经济研究所.上海永安公司的产生、发展和创造[M].上海:上海人民出版社,1981:5~6.

（三）国货运动是华商广告意识爆发的催发剂

抵制洋货、提倡国货运动，使华商觉醒后的广告意识有了演练的阵地。1905年，美国苛虐旅美华工，国人抵制美货运动，这是抵制洋货运动的开始，自辛亥革命后在二三十年代达到高潮。1919年爆发的"五四"爱国运动是里程碑，"文化启蒙与爱国运动呈现出融合的趋势，两者互为动力"[①]。由学生运动引发的爱国热潮逐渐蔓延至全国，由知识界向下层民众扩散。审时度势的华商积极利用这一社会潮流，用"中国人请用国货"等口号掀起了劝用国货运动。1933年，上海市市长吴铁城发文《提倡国货挽救国运》："中国目前最大之危机，在经济侵略；提倡国货，即可消除外患，挽救国运；提倡国货，即可增加国富，改善民生。"吴铁城将洋货之经济侵略比喻为"慢性痨症"，军事侵略如"霍乱吐泻"。"霍乱吐泻"，人们稍加警惕，就可预防；慢性病则常常为人们所忽视，如"苟延日久，每致一病不起，无可救药"，而"吾民族将来覆亡之大祸，安知不起于今日国民喜用洋货之心理乎？"[②]

1919年5月15日，《新闻报》刊登兴业烟草公司的广告："山东问题，旋将失败。凡吾同胞，莫再徘徊。空言无补，实力是赖。即此香烟，亦多舶来。漏卮千万，事实堪哀。欲求强国，当先裕财。提倡国货，责在吾侪。同胞速起，挽此狂澜。"[③]广告警告国人，"事急矣，时迫矣，同胞速起"抵抗日货，改吸国货"大吉"牌香烟。

1925年"五卅"惨案发生的第二天，三友实业社即在上海《申报》上刊登了以"哭南京路被害的学生"为醒目标题的巨幅广告。这则广告约占当天《申报》的半版篇幅。标题以"哭"套红的大片"血迹"作底，放大为其他字的两倍，上面还印有一个泪流满面的愤怒的人头，形成强烈的视觉刺激。广告词洋洋洒洒五六百字，慷慨激昂，感人肺腑。它先是号召"未死之中国同胞，一醒睡狮之梦，三省戴天之仇，努力奋起，以雪是耻"，接着引入抵制洋货、购用国货的主题。该广告以提问的方式号召"未死之中国国民"认识到："南京路之子弹有限，合中国之子弹无穷。此后尔愿着外货之毛丝纶乎？抑愿着国货之自由布乎？尔愿用外货之珠罗纱乎？抑愿用国货之透凉罗乎？尔愿作冷血动物乎？抑愿作热血之人类乎？当尔觉悟用国货可以作一子弹无形之抵抗时，则今日学生诸君虽死，亦可作挽救中国民气之动点矣。"[④]在特定的历史条件下，这则

---

①　罗检秋.近代中国社会文化变迁录（第三卷）[M].杭州：浙江人民出版社，1998：368.

②　吴铁城.提倡国货挽救国运[J].上海市之国货运动事业，1933：3～5.

③　新闻报，1919-5-15.

④　申报，1925-6-1.

广告以血红的画面引起人们的恐惧不安和警醒,从而起到较平时更为突出的抵制洋货和推销国货的作用。

华商巧妙设计商标,以提醒人们抵抗外货。东亚毛呢纺织有限公司生产的"抵羊"牌毛线,商标上是两只山羊,两头相撞,死死相抵,绝不妥协,"抵羊"与"抵洋",谐音相同,一语双关。温州百好炼乳厂生产的"白日擒雕"牌炼乳的商标设计也费尽心思。英商英瑞公司"鹰牌"炼乳的商标图样是衔有标带之鹰,立树枝上首向左作飞翔状,"白日擒雕"牌炼乳的商标图样是白日之下有一只手擒着雕。雕鹰属于猛禽类,可以暂时借助鹰牌的商誉打开市场。擒雕,含有不许这只外来苍鹰在中国市场上飞翔之意①。上海家庭工业社生产有"无敌牌"牙粉,其纸袋的一面印有"天虚我生发明"字样,另一面印有网球和球拍的静物图案,网球象征日本太阳旗上的太阳,用球拍打球,有打倒日本帝国主义的意义,可谓"用心良苦"②。用商标品牌同洋货展开竞争,显示出华人广告意识的觉醒和广告技巧的娴熟。

(四)专门的广告人才是广告观念突变的先行军

现代商业性广告具有文化传播特质,徐鼎新说,企业的广告意识"与科技人才的增进有密切的关系"③。吾国国民广告意识的增强与商业性广告人才的增多有密切的关系。我国的商人多半没有受过专门的商业教育,素不研究推销货物的广告,"所以他们要登一张广告,不得不请几位老学究,或能作文章的人,去做一篇似是而非的文字"④。这些文章大多千篇一律,毫无特色,"所以鸿记茶庄的广告,换上吴德泰茶庄的牌子,仍然可以通用"⑤。不痛不痒的广告词自然引不起国人的兴趣。

民国以后,随着"实业救国"思潮的涌起,商业教育受到人们的重视。各地相继创办职业类商业学校,有识之士在商科教育中增设广告学课程。晚清以来,国人办报的热情越来越高,他们游说各个商铺,拉广告以维持报社的生存和发展,从实业和报业发展的角度提倡商业广告。早期出国学习或经营实业的有识之士纷纷将国外的译著或广告情况介绍到中国,这些论说推动了国人

---

①　潘君祥.中国近代国货运动[M].北京:中国文史出版社,1995:160~171.

②　寿乐英.近代中国工商人物志(第四册)[M].北京:中国文史出版社,2006:179~187.

③　徐鼎新.中国近代企业的科技力量与科技效应[M].上海:上海社会科学院出版社,1995:186.

④　戚其章.广告的研究[J].复旦,1920(11):59.

⑤　张一章.中国之广告术[A].黄天鹏.新闻学刊全集[C].上海:上海书店,1990:228.

广告意识的增强。

李文权,在菲律宾经商多年,熟知欧美实业界的情况,而对吾国商人经商,广告无心得,极为担忧:"吾国告白,极为幼稚,几等于无告白,纵有之,无非一二商人,随意组织,甚至文法不通者有之,词意不达者有之,且惜费用,减文字,此等告白,不如无之。"①因此李文权在其创办的《中国实业杂志》中连续发表文章《告白学》,一一介绍国外有关告白之学理及其新颖方法,如寄赠新闻、往还邮片、鸣谢邮片、附印花邮片、月份牌、礼拜单、投信、送货样、营业目录,以期"吾国告白改良,而商业因以发达。"②《中国实业杂志》中还有一篇抗白所作的《吾国商人之弱点》,其中四条之一即为"广告无心得",呼吁"商界群公,其无以广告为不足道,而犹鸡鸣以起,孳孳以图也可。"③

1913年,史青翻译出版美国新闻记者休曼的《实用新闻学》,其中第12章《告白之文》、第13章《登载告白》专门介绍报刊告白的方法及注意事项。第13章有"著书者同姓某之作",此人"为报馆中人有年,且系告白专家,其为阅历之谈,可供参考,故译之,译者识"④。此外,甘永龙翻译《广告须知》,四体印业社之主人朱庆澜著有《广告学》。朱庆澜编写《广告学》一书,认为广告乃"商战利器",在竞争日烈的情况下,推广销路"厥惟广告之一法乎"⑤。国人"素未研究"广告,"特辑广告学一书,以供吾国营业家之参考"⑥。这些论著的出版,表明国人已逐渐意识到广告在商业上的作用和价值,希望通过广告理论的普及指导于商业发展。

新闻学界的开山鼻祖——徐宝璜,曾求学于美国密歇根大学,系统学习过新闻学、经济学,"为留学生治报学者之第一人"⑦,回国后任北京《晨报》编辑。1918年,他被聘为北京大学新闻学研究会的导师,在他的努力下,广告作为"有力之商业媒介"进入学者的研究视野,广告学研究登上大雅之堂。次年,徐宝璜将其有关报学的讲稿整理出版《新闻学》一书,此书是我国最早的新闻学著作。另外,出国攻读广告学的还有陆梅僧、林振彬、叶建伯、汪英实等。林振彬回国后,曾服务于商务印书馆的商务广告公司,后于1926年创办华商广告公司,其旅美学习的经验使其在广告创作和经营方面独树一帜。1927年,陆梅僧与张竹平(《申报》经理)、陆守伦等组织联合广告公司。陆梅僧还将其多年的从业经验著成《广告》一书,详细讲解商界刊登广告的各种方法。胡伯翔、

①　李文权.告白学[J].中国实业杂志,1912(4):132.

②　李文权.告白学[J].中国实业杂志,1912(1):87.

③　抗白.吾国商人之弱点[J].中国实业杂志,1912(4):3.

④　[美]休曼著,史青译.实用新闻学[M].上海:上海广学会,1913:135.

⑤⑥　朱庆澜.广告学[M].香港:商务书局,1918:1.

⑦　管翼贤.新闻学集成(第七册)[M]..北京:中华新闻学院.1943:156.

丁棟、张光宇、庞亦鹏、杭稚英等的加入使得广告设计的水平大大提高,这也在一定程度上促进了民众对于广告作用认识的提高。正如陈子密所言:"中国广告事业有今日之形态,亦即人才增进之表示。凡从事广告事业者,咸知非有特殊学识与经验,不克胜利。于是研究者日众,分门别类,各专一长,藉资应付。"①

三、广告观念突变的表现

帝制终结,民国建立,开辟了新的历史纪元。传统帝制对社会的控制得以瓦解,共和建国的步伐步步逼近,"伴随着社会转型的滞重步伐,人们的思想观念和社会心态也在发生着潜移默化的变化"②。中西广告观碰撞,传统广告观被迫转变,以报纸为触点开始注意到各个方面,各类广告层出不穷,广告业也在这一时期发生历史性的转变,广告代理制出现,广告事业呈现出万象更新的局面。

(一)以报纸广告为触点的广告观

中国的现代广告事业,"亦几无广告之名称,有之乃与日报以俱来也"③。具有大众传播媒介特质的现代广告出现在近代,是西方列强入侵的伴随物。传统广告,如招贴、传单等,都是处于"萌芽、原生状态,传播媒介多是传播者自身的肢体语言或自然物"④。中西古代广告的传播方式差异甚大,中国人"偏重于人际传播"⑤,西方古代的广告传播则"擅长于借助各种媒介物进行广告传播"⑥。因此,吾国国民眼中的广告仅为简单提示,限于一隅,甚少注意广告技巧与科学精神。报纸广告出现后,华商始知利用大众媒介等新型广告媒介,国人日渐觉得工商业的落后乃不注重宣传导致,不得不"奋起直追的趋势,由是广告便日渐为国人所注重"⑦。这一时期,国内的"新闻事业在蓬勃地发动起来,报馆为着经济问题不得不竭力拉拢商店广告,促成了国人对于广告的尝

① 陈子密.谈中国之广告事业[J].商业月报,1931(2).
② 马敏.商人精神的嬗变:近代中国商人观念研究[M].武汉:华中师范大学出版社,2001:69.
③ 孙作良.中国日报以外之广告事业.陈冷等.近十年之中国广告事业[M].上海:华商广告公司,1936:18.
④ 杨海军.论中国古代的广告媒介[J].史学月刊,2006(12).
⑤⑥ 周茂君.中西古代广告传播方式比较[J].武汉大学学报,2006(3).
⑦ 何嘉.现代实用广告学[M].上海:中国广告学会,1931:2.

试"①。因此，"故言中国之广告事业，日报实为其先导"②。

1. 报纸广告的出现满足了快速普遍的需求

口头宣传、传单、招贴、户外广告牌等传统广告"无一能与新闻纸相抗衡"③，"最能普及、最能深入大众的，自然要推日报上的广告了"④。日报为报告消息的机关，商业广告则贵乎消息灵通、普遍。《上海新报》创刊时就自我宣传："开店铺者，每以货物不销，费用多金刷印招贴，一经风雨吹残，或被闲人扯坏，即属无用……似不如叙明大略，印入此报，所费固属无多，传阅更觉周密。"其又说："观此新报，即可知某行现有某货，定于某日出售，届期亲赴看货面议，可免经手辗转宕延，以及架买空盘之误。"⑤另外，从经济节省的角度考虑，商家欲其商品风行全国，"自以日报之费为小"⑥。

2. 民众阅报能力的提高使报纸广告的效果得以保证

社会政局的动荡和文化教育的发展，使整个社会通过阅报了解政论信息的需求逐渐增多，传统的京报也走进了寻常百姓的家庭，京城百姓只要略花小钱就能得知各地消息，"惟恐人疑不识丁，日来送报壮门庭。月间只费钱三百，时情亲朋念我听"⑦。只是这时期的京报还未有商业广告，"教育不普及，广告缺少媒介物"⑧。自民国以来，"普通国民读书之能力，日益增进。新闻杂志之种类，亦骤见增加，故新闻杂志之发行额数颇巨，其进步之速，良可惊矣"⑨。报纸的价格便宜，如《申报》创刊时取费八文，《新闻报》创刊七日内不取分文，七日后方取八文。报纸成为"人人财力所能及之物品也"⑩。从信任的角度考虑，"报纸是人民喉舌，在社会上有相当的立场。社会人士对于报纸也有相当的信仰，所以无形中报纸上登载的广告，好像有报纸的保障，读者易于信任"⑪。

① 何嘉.现代实用广告学[M].上海：中国广告学会,1931:2.

②⑧ 孙作良.中国日报以外之广告事业.陈冷等.近十年之中国广告事业[M].上海：华商广告公司,1936:18.

③ 方宗鳌.新闻纸与商业[A].黄天鹏.新闻学名论集[C].上海：光新书局,1930:137.

④ 不敏.论出版业与广告经济[J].工读半月刊,1936(4):174.

⑤ 方汉奇.中国近代报刊史(上册)[M].太原：山西人民出版社,1981:58.

⑥ 朱庆澜.广告学[M].香港：商务书局,1918:2.

⑦ 杨米人、路工.清代北京竹枝词(十三种)[M].北京：北京古籍出版社,1982:78.

⑨ 铭之.广告法之研究[J].中华实业界,1914(3):1.

⑩ 心一.说广告之利益[J].中华实业界,1914(4):2.

⑪ 陆梅僧.中国的报纸广告[J].报学季刊,1934年创刊号:65.

3. 广告观由报纸广告蔓延其他

"中国之广告事业,日报实为其先导"①,报纸广告是西方传递给中方的第一个信号弹,这一强信号使得吾国人开始注重广告的功能和手法,国人也由此关注其他广告。吾国商人对于广告,素无研究,"昔甚漠视此道,近者风气大开,咸知利用广告可以发展业务,故广告方法日新月异"②。国人对于广告的认识,都是由报纸而起,对报纸广告的研究最多,"有了报纸,才渐渐有所谓'广告'这二字的印象,推而知道注意到别种广告"③。报纸刊载广告,"一纸风行,不胫而走。故报纸所到之区,及广告势力所及之地。且茶坊酒肆,每藉报纸为谈料。消息所播,谁不洞知。永印脑袋,未易磨灭。非若他项广告之流行不远,传单之随手散佚也"④。有人认为,"广告是一种'纸上的贩卖'"⑤,这与广告教皇奥格威"广告是纸上的推销术"的立言不谋而合。因此,报纸广告是国民广告意识觉醒的触动点,一经触动,波及其他。随着电信交通业和印刷业的发展,广告媒介物触及邮片、礼拜单、目录单、货样等,广告色也由黑白两色增至多色,甚至增加了许多照片。广告亦开始注意讲求方法与道德,研究其与心理学、美学方面的关系,这些都刺激了吾国现代广告事业的发展。

(二)新旧广告观的混杂

近代以来,西方实业家的眼光都投射到中国市场来,把中国强行纳入国际市场,"数十年来,汉沪京津,及其他各埠,市场之殷盛,商店之繁多,骤观之非不景气象雄深,包罗千万也。循名以核实公司也,洋行也,大抵欧美所经营,日本所创设",而吾国商人"厕身其间者,寥如晨星"⑥。政局的动荡造就了商业的大变革,闭关自守的国内市场被外货挤占。自此,"一个'千古变局'的动荡时代正在展开,一个价值多元、观念重组的历史过程也随之而展开"⑦。

首先,主动开放的广告观被越来越多的厂商所接受。在西方新式海报、招贴的冲击下,活络的商号开始张罗采用新式的宣传工具,在街头散发传单,在

① 孙作良.中国日报以外之广告事业.陈泠等.近十年之中国广告事业[M].上海:华商广告公司,1936:18.

② 顾宝善.全人俱乐部:广告杂谈[J].大陆银行月刊,1924(8):77.

③ 何嘉.现代实用广告学[M].上海:中国广告学会,1931:3.

④ 薛雨孙.新闻纸与广告之关系[A].申报馆.最近之五十年——申报馆五十周年纪念[C].上海:申报馆,1923:471.

⑤ 陈泠.十年来新闻业与广告业之关系.陈泠等.近十年之中国广告事业[M].上海:华商广告公司,1936:6.

⑥ 抗白.吾国商人之弱点[J].中国实业杂志,1912(1):5.

⑦ 马敏.商人精神的嬗变:近代中国商人观念研究[M].武汉:华中师范大学出版社,2001:69.

门口悬挂花红翠绿的"霓虹灯"，打着虚虚实实的"大减价"招牌，实行"买一赠一"的销售策略。以前华商"不知广告对于销路之辅助，大多忽视广告，以为'何必登载广告'，今则渐知广告效力之宏大"①。1925年，戈公振为蒋裕泉《实用广告学》作跋序，称："广告之功用，今已为世所公认，约言之，如货物销路之促进，价格之趋廉，及与公众以种种便利，是皆其显著之例也。同时对于报纸刊登广告，他们也开始要求由专人制作。以前的厂商大都以为随便什么人都会做广告的，所以对于'谁去做广告'的这个问题，不加研究，现在也逐渐感觉到'广告须由专家制作'了。"②三友实业社花大洋四百元请郑曼陀制作一张月份牌广告画③。鹤鸣鞋帽店创设之初，就将80%的资金用于广告宣传，留下"天下第一厚皮"、"皮掌之厚无以复加，利润之薄无以复减"④这样设计巧妙、反贬为褒的广告语。

　　另一方面，旧观念的约束使得新广告观的推广比较漫长。"无奈广告观念，仍属薄弱者多，此无他，经理其事者，为平时旧习惯所拘束，无新颖之广告见解与方法，以致偾事"⑤，传统守旧的商人仍抱残守缺，遵循着"良贾深藏不露"的老店风格，奉行"不言二价"、"童叟无欺"的保守销售策略。"且有一般泥古商人，一味守旧，总不肯稍事改革，以图上进，报纸的广告更不注意了"⑥，他们将制作广告视作浪费，认为报上刊登广告的产品多为欺世盗名。于是，民国初年的广告景观一如当时的社会风俗及纲常道德，新旧混杂，这边是高楼大厦的霓虹灯，那边依旧是旗帜招展的幌子，庄严肃穆的黑匾招牌。有许多商家，"多于墙上写上几个大字，以显示于人。如客店之'悦来客店，案寓客商'这几个字，看上去很妥当，但那限于一隅的告知，远方来的客人，那里知有这末一个店呢？总让客人走到店门口，因他脑筋里没有这店的影响，他一定很猜疑的

---

①② 陆梅僧.中国的报纸广告[J].报学季刊，1934年创刊号：66.

③ 叶浅予.细叙沧桑记流年[M].北京：群言出版社，1992：12～13.这个价格是叶浅予1926年进入三友实业社时，听掌柜说起的，就当时的物价水平而言，每市石（中等）米需15.77元（参考吴承明.中国资本主义与国内市场[M].北京：中国社会科学出版社，1985：293.），每市石等于156市斤（卢锋、彭凯翔.我国长期米价研究[J].北京大学经济研究中心，2004.），因此每市斤米约需要0.1元，就此而论，当时郑曼陀画一幅画的价钱则可以买4000斤米，因此可推测，其价钱还是极其高昂的.

④ 李音.鹤鸣"鞋帽大王"的由来.于谷.上海百年名厂老店[M].上海：上海文化出版社，1987：114～115.

⑤ 蒋介民.工商业与广告谭[A].王澂如.新闻学集[C].西安：天津大公报西安分馆，1931：210.

⑥ 张一章.中国之广告术[A].黄天鹏.新闻学刊全集[C].上海：上海书店，1990：228.

想:'里边清洁不清洁,价钱便宜不便宜'都成一个问题"①。

在"西力东侵"、"西俗东渐"的近代化过程中,传统广告观与新式广告观交互推进。英美烟公司简单移植欧美的广告思维,制作投放海盗大刀的广告画,不但不能引起国人的兴趣,甚至引发反感,吃了这一大亏以后,他们才在广告中使用中国文化中的元素增强广告效果。这就使得近代广告观新旧混杂,华洋杂处,广告创意和技巧亦中西结合。蔼庐在研究中国广告术时说"曾忆见一论广告之书,言我国店铺所悬之招牌,为绝妙之广告,极赞其方法之善"②,只是吾国有部分商人,喜欢因陋就简而已,不喜革新。而一部分华商也对洋商带入的新式霓虹灯、橱窗陈列叹为观止,甚为羡慕,摹仿创新。一旦新的广告观占据主导地位,就引发着广告事业的各个方面发生根本性的变革,"观念变革是社会变革的前导,反过来又促进社会变革的进程"③。

第二节 近代对广告的基本认识

随着近代广告业的发展和广告意识的增强,人们开始主动关注并研究广告的技巧和方法。人们对广告功能的认识也不断丰富和完善,由商业拓展到社会文化、教育等,广告对外是商战的利器,对内则是工商业发展的助推器,可以促进人们的生活,宣传文化,教育公众。随着对广告认识的提高,各式各样流行的工具被纳入到广告这一行列,充当广告宣传的媒介物。受众也不再沉默不语,或赞赏,或批评,广告事业在各种关系的认识对照中革新发展。

一、对广告定义及功能的认识

"广告"一词出现在 1906 年以后,日报广告上的"告白"代之以"广告"字样,民国以后更为普遍。

(一)学人及商人对广告所作的定义

下定义确实很难,李文权观察各国的广告业之后介绍说:"广告者,日本名

---

① 张一章.中国之广告术[A].黄天鹏.新闻学刊全集[C].上海:上海书店,1990:228~229.

② 蔼庐.告研究广告术者[J].中华实业界,1915(12):5.

③ 马敏.商人精神的嬗变:近代中国商人观念研究[M].武汉:华中师范大学出版社,2001:99.

词。近吾国人舍告白二字,沿用广告之新名词,几成定名。"①这一说法与徐百益一致,"'广告'是近代的名称,这两个字很可能来自日本。"②甲午战争后,赴日留学的人数逐渐增多,许多人出游日本学习明治维新。1877 年以后,日本广泛采用"广告"二字,目前学术界普遍认为"广告"最早出现于 1907 年的《政治官报》章程中,有学者提出甚至更早。③ 但民国以后"广告"二字的使用才较为普遍,这点得到普遍的认同。

1. 从字面上解释

广告,据"牠的字义说来,有告白披露等等的意思。"牠"在英语中有唤起人们注意商品的意义;在法语中则有告知告示等的意义"④。这一解释,包揽了从字面意义的本国语言、英语及法语的不同角度,下分述之。

"'广'字是普遍广大的意思;'告'字是告诉大众的意思……广告二字,不但广告大众使他们知道,还要使他们有深切的影像,引起他们的购买欲"⑤;广告不仅仅是告诉,引起大众的购买欲才是最终的目的。除告诉之外,广告还要引起大家购买的心理。蒋裕泉曾在时报馆、商务印书馆、有正书局、万国储蓄会、东方储蓄银行公司从事广告业多年,他认为:"广者,广大也,扩而充之之谓。告者,语也,以事语人之谓。广告二字,其义即为广告于众,欲使广众咸知之意……公布兴致之文字,悉称之曰广告。"⑥

西方广告事业比我国时间要早且发达,因此有必要从西文的角度对其定义。1919 年,焦子坚考察英美古籍,考其记载,谓之"广告(Advertisement)者,出酬费而使刊登于出版品上之通告也。又或曰,印于传单招贴及刊登于报纸上之通知或露布之为广告。"焦子坚认为,这样的解释,"其命义范围,至为偏狭。"⑦1920 年,戚其章对广告作如下定义:"广告是一种有吸引力的东西。他能把各人的心思和注意力都吸引到物事上去。换句话说,就是无论什么东西能引人家的注意力到物事上去的,都可以称它为广告。"⑧英文"Advertise"从拉丁文"Adverto"演化而来,意思就是吸引过来。

---

①　李文权.广告与卖药之关系[J].中国实业杂志,1913(2):13.

②　徐百益.广告学入门[M].上海:上海文化出版社,1988:1.

③　刘家林.中国近代早期报刊广告源流考[J].新闻大学,1999(2).据作者考证,最早出现"广告"的报纸境内是 1901 年 10 月 18 日《申报》刊登的《商务日报馆广告》,境外更早,有 1899 年之《清议报》.

④　高昌琦.广告[J].大夏周报,1931(1):11.

⑤　高伯时.广告浅说[M].上海:中华书局,1930:2.

⑥　蒋裕泉.实用广告学[M].上海:商务印书馆,1925:5.

⑦　焦子坚.实用广告学[J].商学杂志,1919(3/4/5):1.

⑧　戚其章.广告的研究[J].复旦,1920(11):53.

徐宝璜也从西文的角度对广告进行定义:"然则何谓广告?拉丁文 Adverters 意思就是转移,英文 Advertise 由此而出,其义为:转移对方之心理,作普众之通告。"①丁馨伯认为:"广告一词语出英文 Advertising,而 Advertising 又系从拉丁 Adverture 一字而来,按 Adverture 为 to Turn toward 或 Making Kown 之意,即有使人周知共晓之意,今吾人以'广'大公'告'二字译之似颇允洽也。"②可知,广告有使大家知道并改变其意向的意义。

苏上达从中西文对照的角度得出:"'广告'二字,原由英文 Advertising 一词译出,英文源于拉丁字 Advertere,乃通知或披露之意。照汉字之解释:"告"者语也,报也;'广'者,大也,阔也;故'广告'即将事物遍示四方之意,与拉丁原字固无甚悬殊。"③

2. 从广义狭义上解释

1912 年,李叔同担任《太平洋报》广告部主任时发表《广告丛谈》,认为:"广告之意义,分狭义与广义两种。"狭义的广告,"凡商品卖出,及银行会社之决算、报告等,有广告于公众之目的者,皆属于此类"④。狭义的广告即我们通常所说的广告,也就是商业广告。李叔同认为,"广义之广告,其界限殆难确定,凡社会上之现象,殆皆备广告之要素"⑤。他认为:"妙龄女子,雅善修饰,游行于市衢,直可确认为广告。"⑥李叔同提出这一服饰广告或称游行广告,即是大家所理解的社会广告的一种,可见自李叔同起,大家就认为服饰广告即是广告的一种,确切的说是社会广告的一种。这一修饰、游行的行为含有"告诉"的含义,即广告的一种。这一提法与陈培爱在《中外广告史》提出的"广告是沟通信息的需要,在认识上是一致的,即自从有了人类社会,便有了相互沟通信息的需要,社会广告便早于经济广告应运而生"⑦。服饰在古代非常重要,表达尊卑等级,到了民国,这种修饰、游行更多了自我表现与社会交流的意义,大有卓文君"当垆卖酒"以漂亮姿色引人注目的意义。

1919 年发表于《商学杂志》的《广告杂谭》,作者马鸣章曰:"广告者,以其事布告于众也。学校招生有广告,寻人有广告,受法庭宣告破产、拍卖房地有广告,即行政公署之布告,以广义解释之,亦可谓为广告。"⑧因此,广告就是使

---

①　徐宝璜.广告学[J].报学月刊,1929(2):14~15.

②　丁馨伯.广告学[M].上海:立信会计图书用品社,1944:1.

③　苏上达.广告学概论[M].上海:商务印书馆,1931:1.

④⑤⑥　李叔同.广告丛谈.郭长海、郭君兮.李叔同集[M].天津:天津人民出版社,2005:69.

⑦　陈培爱.中外广告史——站在当代视角的全面回顾[M].北京:中国物价出版社,1997:9.

⑧　马鸣章.广告杂谭[J].商学杂志,1919(1/2):47.

大众知道的意思,"像官厅中的告示,使一般人民知晓,可称为广告;学校的招生,也就是广告;商店的开幕公告,也是广告;报纸上所登各种启事,也是广告。再如工厂及船舶的放汽笛,乡村中的鸣锣集众,也都是广告。由此可见,广告的涵义,实在太广。"①广义的广告指人事广告,戚其章认为,单纯广告指"纸上的贩卖",此种看法有失公允。因为"有许多广告,并没有含贩卖的气味,像登'恕讣不周'的人,他的目的,无非要使一般亲戚朋友知道某某人已经死了,现在定于某月某日'领帖'或'安葬'等事"②,广义的广告应该包括此类人事广告。

孙孝钧从广义和狭义两个方面对广告进行定义,广义的广告是"凭藉一物,或举动以欲语之事,使众周知之谓也"③,包括官署之公布文字,乡民之鸣锣集众,工厂之放汽笛,报纸新闻广告,其广告含义非常广泛,只要是凭借一物,使人众所周知,便是广告。孙孝钧认为,狭义的广告专指商业广告,"广告乃商人假力于文字、图表、言语、或举动,以其欲售之货,或服役之性质、功用、能力,及价格等,宣布于众,而达其招揽顾客之目的之法也"④。有学者从商业经营的角度对广告进行定义,"(广告)是厂商或商人利用文字、图画、语言、招贴,或举动,知照大众,而引人注目,及引起顾客购买货物或代顾客服役,以便达到招徕、推销、扩展业务的一种方法"⑤。其狭义的广告专指商业广告,此种说法得到各方面的认同。

吴铁声的《广告学》乃"二十余万言之广告学巨著"⑥,是近代广告学研究最翔实、最齐备的一本。吴铁声亦从以上几个角度进行定义。从中文字面解释,"'广'是有'广大、广速、广博'等意义,所谓'告',是有告白、告知等意义,若合此二字解释,则有'普遍告知'的意义。"从西文字面上解释,"广告"一词原自西文译出,英语谓 advertising or advertisement,其语源出自拉丁语 advertere,其意为 turn toward 或 turn the attention toward,有"回头"、"注意"、"诱导"等意义。作者认为,单就这种字义的解释,则所谓"广告"者,是欲公众注意某事物,并诱导于一特定的方向而使用的一种手段,如再按德语 reklame 和法语 seolame 的语源,出自拉丁语 elame,有"反复称呼"的意味,若根据这种字义的解释,得出"广告者,是将某事物反复称呼,使众周知的意思"⑦。

3. 从心理学的角度进行定义

广告与人的心理有很大的关系。1919 年 9 月孙科在《建设》上发表《广告

①⑤　冯鸿鑫.广告学[M].上海:中华书局,1948:1.

②　　戚其章.广告的研究[J].复旦,1920(11):53～54.

③④　孙孝钧.广告经济学[M].南京:南京书店,1931:1.

⑥　　吴铁声、朱胜愉.广告学[M].上海:中华书局,1946:武垍幹序.

⑦　　吴铁声、朱胜愉.广告学[M].上海:中华书局,1946:1～2.

心理学概论》,指出,以英文词典注解广告定义的方法,"未足以诠释今日之广告也"。作者认为,最新的广告应"使阅者对于广告所说之事物,发起需求欲望之心"①。

有人甚至提出,广告即操纵他人之意志,"要之广告者,以能操纵他人之意志,使信己所言,而可起应于已所为商业上之提供,为最终之目的"②。徐宝璜认为,广告是转移他人的注意或意志,"然则何谓广告? 拉丁文 Adverters 意思就是转移,英文 Advertise,由此而出,其义为:转移对方之心理,作普众的通告"。他说:"凡一种宣传,无论用何方法,能转移对方心理,引起普众的注意,以达有利的目的者,就是广告。"③凡是对方中没有的,要让他有,原来是静的,要教他动。范围愈大,印象愈深,愈显出广告的功能。高伯时认为,从心理学的角度解释广告最为确当,"不论何种布告,凡是深切地、感化人的,统叫做广告。这个解释,最为确当"④。

广告是吸引,也有学者提出这样的看法。戚其章认为,"据我个人的意见——广告是一种有吸引力的东西。他能把各人的心思和注意力都吸引到物事上去。换一句说,就是无论什么东西能引人家的注意力到物事上去的,都可以称它为广告"⑤。

也有学者从奥格威的角度"广告是印在纸上的推销术"来理解广告。"广告者,系一种印刷的文字或书画的推销方法也"⑥,此种解释言简意赅。陆梅僧站在广告经营者的立场,认为广告是"为某一种商品或服务而作的有计划的重大的任务和收效的几个步骤,由此可以说明广告实在是一种值得研究的科学"⑦。与此相同的还有赵君豪,他曾在《申报》馆从事广告业多年,为申报函授学校讲解广告时,从广告发布者的角度对此进行定义,"广告者,为一种购买之宣传,依照预定之方案,使人民阅之,能影响其动作或思想,而达到登载广告人所企求之目的"⑧。

上述种种都是时人对广告的基本认识,有关广告是"学"还是"术"的讨论,初时人们认为"告白非科学,不过是一种技术"⑨,不过是使人知道有某种货物

① 孙科.广告心理学概论[J].建设,1919(2):323.
② 焦子坚.实用广告学[J].商学杂志,1919(3/4/5):1~2.
③ 徐宝璜.广告学[J].报学月刊,1929(2):14~15.
④ 高伯时.广告浅说[M].上海:中华书局,1930:2.
⑤ 戚其章.广告的研究[J].复旦,1920(11):53.
⑥ 丁馨伯.广告学[M].上海:立信会计图书用品社,1944:1.
⑦ 陆梅僧.广告[M].上海:商务印书馆,1940:1.
⑧ 赵君豪.广告学[M].上海:申报馆,1936:3~4.
⑨ 李文权.告白学[J].中国实业杂志,1912(1):87.

销售，"殊无至高无上之学问于其间，但求词达而已矣，本无关乎学问也"①。随着广告实践的推进，人们逐渐意识到，广告为商业发展之命脉，是有专门的学问和技巧的，因此广告"有谓之为学"。人们认识到"广告是一种学，同时又是一种术"②。广告包含学与术的关系，因此研究广告者，"非但要懂得广告的学理，且须精通广告的技术"③。近代研究广告的学人都是业界的实践者，如朱庆澜、如来生、蒋裕泉、吴铁声、叶心佛等，都是经过多年的业界实践，开始研究广告学的。这种广告从业人员著书立说的潮流从民国时期开始，一直延续至今。

（二）对广告功能认识的日渐丰富

广告最初为吾国人所重视，其最直接的动因乃外商洋货的倾轧和洋商广告的层层包围。在中外商战中，吾国商人被迫出招，人们首先想到的是"师夷长技以制夷"，以广告为商战利器，因此在商业方面的认识也最为丰富。

1. 广告乃商战之利器

欧洲各国商人熟练运用广告，争夺吾国市场，促发吾国广告意识的觉醒和广告事业的开始。自上个世纪以来，欧美各国由于规模化生产，角逐商战"可谓殚精极思，不遗余力"。商战的第一步——广告，"尤为剧烈，勾心斗角，赌奇赛异"④。西方人把广告比喻为"事业之保姆，乳之育之，抚之护之"⑤，实业界"咸以此为唯一之利器，斤斤致意而不敢或忽"⑥。民国初年，黄世祝发表《广告论》提出，人世间有两种战斗，一曰兵战，一曰商战。兵战的时间短、地域狭小且可避免。而商战时间持久且不可逃避，因此"商战酷于兵战也"⑦，"盖处今日商战之世，苟欲扩充其营业，推广其销路，以与洋货相争胜，舍广告术奚由！盖广告术者，商战利器之先锋也"，故曰"广告为商战利器之一也"⑧。

李文权旅日多年，熟悉西方的实业经营，也大声疾呼："今日本亦研究广告术，以冀其商业之发达，未有告白而能使商业进步者也。告白不良，商业不昌，商业不昌，国家斯亡。"李文权把广告看作商业发展之主动力，认为"告白为世

———————————

① 李文权.告白学[J].中国实业杂志，1912（1）：102.

②③ 周宪文.商业概论[M].上海：中华书局，1932：197～198.

④ 焦子坚.实用广学[M].商学杂志，1919（1/2/3）：6.

⑤ 孙孝钧.广告经济学[M].南京：南京书店，1931：3.

⑥ 抗白.吾国商人之弱点[J].中国实业杂志，1912（4）：1.

⑦⑧ 黄世祝.广告论.乐农史料整理研究小组.荣德生与兴学育才[M].上海：上海古籍出版社，2003：207～208.

界文明之主动力亦无不可"①。朱庆澜也认为:"广告与商业之关系,犹蒸汽之于机器,有莫大之推动力也。"②焦子坚也呼吁:"处兹商战最激之世界,经商诸子洵不可不出奇计,运良谋,厉兵秣马,以期立于不败之地。广告者,商战所恃利器之一也。其运用合宜,则战无不利,攻无不克。"③

2. 广告乃工商业发展之助推器

广告最重要的功效在于"使人共知","引得多数之顾客,成就其多数之贸易",从而成为"推广贸易之机械"④,发展商品或企业在市场竞争中的实力。潘公弼为何嘉的《现代广告学》作跋,"广告者,助长百业之工具也,近世凡百企业当此创始,莫不以广告为先驱,而繁荣滋长,尤赖广告为辅翼"⑤;"竞争愈烈,'出奇制胜'的方法愈重要,于是,足以连络需供和制胜竞争的广告,就应运而兴。商业的成败半由于广告的得失,这话确非'过甚之词'"⑥。除了广告的基本推销功能之外,人们对于广告功能的认识愈加丰富和深刻。

广告可以变更市场观念,"应社会之心理,则市场之观念,当亦随之而东西,是以广告法之上者,有时竟能制造需要,所谓更易观念,即以此也"⑦。广告可使"贵属品变为日用品"⑧,这在民国时期就已经被大家所共知。丁馨伯认为,广告"有使商业活动敏捷化,人类欲望现实化"之功能⑨,广告还可以改变思潮,造就时尚,普及知识,改变习惯,教人购买物美价廉的商品,教人节省。

广告可以培育消费习惯,仿佛是大众兴味养成的机关。广告通过惹起注意、唤起兴味、创造欲望、确立信念、刺激行动等"教化"消费者。譬如,国人"以前刷牙大都用牙粉,自从牙膏问世,一般人就改买牙膏了"⑩。广告还能改变人们的购买习惯。可口可乐"原属夏季所用,惟该公司利用广告之鼓吹,使社会明了其出品,并不限于夏季可用,即冬季亦可用之,其广告之标题曰:'口渴不知季节'即此意也。又各种鲜果,近亦利用广告,将季节之困难打破"⑪,从而使产品"时皆有销路"。柠檬厂家"劝人日食一枚",结果销路较之前增长了17.8%。

① 李文权. 告白学[J]. 中国实业杂志,1912(1):102.

② 朱庆澜. 广告学[M]. 香港:商务书局,1918:序.

③ 焦子坚. 实用广告学[M]. 商学杂志,1919(1/2/3):23.

④ 蒋裕泉. 实用广告学[M]. 上海:商务印书馆,1925:8~9.

⑤ 何嘉. 现代广告学[M]. 上海:中国广告公会,1931:潘序.

⑥ 周宪文. 商业概论[M]. 上海:中华书局,1932:193.

⑦ 孙孝钧. 广告经济学[M]. 南京:南京书店,1931:4.

⑧ 陆梅僧. 广告[M]. 上海:商务印书馆,1940:21.

⑨ 丁馨伯. 广告学[M]. 上海:立信会计图书用品社,1944:1.

⑩ 陆梅僧. 广告[M]. 上海:商务印书馆,1940:20.

⑪ 赵君豪. 广告学[M]. 上海:申报馆,1936:6.

对于企业而言,广告可以保障营业稳定,帮助产品标准化,保障专利商品,增加忠实顾客。叶心佛将广告比喻为"静默的推销员",推销的范围更广,且广告通过文字、图画等多种媒介反复宣传,非但可以避免推销员与人交谈喋喋不休产生的厌恶感,还让人觉得津津有味,留下深刻印象。

广告不是一种浪费,实为一种生产,"在表面上看,广告不啻为消费,在实际上确为生产也"①。孔士鄂等人批驳广告乃浪费的言论,"有人从广告费言之,为浪费,徒增加了消费者的负担",然实则广告可以"减轻货物成本,减低售价"②,广告得法,则销路大增,因此大量生产可以实行,资金运用等加快则成本降低。吴铁声也认为,广告除了具有使"生产和分配合理化"的机能外,还可以帮助节约销售方面的费用③。

3. 广告可以宣传文化和教育公众

戈公振说:"广告为商业发展之史乘,亦即文化进步之纪录。人类生活,因科学之发明日趋于繁密美满,而广告即有促进人生与指导人生之功能。如留声机之广告,可供世人以高尚音乐,得精神上之安慰;汽车之广告,可化世界之险阻为坦途,同臻交通利便之域。其他广告,均可予世人以利益与便宜。故广告不仅为工商界推销出品之一种手段,实负有宣传文化与教育群众之使命也。"④广告最本质的特征是传播商业信息,告知商品产地、质量、价格、用途,传播市场观念和消费观念。从长期来看,广告是人类生活的记录器。它记载着人类科技进步、文化教育、经济发展和社会生活的点点滴滴,是"最好的和最便当的研究社会问题的原料"⑤。相比新闻评论,广告更客观、公正地反映人类文化的进步,因为它少了记者等人的编辑。

广告可以宣传文化,教育公众。吴铁声指出"广告不仅有商业上的智能,且有其教化大众的职能"⑥,因为广告不仅具有"配给力量,维持和创造需要的机能,实兼具教化的机能——它时常普遍地和大众的耳目相接触,其所生的反应,决非仅仅关于商业和经济,实旁及文化、教育等各方面"⑦。一则好的广告除了招揽生意外,还"与文化犹有密切之关系焉"⑧。例如刊登一则机器广告,该广告必有详细之图画,说明机器功效之文字,以此来引诱人们购买。即使阅

---

① 蒋裕泉.实用广告学[M].上海:商务印书馆,1925:9.
② 孔士鄂.商业学概论[M].上海:商务印书馆,1933:167.
③ 吴铁声、朱胜愉.广告学[M].上海:中华书局,1946:39～51.
④ 戈公振.中国报学史[M].北京:三联书店,1955:220.
⑤ 林一岁.从报纸广告中所见的上海社会——一种研究社会问题的新尝试[J].世界文化,1941(2):51.
⑥⑦ 吴铁声、朱胜愉.广告学[M].上海:中华书局,1946:自序.
⑧ 蒋裕泉.实用广告学[M].上海:商务印书馆,1925:7.

者没有购买能力,也可以增进科学常识。又如"某药房刊一治肺药之广告于出版物,欲求其药品畅销,是当叙述肺病之如何构成,如何危险,应如何诊治,该药有如何功效,阅者虽非患有肺病,亦知肺病之危,有所戒备,则又受广告上之医学常识"①。像《四库全书》这类的文献,国人对于它的编撰经过、何人主持、部数等等,知道的不多,甚至连书名都不知道。"他们读了这部书珍本广告的缘起,这才恍然大悟道'中国原来还有这么大的一部书'"②,因此广告"不独能造就商人之经济势力,且可增进人民之各种智识"③。

广告可以促进社会文明的发展,增进人类幸福。诚实的广告,负有"指导社会之责"④。各种广告因其与人类生活的关系,帮助人类提高生活质量。"例如,自肥皂发明以来,企业家在广告上鼓吹人们去购买应用,我们都知这肥皂有除垢去污的功效,卫生上裨益于世人之处不少"⑤。同时由于广告的介入,新闻业报纸杂志等的售价降低,帮助其实现"社会文化进步之工具。"⑥因此广告"可以促进文化"。人事广告,如子女丢失、报捕追寻等,登报之后可以引发人们的恻隐之心,帮助寻找。"其他关于人生之事,广告之力,足以圆满解决者"⑦。随着时代的演进,广告肩负着"改进人类一切生活的使命"⑧。

广告不仅为商战之利器,还帮助商家各显其能,引领时尚,变更市场观念,指导和教育群众,增加人类生活的幸福,因此"足以影响一国商业的盛衰,指导人类生活的改进"。无论哪种事业,"非仗着广告宣示不克成功,实不仅为商业家所视为第二生命,所以西人有'近时代是广告世界'的一句话,而'广告万能'的声浪,也就嚣诸尘上"⑨。在众人乐捧广告、为广告歌功颂德的时候,丁馨伯第一个提出广告的负面功效,"增加欺骗,遗害风俗,误人判断,增加消费等"⑩。

二、对广告分类的认识

"近世以来,商战韬略之发明,几与世界之新武器,共其进步",⑪因此广告

---

①③　蒋裕泉.实用广告学[M].上海:商务印书馆,1925:7.

②　沐更新.广告文字的研究[J].文心,1941(3):176.

④⑥　孔士鄂.商业学概论[M].上海:商务印书馆,1933:168.

⑤　高昌琦.广告[J].大夏周报,1931(1):11~12.

⑦　曹志功.广告与人生[M].上海:申报馆,1924.

⑧　何嘉.现代广告学[M].上海:中国广告公会,1931:6.

⑨　何嘉.现代广告学[M].上海:中国广告公会,1931:1.

⑩　丁馨伯.广告学[M].上海:立信会计图书用品社,1944:12.

⑪　孺仲.广告教授之新学业[J].中华实业界,1916(2):1.

术之研究,也要跟上商战的变化。十年前的广告与今日广告相比,"与时世以变迁也","进步之速,一日千里。以商人趋重于此,故不惮费心恶财力,精益求精,以至于日新月异。此一定之倾向也"①。广告日益进步,种类之多,"无虑千万,勾心斗角,各有所长"②。

(一)众说纷纭的分类标准

1. 消极、积极、纯正、滑稽分类法

李文权的广告分类颇有意思:"告白之种类,有消极的,有积极的,有纯正的,有滑稽的。"③消极广告,"言简意赅,寥寥数语,能使阅者之心中、耳中、目中永不能忘",此种广告"实为告白中最良善之法"。积极广告,"货物本为寻常之品类,不足以供世界人之见闻",这样的广告有铺张浪费之嫌,"初则可以警人,继而知其伪也,其收效凡不甚得力。较以消极的,尤为逊之"④。将广告分为积极和消极的,这样的分类是相对于商品而言的,消极的广告只起从属作用,积极的广告则因商品的平乏而显得有些喋喋不休。将广告分为纯正和滑稽的,是按照创意进行分类。纯正的广告,指多数之广告,平淡无奇,"多难以耸人之听闻"。滑稽的广告,最受社会欢迎,"能使人注意,且可以永久不忘",但是遇到庄重的事情,"断不能用滑稽的告白也"⑤。除了以上四种广告之外,还有许多其他的广告,"然莫不由学术智识而生,意匠必求其崭新,体裁必求其奇拔,趣味必求其浓厚,感觉必求其迅速"⑥。李文权认为好的广告有四个标准——创意要新、体裁要奇、趣味浓厚、感觉迅速,这同样适用于现代广告。

2. 固定广告和移动广告之分类法

李叔同认为,按照广告目的或方法分类并不适合:"广告之分类,由种种方面别之,为类至繁。重用绘画者,谓之绘画广告;重用文字者,谓之文字广告;或直接达其目的者,谓之直接广告;间接达其目的者(药房登录来函,医士署同人公启者,属此类),谓之间接广告。又,用于商业专业,谓之营业广告;否则,可谓之非营业广告。此外,如大广告、小广告;长期广告、短期广告等。此种之分类,皆由于广告之目的,或广告之方法,然不得谓为适切之分类也。"⑦他认为,广告应按其性质分为移动广告和定置广告,他说:"分类之良法,殆无有逾

① 卢寿篯.广告术之研究[J].中华实业界,1915(9):1.

② 任致远.最近利用窗饰之广告法[J].中华实业界,1915(11):1.

③④⑤⑥ 李文权.告白学[J].中国实业杂志,1912(4):131.

⑦ 李叔同.广告丛谈.郭长海、郭君兮.李叔同集[M].天津:天津人民出版社,2005:
70~71.

于是者。"①介于二者之间的,谓之中性广告。如"月份牌广告,赠送之余,属于移动广告;及悬诸梁壁,为座右之装饰,则又属于定置广告"②。扇子广告、酒杯广告、手巾广告等三种广告,"亦有相混合者"。同一种广告,如新闻广告,在不同的情况下又可为三种:普通送阅的为移动广告;放置在公共阅报处的,为中性广告;新闻社前张贴的为定置广告。李叔同在1912年即提出这样的分类法,确实开阔了人们的视野,启发了人们辩证理解广告方法及其性质。

李叔同的"移动与定置"分类法得到许多人的赞同。高伯时认为,按照媒介工具分,广告可以分为三种,一种是流动的,一种是固定的,一种是指定的②。流动的广告,如报纸、杂志、传单、舟车、游行,能流行于各处。固定的广告,则是指限于一定的地位的,"近来所盛行的有两种:一种是招贴;一种是油漆木牌"③。指定的广告是专为对方而发的广告,如邮递广告,是"最经济、最直接"的广告。焦子坚在对广告进行分类时,第四种"由其本体之移动与定置,分为移动广告与定置广告"④。陈文的广告分类亦继承了李叔同、高伯时"流动和固定"广告的分类标准,将固定广告中之门市广告单独列为一种,包括橱窗陈列、音乐广告、电灯与霓虹灯广告⑤。

3. 综合分类法

随着近代广告事业的发展及广告研究的深入,广告分类方法越来越全面。焦子坚认为,"广告之流行日广,新意案及新方法,层出不穷",他将广告分为五种:(1)由其目的或目的物表示方法,可分为实物广告与解说广告。(2)由其所在之位置,可分为室内广告与室外广告。(3)由其存续期间之永暂,可分为永远广告与暂时广告。(4)由其本体之移动与定置,分为移动广告与定置广告。(5)由其手段之直接或间接,分为直接广告与间接广告。⑥ 前四种分类方法较好理解,第五种分法,与蒯世勋、吴铁声、管冀贤的相同。蒯世勋将广告分为"普通的与直接的"⑦,普通广告即作普通的披露商品,是给全体大众的,如招贴。直接广告针对的是某一地的广告,如百货商店、邮寄订单。吴铁声提出,直接广告是"广告者自己所作成的专用媒介物"⑧,这种媒介物,直接针对商品使用者或有可能使用的大众,如邮寄广告、通信录、销售信、通告、折叠传单、手

①② 李叔同.广告丛谈.郭长海、郭君兮.李叔同集[M].天津:天津人民出版社,2005:70～71.

② 高伯时.广告浅说[M].上海:中华书局,1930:4.

③ 高伯时.广告浅说[M].上海:中华书局,1930:10.

④⑦ 蒯世勋.广告学 ABC[M].上海:世界书局,1928:8～14.

⑤ 陈文.商业概论[M].重庆:立信会计图书用品社,1944:299～303.

⑥ 焦子坚.实用广告学[J].商学杂志,1919(3/4/5):8.

⑧ 吴铁声、朱胜愉.广告学[M].上海:中华书局,1946:303.

册、目录、商业机关报、赠品、货样、货物说明书。管冀贤的直接广告包括物品价目单、机关杂志、邮递信函、小型印刷物、包物纸上印刷、样品及其他。总而言之,直接广告即指广告主自己制作的广告,其运用的范围相对较小,但其刺激购买的力度则较为强烈和直接。

管冀贤从经济学的角度,更为宏观地概括了广告的分类。他认为:"商业广告,决不是以单一的形式而存在的,乃系由于非常复杂的方法及形式而作成,因之要全部理解商业广告,有以其不同立场为基础而分类加以检讨的必要。"①第一,他以广告主体分类,分为生产者广告、批发广告、门市广告三种。第二,根据广告内容本身的侧重点,分为品质广告、名称广告、价格广告、服务广告、征物广告、信用广告等。第三,根据广告在商品销售的各个周期中的作用,又可分为开拓广告、竞争广告、维持广告。第四,就广告费用的承担方面而言,又可分为单独广告、协同广告、联合广告、共同广告。第五,就广告的诉求兴致而言,又可分为理论广告、提高人类趣味广告、并用广告。第六,根据广告媒体上分类,分为报纸广告、杂志广告、直接广告、屋外广告、杂项广告。其中直接广告包括物品价目单、机关杂志、邮递信函、小型印刷物、包物纸上印刷、样品及其他。屋外广告又可分为固定的和移动的,如宣传漫画、电车的广告、霓虹灯广告、窗饰、油漆招牌、空中广告及其他。杂项又分为印刷的和非印刷的,如电影广告、无线电广告、包装纸、单子、店中陈列及其他②。

还有按广告的性质进行分类的,如来生将广告分为营业广告和人事广告。营业广告可"辅助国民经济建设,发展工商业的重要因素,使出品商或贩卖商大量产销,减低成本";人事广告则指"遗失证件,订婚,征求物品,聘请职员,出租房屋等"③。周宪文按照广告性质将广告分为介绍广告、竞争广告、介绍兼竞争广告。还有人按照创作方法分类:"广告中也有用文字的,也有用应时文字的,也有用图案的、用新闻方法的、用鸣谢方法的、用小说方法的、用征求答案方法的、用哑谜方法的,还有光线、颜色、位置,简单的、复杂的等。"④

由于主观立场和研究角度不同,划分标准亦不同。随着时代的发展和广告新方法的运用,分类标准也发生变化,"与时世以变迁也"⑤,对前人的成果既有继承又有创新。有关"移动广告和固定广告","直接和间接广告","商业广告和人事广告"以及"按照广告媒介物"进行分类的方法,在这一时期得到广泛认同。

---

① 管冀贤.新闻学集成[M]广告篇.北京:中华新闻学院,1943:5.
② 管冀贤.新闻学集成[M]广告篇.北京:中华新闻学院,1943:5～12.
③ 如来生.中国广告事业史[M].上海:新文化社,1948:引言.
④ 王鹭.广告管见[J].工商学报,1924(1):22.
⑤ 卢寿籛.广告术之研究[J].中华实业界,1915(9):1.

(二)按媒介物进行分类

什么是广告媒介物,近代时人已达成共识:"凡物之含有流行性质,或为公众所注意者,皆可为广告之利用,作贸易之媒介。"①简言之,它"就是登广告的工具"②。随着近代科技的发展,可用作广告媒介物的很多,"不一而足,其方法亦层出不穷,各尽其妙,各适其用"③。

1. 招贴广告

招贴广告在我国商界"早已采用"④,本国自有,尤其是报纸不发达的内地,商家普遍采用招贴广告。"任何地方的街道和交通中枢,围墙上、木柱上以及一切建筑物上,触目皆是",这种广告,张贴于通衢要道,因其文字大、图画醒目,比较注目引人,较报纸广告而言,"即使是不识字的看见了,也会知道"⑤。传播的地域范围受张贴地点的限制,不如报纸普遍。在彩色印刷之前,招贴广告多为黑白两色,"其式样和大小不一,十分难看"⑥。有了彩色印刷术之后,图画色彩得到改观,但由于招纸"稍浸风雨即有变色或破裂之弊"⑦,此种招贴常常没有征得建筑物所有人的允许而擅自张贴,管理混乱,且常被覆盖。英美烟公司来华投资建厂,初期宣传时,亦采用这一土生土长的广告方法:"一连数十张,凡可张贴之处,几乎到处糊满,华商欲贴,几无空隙显明之墙壁,即偶然能贴一二,旋又被其糊没,与之计较,徒费唇舌。"⑧建厂之初,英美烟公司年盈余数千万元,"大半皆粘贴广告之力,能不令人可畏"⑨,我国虽有内政部1928年之《规定张贴广告标语处所式样》,但管理不严,招贴广告肆无忌惮,"这实在对于公众和私人都是一种妨碍"⑩。由于招贴广告制作设计方便、价格低廉,现在仍是商家首选的便捷广告之一。

2. 传单广告

传单广告为"最古最普通之广告方法"⑪,商店习语谓"若要生意来,贴了招纸发传单"⑫。传单广告"将商品之特色、价格及其他事项印刷于传单上",

① 蒋裕泉.实用广告学[M].上海:商务印书馆,1925:21.
② 高伯时.广告浅说[M].上海:中华书局,1930:4.
③ 孙孝钧.广告经济学[M].南京:南京书店,1931:12.
④⑤ 高伯时.广告浅说[M].上海:中华书局,1930:10.
⑥⑩ 吴铁声、朱胜愉.广告学[M].上海:中华书局,1946:283.
⑦ 朱庆澜.广告学[M].香港:商务书局,1918:2.
⑧ 上海社会科学院经济研究所.英美烟公司在华企业资料汇编(第二册)[M].北京:中华书局,1983:701.
⑨ 顾宝善.全人俱乐部:广告杂谈[J].大陆银行月刊,1924(8):77.
⑪ 叶心佛.广告实施学[M].上海:中国广告学社,1946:26.
⑫ 何嘉.现代广告学[M].上海:中国广告公会,1931:49.

易用简单浅显之文字或"稍点缀于美术图画",多在繁华之街头闹布,或向商铺居户分送。因其广告宣传为商家之独家宣传,且"不若报纸杂志易分读者之心于正文"[1],因此较易引起人们的注意,商业店铺中"尤为普遍通用"。"广州华美药行之蚊香,及香港商务书局之书籍"[2]时常派送传单。有的商家利用飞机在空中向地面投掷传单广告。陈文提出,制作传单"形式不可呆板单调,应有艺术上之设计,用纸勿太劣"[3]。孙孝钧提出,传单应该"优美绝伦,未得者必争索之,已得者非细观必不忍释,阅后亦必不忍遽弃,置诸案头,不觉其厌,孩玩带至邻家,更可为他人所见"[4]。

3. 油漆路牌广告

这种广告由招贴广告和民墙广告发展而来,"最初印成的招贴拼贴在路牌上",民墙广告,"就是把广告粉刷在民间房屋外面的墙上,一般只有蓝、红、白三色,多在铁路沿线"[5]。油漆路牌广告,则结合了二者的特点,用手工油漆在路牌上。近代以前,"铁路沿线每一车站附近都有路牌广告,宣传狮子牙粉、仁丹、大学眼药、美孚火油、白礼氏洋烛、中将汤等商品"。1921年成立的荣昌祥广告社,初时业务量较小,后发展成为广告业的巨擘。上海的马路以及沪宁、沪杭等铁路的路牌广告,全由其包办。近代路牌广告,初用木牌,后改用木架支撑,金属皮装置,油漆绘制。"繁盛之埠,人烟稠密之区,往来必由之处,街衢道旁,屋顶墙角,及各种适宜于吾人目光所达之地点"[6],如轮船码头、火车站、旅游区,一般都设有路牌广告。这些路牌广告多由广告公司承包,缴纳一定的广告税。广告用文字或图画,醒目为其要旨,以引起路人的注意。这种广告时间较长且不容易消失,较适合于烟酒食品娱乐。油漆路牌广告色彩缤纷,蔚为城市大观,"亦可算都市里的一种点缀品"[7]。

4. 包纸罐盒广告

包纸广告也是中国古老的一种广告方式,至近代随着印刷技术的提高,包纸广告的色彩更加艳丽,同时还直接将商品的名称、功效、商品目录、地址、电话等印于罐盒上。此种广告方法,"最为妥善"。因包纸和罐盒含有广泛流传的性质,因此,"货物所至之地,则包纸广告所达到之处"[8]。如果包纸罐盒"图

---

① 孙孝钧.广告经济学[M].南京:南京书店,1931:17.
② 朱庆澜.广告学[M].香港:商务书局,1918:2.
③ 陈文.商业概论[M].重庆:立信会计图书用品社,1944:300.
④ 孙孝钧.广告经济学[M].南京:南京书店,1931:18.
⑤ 徐百益.广告学入门[M].上海:上海文化出版社,1988:17.
⑥ 蒋裕泉.实用广告学[M].上海:商务印书馆,1925:13.
⑦ 叶心佛.广告实施学[M].上海:中国广告学社,1946:16.
⑧ 朱庆澜.广告学[M].香港:商务书局,1918:3.

样别致,颜色鲜艳,印刷精美,非但令人不忍委弃,以备他用,藉以延长广告之生命"①,从而造成莫须有之贸易。也有一些店铺特立独行,以为越是印刷模糊越显得他们的老资格,以此博得顾客的好感和信任。

5. 报刊广告

近代广告发展最明显的标志是报刊广告的出现,我国最早的报刊是1833年创刊于广州的《东西洋考每月统计传》,刊载行情物价类的商情。1853年创刊于香港的《遐迩贯珍》首开中文报刊广告之先河。最初的报刊广告多外商广告,如《申报》《新闻报》《益世报》,"外货居十之六七,国货仅十之二三"②。报纸广告传递迅速,普及面广,且能随销行情况而变化,所以"它的效力,驾于一切之上"③,为任何广告工具所不及。报纸广告包括日报、晚报、画报、西报,其特点是最广最速,且灵活多变,反复刊登,易累积信用。商家刊登广告,要选择"消息灵通,记载翔实,信誉孚厚者",就价格而言,"宁刊登销额广而折价昂"④的日报。吴铁声认为报纸广告也有缺点,如"生命的短促"、"技术的限制"、"注意的散漫"⑤,这是国人第一次提及报纸广告的缺点和不足,不似之前只讲优点而避讳谈缺点,也说明国人已开始辩证客观地看待报纸广告。

杂志广告的传播虽不如日报普遍,但周期长,适于长期保存,广告印刷较日报精美,专业性、针对性较强,因此可作详细切实的文字介绍和精美的图画,其优点是"无竞争、得信用"⑥。近代杂志广告,发展较为迅速。

近代报纸刊载广告最多的当推《新闻报》,初创时广告费仅万元,经过三十年的发展,"广告几占报幅十之六七。本报则自三张起,渐增至五六张,或多至七张,岁入刊费几及百万元"⑦。画报则推《良友》《北洋画报》广告为最多,近年来已引起学者的注意。杂志广告则以上海商务印书馆的《东方杂志》《妇女杂志》《小说月报》,邹韬奋创办的《生活》周刊,天津的《国闻周刊》等,篇幅众多,以香烟广告、书籍广告、医药广告为主。

6. 霓虹灯广告

霓虹灯广告又称电灯广告、电光或电气广告,借助于电子、玻璃等技术的发展,"用电灯饰成文字或图画,于夜间使行人注目"⑧。这一广告在国外的大

①　孙孝钧.广告经济学[M].南京:南京书店,1931:24.
②　戈公振.中国报学史[M].北京:三联书店,1955:220.
③　高伯时.广告浅说[M].上海:中华书局,1930:5.
④　叶心佛.广告实施学[M].上海:中国广告学社,1946:10.
⑤　吴铁声,朱胜愉.广告学[M].上海:中华书局,1946:267～268.
⑥　罗宗善.广告作法百日通[M].上海:世界书局,1933:17.
⑦　新闻报三十年之事实[A].新闻报三十年纪念文[C].新闻报馆,1922:历史栏2～3.
⑧　顾宝善.全人俱乐部:广告杂谈[J].大陆银行月刊,1924(8):78.

都市率先兴起,后传入我国。1925 年以前英美烟公司安装在《申报》大楼顶端的霓虹灯广告是上海最早的霓虹灯广告。远东厂承制,九福公司订制,安装在上海大世界屋顶的"百龄机"三个大字和"有意想不到之效力"八个小字,有铁壳底板的霓虹灯广告是华商最早的广告。霓虹灯广告在 20 世纪 30 年代非常盛行,各大城市均有装置,夜间效果很大,乡村则无此种设施。城中装置此种广告的商家,"大半是商店、菜馆、娱乐场所","以夜间营业者为主"①。此种广告随"电机时开时闭,光彩闪闪,令人目眩",还有"将电灯缀成商品之名目与图形,或于商品之外,更加以奇异之电光记号,使之流动转移者"②,如上海爱多亚路上的蜂房牌绒线霓虹灯广告,除有"蜂房牌"商标外,还有"优等绒线四字",铁架上布满一只只大小蜜蜂,上下飞舞,最后都飞回蜂房内③。"此种广告,颇有令人不得不视之概"④,主要目的在于"使一般人认识商号等的标记,其次是为增进销售"⑤。上海爱多亚路上的红锡包电钟广告,时钟的周围是"红锡包香烟"五个大字,"夜间经过该地的人都要去看一下时间"⑥。当然此种广告也有一些限制,只限于夜间使用,且"费用亦大",在特殊时期,如"战时多禁止之"⑦。国人还对此技术进行了专门研究,1936 年商务印书馆出版了由国人陈岳生译述的《霓虹广告术》,此书作为工学小丛书出版,原书由美国哥尔德(S. Gold)著述。

7. 无线电广告

无线电广告是近代出现的新式广告方法。美国为广播广告的发源地,1920 年出现最早的无线电播音,1923 年始有人利用为广告媒介。我国最早的广播电台是 1925 年创办的开洛公司,当时收音机拥有量很少,多为矿石机,推销外商广告,国内的商店不知利用。1927 年,随着私营电台的逐渐发展,华商开始利用其宣传商品,大的百货公司如新新公司就有专门的无线电台为其作广告宣传,1928 年出台了《代播广告的办法》。广播广告的长足发展,则是到了 1931 年以后,随着各地电台的增设和收音机拥有量的增加,至1946 年,"全国电台为数约八十",上海一地"约占三分之一"⑧。无线电中的节目,据时人的观察,"在我国似乎以滑稽、唱戏、说书等节目最受人欢迎,这与一国国民的趣味和教育程度很有关系"⑨。广播广告,因我国拥有收音机的用户多为城市里中上阶级的家庭,听众大多数为"生活较优裕者,宜作比较高价

①⑤⑥　吴铁声、朱胜愉.广告学[M].上海:中华书局,1946:287.

②④　罗宗善.广告作法百日通[M].上海:世界书局,1933:24.

③　徐百益.实用广告手册[M].上海:上海翻译出版公司,1986:51.

⑦　陈文.商业概论[M].重庆:立信会计图书用品社,1944:302.

⑧　吴铁声、朱胜愉.广告学[M].上海:中华书局,1946:298.

⑨　吴铁声、朱胜愉.广告学[M].上海:中华书局,1946:299.

的日用品和奢侈品的广告"①。广播广告的宣传应带滑稽或歌曲的口吻,且忌开篇即宣传,防止顾客"一听到广告,马上旋断"。下有一则绸缎局的播音广告,不在开篇即提及该商家,在娱乐中将广告推出,颇能引起听众的好感。如下:

> 通商巨埠算申江,十里洋场热闹忙。
> 道路纵横人辐辏,马龙车水自成行。
> 有一条
> 繁华宽敞南京路,壤往熙来聚万商。
> 两旁店铺如林立,夹杂公司游戏场。
> 老九和真生意好,绸业当中是大王。
> 绫罗绸缎般般有,营业超群有主张。
> 蒋公提倡新生活,推行赞助赖群商。
> 讵知
> 海上商人无继起,
> 只有那
> 老九和高悬标帜露锋芒。
> 脑筋敏捷汪经理,应付潮流具眼光。
> 整齐经济为原则,价廉物美实相当。
> 夏天更是多机会,贱卖牺牲有几裕。
> 乔其纱料便宜卖,旗袍做好甚堂皇。
> 华绒绉又打三折,一尺便宜七角洋。
> 眼看云纱销路短,制造商家起恐慌。
> 老九和竭力来提倡,发行预约万余张。
> 空前赠料人争购,因之牵动大同行。
> 但是
> 好法不愁人学样,先行总是破天荒。
> 更有
> 无线电播音娱各界,弹词歌曲十余档。②

8. 空中广告

空中广告常常借助于飞机或气球等工具,费用高昂,效力较为短暂,一般只有财力雄厚者才会使用。1936 年,中国航空公司在上海用飞机散发烟书广告,但时间较短,且辨认不清。新闻报馆在 1935 年的第六届全国运动大会开

---

① 吴铁声、朱胜愉. 广告学[M]. 上海:中华书局,1946:299~300.

② 叶心佛. 广告实施学[M]. 上海:中国广告学社,1946:21~22.

会期间曾使用过气球广告。在气球上悬以长布,写上"新闻报、新闻夜报销数最多","新闻报、新闻夜报广告效力最强","新闻夜报欢送各选手"等标语①。这种广告非常危险,如果设备不完备,"不幸在空中爆裂,就立即起火燃烧,若地面人数众多,必肇巨祸"②。

9. 电影广告

电影广告又称银幕广告,即在电影未开映前播放或电影片之内插播活动幻灯片或广告片,利用众多男女观影前的闲暇无聊时间,插播广告以引起观众注意。观电影者多"心理系观电影,并非观其他广告",连插数则广告,观者即觉扫兴。因此,广告制作内容要"简单明了",形式"优美舒适",使人一瞥即留下深刻印象。电影广告多随电影业的发展集中于大城市,如北京、上海等地,所以"仅限于都市中商店作当地广告之用"③。其费用,就上海一市看来,并不很高,上等较高,普通的收费较廉。其中,活动影片广告"收费甚昂,各电影院也并无规定的价目"④。华商多采用活动幻灯片,插入各种商品、商店之名称等,如香烟、药品等。洋商则善于利用新奇之广告片引人注意,某外商烟公司制作的"许仙复活记",许仙见白蛇而晕倒,后吸该公司之香烟而醒,虽然有些滑稽,但无形中让人记住了该产品⑤。

10. 窗饰陈列广告

商户在沿街铺面的玻璃橱窗内展示商品,吸引路人驻足,即为窗饰陈列广告。随着玻璃、灯光、陈列等技术的发展,窗饰陈列广告渐成为百货公司和商店广告的不二选择之一。"近年来我国都市中的新式商店,铺面的改造,对于窗饰均极注意。新建筑物中也有将橱窗地位出租者,此种办法,在出租者可得一种收入,而在未设店铺的制造商,于营业上可收相当的成效。城市中的商业中心地点,旧式房屋的不适于窗饰之用者,多拆除重建,现在几乎为之绝迹,从这一点,可见我国商人对于窗饰的重要了"⑥。此种广告,尤当注意随时更换,惹人注意。商品陈列,背景结构,"非常重要,必须有灵敏之思想以成之"⑦。有一家汽车行,其陈列所的新式汽车,以湖光山色的彩色风景作为背景,溪水潺潺,野花载道,一辆美丽的新式汽车停驶其间,"初视,固一幅绝妙之天然风景画也,心旷神怡",让人感觉该汽车如此精美可爱,"渐将久欲乘坐,渴欲置办

---

① ② 吴铁声、朱胜愉.广告学[M].上海:中华书局,1946:293~294.

③ ④ 吴铁声、朱胜愉.广告学[M].上海:中华书局,1946:302.

⑤ 罗宗善.广告作法百日通[M].上海:世界书局,1933:25.

⑥ 吴铁声、朱胜愉.广告学[M].上海:中华书局,1946:320.

⑦ 蒋裕泉.实用广告学[M].上海:商务印书馆,1925:20.

之意念,浸灌于吾人之脑中,遂触其机会需要时而成交易"①。窗饰广告尤其适合于"理发厅、浴室一类商家",因为理发者等多就近处或顺道,"看了日报上的广告,而远路奔波而来的,究属难得"②。

11. 游行广告

游行广告是用旗帜、灯牌标明商品名目和式样,雇用人群穿彩衣手执之或雇用车辆装饰,播放音乐游行于街市,并"沿途遍发赠品或传单"③。用此广告者,"多烟草公司,及药房等业"④,且适合在开幕或举行廉价时使用。1919年,大昌烟公司为纪念小团牌纸烟一周年,"以汽车数辆,满覆以简单注目之广告,车顶置一纸制之小孩,及极大纸制红蛋二枚;车中音乐悠扬,招摇过市;沿途以精小玲珑之蛋形红纸遣散于地,间亦发散真红蛋一二,以引行人争拾;同时又有多数著制服之夫役,随之步行,发散传单、纸蛋、香烟;观者莫不喜笑颜开,惊其奇特"⑤。

吴铁声回忆,旧中国出现过一种"夹板广告夫",即在胸前挂广告板行走于闹市区的街道,以引起人们的注意。这一广告与胡万春在描写1937年上海孤岛时期的《广告人》是同一作法。小说中的广告人"前胸和后背挂着两块硬纸板的广告牌",广告牌上写着广告词"狗少爷、狗小姐的好消息! 利文面包厂最新出品"⑥,行走于南京路等闹市区的街头。这些广告人受雇于小型广告公司,每天要行走12个小时,从早上九点到晚上九点,人与人之间还要求保持一定距离,以求更广泛的宣传效果。吴铁声说,"这种方法已经是旧式了",目前最流行的是,在城市中,将汽车装饰成商品样式,在车身周围围以广告板等,车中响着音乐,奔驰于闹市,"具有相当的广告效力"⑦。

12. 邮件广告

邮件广告借助于邮政系统"直接诱导"消费者,或寄与信函小册,或寄与商品目录。1936年,我国出现最早的邮件广告,"第一次印刷于挂号收据上者为'矮克发'(Agfa)广告,普遍于各地"⑧。这一新的广告引发了社会的种种批评,有人认为"国营机关不应太商业化",有人认为"即使刊登广告,也须以提倡国货为前提,不应刊登舶来品广告"⑨,认为国营机关太过商业化。但也有人

①　蒋裕泉.实用广告学[M].上海:商务印书馆,1925:20.

②　叶心佛.广告实施学[M].上海:中国广告学社,1946:19.

③　蒋裕泉.实用广告学[M].上海:商务印书馆,1925:18.

④⑤　孙孝钧.广告经济学[M].南京:南京书店,1931:28.

⑥　胡万春.广告人[M].上海,少年儿童出版社,1981:114～155.

⑦　吴铁声、朱胜愉.广告学[M].上海:中华书局,1946:321.

⑧⑨　吴铁声、朱胜愉.广告学[M].上海:中华书局,1946:320.

反驳,同样是国营机关,"火车中的广告举办已久,成绩昭著"①,却很少有人关注或批评。国营机关的宣传为国家工商业服务,一举两得。外企可以支付更高的广告费,于邮局而言,也是盈利的好事。

邮件广告,言辞必须"真挚自然,扫除浮夸,诱发消费者之欲望"②。据蒋裕泉回忆,他在服务东方储蓄公司时,曾"用有层次不间断之通信法,动人储蓄"③。罗宗善也有印象,他说,邮件广告要发五封邮件:"第一通即详述储蓄之利益,及人人应行储蓄之理由,以引起其储蓄心理而案取章程,此信寄发后,如无回音,再寄第二信,即将储蓄章程一并寄去,动其即日研究储蓄,如仍不复,再寄第三通,措辞仍属劝导,极言该储蓄之利益与特色。如仍无答复,则再寄第四通,问其地位如何,劝其量力储蓄。如仍无回音,可寄最后之第五信,劝其勿固执成见,如有疑难之处,尽可通信商量,随时仍盼其加入储蓄,或代为介绍。该会自用此法之后,收效至宏,有于第一信接读后,即行大幅索阅章程者,有于第二、第三、第四、第五信接得之后始行答复者,有即使加入储蓄者,有来函声明,待则力稍丰再行储蓄者。"④此种方法,功效极大,所费不过有限之印刷费与邮费,民国时采用此方法者甚多,作普遍的、心腹的、机会的、经济的宣传。

13. 报纸看板广告

报纸看板广告结合城市的报纸看板与广告发布,这一方法与"在报纸上刊登广告无异",看报的人不多,且每天大抵都是同一读者,在这一公共场合读报的读者大半生活并不富裕,所以贴板上的广告以低价的日用品为宜。在城市中,这一广告方式是最经济而有效的当地广告,对于公众而言,也是一个广受各方知识和教育的乐土。近代各地的阅报栏,观者为数不少。

此外,还有剧场广告和游艇广告,"春柳剧场、民鸣剧社、大舞台、新舞台、竞舞台、第一台、群仙茶园、丹桂茶园、镜花园等,均有广告",除了登报广告和沿途分赠传单外,"究不如影戏园之广告画,较为精美"⑤。游艇广告适合于"端午节作龙舟竞赛,或于博览会等开幕时举行,总以观众多时为宜"⑥。英美烟公司曾经利用大型游艇作广告宣传。还有利用商品展览会进行广告宣传的,"近年来利用此等方法者,渐见流行,如推销绸布,作妇女时装表演;推销化妆品,作美容术指导;为明示某种货物原料的优良,作配合和制造经过的表

①　吴铁声、朱胜愉.广告学[M].上海:中华书局,1946:321.

②　陈文.商业概论[M].重庆:立信会计图书用品社,1944:301.

③　蒋裕泉.实用广告学[M].上海:商务印书馆,1925:16.

④　罗宗善.广告作法百日通[M].上海:世界书局,1933:23.

⑤　致远.上海各商店广告之种类[J].中华实业界,1914(11):3.

⑥　吴铁声、朱胜愉.广告学[M].上海:中华书局,1946:322.

演"。民国时期还有"国货展览会"、"机械展览会"、"改良家庭展览会"①等。月份牌广告极具民国特色,作为赠品,受到人们的广泛欢迎,成为研究民国时期广告设计,追忆民国风尚的重要资料。

三、受众对广告的态度或认识

广告术"至近年渐见发达"②,广告越来越受到工商界人士的重视,一般群众也开始关注广告。"凡处于现代人事复杂的生活之下,任何人感觉广告有时很重要,尤其在都市中生活的民众"③,他们把广告当作"有趣的事",譬如,上海《申报》《新闻报》,"人们对于他的广告注意的程度,不在新闻之下"④。廖沫沙也说,"看报不看广告,正像吃蟹不吃蟹腿"⑤。有些读者和对此有研究的人甚至还会写信给报社或杂志社,陈说他们对于广告的看法。

(一)无处不有广告

广告意识觉醒后,华商与洋商展开争夺市场的广告战。街车、路牌、无线电、霓虹灯等各种新式广告极尽能事吸引视听,诱惑人心。1914年的上海,"车马络绎,过客往来,十里洋场,万商云集,竞争益烈,气象日新,不独窗饰之进步,且广告亦日异而月不同也。试徜徉于四达之衢,见夫光怪陆离,烂然灿然,触接于吾人眼帘者,皆各商店之光怪也。不宁唯是,新闻杂志之汇总。戏剧电车之内,推及于茶楼、酒肆、车站等,无处不有广告吁"⑥。天津的估衣街、鼓楼等地商铺林立,成为广告商一争高下的要地。1913年,英美烟公司重金聘请画家绘制两块两米高的香烟广告牌,安装在鼓楼拱北门一侧的墙壁上,外墙上还有"狮子牙粉"、"仁丹"、"老笃眼药"等广告,令人眼花缭乱,目不暇接。

(二)广告作品多雷同

清末民初,由于制作和技术的原因,广告作品多雷同,"类皆习常蹈故,无足称赏",很难引起读者的信仰。化妆品广告惯用"肌肤美丽,不中铅毒"之语;牙粉广告则曰"用牙粉之人,牙齿洁白且胃肠亦康健";肥皂广告则曰"品质优良,经化学专家分析,毫不含何种劣质。若有人指出缺点者,则赠金若干"。药

①　吴铁声、朱胜愉.广告学[M].上海:中华书局,1946:322.
②　蔼庐.告研究广告术者[J].中华实业界,1915(12):1.
③　如来生.中国广告事业史[M].上海:新文化社,1948:陆序.
④　高伯时.广告浅说[M].上海:中华书局,1930:6.
⑤　达伍(廖沫沙).广告摘要[N].申报·自由谈,1933-4-20.
⑥　致远.上海各商店广告之种类[J].中华实业界,1914(11):1.

品广告,如医疗痔疮的,则曰"化痔仙丹";肾药广告,则曰"保肾灵药";补脑药品,曰"补脑妙品"。报纸、杂志、画报上的这些广告"所载大略皆同"。又如,书籍广告通用之语为"务失好时候,或破天荒之著作"。雷同之作不谋创新,"岂善于广告者哉?亦从自取其失败"①。雷同摹仿别人的广告,"趁借他人已造之劳力,可以立时引起一部分之注意",但长久而言,自身的定位永远处于"降等之地位"②,反倒壮大了被模仿者的声势。

(三)广告用语晦涩难懂

广告文"专用骈体文,风花雪月,堆砌成篇,令人读之,反莫解,此则求之,太深之过也"③,措辞不但不明白易懂、饶有趣味以吸引读者的注意,反而"用深奥文章,叫人不懂"。华商的广告,"偏是字多,不通的多,鄙俗不堪的多,令人读而生厌的多"④,不但不能招徕生意,反而损失信用。点心铺的广告说"粔籹、餦餭",茶点"松罗武彝",这样的门匾广告"一般人连字还不认得呢,那里知道他是卖什么的呢"⑤。随着五四新文化运动"新文体"的推进与广告研究方法的深入,至二三十年代,这种情况有了很大的改观。

(四)广告过多,女性为主

1938年,读者丁芹庠给《电影周刊》杂志社写了一封信,信的内容经编辑整理后发表于1938年第16期的《电影信箱》专栏,文章题目是"广告·印刷·男星",内容如下:

> 编辑先生——
>
> 从电影周刊出版至今,已十四期了。但,我觉得这本电影虽然完美,可惜内中广告太多了,使一本美丽的周刊"美中不足";又十二期中"两幕肉麻镜头"照片一帧,还照得糊而不美观,大使读者失望。以后请注意多改良,现有三个疑问,向贵刊问一下:
>
> (一)封面多是女性,为何没有男星照片?
>
> (二)登载男女一件影星的新闻,为何仅有女星的照像,男的没有?
>
> (三)贵刊新闻多涉女星,男星新闻甚少何故?⑥

① 卢寿篯.广告术之研究[J].中华实业界,1915(9):1.

② 徐宝璜.广告学[J].报学月刊,1929(3):81.

③ 李文权.告白学[J].第五章、告白之种类.中国实业杂志,1912(4):132.

④ 实业浅说(续):广告之活用法[J].国货月报,1915(3):15~16.

⑤ 张一章.中国之广告术[A].黄天鹏.新闻学刊全集[C].上海:上海书店,1990:228.

⑥ 电影信箱:广告·印刷·男星[J].电影,1938(16):491.

读者丁芹庠认为报刊上广告过多,已经威胁到刊物本身的整体美观,且封面女性形象过多,男星过少。读者来信经由编辑认真审查后将其出版,其观点应具有代表性。至三四十年代,受众已经不甘于默默无闻地看广告,他们也有自己的认识。他们认为报刊刊载广告不宜过多,应适可而止,否则就会影响报刊本身的特质。

广告过多,这与报刊的商业化经营关系密切。报刊为了寻求经营上的独立,提倡刊登广告以筹集出版经费,广告版面几占全部之十之五六。戈公振对1925 年京津沪汉粤五地报纸进行了统计分析,如表 1-1 所示:

表 1-1　1925 年 30 天各报广告面积、全张面积及广告所占比例

	上海申报	北京晨报	天津益世报	汉口中西报	广州七十二行商报
广告面积(英方寸)	2 498	1 258	3 016	2 109	1 694
全张面积(英方寸)	5 850	2 880	4 864	3 607	3 218
广告所占比例(%)	59.8	43.6	62.0	58.4	52.6

资料来源:戈公振.中国报学史[M].北京:三联书店,1955:216～217 第二表与第三表.

《申报》是旧中国影响最大的报纸,据《申报五十周年纪念》记载,广告自1907 年地位扩大,"约占全面积十分之五六";宣统二年(1910 年)起,"广告约占全面积十分之六七";1922 年,广告面积"几占全部五分之三矣"[①]。广告比例逐年增加,这与戈公振的统计互为印证。专门针对商界的《新闻报》更是如此,"广告几占报幅十之六七"[②]。报刊广告比例的增加,与民族工商业的发展、广告意识的觉醒及报馆自身的经营密切相关。

丁芹庠认为,该杂志中,女性比男性在电影新闻中的出镜率要高,这与整个社会的审美价值有关,广告中脱离了对女性的关照,美的艺术就无从谈起。编辑回答说:"因为男星优美的照片比较少,所以不能常登。"[③]《民国日报》1930 年的一篇文章《广告与女人》谈及:"翻开一张报纸,星棋列布地排满了许多女人,原来这些便是所谓'广告'呀! 香烟广告,画女人,药房广告,画女人,化妆品,也是女人,影戏广告,当然也离不了女人,以及一切广告,都是一个女人。"[④]有些广告与女人一点关系没有,文词与图画毫不相关,却硬生生地画上

①　李崇生.本报之沿革[A].申报馆.最近之五十年——申报馆五十周年纪念[C].上海:申报馆,1923:第三编 31.

②　新闻报三十年之事实[A].新闻报三十年纪念文[C].上海:新闻报馆,1922:历史栏 2～3.

③　电影信箱:广告·印刷·男星[J].电影,1938(16):493.

④　松庐.广告与女人[N].民国日报,1933-6-6.

一个女人,因此作者希望聪明而有见识的广告创作者摒弃"广告用女人,最触目"的观点,"运用一些新的思想从事美术图画吧"①。只靠女人画广告,恐怕是要失败的。

(五)煽情的电影广告

电影于 20 年代兴起,发展迅速,随着竞争的加剧,低俗色情和恐怖的电影开始泛滥。报刊的广告栏内,街头的路牌招贴,极富香艳、恐怖的语言与画面迷惑着人们的视线,挑逗着人心。"各公司钩心斗角的把电影广告也都色情化了"②,如永安剧场的"彩虹岛"电影之"奶罩飞去,信池裸浴",上海剧院的"海宫宝盒"之"禁宫窃香",海光的"外国奇女子"之"酥胸半赏"③。有读者批评电影广告的色情化:"广告中许多字句,尤足令我们读了为之毛骨悚然。譬如最近一部新片子的广告上,有这样的字句:'被角拂处一丝不挂','肉香四溢,春色一片','施展全副媚功,发挥风流解数'等等,举凡广告员脑海里所能想得出的'诱惑'的字眼,全都搬了上去。"④有些观众甚至认为,低俗电影与上海这一都市形象极其不符,"上海是国内水准最高的一个城市,为什么偏会发现这类低级的无聊呢?"⑤

《电声》杂志曾开"观众呼声"专栏,供爱读此刊的电影观众发表意见。1934 年有位读者发表文章《电影广告的堕落》,批评电影广告的夸张化与色情化。"国产影坛是空虚到极点,而报纸上的广告反夸狂到极点"⑥,时时告诉我们有划时代的伟作,空前绝后的巨著出现。每一部片子问世,没有不比前一部更精彩的。观众这样形容电影的广告术:"年来各种广告,花样层出不穷。如长沙某电影院开映《大路》时,广告印着'来看了《大路》这巨片,胜过了看了两部《女人》那么好的片子'。随后开映的《桃李劫》作广告,又是:'来看了《桃李劫》这巨片,胜过看了两部《大路》那般好的片子。'一月后,又重映《女人》,牠的广告略微改动,'看了《女人》重来看《女人》的,胜过看了一年的伟大巨片'。"⑦

1937 年,上海滩还发生过怪事,金城大戏院播映新华公司摄制的恐怖影片《夜半歌声》,在静安寺跑马场对面的空地上树立了一幅高大活动广告,广告上绘着一个魔鬼巨人,伸着两只巨掌,披着黑衣,随风摇动。旁边是一个擎着蜡烛的老太太,扶着一个披发的少女。这一恐怖黑影广告引得行人驻足观赏。

①　松庐.广告与女人[N].民国日报,1933-6-6.

②　我们的话:色情化的电影广告[J],电声,1940(20):无页码.

③⑤　天水.读广告杂感[J].世界电影副刊,1948(5):22.

④　广告上的字眼[J].电影,1939(38):封里.

⑥　郁冰如.观众呼声:电影广告的堕落[J].电声,1934(23):453.

⑦　观众.电影院广告术[J].电声,1935(21):424.

一个刚从乡下到上海两个多月的女孩邱金珠,看了这一广告后,回家后三天竟活活吓死了①。

(六)广告多夸张

徐宝璜云,"凡广告都不免于张大其词"②,李文权也言及"广告之文章,大都言过其实"③。近代"广告之尚夸张,亦商人之通病也",广告宣传,常常"矛盾之文句,欲博公众之信用"④。尤其是药品广告,"包医百病"、"神丹妙药"等字眼常常出现。如一口腔药广告,谓"专用此药之人,其声音必清朗,又可使胃肠健康"④,这类广告,不免让人怀疑信用。更有甚者,"同一药品,既可以利脚气,治感冒,又可以止头痛,医肺病,尚有下痢霍乱、伤食、赤痢等病,无不治之"⑤。这样的广告,其效果不得而知,然稍有常识的人即会识破它的夸大狂妄,"今日对于此广告,恐百人无一信之"⑥。戏园海报上有"全球独一无二花衫,南北驰名伶界泰斗"⑦等字眼,常年登着"赠书赠报的,只消寄邮五分或一角,可以得到中外新闻全年一份,或香艳的画片一打或两打,这不特说是骗人的把戏"⑧,"滑头"广告。熟悉这样的老上海们,当然不会上他们的当,然而也有"许多初到上海的,或者不大明白社会情形的,就往往许受了他们的愚。至于外埠的读者,那更是他们眼光中所视为含饵的鱼。有许多滑头广告,意简直专为外埠读者而登"⑨。

在大多数商人和民众那里,这样的广告"无十分信仰之动机"⑩,广告从业者在社会中的地位欠佳,对自己所从事的广告事业对社会生活的促进和指导作用缺乏高度的认知和责任意识,"不肯认真钻研,所有作品,非言过其实,大吹法螺,即笼统其词,敷衍塞责,既无精彩可言,自不能引起人之信仰"⑪。

近代国人对于广告的认识,从定义到功能,再到广告的分类,日臻丰富与完善。人们甚至认识到广告事业的发展与时代有密切的关系,如宣传国货的

---

① "夜半歌声"广告酿成人命,乡下女孩看见怪人黑影活活吓死,市联会函请工部局取缔该广告[J].电声,1937(11):521.

② 徐宝璜.广告学[J].报学月刊 1929(2):17.

③ 李文权.论广告与卖药之关系[J].中国实业杂志,1913(2):13.

④④⑥⑦　卢寿籛.广告术之研究[J].中华实业界,1915(9):2.

⑦　西冷.闲话:夸大广告与诈欺[J].中华周报,1932(9):23.

⑧　绍平.读广告后[J].中华周报,1933(87):4.

⑨　乒乓生.滑头广告[J].上海常识,1928(1)1.

⑩⑪　骆无涯.广告话[A].王澹如.新闻学集[C].西安:天津大公报西安分馆,1931:206.

广告,"提倡国货,须照前时之闭关自守,才办得到"①。单纯提倡国货,在开放主义与实用主义的年代,自然引不起别人的同情。同时研究广告,"先要研究一般人的心理;然后用美术来引起他们的兴趣和注意"②。广告的文字与图画除了"新奇"以外,还要"有一种使阅者十分信服的魔力"③,这种魔力即信服力,让消费者乐而购之,信而再从之。广告的制作除了要研究心理与美术外,还要尊重各民族的风俗习惯及感情,如英美烟公司制作的"烤"字牌香烟广告,在形容其香烟烤的味道如同烤肉的味道时,画"一非豕非羊一动物",亦是考虑到如画一豕,则"回教人,因字样而厌恶之"④。总之,近代商人、学人、民众都已对广告这一新兴事业有了全新的态度和认知,广告亦学亦术的思考在这一时期也提上日程,奠定了现代广告业发展的学科渊源及发展轮廓,具有划时代的意义。

① 何嘉.现代广告学[M].上海:中国广告公会,1931:11.
② 高伯时.广告浅说[M].上海:中华书局,1930:2.
③ 王鼐.广告管见[J].工商学报,1924(1):23.
④ 马鸣章.广告杂谭[J].商学杂志,1919(1/2):53.

第二章
中国近代广告创作观

　　清末民初,工商界人士越来越重视广告。洋货广告铺天盖地、汹涌而来,国货穷洋货通之际,华商着急了,大量白银外流,实为国人的悲哀。华商逐渐意识到,不用广告,势难与洋商抗衡;不用广告,国货销路难以扩大。华商迅速拿起广告这一利器广泛宣传产品和企业,与洋商展开激烈竞争。这种角逐不同于战场上的赤身肉搏,而是争奇斗艳,旨在争夺消费者的心智战。华商非常注意广告创作的手法和表现形式,他们主动关注并研究广告创作的方法和技巧。这一有关广告创作技巧和方法等观念的提炼,称为广告创作观,即对广告创作的基本观点,是指导广告创意和表现的核心思想。这是经历了大规模广告战之后国人第一次尝试着提炼广告创作观,这种尝试看来有些稚嫩和青涩,但毕竟是一种努力,开创了中国近代广告事业发展的新局面。

　　中国近代广告创作观发展可分五个阶段:清末(1840—1911 年),民国初年(1912—1918 年),五四时期(1919—1926 年),三十年代(1927—1937 年),抗战时期(1937—1949 年)。具体研究广告创作观衍变的时候,并不完全以某一年为分割点。各阶段的广告创作观互有继承和发展,在具体提炼时当以典型性变化为代表。

第一节　清末广告创作观

　　19 世纪上半叶,经历了西方工业革命洗礼的资本主义各国,纷纷到中国寻找廉价原料和工业品销路。鸦片战争中国战败,西方列强用炮舰轰开了中国市场。列强的入侵,一方面,破坏了中国自给自足的封建经济结构,推动了中国近代工商业的兴起,为近代广告业的发展奠定了基础;另一方面,洋货如潮水般涌入中国市场,给古老封闭的中国带来了新的广告形式和技术理念。

一、清末工商业发展

19 世纪中后期,广州、上海、宁波、厦门、福州等通商口岸陆续开埠,外资企业纷纷在这些城市设立工厂,这些城市迅速出现外国资本主义经济关系和生产经营方式,其示范效应刺激中国的官僚和商人开办新式民族工商业,催生了中国近代的资本主义生产关系。19 世纪 60 年代,清政府洋务派以"自强"、"求富"为口号,在沿海地区相继创办一批近代军事工业,如安庆内军械所、天津机器制造局、江南制造总局、金陵制造局、福州船政局。70 年代,洋务派开始创办民用性质的近代工业,如轮船招商局、开平矿务局、天津电报总局、上海机器织布局、漠河矿务局,这些企业除少数官办外,大多采取"官督商办"或"官商合办"的方式,是中国最早出现的民族工业。

甲午战败,《马关条约》的签订,中国被迫签订沙市、重庆、苏州、杭州为商埠,日本得以在中国各通商口岸开设工厂,日货自此横行,民族危机空前严重,爱国人士发出"实业救国"的号召,于是在 1894 年后出现兴办实业的热潮。一些商人、地主和官僚开始投资新式工业,主要行业为缫丝、纺织、面粉、火柴、造纸等轻工业,分布在沿江沿海大城市。1899 年,张謇在南通创办大生纱厂。1900 年,第一家机器面粉厂"阜丰"面粉厂在上海创办。荣敬宗、荣德生兄弟于 1902 年创办无锡保兴面粉厂,后改名为"茂新"。1907 年,创办振新纱厂。民族工商业在与洋商的较量中,广告意识逐渐增强,开始以广告为利器,与洋商展开竞争。

1905 年爆发的"反美爱国运动"和 1908 年的"抵制日货"运动,使得民族资产阶级开始以"抵制洋货"为武器对抗侵略。商民的仇洋心理与民众的爱国热情在世俗的消费主义世界达成共识,广告也成为他们消费国货、抵制洋货的有力工具。

二、清末广告发展概观

清末海禁大开,欧美商品源源不断,西方广告术给中国带来路牌、报刊、橱窗陈列等新式广告,在与洋商的较量和学习中,民族工商业者的广告意识逐渐增强,尝试利用新的广告方式宣传商品,但由于观念保守,使得广告"至少在 20 世纪以前,它还没有远离传统的形式和形象"①,虽然报刊广告媒介大量出

---

① 李必樟.美国学者高家龙有关上海广告史的研究计划[J].上海经济研究,1986 (5):62.

现,旧有的口头叫卖、招牌、市幌仍大行于世,先进广告媒介与传统广告媒介并存。

(一)招贴、路牌广告

招贴是最古老的广告方式,最初为木刻,后改为石印,文图简单醒目,纸张要大,才能引人注意。但它容易损坏,需要常换,戏院大都采用这种方式。外商推销货物的招贴,一般在海外印刷,再运到中国张贴。最初洋商的招贴多为欧洲风景、金发碧眼的美女,或是带有胡子大刀的男性,不仅得不到中国民众的喜爱,反而产生反感,洋商于是高薪聘请中国画家为他们创作招贴画,以吸引中国消费者。英美烟公司在推出"翠鸟"牌香烟时,曾在各处通衢处遍贴"烤"字的大招贴,旁边无一字,许久又见到同样的招贴,旁边注上"翠鸟牌香烟新法烤制",这一招贴广告采用悬疑的方式引起轰动①。

路牌广告是一种古老而又富于生命力的媒介,其原型应是古代竖立于直省关口孔道晓谕商民的"木榜",不同的是,"木榜"上是政府发往地方的公文,路牌上则是商品信息。路牌广告至今仍是重要的户外广告形式,主要设置在交通要道口、铁路沿线和风景区等。近代交通的发展,使得路牌广告也得以从沿海城市发展至中国的广大农村。无论是繁华的上海南京路,还是内陆的穷乡僻壤,到处可见狮子牙粉、仁丹、大学眼药、美孚火油、白礼氏洋烛、中将汤等的路牌广告。路牌最初画在墙上,后来有木质的、铁架的等,蓝底白字,十分简单。这些路牌广告大都由外商广告公司承办。

(二)报刊广告的勃兴

报刊广告是中国近代广告最重要的标志,早期传教士在中国创办了一批中文报刊,如《察世俗每月统记传》(1815 年)、《遐迩贯珍》(1853 年)、《中国教会新报》(1868)等,都刊有广告。为加紧侵略,洋人还创办了一批以华商为读者对象的中文报纸,刊载大量广告。1862 年,英国字林洋行创办《上海新报》,是中文商业报刊的滥觞,该报创刊时,即诱导商人登报纸广告,云:"开店铺者,每以货物不销、费用多金印刷招贴,一经风雨吹残,或被闲人扯坏,即属无用……似不如叙明大略,印入此报,所费固属无多,传阅更觉周密。"②

旧中国历史最久的中文报纸《申报》,是英人美查于 1872 年 4 月在上海创办的,创办之初就公开承认以营利为目的:"夫新报之开馆卖报也,大抵以行业营生为计。"他又说:"若本报之开馆,余愿直言不讳焉,原因谋业所开者耳。"③

---

① 何嘉.现代实用广告学[M].上海:中国广告学会,1931:48.

② 上海新报,1862-6-24.

③ 申报,1875-10-11.

《申报》非常重视报社的经营管理，也很重视广告。英国商人丹福士于1893年2月17日在上海创办《新闻报》，该报定位于工商阶层，刊载广告最多，第一日就出"附张"，以刊载多余广告，被称为"柜台报"，"本馆开设之第一日，告白源源而来，正张实不能容，爰为另印附，竟要皆新奇悦目之事，阅者不可不察，翌日必再滕至正章"①。1902年，英敛之在天津创办《大公报》，广告一直占据着重要的版面。

随着民族工商业的发展，具有爱国热情和民族意识的知识分子相继创办《昭文日报》、《循环日报》、《苏报》、《湘报》等，与洋人办报不同，这些报刊主要刊登国货广告。1907年，清廷创办《政治官报》，一改官报不登广告的旧例。其章程中对刊登广告作如下规定："如官办银行、钱局、工艺陈列各所、铁路矿物各公司及农工商部注册各实业，均准进馆代登广告，酌照东西各国官报广告办法办理。"②

清末报刊不分家，报纸亦装订成册定期出版。1904年3月11日，《东方杂志》在上海创刊，是我国近代史上第一本正式以"杂志"命名的大型综合性杂志，"为杂志中时期最长久而最努力者"③。自创刊号起就有广告，从未间断（图2-1）。这一时期，商务印书馆出版的杂志还有《教育杂志》、《小说月刊》。

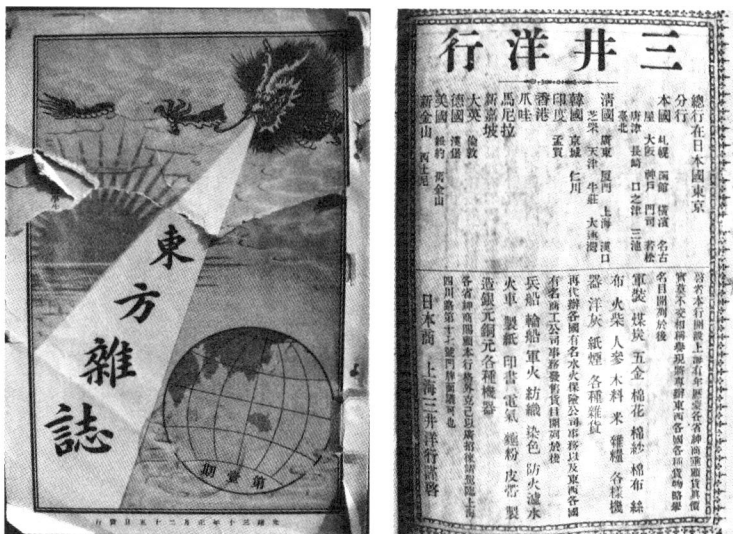

图 2-1　《东方杂志》创刊时广告

①　告白告白[N].新闻报,1893-2-17.
②　徐百益.广告学入门[M].上海:上海文化出版社,1988:2.
③　戈公振.中国报学史[M].北京:三联书店,1955:126.

(三)广告代理商的出现

报刊广告的蓬勃发展,使得传统社会的广告主与广告经营者逐渐分离,广告代理商正式出现。广告代理商最早以报馆广告代理人或版面买卖人的形式出现,后来演变为专门的广告社、广告公司。1872 年,《申报》广告刊例中就说:"苏杭等地有欲刊告白者,即向该卖报店司事人说明某街坊某生理,并须作速寄来该价,另加一半为卖报人饭资。"①这里的"告白"就是广告,"卖报人"即报馆广告代理人,"饭资"即广告代理费。广告代理人最初只是跑跑腿,为报馆招揽业务,从中收取佣金。随着广告业务不断扩大,报馆纷纷设立广告部,代理人逐渐演变为报馆广告部的雇员,后又出现专营广告制作业务的广告社和广告公司。1893 年,王佑之在上海开设胜华广告社②。1904 年,闵泰广告社成立,成立之初就负责承办英美烟公司的路牌广告。1905 年,商务印书馆创立中国商务广告公司。1909 年,维罗广告公司在上海创办,促进了上海广告公司经营机构的发展。广告代理商的出现,使得中国的广告经营活动脱离传统的工商业的自我招徕和对新闻机构的依附,作为独立的、长期的、专门的新兴事业存在发展。

三、清末广告创作观——以报刊为主

清末出现报刊广告,对于这一新鲜事物,国人最初并不信任,持怀疑态度,主动登广告者甚少,洋商广告占据着主要位置,报刊随处可见洋行、银行、船只的广告,或是人事广告,如招租、遗失、声明。广告创作人才缺乏,报刊刊载广告全由商号或个人自行设计,如《申报》1873 年的《本馆告白》曰:"本馆承各宝庄号来登广告者,所有录送底稿务必誊写清楚,以免摆校错之失,倘原稿笔画模糊难以辨认,则刊成舛误勿怪,特此预白。"③后其又云:"本馆蒙各宝行号赐顾告白,务祈于晚间七点钟以前惠到,以免摆印,如迟板已告竣不能列入,须俟翌日刊矣,祈各宝号诸君原谅为幸,特此布闻。"④可见,最初报馆所登告白均由商家自行设计,报馆方面只负责排版。尽管如此,由于新闻事业的发展,商业竞争的加剧,广告创作也开始出现变化。

---

①　本馆条例[N].申报,1872-4-30.

②　上海通志编纂委员会.上海通志 4[M].上海:上海人民出版社,2005:2829.

③　本馆告白[N].申报,1873-10-10.

④　本馆告白[N].申报,1873-12-27.

(一)文字为主到文图并饰

清末报刊初创时,广告人才奇缺,广告设计人才更少,最初商人刊登广告,"不得不请几位老学究,或能作文章的人,去作一篇似是而非的文字",广告与新闻并无区别,全是密密麻麻的文字,直接罗列某号某店告白,接着说:"本号开设多年,价廉物美,童叟无欺……"有的像菜单,罗列各种货物。广告千篇一律,没有创意可言。《申报》创刊号上,第六章(版)的半版、第七、八章(版)全是文字广告,收费以文字多寡为计,图片收费未说明。《申报》的广告刊例上说:"货物船支,经济行情等欵愿刊入本馆新报者,以五十字为式,买一天者取刊资二百五十文,倘字数多者每加十字照加钱五十文,买二天者取钱一百五十文,字数多者每加十字照加钱三十文起算,如有愿买三四天者,该价与第二天同。"①《大公报》初创时的广告刊例说:"本报刊登告白短行以五十字起码,长行以二百字起码,多则以十字递加。"②1898年,《财务日报》在上海发行,广告业务章程中规定,告白最少30字起率,多则以10字递加。可见最初报刊广告以文字为主,很少有图饰。

1872年12月15日,《申报》上首次出现广告画,广告商品为晋隆洋行新购的外国缝衣机器——成衣机器,价格每辆计洋五十元,该画由墨线勾勒而成,木刻,栩栩如生,在"满目皆文"的强烈对比中很快抓住了读者视线。这幅广告一直刊至1873年3月23日,三个多月里刊登在同一版面上,可见商家乃知"重复"之效。1873年5月,《申报》上出现第二幅、第三幅图片等,这些图片交替出现,成为这一时期《申报》广告的"唯一"图饰(图2-2)。1908年以后,图片的运用才逐渐丰富起来,不再是每期一幅图片,而是每一版都有好几幅图片,图片篇幅越来越大。1910年,系列图片广告出现,义生洋行的广告将出售的红黑头火柴的图片都刊印出来,非常抢眼③。这张图片同时刊登在《新闻报》上,可见,申、新二报由于发行量大而成为当时商家刊登广告的首选。

1902年,《大公报》初创时,全是文字广告,直至7月8日,才出现第一幅图片广告。无独有偶,《新闻报》1897年2月17日的创刊号上也刊登了轧花机器和时辰表的图片广告(如图2-4)。

从纯文字广告到文图并饰广告,这一变化至少说明时人注意到图片对读

---

① 本馆告白[N].申报,1872-4-30.
② 本报章程[N].大公报,1902-6-17.
③ 申报,1910-5-15.

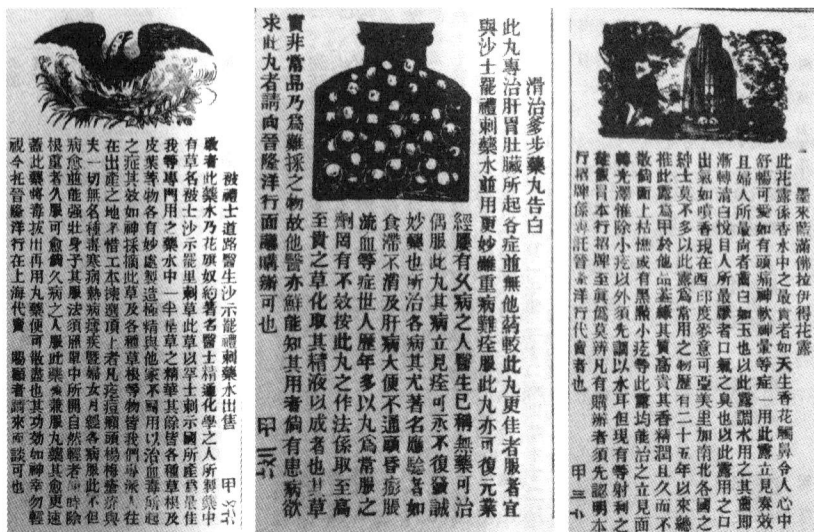

图 2-2 《申报》初创时图片广告

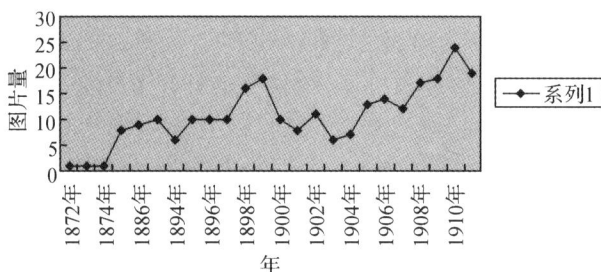

图 2-3 1872—1911 年《申报》图片广告量①

者的吸引。"绘画者,最动顾盼之广告也"②,这一时期的图片以"实物画"为主,直接介绍商品,"使阅者一见而知为某某商品"③,创意设计的成分较少。

(二)广告排版愈发讲究

清末报刊,新闻在前,广告在后,"广告排列法,毫不讲究"④。《申报》初创时,"当时的编排法,毫不讲究,刊登广告的人,也绝不会读过《广告心理学》,知

---

① 1872—1883 年图片广告都为 1,变化不大,自 1884 年以后,每年取 5 月 15 日进行统计。

② 筹办巴拿马赛会出品协会事务所.广告法[M].巴拿马赛会出品所,1914:9.

③ 朱庆澜.广告学[M].香港:商务书局,1918:17.

④ 李崇生.本报之沿革[A].申报馆.最近之五十年——申报馆五十周年纪念[C].上海:申报馆,1923:第三编 31.

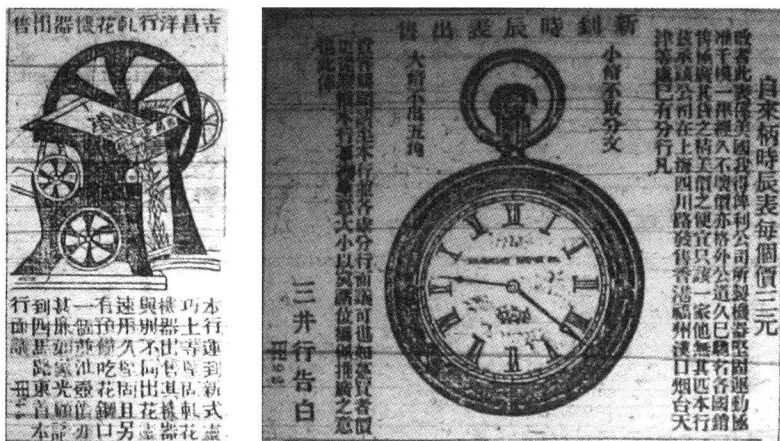

图 2-4　《新闻报》创刊号广告

道什么刺激反应的作用！商店中只拟了一篇底稿，拿到报馆里，经编者加了一个标题（与新闻一样），便登到明天的报上去了。"①这是申报馆七十五年纪念时的回忆。清末，随着报刊广告客户的增多和广告内容的丰富，报馆开始考虑更好地排版布局，以容纳更多的广告。社会风气大开，欧美广告的影响也不断渗透过来，报刊广告在排版方面愈发讲究。

1. 标题的变化

报刊初创时，标题与广告内容并无区别，渐渐有了花边字体。《申报》创刊号上的广告没有标题，次日上的广告才有标题。1874 年 5 月 8 日，《申报》改版，标题由竖排改为横排，广告内容不变，仍采用竖排。1876 年 11 月 12 日，《申报》上出现第一条标题带有花边的广告，标题的字体也在以往的基础上加大加粗。这使得该广告在"茫茫字海"中显得格外突出，抓住了读者的视线。1886 年，《申报》广告标题还用"黑底白字"的方式吸引读者的注意。这一时期《申报》上刊登了许多"寻人启事"，标题都颇为有趣，大部分启事中的"人"字都倒过来写，不仅引起读者注意，而且表达"人到了"的愿望。

《新闻报》初创时，广告标题与内容采用五号字体，后来标题放大加黑，或用花边、"黑白颠倒"的方式吸引读者注意，这一变化与《申报》相同。

2. 字体边框的变化

《申报》最初的广告字体是老四号字体，与新闻没有区别，至 1873 年 12 月 18 日，改为部分用老五号字体，以扩大篇幅，广告中初次出现木刻字和铜锌版图画①。《申报》最初的 30 年，常常"采用不同字体及图画，以引起读者注意"②，广告与广告之间用一条直线分开，后来用双线、花边等与周围广告区分，以便读者观看。

3. 广告地位的变化

最初新闻在前，广告在后。客户刊登广告，没有地位优劣之分，"也没有'花钱'、'楼座'、'前排'、'后排'之分，上下一律，犹如观众在星期日去看早场电影一般"③。1905 年 2 月 7 日，《申报》进行大规模改版，由 8 版扩大为 16 版，报头地位较原来扩展为 1/3。广告费的计算，分论前、后幅、长行三种。《申报》后来回忆说："开始改良是在光绪三十一年(1905)，这时候社会的风气已比较开通，欧美新闻事业也早已成熟，影响到中国的新闻界来，同时，申报主任也觉得这样的广告排列法，太不讲究，于是方才把广告刊例分为'论前'、'后幅'、'长行'、'短行'等几种，价格也重行调整。这是一个很大的进步。"④报馆当局还"特为广告户备就大号字体以及花边，以备客户选用"⑤。1906 年，报刊头版出现整版广告，广告的篇幅增长至 62.5%。

与《申报》不同，《新闻报》自 1893 年起就在头版刊登广告，注重新闻与广告的融合，半版广告，半版新闻。1905 年头版广告篇幅由之前的 1/3 版增长至 2/3 版，从 1907 年起，头版全是广告，在广告地位的排版方面更为激进。

(三)由单一向多元的广告诉求

报纸"最初的是一种通告式的广告"，⑥广告创意并不多见。这时的广告，千篇一律，"除了一个标题写做'卖洋肥皂'或是'卖洋货'以外，正文的开头总是：'启者：本号发卖……一应俱全，如蒙赐顾者，请至小号面议，其价格外公适，童叟无欺。'末了，加上一句'仅此布闻'，再添上'×月×日××号启'便完了。"⑦没有动人的字句，自难吸引读者。"这样的广告形式，差不多一直维持到光绪即位以后"⑧，1894 年以后，报馆登户增多，除商业广告外，还有许多声明、启事、寻人、告白之类广告，竞争加剧，商家意识到通告式的单一诉求的单调，转为更为多元的广告诉求，以吸引读者注意。

1. 大肆吹嘘法

平铺直叙的介绍，自难引起读者注意，于是，报刊开始在标题上大做文章，"大补虚损"、"太细灵药化学补肾生精燕窝珍珠牛髓粉有夺天地造化之功"，

①　徐载平、徐瑞芳.清末四十年申报史料[M].北京:新华出版社,1988:343.

②③④⑧　七十五年来本报的广告发行及其他[N].申报,1947-9-20.

⑤　徐载平、徐瑞芳.清末四十年申报史料[M].北京:新华出版社,1988:366.

⑥　陆梅僧.广告[M].上海:商务印书馆,1940:10.

"名称其实"、"卫生第一至宝"、"良药甘口,普天之下浅田饴耳,宁咳化痰补血养气之灵药"、"三日永远断根,立止五淋白浊"、"妇女白带圣药"等标题成为吸引读者的"广告眼"。虚伪夸大的字眼难以让人相信,但民智未开,这样的广告还是能吸引不少人关注。

2. 患者现身说法

自 1910 年以后,药品广告开始使用"患者现身说法"的创意,以求读者信任。如兜安氏保肾丸用镇江日报社主笔鄹君的来函:

> 兜安大医生惠鉴,启者鄙人早年曾患蛊胀,愈后得有筋骨酸痛之疾,遍求名医均无效验,今秋笔政殷烦,更兼背骨酸痛,坐卧不安,友人述及贵医生所制之保肾丸能治鄙人病症,即就近由本埠中西药房购服半打,不意未到一月宿病全除,且饭量增加精神倍昔,谓非贵医士之功乎。爰×数行,并附见贱照乞即作为证书,以告世之同病者,焉惠此即颂。道安　镇江商务日报馆阳羡鄹秋士顿。[①]

从此,"患者现身说法"广告成为医药广告的常态,中将汤、仁丹、艾罗补脑汁、燕医生除痰药等都采用此法(图 2-5)。

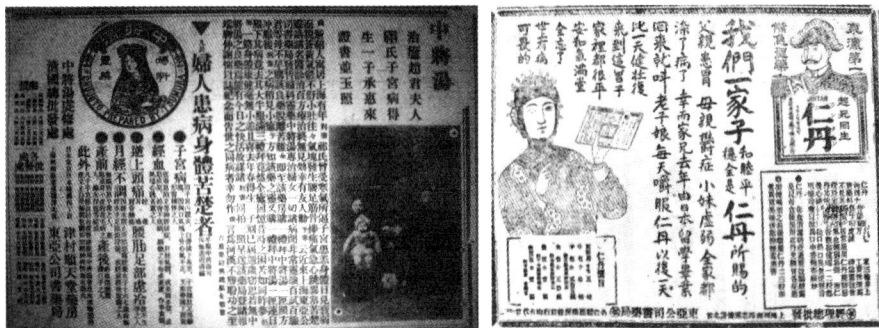

图 2-5　《新闻报》、《申报》"患者现身说法"医药广告

3. 催促法

标题中含有命令的口吻,使阅者从速应对本广告。《新闻报》1908 年的广告"迟恐不及",请阅者速购光彩夺目的镶有钻石的各种新奇货品,然后将各货品,如新样戒指、时装耳环、玲珑挂件、精巧手镯、异样胸针等图片描画于文字周围,原价五元的商品,现在只需要"壹元"[②],催促大家赶快购买。商务印书馆的广告也说"只有五日,迟则不及",催促大家赶快行动。

---

① 申报,1910-5-15.
② 申报,1908-2-15.

4. 演说体

清末,中国的政治外交遭到列强干预,商业方面洋货入侵、利权外溢,华商的广告也借此呼吁,用义正辞严的演说来博得国民的支持和信任:"诸位呀,诸位呀,现在中国的时势全非××了,所有政治、外交、商务事业,都有强国家干预的,虽感中国是个独立国,无奈那些强国都不甘心,所以中国每×创一件新事订一件新例,都要受那些国家干预的。"又如,华商广告号召国民为国家保存体力,尽公民的责任,服用日光补丸,强身健体:"由用西国极纯的品配制成功的,斛傲日光补丸,凡有关血症上的毛病,都是治的。不独效验极佳,而且服了这种日光补丸,可以断绝××,身体强壮,精神充足。"①普通的药品广告用演说体的方式,演绎了商家的社会责任,博得国民的支持。

但此时报刊广告咬文嚼字,极不易读,广告水平相对低下,多数广告都没有图片,缺乏吸引力。洋商的商品广告用英文,诉求对象却是中国人。李文权于1912年,对我国广告作出如下评价:"吾国告白,极为幼稚,几等于无告白,纵有之,无非一二商人,随意组织,甚至文法不通者有之,词意不达者有之,且惜费用,减文字,此等告白,不如无之。"②李文权对华商不熟悉广告尤为担忧,为此,他在报刊上积极介绍西方广告学的新知和方法,继起者有杨志洵③、史青等,在他们的提倡和引导下,我国的广告创作发生了显著的变化。

(第二节) 民国初年的广告创作观

民国初建,百废待兴,发展工商业成为社会各界的共识。南京临时政府、北洋政府相继颁布一系列发展工商业的方针政策,为民族工商业的发展提供了有利的政治环境,激发了有识之士投资实业的热情。1914年一战爆发,欧洲列强因忙于战争而无暇东顾,暂时放松了对中国的经济侵略,对华的资本输出和商品有所减少,对面粉、纺织品等战备物资的需求却在增加,客观上为民族工商业的发展提供了有利契机。

一、民国初年的工商业发展

这一时期,发展最快的是棉纺织业和面粉业,除张謇的南通大生外,荣氏

---

① 申报,1908-5-15.
② 李文权.告白学[J]中国实业杂志,1912(4):132.
③ 杨志洵.欧美实业家利用广告之法[J].商务官报,1908(19).

兄弟的申新,周学熙的华新,穆藕初的德大、厚生、豫丰等都进入大发展阶段。荣宗敬、荣德生兄弟创办的茂新面粉厂和福新面粉厂发展速度极快,很快成为"面粉大王",其创立的绿兵船牌面粉源源驶向国外,远销欧洲、澳大利亚和东南亚各国。沈九成、陈万运、沈启涌创办的"三友实业社"生产的金星牌烛芯和三角牌毛巾也将日货彻底挤出中国市场。

其他行业,烟草业如侨商简玉阶、简照南开办的南洋兄弟烟草公司跃跃欲试,在中国投资建厂,试图与控制中国烟草市场的英美烟公司一决高下。范旭东1914年在天津塘沽创办大盐业公司,1918年创办永利制碱公司,试与英商卜内门之纯碱一较高下。方逸仙创办中国化学工业社、陈蝶仙创办家庭工业社生产雪花膏、牙粉、花露水等,也与外商产品展开竞争。

民族工业的发展为商业的发展提供了坚强的后盾,这一时期新式商业发展迅速。华侨马应彪、郭乐、郭泉等在上海开办的先施、永安相继成立,其绚丽多姿、迷人眼目的橱窗广告、宣扬"不二价"的促销广告、"顾客至上"的标语广告常年刊登报刊整版广告等的示范性应用,开启了中国新式广告的新航程。

1915年因反对袁世凯与日本签订"二十一条",上海率先发起抵制日货的运动,得到社会各界的广泛响应。商人拒买日货,倡用国货,报纸拒登日货广告,一时间抵制日货成为社会的流行口号,广告也成为抵制日货的重要窗口。令人遗憾的是,抵制日货运动终因袁世凯接受"二十一条"失败。但其意义深远,直接影响和教育了其后的国货运动。

二、民国初年广告发展概观

民国初年,工商业的迅速发展为广告业奠定了物质基础,文人和新型知识分子也参与广告活动,为广告业的发展提供了智力支持。这一时期,传统广告如吆喝、市招仍是店铺商家最常用的广告宣传方式,但华商已知晓广告的效力,开始利用报刊进行广告宣传,报刊广告兴盛一时。这一时期,报刊广告有两个明显特点:一是广告内容扩大,百货、电影、医药、银行、书籍及个人广告通告充满报刊各版;二是广告的版面编排、创作水平提高,开始使用彩色画片进行图解。

(一)报纸广告

民国初年,一些由外国人主办的报刊陆续由中国人接办,如《申报》、《新闻报》、《大公报》。因广告数量的增加,各刊纷纷扩充版面,开始注意广告的版面安排,讲究广告的形式与效果。

1912年,史量才接手《申报》,聘请对广告素有研究的张竹平为经理,致力于广告部门的改革,设广告推广科专揽其事。科内外勤组专门负责招揽广告,设计组按照广告的性质、分类为客户设计图案、撰写文字,以满足刊户的需求。在他们的努力下,广告业务迅速发展,许多厂商乐于在《申报》上刊登广告,广告面积一再扩大。1915 年,《申报》上广告所占版面已经超过新闻,广告盈利成为其重要财源。

作为广告大报,《新闻报》由于定位准确,成为上海大小商铺的"柜台报",广告篇幅也逐渐增加。1911 年年底,由之前的小张改为大张,广告分上下两部分,方便读者观看。这一时期的广告已经改变了广告与新闻互不相侵的编排方式,广告成为版面的主体,常占据最主要的地位,头版报头处,最能吸引读者眼球的地方,无一例外全是广告。

《大公报》于 1902 年由英敛之在天津创办,初发行时就十分注重广告经营,广告版面起初常占到 1/3,后占到 1/2,其广告客户多是在京津地区的工商业者。1916 年,王致隆接办《大公报》,此后的几年间,其广告刊发量与日俱增,商业味道亦逐渐加剧。大炮台香烟、兜安氏保肾丸、棕榄香皂、仁丹等外商广告,时常刊登在固定位置,占据相当大的版面,给读者留下深刻印象。从 1917 年开始,《大公报》刊登的银行广告大量增加,仅 1917 年 10 月 2 日这一天,就登了 8 个银行的广告,占据第 1 版的醒目位置。

(二)杂志广告

这一时期,《东方杂志》《妇女杂志》等著名刊物也刊登广告,广告数量较多。与报刊黑白两色的广告相比,杂志广告更加精美,如《东方杂志》1913 年第 10 卷第 6 号慎昌洋行的广告(图 2-6 左),已使用黑红两色套色广告。至 1918 年第 15 卷第 9 号,其上出现中国烟台张裕酿酒公司的五色广告(图 2-6 右),形成强烈的视觉冲击。有些广告,除用中文外,还用英文,刚开始仅限于包装盒、标题、商标品牌、地址的介绍。

(三)其他广告

路牌广告古老而又富有生命力,民国初年依然活跃在城市乡村的街巷弄里,房屋、建筑物和墙壁上到处贴满广告。当时最著名的路牌广告当属"仁丹"、"大学眼药"、"白礼氏洋烛"、"狮子牙粉"、"中将汤"。中国自己设置的路牌广告起源于 1911 年,当时上海有"明泰"、"又新"两家广告社,最初的制作比较简单幼稚,但到"20 世纪 20 年代已经很盛行"①。

---

①　陈培爱.中外广告史——站在当代视角的全面回顾[M].北京:中国物价出版社,1997:49.

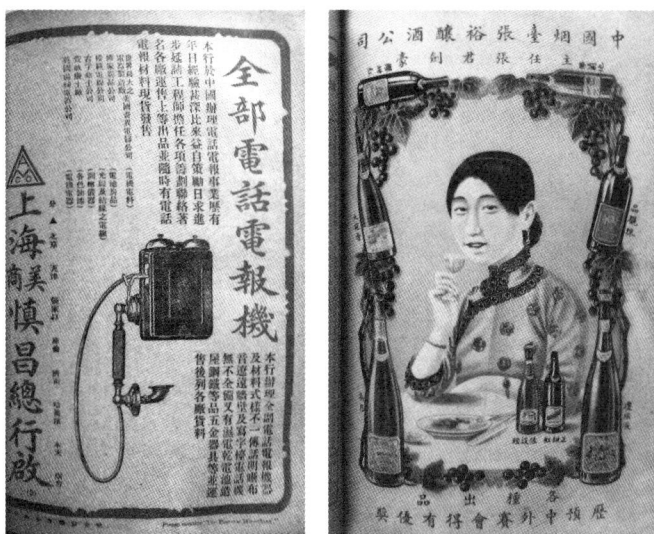

图2-6 《东方杂志》初创时彩色广告

　　车身广告在现在已是平常景象,但在民国初年却是破天荒的事,当时的公用车辆非常少,聪明的厂商就开始在自己的车厢上绘上独特标志,向过路的行人和客户传递商品信息。胡文虎专门订制"虎"牌汽车,向市人推荐"虎"牌万金油。1908年,上海第一条有轨电车正式通车,西起静安寺,东至外滩,贯穿上海最繁华的闹市中心。1914年上海第一条无轨电车在福州路通车,同样也横贯最热闹的南京路与北京路。在旧上海,每开辟一条新线路,报纸都会对其进行详细报道,广告商抓住这一新闻效应,精心策划电车广告的新形式。

　　香烟牌广告放在纸烟包装里,形式多为五颜六色的画片,一般正面为图画,背面为广告文字。清末民初,随着欧美烟草公司进入中国,香烟牌广告迅速成为大众喜闻乐见的广告形式。1904年,上海三星纸烟公司为抵制洋烟,发行一套32张的"清末仕女牌九"香烟牌,是我国最早的国产香烟广告牌。

　　月份牌广告融合绘画、广告与年历三位一体,颇似灶王年画,因此又称月份牌年画广告。初期月份牌广告的内容是传统的民俗,如二十四孝、八仙。1907年,屈臣氏大药房发行了十余幅月份牌,以"富、贵、福"等吉利大字为主体。20世纪初,月份牌广告发展迅猛,据统计,辛亥革命时,发行月份牌的工商单位已达几十家。民国初年,著名的月份牌画家有周慕桥、郑曼陀、胡伯翔。周慕桥实为月份牌的开创者,他用传统技法表现仕女,题材多为传统民俗,画面布局大气,视野开阔(图2-7左)。1914年,郑曼陀开创擦笔淡彩画法,人物的立体感强,画面更加逼真,栩栩如生,深受百姓喜爱(图2-7右)。中国的月份牌因擦笔技法而固定下来,是画界的一大突破。

图 2-7　20世纪初月份牌广告

三、民国初年的广告创作观——以报刊为中心

民国初年,随着报刊媒体的发展及技术设备的引进,广告的创作与设计开始引起人们的注意。清末《申报》上的广告,虽然数量呈上升趋势,但编辑设计比较粗糙,几乎没有美感。1913年,《申报》在馆内设置设计组,聘请专门的设计人员代刊户设计制作广告,国内广告创作行为出现。

(一)广告布局虚实相生

这一时期,随着客户的增多和版面的扩大,广告不再是密密麻麻的文字说明,而是留出大量空白,虚实相生。留白——这一绘画技巧的构图方式,也运用于商业广告,以最简明的方式吸引读者的注意,不但不会浪费版面,反而使广告从黑压压的版面中脱颖而出。至1898年,《新闻报》的广告编排从初创时的密密麻麻、毫不编排转变成注意广告布局,广告与广告之间也开始注意上下左右的留白,每个广告独立,比较容易辨认。1914年时,不仅广告间注意留白,且每则广告中开始出现较多的留白,使读者更容易阅读理解。这一时期,杂志上的广告也出现这一倾向,《东方杂志》"韦廉士"广告的变化可以作为佐证。1904年初创时,《东方杂志》上的广告都是密密麻麻的文字,至1912年,其将图片以花边包围,单独列于左侧,留有足够的空白,吸引读者的注意。"留白"成为民初广告的普遍现象,成为这一时期广告创作者们的共识。宋铭之在《广告法之研究》中讲道:"广告之位置虽不必过于广阔,以留空白余地,然于所占位置亦必稍留余地,一以便与读者之观瞻,一亦于其他广告明其界限,盖邻边余地愈多,则所收效愈大。"①

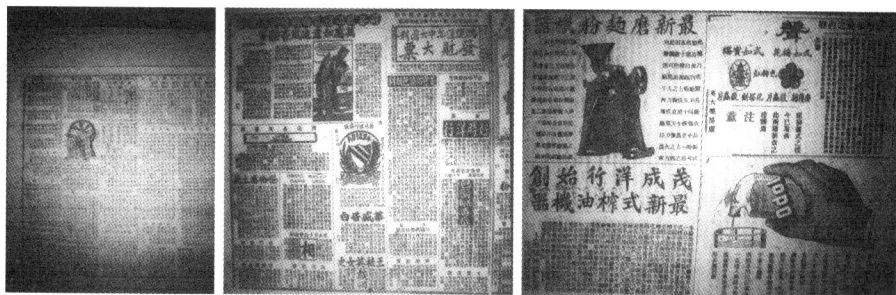

图 2-8　20 世纪初《新闻报》广告布局

(二)广告标题清晰明了

标题是"广告之神髓,广告之主脑也"②,广告要在杂乱的版面中引人关注,标题发挥着至关重要的作用。这一点,广告设计者是逐步意识到的,刚开始时,标题的创作编排丝毫不讲究,仅仅为"××告白"。随着设计人员的加入,标题开始注重赞扬其商品功效,以引起读者之信服。如日本仁丹广告1911 年的标题"化食、消毒、排毒、防疫"等。还有赞扬商品声誉的,如林文烟牌花露水,"物美价廉、环球信用"。或有以各种赠品的方式诱惑读者、催促行动的,如英美烟公司的纽约牌香烟,标题为"赠送手提箱"③。还有一些广告标题,从联系读者感情入手,如人造自来血 1911 年之"恭贺新禧"等。

广告标题的表述方法也多种多样,除通告法之外,还有:

反复法:"这个这个! 是这个! 四万万国民好用称赞的就是这个——双美人洗脸粉。"④言辞重复,使读者信服。

提醒法:"用夏士莲雪花者注意";三炮台香烟之"特告公众"⑤;五洲大药房之自来血广告,"请你来看上海五洲大药房第七次得奖广告"⑥。

疑问法——花颜水广告:"吾颜艳美如此,莫非花颜水之效?"⑦

---

① 　铭之.广告法之研究[J].中华实业界,1914(3):8.

② 　朱庆澜.广告学[M].香港:商务书局,1918:13.

③ 　新闻报,1916-5-15.

④ 　申报,1914-3-5.

⑤ 　新闻报,1915-5-15.

⑥ 　新闻报,1911-5-15.

⑦ 　大公报,1916-5-25.

类比法——仁丹之广告:"虽富勿忘贪,虽健勿忘病。"[①]标题以类比的方法使人深思,从富贵谈到健康,将广告的主题表达出来。

这一时期,标题更加简明,突出广告诉求的主旨,或功效、或盛誉、或诱惑、或感情。标题排版不再局限于横排或竖排,出现斜排,或环形排版。1917 年 2 月 5 日,五洲大药房刊登在《申报》上的广告标题十分独特,标题用儿童放风筝的方式表现,风筝是变形的"造"字,小孩由"自来"两字变异而成,孩子旁边是"血"字,这样的标题非常有创意,俏皮地表现"自来血"具有造血功能的商品特质,使人过目不忘。(图 2-9)

图 2-9 《申报》自来血广告

这一时期,广告标题的内容和表现形式发生较大变化,不再只揭引商品或企业的名称,而注意吸引读者,大谈商品的功效、声誉,或从读者的心理角度出发,通过赠券的方式吸引读者注意或购买,或通过拜年的方式拉近读者与企业的感情。形式上,广告标题更加讲究,或反复强调,或提醒,或疑问,或类比,创作者已经充分认识到标题的重要性。

(三)广告正文形式多样

好的广告,除了要引人注意,最关键要使读者"心悦诚服",于其方寸之中,创设一新需要。文字比语言拥有更高的信服力,"耳听为虚,眼见为实",文字"具有一种信仰力"[②]。

除了标题醒目活泼,还要有好的正文,与标题相呼应。这一时期,广告文都为文言文,受技术设备的限制,字体变化较少,多为宋楷,竖体排版,送报馆的广告,除了图片上的文字和标题外,广告正文的设计大同小异。要想打动消费者,只有以内容取胜。

这一时期,广告文常用的表现手法有以下几种。

1. 故事体

用故事来介绍商品的奇效,使消费者在听故事的过程中愉快地接受广告信息。如 1916 年《大公报》上的"美容药料花颜水"广告,广告标题为"吾颜艳美如此,莫非花颜水之效"。它用提问的方法勾起读者的好奇心,紧接着讲述

---

① 新闻报,1914-11-15.

② 罗宗善.最新广告学[M].上海:世界书局,1934:32.

了一个故事：少女天性肤黑，长有雀斑，常常对镜自叹丑陋，叹其何必为女子，如果有可以消除雀斑使皮肤变白者，宁舍千金亦在所不惜。偶然间坊间告曰有卖花颜水可以去雀斑，还可使肌肤变白，于是少女买来一试果然如此，雀斑渐消且皮肤稍白，后又购一打，每日擦用，肌肤果然白皙细腻异常，实乃花颜水所赐。后少女逢人便讲，使天下有共同肤质者可以共享这一奇效，以尽绵薄之力。从表面上看，广告文讲述的是女孩由丑变美的故事，用意则是传递产品及其功效信息，使读者在读故事的过程中记住产品信息，从而说服读者。

2. 证言体

故事体正文不提人物姓名，证言体正文则清楚地指明人物的名字、身份、来历，从而使消费者信服。这一时期，活跃于报章媒体中的药物广告"韦廉士红色补丸"常常采用这一手法。1911 年，《东方杂志》上的"韦廉士红色补丸"广告，标题为"扬州职员患腰肾亏损及风湿骨痛而得治愈"。然后它以患者的身份开始叙述："余尝患风湿腰痛背疼计二十寒暑，腿极酸痛，懒于行步，身甚软弱，不克支撑。曾延多医，试服各药，毫无裨益。当此为难之际，爰将韦廉士大医生红色补丸，试服之，不意如此痼疾，一旦竟为是丸所驱除。今则身甚强健，舒畅异常。"①用患者口吻讲述亲身经历的证言体成为这一时期药物广告最常用的手法，类似的还有兜安氏补肾丸、五洲大药房之"自来血"。即使是今天，这一创作手法在医药广告中依然屡试不爽。

3. 新闻发布体

利用人们感兴趣的新情况发布新闻，吸引人们注意。如纽约牌香烟的广告"奉赠手提箱"，利用人们的贪得心推销产品，广告中详细介绍如何参与这一活动，类似的赠品广告都使用这一手法。戏院发布的戏目广告，也是用新闻发布体，刊布戏目的名称，在显眼的地方放上著名演员的名单。公司开业、发布新产品、季末打折也常常采用"最新开张"、"最新式"、"特别廉价"的公告手法来介绍新产品，此种表现手法采用者最多。

4. 惊吓诉求

药物广告常采用这一诉求方式，先利用图片或语言恐吓读者要担心身体，然后再讲该产品可避免此种担忧，有神奇疗效。如日本仁丹的广告，广告标题恳切提醒读者"虽富勿忘贫，虽健勿忘病"，正文借用中国谚语开场，"凡无远虑必有近忧，人虽无病患少懈。卫生误保身之途，即病魔乘虚侵入，遂招不测之患。一朝而殆，其命者不遑，枚举可不懼，而戒哉仁丹，正是环球无二救世灵药，其一粒诚有胜千金之慨。"②其列文介绍仁丹的功效，最后得出结论"富是

---

① 东方杂志，1911(2).

② 新闻报，1914-11-15.

一生财,仁丹是万代宝"。用惊吓诉求的方式来达到商品诉求的目的,时至今日仍广泛采用。

5. 以假论"真"

老刀牌香烟的"惟最好物件有假冒",表面上是提醒消费者市场上有假冒品,实际上是以退为进,自我标榜。广告文为:"凡最好物件已畅销于社会,往往有以假乱真、鱼目混珠者。近时虽有假冒者出现,不久即行消减,未能如刀牌之能永久畅销。因刀牌系英国比司徒及伦敦威尔司厂监制,并由天下驰名之英美烟公司专售。"①借用最好的东西就会有仿冒品出现的社会心态,吹嘘自己产品的优秀,与直接赞美产品相比,更容易使人信服。

民国初年的广告文,沿袭的清末的文言体,竖版印制,广告文本身变化不大,大都雷同,但内容开始注意根据商品种类和读者的心理创作,文图结合。需要指出的是,这一时期广告文的创意仍显单薄,抄袭现象严重,文字小而繁杂难以辨清。

(四)用图片为产品说话

我国第一本广告学译著称作广告是"二十世纪一种美术",自然少不了优美的图画。与文字相比,图画"引人注意,较文字为易且速"②,目不识丁者也可领会其意义。在引人注意方面,图画确为易且速,其作用在于"使人一见而知其意义"③。

民国初年,报刊上的广告图画明显增多。不少商家送登的广告底稿主动配上图片,以增加广告的吸引力。广告图片增多,出现半版或整版广告,但价格昂贵,刊登者多为外商。如日本仁丹1913年刊登在《新闻报》上的整版广告,中间为一艘娓娓航行的帆船,巨大的帆布将整个版面斜分为左上和右下的两个版块,使整版的广告不因一个图案而显得空旷,斜分法使版面显得生动活泼。左上为仁丹的商标图案"黎总统",借副总统之名望推介商品。"三伏炎威日益酷烈,行旅避暑于山岭水涯者,共行囊中必须备置仁丹,万不可亡失也",商家用关心体贴消费者的口吻说话,拉近了与消费者的距离。广告强调,"仁丹真为行旅家必携灵剂"。在这一巨大的帆布上,有一日本女士手指"乘船搭车之时,嚼服仁丹清爽匝身而生快莫可言矣"的字样,无怪乎连英美烟公司都感叹,中国唯一真正的广告只有日本仁丹而已,号召英美烟公司的广告活动

---

①　新闻报,1916-5-15.

②　叶贡山.广告丛谈[J]留美学生季报,1918(3):9.

③　[美]哲斯敦公司著,甘永龙编译.广告须知[M].上海:商务印书馆,1918:29.

"应当像老的仁丹广告一样成为环境景色的一个组成部分"①。

随着图片的增多,商家又试图使广告图片尽善尽美,除关注合理的版面外,开始讲究图案设计。这一时期的广告图画,常用的设计方法有五种。

1. 商标图案法

随着企业广告认知的增强,他们开始为商品创制独特的商标,以区别于竞争对手。如日本仁丹的广告,即以黎元洪总统之图像作为商标图案,广泛应用于广告、产品包装中。类似的还有大学眼药的广告,以一外国人像作为商标图案。著名的司各脱鱼肝油则始终坚定不渝地以渔夫负鱼图案为商标。中国五洲大药房的人丹广告则以龙虎为商标。国人的商标意识在这一时期开始萌发,但与外商相比,仍相对较弱。

2. 产品包装物法

民国初年,产品包装物法使用最为普遍,烟草广告和化妆品广告、汽车广告尤甚。英美烟生产的大炮台、前门、老刀牌香烟,无不在广告中呈现纸烟或锡筒烟的图案。广生行生产的双妹牌花露水、双妹牌牙膏、叶子露也都呈现产品的包装物,这一时期,化妆品广告的创意还不丰富。日本大阪生产的美容药料花颜水,开始以产品的使用者为本位,用日本绘画中的仕女形象来表现女性使用这一花颜水后的美丽,这一精致的广告图片,"在1916年前后的报刊广告中并不多见"②。在这一时期,汽车广告的创意甚少,只是简单描绘产品,提醒人们注意。1912年"Studebake"施突的贝克尔汽车、用半版画面展现汽车的豪华,告诉读者,"此即诸公所需之车"③。

3. 生活场景式

生活场景,即在每一个可能用到产品的场景中突出产品的功效、性能,在这一时期以日用品和药物广告为主。其中最为突出者要数博利安灯泡1918年5月1日起刊登的系列广告(图2-10),用一系列生活场景传达"爱护眼睛,要用上好的博利安灯火"的主旨,文案简洁实在,避免了每天同版广告所带来的厌烦感。1911年《申报》的日本仁丹广告则呈现仁丹的各种使用场景及其功效,有"上船搭车、出游行旅、演说谈论、听戏酒宴、访人请客、时疫流行"等各种场景,寓教于乐。

---

① 上海社会科学院经济研究所.英美烟公司在华资料汇编(第二册)[M].北京:中华书局,1983:702.

② 周伟.工商侧影——一个世纪的广告经典[M].北京:光明日报出版社,2002:19.

③ 新闻报,1913-2-15.

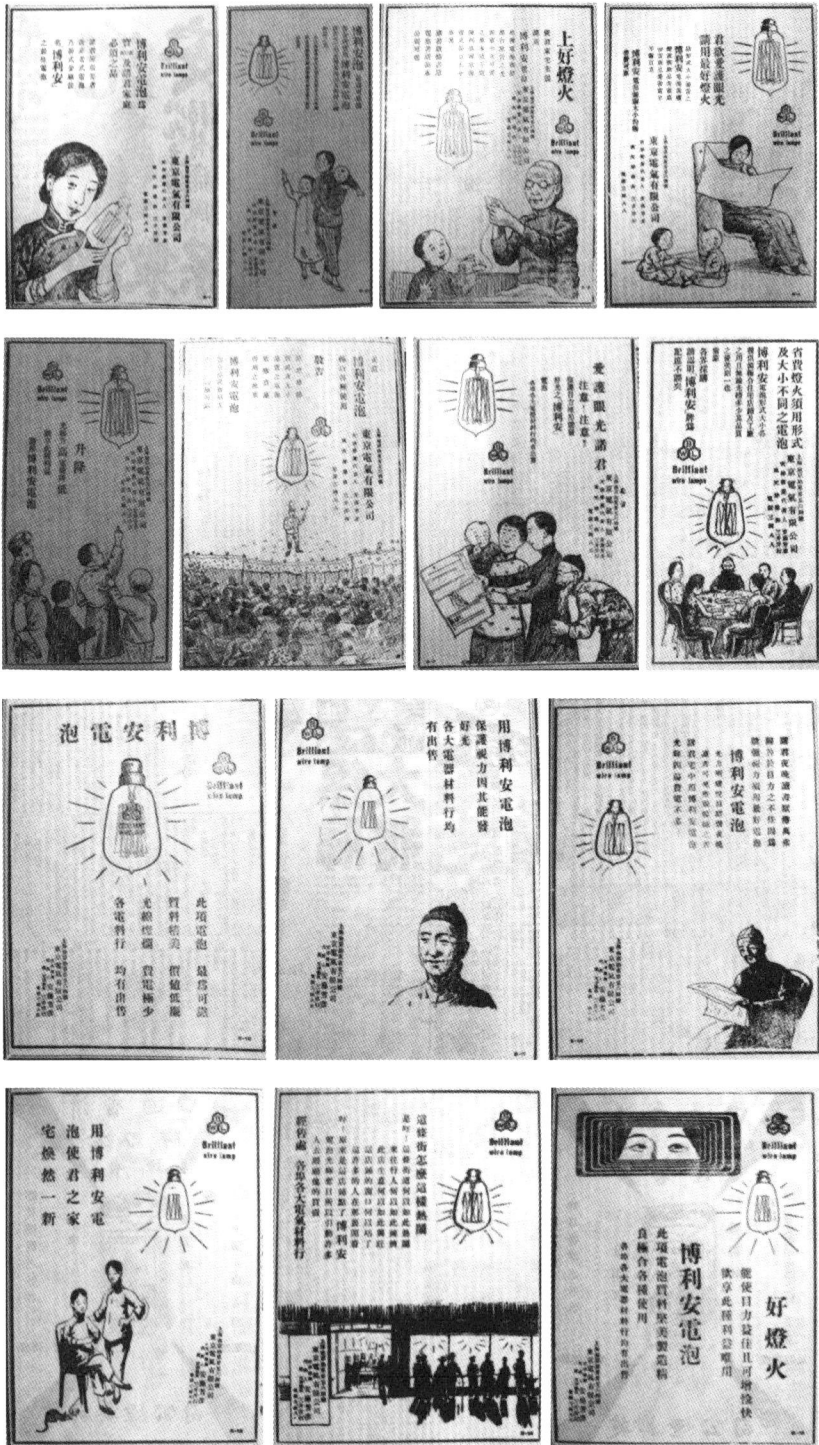

图 2-10 《大公报》博利安灯泡系列广告

4. 患者现身法

通过患者疼痛的悲惨情形,向读者推荐产品功效,以讽刺的意味提醒读者,该产品可以解决此种问题,催促其赶快购买,这种方法常运用于药物广告中。民国初年兜安氏秘制保肾丸的广告,无论是报纸还是杂志广告,多为下列场景:一患者,耷拉着头,脸上表情疼痛难忍,一手拿拐杖,一手按着肾的部位,以此突出产品"保肾丸"可以对症下药及肾脏的重要性。1918 年,曾有学者对此进行研究,称这种图片的重点在于描摹患者的神情,如果图画不精,则"徒令人生厌,殊无益耳"①。可见,时人不仅运用这种方法进行宣传,也开始反思其弊。1918 年《申报》五洲大药房的海波药广告,人物丑陋无比,令人生厌。

5. 产品使用前后对比法

用图片展示患者使用产品前后的情形,以求证于读者。这一创意的出现相对较晚,也由外商引入中国。1918 年 5 月 14 日《申报》上刊登了美国的甘地加香皂及软膏广告,采用这一创意手法。图片中,一男一女使用前脸上长满胞,使用后的脸部干干净净,声称甘地加香皂及软膏可以"Heal the skin and restore the hair",多么神奇啊!下方还说明使用方法,美中不足的是,前后两人衣领一样,像连体人似的,但发型不一,不免让人生疑是否为同一人。

图片除了有形还要有色,才能形成鲜明之印象。广告色彩的运用开始受到关注,时人提出,"色之作用,或对照,或协和"②,颜色的使用还要切合人情世俗,如"白丧红庆,绿春黄秋蓝静黑暗"③。人们开始研究广告色彩的使用。

> 此图变角锥形,以白黑红绿黄蓝置其六角,凡角与角相合,则对照深,白与黑,红与绿,黄与蓝,是余色在任何二色之间者,与他色合以线相连。距离近者为协和,如草黄与粉红,浅蓝与淡绿,距离愈远,对照愈深,如棕黄与粉红,草黄与深蓝。④

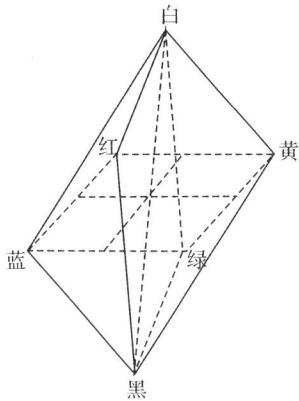

受技术条件的限制,报纸上的彩色广告还比较少,而杂志上相对较多。除运用于杂志封面外,亦开始运用于广告中。但是,搜查 1911—1918 年《东方杂志》,有彩色图画的仅有 1913 年第 6 号、1918 年第 9 号、第 11 号,即上文所指的慎昌洋行黑红两色广告和张裕酿酒公司的五色广告。以商务印书馆在当时

---

① 朱庆澜.广告学[M].香港:商务书局,1918:18.

② 叶贡山.广告丛谈[J]留美学生季报,1918(3):9.

③④ 叶贡山.广告丛谈[J]留美学生季报,1918(3):10.

出版界之实力推断,报刊中的彩色图片比较少。当然,月份牌的色彩运用就另当别论,由于其造价极高,只有实力雄厚者才会使用。

这一时期的广告图片,数量增加,单个广告版面扩大至半版至整版。图片创意表现的手法越来越多,但创作仍显粗糙,人物表情僵硬,缺乏美感。有些图片与商品间缺乏联系,有生搬硬套之嫌。

民国初年,受广告数量和报刊版面的影响,报刊广告的创作从标题的设计到广告文的写作,图片的运用都开始引起广告设计家的注意,以上的诸多创作观方面的变化都是他们认识与实践的提炼和总结。有人开始从理论上对广告进行专门研究。1913年由史青翻译出版的《实用新闻学》,是美国第一部新闻学专著,也是我国最早的两本新闻学译著之一。全书共16章,其中第12章《告白之文》、第13章《登载告白》对广告文的写作、报馆如何招揽登载广告等进行了详细的讨论。

其中有关广告创作的观点有:

1. 告白之文,须凝练而易刺人……宜以最少之字数出之……文必足以动人兴趣,激人观感。

2. 不宜只说吾肆售何物,须将品物之种类,与其佳处,一一言明,行文平易,自然人皆爱读。

3. 作告白须知人情,人者自营之兽也。与其告之以某事某物可以利人,不如告以可以利己之为当。

4. 行文平易近人……原原本本,绝无张皇招摇之气。

5. 凡作广告必以诚信为主,若徒推奖己货,道他家短处,语不由衷,事非真实,此为造谣欺人。报章登载之者,已蒙其害。

6. 告白中之图画,必取优美合格者。若图画丑劣,大足为报章之玷……惟画意宜不伤风纪,而画亦可观耳。①

以上有关广告创作的观点,十分注重受众的心理特征以及广告行业的伦理道德问题。虽然这仅是一部译著,但在中国发行很广,对当时的广告创作产生了重要影响。

同一时期广告学方面的著作还有1918年甘永龙编译的《广告须知》,是我国广告学方面最早的专著,共22章。其中第五章"何谓优美之广告稿本"谈到一则好的广告的标准是"动人心目、引人意味、使人信服"。创作一则好的广告稿本,需用大字之标题,需时刻陈列商标,文字要简洁精警,广告家要熟知并研究物品等②。

---

① [美]休曼著,史青译.实用新闻学[M].上海:上海广学会,1912:127~135.

② [美]晢斯敦公司著,甘永龙编译.广告须知[M].上海:商务印书馆,1918:17~22.

1918 年朱庆澜编写的《广告学》为国人编写的第一本广告学专著,此书篇幅不大,简单介绍当时的 19 种广告,强调广告文的创作要注意文体、主点、标题等。此书与黄世祝发表在《公益工商中学校商科第一届毕业刊》的《广告论》一文,内容有诸多雷同。

表 2-1　民国初年广告学研究论文统计表

作　者	论文名称	出　处	
李文权	论广告与卖药之关系	中国实业杂志	1913(2)
忘筌	最近广告术(译作)	直隶实业杂志	1914(9～12)
铭之	广告法之研究	中华实业界	1914(3)
心一	说广告之利益	中华实业界	1914(4)
宋铭之	新流行实验广告法	中华实业界	1914(6)
SM 生	彩色广告之效用	中华实业界	1914(7)
杨荫樾	最新广告术之应用	中华实业界	1914(9)
芸生	最良广告之研究	中华实业界	1914(11)
致远	上海各商店广告之种类	中华实业界	1914(11)
效彭	广告术十诫	中华实业界	1915(4)
杨荫樾	关于经济之广告	中华实业界	1915(4)
卢寿箋	广告术之研究	中华实业界	1915(9)
	新颖之广告法	中华实业界	1915(10)
任致远	最近利用窗饰之广告法	中华实业界	1915(11)
蔼庐	告研究广告术者	中华实业界	1915(12)
	广告琐谈	直隶实业杂志	1915(6)
	广告之活用法(实业浅说)	市政通告	1915(23)
镜清	登广告之方法	商学杂志	1916(2)
孺仲	广告教授之新学业	中华实业界	1916(2)
孺仲	推量广告与试验广告	中华实业界	1916(3)
厄公	窗饰法在心理学上之根本原理(译作)	中华实业界	1916(3)
孺仲	广告用赠品之研究	中华实业界	1916(6)
程景灏	广告与商业道德之关系(译作)	东方杂志	1916(12)
叶贡山	广告丛谈	留美学生季报	1918(3)

资料来源:全国报刊索引数据库。

以上诸多研究,纷纷选择将美国、日本等西方国家的广告理论及方法奉若圭臬,用大量篇幅推介西方最新的广告方法及案例。谈及广告创作时亦引用美国学者的观点强调:广告的面积要大,要用图画来表现商品,使人一望即知,要有刺激之语句等。当然,这是由广告"舶来品"的性质所决定的,是历史作用的结果,人们在学习一门新技术、新学问、新方法时,最初总是从模仿开始的。其中,《最新广告术之应用》一文多谈及广告创作:

> 用一体之小字,始终不变,则注意者自少,然波折不可太多……其大字与小字之体格,互相呼应,而相形之下,两者俱为人所注意矣。

> 简而易明之物,胜于烦重之物。故告白文字,及所用图画,皆以简明为贵。诡异之图画,未尝不能使人注意,然仅使人注意,而不使人知其所注意者之为何,则终属徒然。故广告所用之图画,以及模形等,皆以切题为贵。

> 图画模形,不宜仅状其物之形,必使其物有生气也。

> 坚持之效果——欲广告之有效,必始终坚持,不可稍懈。每次广告必与前次广告有相同之点,或字体相同,或花样相同,或注意之句相同,使人一望而知,为前次所见者,然其语意必屡次更换。

> 广告必有使人注意之一行,其字数不得过四……注意之行,不宜过多。[①]

遗憾的是,运用这些理论最好的还是外商,如上文提及的博利安灯泡在两个月内用 14 幅不同的广告作品循环刊登,每天都站在消费者的立场上举说一两个购买博利安灯泡的理由,天长日久,自然深入人心。反观吾国的广告作品,非将商品之一切理由全部告知不可,使得广告文字字迹甚小,密密麻麻,头绪也非常繁杂,从而使读者不胜其烦,收效甚微。当然,这只是国人蹒跚学步地开始研究和创作广告的开始,在下一个阶段,应该有更好的发展吧。

第三节　五四时期的广告创作观

第一次世界大战给中国民族工商业一次难得的发展机会,大战结束后,外国势力卷土重来,掀起了一轮更为疯狂的资本输出和垄断市场风潮,民族工商业的环境变得极为恶劣。1919 年爆发的五四运动,迅速由反帝反封建的政治运动演变为全民参与、全民动员的群体性爱国运动。火热的爱国热情让工商阶层看到生存的希望,跟随舆论"不买洋货,不读日本报纸,不登日本广告",民族工商业开始大打爱国牌、大呼振兴国货口号。1925 年五卅运动爆发,再次引发抵货情绪,日货、英货都被称作仇货,受到抵制。在抵制洋货的运动中,民

族工商业乘机增强实力，严抓技术和管理，在报刊广告上大作宣传，与外商展开激烈的广告战。

一、五四时期的工商业发展

大战结束，外商卷土重来，变本加厉地在我国投资建厂，加大商品输出和原料搜刮的力度。以英美烟公司、美孚石油公司、亚细亚火油公司、福特汽车为代表的洋商洋货，以一泻千里之势泛滥于城市，流行于农村。许多农民用洋货，"取火要用他们的火柴（日本的通行），点火要用他们的水火油（最通行的是红毛的亚细亚、花旗的美孚），盛油点灯的是用他们的玻璃制成的灯"①。许多村人"不知道'孙中山'是何许人，但很少的地方不知道'大英牌'香烟"②。洋货倾销严重打击了新兴的民族工商业，利权外溢，遭到人们的强烈抵制。

抵货运动自 1905 年的抵制美货开始，规模越来越大。这一时期借助于五四运动、五卅运动两次政治运动，再次引发抵货运动的高潮。五四运动期间，北京商会宣示各商号，一律停运日货，不用日币，不阅日报，不登日报广告。北京商会向全国 34 个城市发出同样的文告，天津、上海、青岛等地商人积极响应，形成大规模的抵制日货运动。抵货运动帮助民族工业抵抗洋商，刺激了民族工商业的发展。五四运动时期成为中国棉纺织业发展史上所谓的"黄金时期"，最典型的是 1911 年成立的三友实业社将生产重心转为生产三角牌毛巾、被单、印染色布、透凉罗纹纱帐等。五四运动期间，三

图 2-11　三友实业社南京路门市部

友实业社抓住时机，在报刊上刊登爱国广告，"三角牌"毛巾最终打倒日货"铁锚牌"，"自由布"打倒"毛斯纶"，"透凉罗"打倒"珠罗纱"。三友实业社聘请漫画家张乐平、叶浅予等为三友实业社设计广告。另外，创建于 1920 年的"美亚"织绸厂，1924 年成立的"五和"织造厂，荣氏的申新纱厂等在五四时期都获

---

①　广东第一次国内革命时期的农民运动[J].农民丛刊，1927(1):178~179.

②　希超.英美烟公司对于中国国民经济的侵蚀[A].中国经济情报社.中国经济论文集[C].上海：生活书店，1934:93.

得了一定程度的发展。

民族烟草业在这一时期也获得较大发展,尤其是"五卅"运动期间抵制英货,英美烟公司的销售一落千丈。许多报纸拒登英美烟公司广告,社会上拒吸"大英牌"香烟,给民族卷烟业带来绝好的发展机会。南洋兄弟烟草公司乘势而上,在报纸上大作广告宣传,呼吁国人购买国货香烟。如"长城"牌香烟的广告语"不吸香烟,固然最好,要吸香烟请吸国货长城牌"[①],语重心长,劝告国人改吸中国烟。1924 年成立的华成烟草公司异军突起,成为中国卷烟市场上的健将。其生产的"金鼠牌"、"美丽牌"香烟在报纸上大作广告宣传,聘请张荻寒、谢之光、张雪父等设计广告,广告语"烟味好、价钱巧"、"有美皆备,无丽不臻"等受到人们的广泛喜爱,销量大增。

面粉业中,荣氏的福新、茂新面粉厂的发展也达到顶峰,在无锡、上海等地开办的面粉厂由 7 家发展至 12 家。1926 年新新百货公司在南京路上成立,南京路上形成百货业先施、永安、新新三足鼎立的局面。各公司竞相装潢,橱窗陈列争奇斗艳。

总体而言,这一时期,民族工商业在外商排挤和政府苛捐杂税的阻碍下发展缓慢。外商虽然受到一定影响,但民族产业链还严重依赖日货等洋货,抵货运动未能长时间持续,在中外势力的勾结下,很快就烟消云散。

二、五四时期广告发展概观

五四时期,在群众运动的推动下,印刷业和报刊业有了长足发展,为广告事业的兴盛提供了现代化技术和媒体环境。一些革命报刊创办后,也刊登广告,在为政治斗争服务的同时刊登华商广告,为宣传国货做出贡献。这一时期广告事业发展的特点是:广告媒介多样化,广告教学研究受到重视。

(一)报刊广告持续发展

这一时期,报纸成为最廉价、传播效果最好的广告媒介,上海、北京、天津等地的报刊刊登大量广告,版面成倍增长,广告制作水平提高,图文并茂。1920 年,《申报》的发行量增至 3 万份,1922 年增至 5 万余份,广告篇幅超过新闻。《新闻报》至 1923 年创刊 30 周年时,以"日销十五万份"为号召,招揽到不少广告。据《新闻报三十周年纪念文》记载,"至近年(1923 年左右)日销几及

---

　　① 陈子谦、平襟亚.英美烟公司,上海文化史馆、上海市人民政府参事室文史资料工作委员会.上海地方史资料三[M].上海:上海社会科学院出版社,1984:59.

十余万份"①,广告"几占篇幅十之六七",广告收入"岁入刊费几及百万元"②。
《大公报》上的广告也明显增加,尤其以银行广告为最多。因王致隆经营不善,
报纸有浓重亲日色彩,于1925年11月27日停刊,后由吴鼎昌、张季鸾、胡政
之三人接手,于1926年9月1日复刊,进入"新记大公报"时期。

　　杂志的发行量也不低,《东方杂志》《妇女杂志》等主要杂志刊登大量广
告。1925年,《东方杂志》刊出"五卅事件临时增刊"(图2-12左),利用公共事
件造势宣传,刊物中除新闻评论外,还专门刊登国货广告,响应社会各界拒用
英日仇货的舆论要求。《良友画报》于1926年创刊,创刊号发行7 000份,封
底刊有南洋兄弟烟草公司的白金龙烟草广告,可见对广告非常重视(图2-12
右)。

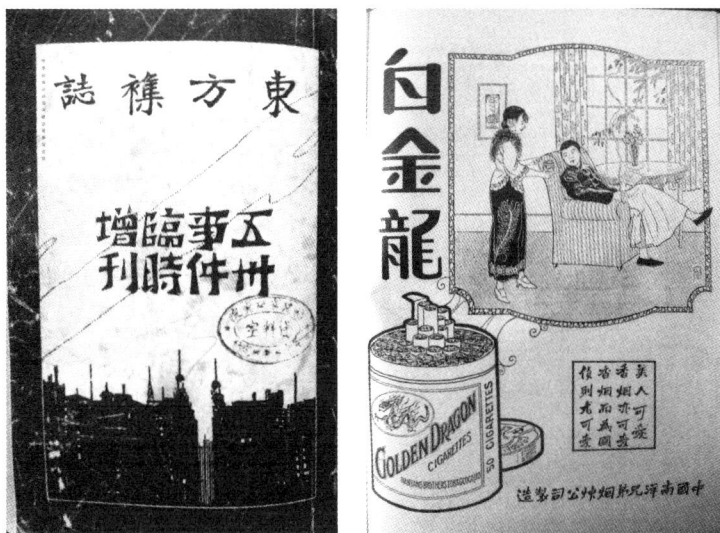

图 2-12　五四时期杂志广告

　　戈公振对1925年4月10日后30日的各地主要报纸进行了抽样分析,从
中看出,广告种类已从商务广告扩展到社会、文化、交通等,广告在报纸版面中
的地位急遽上升,有的甚至占到报纸版面的一半以上。广告占所有版面的比
例分别是:北京《晨报》占52.7%,天津《益世报》占62%,上海《申报》占
42.7%,可见广告之多。

(二)革命报刊重视广告

　　五四时期,早期共产主义者创办了大量革命报刊,在宣传反帝反封建、马

---

　　①②　新闻报三十年之事实[A].新闻报三十年纪念文[C].上海:新闻报馆,1922:历
史栏 2～3.

列主义思想的同时刊登广告,广告收入成为报馆收入和职工福利的重要来源。

1918 年年底,李大钊、陈独秀创办《每周评论》,不仅发表时评抨击军阀政府,揭露帝国主义侵略面目,传播马克思主义思想,还注意发挥广告的社会功能。在报头下面刊登"广告价目",向社会各界招揽广告。广告的重要版面多留给进步书刊和国货,以进行反帝反封建和爱国主义的宣传。1919 年"五四运动"爆发,当时的革命报刊几乎都刊登广告,为政治斗争服务的同时,刊登华商广告,提倡国民买国货,借以抵制洋货。上海有 7 家中文报刊决定不登日货广告。

1919 年 7 月 14 日,毛泽东在长沙创办《湘江评论》,期印 4 000 至 5 000 份。创刊号的报头下即刊登"广告价目",内容如下:"封面首期每字大洋二分,二期至五期一分半,六期至十期一分二。中缝首期每字一分半,二期至五期一分一,六期至十期一分。均以五号字计算,长登另议。"广告有封面、中缝之分,短登、长登之别,价格也随之变动。对广告费作如此细致的区分,可见广告业务受到重视。1920 年,毛泽东回到湖南开展革命活动,于长沙参与创办文化书社,在《新青年》上刊登过"长沙文化书社广告"。文化书社每逢有新出版物,均在报纸的重要位置刊登广告,介绍期刊目录和书籍内容,从而扩大影响。

1919 年 7 月,周恩来在天津创办《天津学生联合会报》,这是五四时期天津出版的进步书刊中影响力最大的一种。该报委派专人承办广告业务,在报上标明"本报广告交涉员是陈芝泉"。为了配合五四运动,在头版位置上刊登图文并茂的国货广告,以提倡国货、抵制日货。同年 9 月,该报遭到北洋军阀警察厅的干涉,被迫停刊,周恩来亲自撰写启事,说明休刊原因。保证刊物恢复出版后,"登广告的各家,也是按着日期补登"①。其真诚对待读者、对广告刊户负责的经营作风,得到社会的赞誉。

中国共产党创办报纸之始,就开办广告业务。如 1923 年创刊的机关报《向导》,从第 4 号起就刊登进步书刊的广告,以扩大政治影响。

(三)广告媒介的多样化

除报刊广告外,其他几种影响较大的广告形式也陆续诞生。

1. 广播广告

广播广告的出现是一件大事,广播最早出现在美国,1922 年年底,美商 E-G-奥斯邦(Osborn)在上海设立了中国境内第一个广播电台——奥斯邦电台,1923 年 1 月 23 日开播,每晚播音 1 小时,节目内容有新闻、音乐、演说及商业消息。最初利用广播播放广告者多为外商,华商还不知利用。直至 1927 年,随着华商私营电台的发展,中国工商业者才开始利用其宣传商品,新新百货公

---

① 　益世报,1919-9-22.

司自开业起,就成立专门的无线电台为其作广告宣传。它标志着广告在更广阔的空间,向更多的消费者传播商品信息。从此,广播在中国迅速发展成为第二大广告媒介。

2. 橱窗陈列广告

随着玻璃、灯光技术和陈列设计的发展,橱窗陈列广告逐渐成为百货公司和商店广告的不二选择。1926年前后,上海先施、永安、新新等百货公司率先在商店门前设置大型橱窗广告,不惜重金从港澳等地聘请专门人才负责橱窗设计和商品陈列,把部分橱窗提供给厂商陈列商品,收取租金。这一新颖的商品陈列方式很快影响至周边城市,北京的瑞蚨祥绸布店就专门派人到上海参观百货公司的橱窗陈列方法,回去后将老式的柜台陈列改为橱窗陈列,按商品的类别、花色、品种等摆放,经常调整陈列方式,使其新奇美观①。橱窗陈列广告使商品可以直接亮相,是企业展示产品、树立企业形象的重要手段,不但给人以美的享受,还可以产生直观、生动的感官刺激,诱发消费者潜在的购买欲望,促进消费。

3. 霓虹灯广告

霓虹灯广告最初被称为电灯广告,用电灯点缀成商品名称或图形,用有颜色的灯泡使之忽明忽暗,在夜间极易引人注目。据记载,国外第一个霓虹灯广告开始于1910年,由法国G-克劳特(Georges Claude)公司装置在巴黎皇宫,此后扩展到街道及法属殖民地和英属殖民地。至迟于1925年,上海出现最早的霓虹灯广告。五卅运动中,《申报》馆关闭了报社大楼顶上英美烟公司的霓虹灯广告,这一时间早于前辈学者提出的最早的霓虹灯是1926年伊文思图书公司装置的"皇家牌(ROYAL)打字机"的英文吊灯广告。②

4. 电影广告

1895年,法国的卢米埃兄弟在巴黎大咖啡馆放映自己拍摄的电影获得成功。1899年,电影开始出现于中国沿海城市。在中国,最早使用电影进行广告促销的,是英美烟公司于1922年制作的一部卡通电影,剧中生动地将一团烟雾制作成香烟牌子,非常有趣。英美烟公司还专门成立电影部,收买或自建电影院,为自己的产品作广告宣传。后来我国各埠的电影院,也纷纷学会利用电影广告,在电影开演前,插入各种商店广告。

此外,这一时期,路牌广告、街车广告持续发展,公共车辆上还出现车厢广告。1921年创办的"荣昌祥广告社"专门代漆路牌,后发展成为旧中国的"广

① 中国科学院经济研究所等.北京瑞蚨祥[M].北京:三联书店,1959:107.

② [美]高家龙著,樊书华、程麟苏译.中国的大企业:烟草工业中的中外竞争[M].北京:商务印书馆,2001:280.

告大王"。

月份牌广告运用广泛,几乎当时所有的洋行和商号都将其作为促销商品的商业广告,不惜重金聘请画家设计,还委托专业的印刷公司代印,以求精美新颖。受五四新文化运动的影响,月份牌创作已经较多地融入了许多民主思潮,表现新思想新生活,画面人物多为时髦女性。这一时期比较有代表性的画家为郑曼陀、徐咏青、杭稚英。杭稚英是继郑曼陀之后较有代表的一个月份牌画家,他所画的女性多为洋味十足的时髦女性,喜欢用重彩来表现人物形象,在广告画界独占鳌头(图 2-13),后于 1922 年脱离商务印书馆,成立"稚英画室",专门代客户设计月份牌,还力邀金雪尘、李慕白等人加盟。这一广告画家先依托大公司积累经验,后独当一面成立画室的发展经历,至今仍很常见。

图 2-13 五四时期杭稚英月份牌

(四)广告学与教育开始产生

我国的广告学教育及人才培养,最早可以追溯到五四时期[①]。1918 年 10 月 14 日,北京大学新闻学研究会成立,该会把广告学作为新闻学研究和教学的组成部分。这一时期,广告学的研究活动"在中国正式起步"[②]。

继北大新闻学研究会成立之后,1920—1926 年,上海圣约翰大学、厦门大学、北京平民大学、国际大学、燕京大学、上海南方大学、上海国民大学、上海沪

---

① 陈培爱.中外广告史——站在当代视角的全面回顾[M].北京:中国物价出版社,1997:52.

② 黄升民、丁俊杰、刘英华.中国广告图史[M].广州:南方日报出版社,2006:181.

江大学、大夏大学、光华大学等相继成立报学系(科),开设广告学方面的课程,培养专门的广告人才。在师资方面,各学校还诚邀报界人士担任主讲老师,如1925年成立的上海南方大学,广告原理的课程由"当时的《申报》协理汪英宾担任主讲"①,上海国民大学新闻学系的广告经营课程由时任《时事新报》的总编辑潘公弼主讲。

北京大学新闻学研究会成立后,导师徐宝璜将讲稿整理成《新闻学》一书,于1919年出版。这是我国第一部比较系统、全面的新闻学著作,其中第十章"新闻纸之广告"专章,探讨广告与报纸的关系,发达报业广告的办法:一为登载正当之广告,二为广告经理与广告员要得人;将广告分为寻常广告、特别广告、分类广告、附图广告和联合广告五类。这是首次对广告进行专章研究。

这一时期的广告学著作如下表所示:

表2-2　五四时期广告学著作统计表

书名	作者	出版单位	出版日期	开张页数	内容简介
*广告应用图案集	北京美术学校出版部绘	不详	1919年	不详	不详
新式商业招揽法	吴中雄编	上海文明书局	1921年	32开126页	分8章介绍了欧洲及日本的招揽方法以及中国旧式和新式的商业招揽方法等。
实用广告学	蒋裕泉编	上海商务印书馆	1925年	32开61页	介绍了各类广告的实际应用和设计方法
广告心理学	(日)井关十二郎著,唐开斌译述	同上	1925年	32开125页	分14章阐述了广告心理学的一般原则及其应用
广告心理学	(美)史可德著,吴应图译述	同上	1925年	25开187页有图表	分17章讲授广告心理学的理论与应用问题
新奇广告术②	黄坚志编	上海中西书局	1925年	图及表格	不详

资料来源:民国时期总书目(1911—1949)[Z]经济卷·下册[M].北京,书目文献出版社,1993:884～885;中国广告大词典[Z].北京:中国广播电视出版社,2007:719～727.笔者搜罗国家图书馆、上海图书馆、北大图书馆、中山大学图书馆、厦门大学图书馆等所得。

---

① 黄升民、丁俊杰、刘英华.中国广告图史[M].广州:南方日报出版社,2006:183.

② 此书散佚,笔者未见到第一手材料。

由于广告学的研究还处于开创阶段,专著相对较少,研究性的文章在这一时期蔚然成风,主要有:

表2-3　五四时期广告学研究论文统计表

类别	文章名	作者	出　　处	
论说、杂谈	广告杂谭	鸣章马鸿书	商学杂志	1919(1/2)
	实用广告学(未完)	焦子坚	商学杂志	1919(3/4/5)
	广告的研究	戚其章	复旦	1920(11)
	广告管见	王鹗	工商学报	1924(1)、(2)
	广告杂谈	顾宝善	大陆银行月刊	1924(2)
	广告与商业之关系		中华书局月报	1924(26)
	论广告		化学药业杂志	1925(4)
	广告之种类	沙治身	工商新闻百期汇刊	1925
	广告是什么	Y. L.	工商新闻百期汇刊	1925
	广告运动	戴景素	工商新闻百期汇刊	1925
	将来之广告	郑逸梅	红玫瑰	1925(25)
	广告琐谈	小慧	半月	1925(3)
	广告趣谈	秽仙	北京画报	1927(1/2)
伦理	广告与道德	人	东方杂志	1919(2)
心理	广告心理学概论	孙科	建设	1919(2)
	广告心理学概论	师泉	东方杂志	1924(21)
	广告与心理	周白棣	中华书局月报	1924(21)、(22)
创意	广告学上美人的研究	亚尘	美术	1920(1)
	广告图案法	嘉白	艺术评论	1923(12)
	广告与医生	余云岫	心声:妇女心苑	1924(7)
	名人与广告	冰如	幻洲	1926(5)
常识	美国之大广告公司		中国实业新报	1920(8)
	广告		中华英文周报	1921(108~124)
	基督教和广告	许光迪	生命(北京)	1922(6)
	我们的广告		中国青年(上海)	1924(25)、(51)
	无形的广告	陆秋生	工商学报(上海)	1924(2)
	美国电影院之广告谈	恺之	电影杂志(上海)	1925(11)

资料来源:全国报刊索引数据库。

三、五四时期广告创作观

五四时期,报刊广告发展迅速,广告比重增大,许多报纸的生存和发展都依赖于广告收入,职工的福祉也都端赖于此,因此报界为争夺广告客户,精心为刊户设计广告。社会上的一般人士,尤其是商界,很看重广告,认为"有了广告的法子,那商业一定很可以推广"①。经过前一阶段的努力尝试,有成功推广商业者,也有白白浪费广告费者,因此他们也在反思,什么样的广告才能印入消费者的脑筋里,永不磨灭。广告学的研究在这一阶段也有了新的发展,广告与心理的关系受到国人的注意,人们开始研究意识、暗示等心理活动与广告之间的关系,同时也开始研究广告运动与阶段性广告的刊布等。诸多端由,促使五四时期的广告创作观较前期发生了很大变化。

(一)体察时势之时机观

广告的创作要注意时机,朱庆澜认为:"无论何事,机会为成功之第一要素,即在广告,亦无不利用机会而收奇效。"②五四时期两次抵货热潮为华商提供了绝好的时机。1919年五四运动爆发,社会各界停用日货,全国报界联合会于1919年4月12日通过《拒登日货广告案》。1925年五卅运动,国人又将英货划为仇货,社会上再次掀起抵制洋货、宣传国货的爱国运动,"此正我国商家利用广告以战胜洋货之唯一时机"③。国人意识到,振兴国货刻不容缓,"国货广告之刊登于报端者,亦日见加多"④。

民族工商业者利用这一时势,以广告为战具,大作国货广告,宣传"中国人用中国货",以振兴国货。1919年,振胜烟厂刊登了一则长篇广告,"抵制外货,莫如提倡国货。振民气,御外侮,作商战,胜作兵,此我振胜烟厂之定名;金瓯不缺,祖国常存,提倡国货,一言九鼎,此我金鼎牌之定名;牡丹虽好,全仗绿叶扶持,国货虽良,端赖同胞提倡,此我牡丹牌之定名;黄包车夫亦黄帝子孙,不可以其下等社会而忽之,本烟厂制此以应,亦塞漏卮挽利权之一法也,此我黄包车牌之定名。爱国同胞,事急矣,时危矣,莫谓香烟小品,无关宏旨,须知救世图存,惟此是赖,国人其可忽乎哉? 国人其可忽乎哉?"⑤从厂名到产品商标名,无不反映出浓浓的民族情感和与外商争夺市场的决心,并期许国人购用

---

① 王鹭.广告管见[J].工商学报,1924(1):21.

② 朱庆澜.广告学[M].香港:商务书局,1918:12.

③④ 戴景素.广告运动[J].工商新闻百期汇刊,1925:8.

⑤ 新闻报,1919-6-8.

国货给予支持和帮助。

中法大药房生产的"人丹"直指日本翘胡子"仁丹",在报纸上大登广告。"欲洗奇耻,速用国货,中国人请服中国人丹"①,"同胞请用国货人丹"②,"宗旨坚定,请用国货"③,"争人格,塞漏厄。中国国民请服中国人丹"④,每天以不同的广告诉求点,表达其拳拳爱国之心,振兴国货之愿望,呼吁国人购用国货。

南洋兄弟烟草公司也是国货运动中的杰出代表,尤其是竞争对手英美烟公司在"五卅运动"中遭到全体公民的抵制,给其带来绝好的发展机会,以"爱国主义"大做国货广告。大爱国牌香烟的广告,"诸君,吸烟事小,爱国事大,务望一致提倡国货,以免丧失利权"⑤,"爱国者请吸各种国货香烟"⑥。然后它开列其生产的各种香烟牌子,供国人购买。"吾人今日唯一救国方法,即为提倡国货,挽回利权。同胞爱国,请速提倡国货。长城、联珠等香烟你最要之法也"⑦;"注意国货与人格—漏厄!君购一份国货即为国家减少一份外溢之漏厄,保存一份国民之人格。幸勿以细微而忽之。明乎此者请吸老牌国货长城牌香烟"⑧;"徒手岂能搏虎,有备方可无患。国货者,御暴之藩篱也。敢祈爱国同胞,一致提倡用国货大联珠香烟"⑨;南洋兄弟烟草公司的爱国广告确实帮助其提高了销量,有时竟然供不应求,使得公司连连在报纸上发表声明,绝不涨价。就连英美烟公司的董事都觉得"中国的公司机会主义地利用了'如今在整个中国变得日益强烈的'中国是中国人的'这种感情'"⑩。南洋公司,包括其他的民族卷烟厂,在五卅运动中都得到发展。

1924年成立的华成烟草公司,其生产的金鼠牌香烟,除了善于挖掘传统文化民俗做广告宣传外,也推出爱国广告。其广告称"静待公理解决,切勿任意暴动。诸公少安毋躁,且吸金鼠香烟"⑪,以抚慰群众躁动心情的公共形象出现在大家面前,劝导大家要平静,不要冲动,先博得大家的好感和信任,然后再推荐产品,请吸金鼠牌香烟。其于循循善诱之间表达企业之责任,号召静待公理。

---

① 申报,1925-6-12.

② 申报,1921-4-21.

③ 申报,1925-6-24.

④ 申报,1925-6-8.

⑤ 申报,1921-3-18.

⑥⑧ 申报,1925-6-5.

⑦ 申报,1925-6-3.

⑨ 申报,1925-6-13.

⑩ [美]高家龙著,樊书华、程麟荪译.中国的大企业:烟草工业中的中外竞争[M].北京:商务印书馆,2001:248.

⑪ 申报,1925-6-6.

华商烟公司生产的好景牌香烟广告，"提倡国货，切记在心，坚持到底，就是好景"①，将产品名称巧妙地嵌进提倡国货的决心与表达中，非常容易记忆。

三友实业社也是国货运动中活跃的代表，其广告常常以动人的稿本，或感动，或催促国人，购用国货。"我真心爱国么？我假使真心爱国的，我就不能忘怀于国货"②；"请看今日之域中，竟是谁家之天下？请君睁眼一望，往来在我们之眼前的是我们同种的人么？陈列在我们之目中的是我们中国人自己制造的货物么？唉！中国人之地住他国之人，中国之人用他国之货！喂！吾国将不国，国民知不知？国民吓！你们要救国么？根本的方法就是从提倡国货做起，三友实业社的棉织出品是国货界的明星"③；"商战能敌兵战，三角牌毛巾打倒铁苗牌毛巾，自由布打倒毛斯纶，透凉罗打倒珠罗纱。中国人自己有了的，却莫再用外货，造成商战的趋势，护助国货的成长，也是国民的天职"④。

国货运动中的民族工商业者，积极主动地利用国货运动的势头，或以理说服国人，堵塞漏卮，挽回利权；或以情动人，爱国就应该用国货；或以耻辱提醒国人，雪耻辱，争人格。种种振聋发聩的爱国言说，劝诱着国人的良心与责任心，身为中国人就当为国家做些微薄的小事，尽一份公民的天职。这是一种时代的表达，更是一个时代国货独特销售主张的话语表达，虽是由政治波及商业的口号运动，但这种呼声即使在今天外交遇到屏障时，也时常拿来使用。与此时相比，其广告话语中不乏可圈可点之处，一些有实力的民族工商业者迅速抓住这一有利时机，借国货广告的呼声突破了被洋货遏制住的生存瓶颈，获得了新生，这也是时机带给他们的商战中的战胜品。

（二）审度心理之创作观

这一时期，心理学受到广告研究者和商人的注意，他们认为，"广告之研究，然由世态人情着想不可，非由普通人心理上研究不可"⑤，随后出现了广告心理学的专著和文章⑥。作广告宣传时，"必观察时势，审度心理"⑦，这一观点得到许多广告设计者的身体践行。有了这样的意识之后，他们也在认真思考

---

① 申报，1925-6-11.

② 申报，1925-6-12.

③ 申报，1925-6-14.

④ 申报，1925-6-18.

⑤ 马鸣章.广告杂谭[J].商学杂志，1919(1/2):48.

⑥ ［日］井关十二郎著，唐开斌译述.广告心理学[M].上海：商务印书馆，1925；［美］史可德著、吴应图译述.广告心理学[M].上海商务印书馆，1925；孙科.广告心理学概论[J].建设，1919(2).

⑦ 吴中雄.新式商业招揽法[M].上海：文明书局，1921:2.

"什么样的广告最合宜于中国人民的心理"①。仔细审视中国人之心理后,他们或利用群众之好奇心、参与心、喜乐心、爱国心等大做广告。

1. 悬念广告大放异彩

广告研究者提出:"我国人民的好奇心很重,我们应该想出一种奇异的广告去引动他们;不然,他们看新闻纸的时候,就要忽略过去了。"②因此,这一时期悬念广告大放异彩。1920年仙鹤牌香烟刊登在《申报》上的广告,第一日的广告中,偌大的版面上只有"注意明日此处广告",还有一只仙鹤和一群小鸡,让人不知所云,心存疑惑。第二天的报纸上,同样的位置,增添了文字说明,仙鹤牌香烟用上等国货制造,烟质很漂亮,这就是鸡群之鹤了。读到这里读者才恍然大悟,原来是将香烟之出类拔萃比作鹤立鸡群,运用此种广告的还有"双婴孩牌香烟、棕榄香皂、珂而挑蓝腰牌香皂、嘉沪牌香烟等"③。1921年《申报》双婴孩牌香烟连续三天采用悬念广告,来吸引读者的注意。第一天广告中间只有"香"字,下方标明"请注意明日此处广告"。第二天,谜底仍未揭开,只用三个"香"字,使消费者的好奇心被紧紧抓住。等到了第三天,谜底才最终揭开,原来是"双婴孩牌香烟独步烟丝,细嫩香味香味清甜,实为市上香烟之冠"④。通过这一悬念,"双婴孩"牌香烟的名称深深地印在了消费者的心里。

2. 读者参与之互动广告

广告不仅要引人注意,还要引发其兴味,使其久印脑中。让读者参与广告的活动,可以拉近商家与读者的距离,更有益于商品信息的传播。1919年《申报》上出现一则整版广告,广告中间为一大大的头像,上边书写有"悬赏广告"四字。广告的内容就是有奖问答,让大家猜测两个问题:"这个什么东西的牌子呢","这个牌子的东西用甚么的",下面写有此次悬赏的奖品,有金戒子、银茶杯、自来火、自来墨水等。在好奇心与丰厚奖品的诱惑下,一定会有很多人去研究产品的答案⑤。其实这则广告的答案已经不言自明,从图像之商标就能看出,况且下方还有"请寄往大学眼药部收"字样,其广告真正的用意在于吸引消费者注意,让消费者参与认真了解该产品信息的过程中来,与消费者产生互动,以丰厚的奖品激发消费者的兴致。有一家药店也采用这种与消费者互动的方式,广告标题用"奉赠一万元"来吸引消费者之注意,细读其下文,原来是某药品能够治疗某疾病,非常灵验,采用真正地道的药材制成,绝无丝毫之

　　①② 戚其章.广告的研究[J].复旦,1920(11):60.

　　③ 林升栋.中国近现代经典广告创意评析——《申报》七十七年[M].南京:东南大学出版社,2005:39.

　　④ 申报,1921-3-17,3-18,3-19.

　　⑤ 申报,1919-1-16.

劣质。如果有人能将该药中劣质成分分析出来,立即奉赠大洋一万元①。这一广告名义上虽为悬赏广告的性质,奉赠一万元的彩头,极其动人耳目,但实际上是通过这一噱头来向消费者表明厂家之诚信与信誉,使消费者对其产品产生信任,从而引发购买。

3. 幽默滑稽广告

自古至今,"人无不喜诙谐之言论"②,幽默、诙谐、滑稽广告,在逗人发笑之时,悄然无息地传递产品信息,诙谐幽默的创意往往比严肃的广告主题更能使人记忆深刻。1920年《新闻报》上的一则广告,有大大的"打赌"二字,打赌在中国是习以为常的事,但运用到广告上还比较少见。文案如下:

> 张先生最会品烟。一天李先生想要试他,便道:"你蒙着眼,能品出各牌的烟味来么。"张道:"自然,你敢打赌么?"李道:"有何不敢。"便用手巾将张的眼盖住,然后由红色烟包里取出一枝来与他吸。他吸了一口后,用两手比着李道:"好烟。""这是双六牌香烟,"李叹气道:"我输了。""输了,你怎么知道是双六牌香烟?"张笑道:"双六牌香烟的味清柔无比。我闭着眼睛,也尝得出来的。"③

文案以大字突显"双六牌"香烟,突出产品名称增强消费者记忆,配以图片;一男子头被毛巾蒙住,嘴里吸着一支烟,两只手都是比划着六的样子,意欲为"双六"。广告有些滑稽,但通过打赌的方式,将香烟名称及香烟的特性等信息传达出来,直观生动。英美烟公司制作的电影广告《许仙复活记》中,许仙见白蛇晕厥过去,一吸英美烟公司的香烟,霎时苏醒过来。剧情虽然很滑稽,但是在引人发笑之时,清楚明白地将产品信息传递给受众。

4. 恐怖广告之诉求

五卅运动爆发,三友实业社第二天就在《申报》上刊登以"哭南京路被害的学生"为醒目标题的巨幅广告。这则广告约占当天《申报》的半版篇幅。报社精心制作了特殊的版面设计,广告以标题第一字"哭"套红的大片"血迹"作底,放大为其他字的两倍。上面印有一个泪流满面的愤怒的人头,造成强烈的视觉刺激。洋洋洒洒五六百字,慷慨激昂,感人肺腑。其内容先是号召"未死之中国同胞,一醒睡狮之梦,三省戴天之仇,努力奋起,以雪是耻",接着把雪耻的实际行动引入抵制洋货、购用国货的主题。该广告以提问的方式号召"未死之中国国民"认识到:"南京路之子弹有限,合中国之子弹无穷。此后尔愿着外货之毛丝纶乎? 抑愿着国货之自由布乎? 尔愿用外货之珠罗纱乎? 抑愿用国货

---

① 蒋裕泉.实用广告学[M].上海:商务印书馆,1925:27.

② 蒋裕泉.实用广告学[M].上海:商务印书馆,1925:39.

③ 新闻报,1920-8-15.

之透凉罗乎？尔愿作冷血动物乎？抑愿作热血之人类乎？当尔觉悟用国货可以作一子弹无形之抵抗时，则今日学生诸君虽死，亦可作挽救中国民气之动点矣。"①这则广告以血红的画面、血腥的味道引起人们的恐惧不安与警醒，从而起到突出的抵制洋货和推销国货的目的。

（三）简洁切实之文字表现观

在广告创作方面，有人提出有些广告不能产生效果的原因有：地位小、冗长、图案太拙劣等。因此，这一时期的广告文字力求简洁切实。

蒋裕泉从事广告业多年，他认为，广告文字应当"简洁切实，爽恺警惕，辞重精悍廉厉，理贵明了透切，俾通俗胥能寓目，一览便能了然"②。

戚其章认为，最好的广告稿本，文字表现应"以简单明白为主"，文字不可过长，也不可过深，过长或过深，都不能使读者产生兴趣，反而让他们讨厌。他提出，"这样的主张，差不多是个个广告家所同的"③，希望登广告的人都能切实遵行。例如，登在车站上的广告"宜用极简单极大之广告，以旅客惶忙登车下车，非如此，难使客人注意也"④。

这一时期，报纸杂志上的广告，就篇幅大小而言，因认识觉悟的提高，繁冗的广告少了许多，大放厥词之"价格公道"、"童叟无欺"也明显减少，不若广告最初的创作都是不痛不痒的文章，"有的像告示似的开口就拿'某某店号的广告'来做头衔，下边接续就说：本号开设多年、价廉物美、童叟无欺等话"⑤，有的像菜单，罗列各种货物。这一时期，广告文开始针对读者的心理进行创作。

1. 简短有力之叙述体

这一时期，部分商家，在撰述广告文时，凝思潜想，极工尽致，广告语简短有力且信心十足。天厨味精的广告："品高味鲜，超越一切。价格公道，风行全球。"华成烟草公司生产的"美丽"牌香烟广告"有美皆备，无丽不臻"，对仗工整，简短有力，将产品名称嵌入其中，颇具宣传效果。金鼠牌香烟的广告"价钱巧，烟味好"，每幅广告都将其列于一边，久而久之，平常的一句话成为专属广告语。这让人想起雀巢咖啡的广告语"味道好极了"，一样的通俗易懂，便于消费者记忆。华成烟草公司或许是民国时期最早注意广告口号一致性的商家。此外，英美烟公司生产的"翠鸟"牌香烟，其广告也以"烤"字为诉求点，或图片，或文字，以激发人们对"烤"制香烟的好奇而尝试购买。

---

① 申报，1925-6-1.
② 蒋裕泉.实用广告学[M].上海：商务印书馆，1925：25.
③ 戚其章.广告的研究[J].复旦，1920(11)：56～57.
④ 马鸣章.广告杂谭[J].商学杂志，1919(1/2)：53.
⑤ 戚其章.广告的研究[J].复旦，1920(11)：59.

2. 恳切介绍之问答体

通过问答的方式,极其详尽恳切地一一揭示读者关注的商品特点,"如货品之性质、特长、价目及效用等"①,与之前的通篇自我吹嘘相比,问答体能更清楚地表达读者关心的问题。与满目的文字相比,条理更加清晰,读者也不会因为寻找答案而产生厌烦。

1921 年 2 月 15 日,在《新闻报》紧要纪闻的下面,出现两个非常显眼的字——问答,此二字约占整个广告版面的 1/2。旁边列出一系列问题:"问:双婴孩香烟是何种烟丝何处制的? 答:中国烟丝中国制造。问:爱吸双婴孩香烟的是何等人? 答:社会上最高等人。问:何以知高等人爱吸此烟? 答:请看各巨绅商有喜庆等事,俱用此烟敬客,岂不是高等人欢喜吸么。问:各巨绅商喜庆等事俱用此烟,是否因商标吉利,答:商标果然吉利,究竟也是烟好的缘故。问:双婴孩香烟几角洋钱一听几个钱一盒? 答:五角洋钱一听,一角洋钱一盒,并且听里头、盒里头俱有五色图崭新特别赠券可以掉换香烟。问:五色国旗券等掉换香烟如何掉法? 答:请看赠券的后背面写得甚是明白。"②婴孩牌香烟由黄楚九之大昌烟草公司出品,1918 年问世时,在报纸上用红蛋庆祝小囡出世的民俗来进行宣传,同时还在黄楚九开办的大世界游乐场中广为宣传,引起较大轰动。1920 年,大昌烟草公司再次出品"大囡"牌香烟,除图片广告,还用这一问答体的广告详细介绍产品。

1925 年 5 月 15 日,《新闻报》凝重黑色的方块围起来的花边里,出现几个大字——"她最爱的是什么"③,初疑为新闻,仔细一看,原来是法国贝勒香料厂生产的贝勒艳香盒,旁边详细介绍产品信息,解答读者疑问,非常有趣。

3. 离奇连载、轻松愉快之小说体

广告文以小说的方式,或离奇古怪,或情节动人,用连载的方式吸引读者持续关注其广告,日积月累地施加影响,以致"随风潜入夜,润物细无声"的效果。这一时期,南洋兄弟烟草公司、兴业烟草公司的广告常将小说放在香烟牌子的两旁。"这种小说不但做得很好,还要把香烟的意义含在里边,使看的人见了,就把各种香烟的好处隐在他们的脑筋里,这岂不是一种很好的广告法么?"④如下即为 1919—1920 年南洋兄弟烟草公司聘请名家写作的小说。

---

① 焦子坚.实用广告学(续)[J].商学杂志,1920(1/2/3):4.

② 新闻报,1921-2-15.

③ 新闻报,1925-5-15.

④ 戚其章.广告的研究[J].复旦,1920(11):60.

《上海十年记》(图 2-14 左)是一则社会古怪小说,上文为第十三篇,讲的是一外国夫人在中国逍遥自在,结交中国大家姬妾、风流小姐,被称为"女中仙佛",还有一周先生流落江湖的故事,没有讲述清楚,未完,以吸引读者继续关注。《春闺燕语篇》(图 2-14 右)讲的是陈、符两家少爷与姑娘自由恋爱、喜结良缘的故事,在出嫁前二人打电话互诉衷肠,突然话锋一转,"看官们要吸烟么? 现在有南洋兄弟烟草公司的大喜、长城、爱国、美女、鸳鸯、和平,各种上品国货香烟,请诸君随意购吸就是了"①。借着闺房中二人互诉情爱的浓情蜜意,提醒看官要吸烟的请吸国货香烟? 这种将香烟的名称融入小说情节的创意在当时还比较少见。

图 2-14   五四时期南洋兄弟烟草公司的小说体广告

(四)形象贴切之图片创作观

这一时期,广告创意的重要表现就是"形象化"②,翻阅五四时期的报刊广告,图片明显增多,图片与产品表达的意义更为贴切。

1. 女性形象增多

这一时期,报纸广告中出现了女性和婴儿的图片。兜安氏广告、韦廉士补丸广告,无一例外都以女性形象为主(图 2-15)。

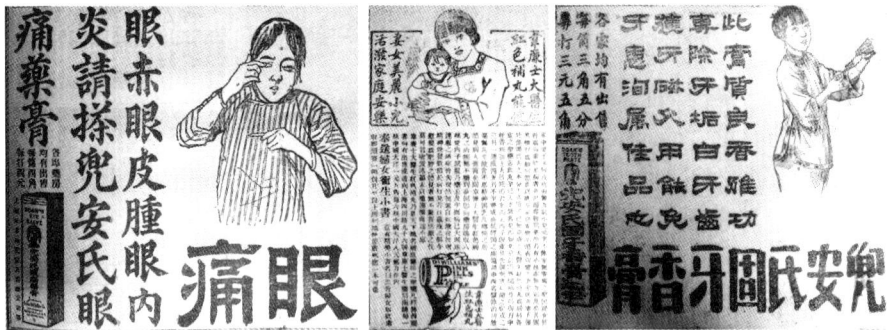

图 2-15   五四时期医药广告中的女性形象

---

①   申报,1920-5-8.

②   林升栋.中国近现代经典广告创意评析——《申报》七十七年[M].南京:东南大学出版社,2005:50.

　　烟草广告同样如此,全都换上女性形象。如哈德门香烟的广告,"千金难买这一笑,惟哈德门香烟可以换之"①。烟草广告以女子为诉求对象,脱离产品功能品质的表达,代之以满足美女需求、博得美人一笑的人生戏谑。华商烟草公司的"美丽牌"香烟、南洋烟草公司的"长城牌"香烟也以女子为诉求对象(图 2-16)。烟草广告上的这一共同变化,反映了当时的大都市里,女性吸食香烟成为一种时尚。

图 2-16　五四时期香烟广告中的女性形象

　　日用品、化妆品的广告更是如此。棕榈香皂、珂而掰香皂、利华香皂、"亚司令"牌灯泡纷纷以女性为诉求(图 2-17)。化妆品、日用品选择女性,不仅仅因其是产品的使用对象,还考虑到女性在日用品购买方面的决策地位。可见,广告家在创作时,已从最初的产品本身——给谁用,开始关注——谁来买,消费行为开始对广告创作产生影响。广告中的女性,穿着时髦,芊芊玉手,拿着一支烟,吞云吐雾。这也是五四新文化运动,女性获得解放在广告设计上的反映,女性成为报纸版面中的亮点。

　　2. 系列广告增多

　　这一时期,《大公报》《申报》上的"博利安"牌电泡广告改用 1/16 版面,比之前缩小 4 倍。可见产品广告的投放,因推广阶段的不同,版面大小也发生了阶段性变化。后期因前期的大版面宣传,已达到较好的宣传效果,只需用小版面广告提醒顾客即可,不必浪费版面。

　　外商是使用系列广告的佼佼者,蛤壳牌汽油 1921 年刊登在《申报》上的广告,每个广告只突出一个特点,通过三个系列广告来表现蛤壳牌汽油省油、广受欢迎、油质好的特点。GE 公司的广告更是通过一系列本土化的图片,借用中国一系列典故宣传企业形象,以本土化的语言说服国人接受奇异电器。

---

①　申报,1921-1-3.

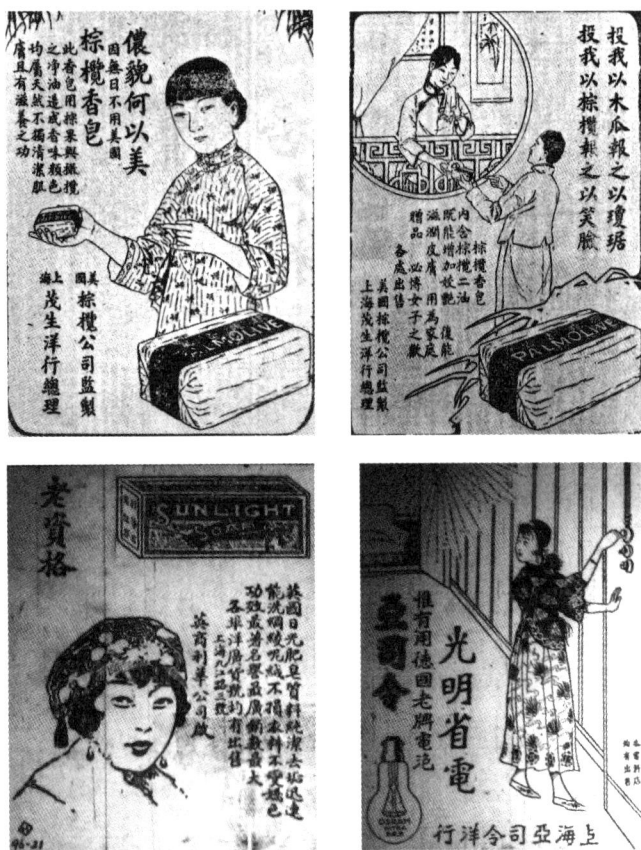

图 2-17　五四时期日用品广告中的女性形象

　　1925 年,柯达在《申报》上也刊登了系列广告,按照中国农历每月刊发一张,其广告场景展示了中国女子不同季节中的生活场景,展示柯达胶卷留给人们难忘回忆与纪念的产品特点。系列广告展示了柯达胶卷在生活中的重要性,广告设计也非常独特,诗中有画,画中有诗,极富中国传统文化特色。

　　3. 生活场景式广告

　　生活场景式广告的运用,上一阶段主要以日本"仁丹"为代表,五四时期,中国本土品牌也开始尝试使用,表现产品在不同场合中的功能。最杰出的是黄楚九,他设计的"百龄机"风筝广告轰动一时,大胆尝试生活场景式广告。

　　大昌烟公司的"婴孩"牌香烟用种种场景来表现吸食香烟的种种快乐。

　　其一:"饭后茶余,记忆倦阅之际,请吸婴孩牌香烟一枝,立觉精神焕发,万虑尽消,何等快乐。"旁边配以两闺中密友悠然品烟的图片,这与一般香烟所表达的"解困消乏"的创意没有多大区别,不同的是,以女子为诉求对象。

　　其二:"吸双婴孩牌优等香烟,又有连生贵子的预兆,世间一般贤伉俪不妨一试:何等快乐"。旁边配以一夫妇手中各扶一可爱婴孩、无比幸福的图片。这一创意让人莞尔,虽有些夸张,却也符合人们祈求多子多孙的心愿,何不一试?用今日广告法的解读,我们称其为"广告要真实、合法",但是允许"适当的艺术夸张",就好比是当年活力二八香皂的广告"今年二十,明年十八",明眼人一看都知道,但图个好兆头,又有何不可?

其三:"酬酢往来,用双婴孩牌优等香烟,充作礼品,受者必笑脸欢迎,从此感情愈密,何等快乐?"旁边配以两男子握手交际的场景,这一创意突出香烟的社交功能,与之前的英美烟公司将香烟作为各种场合招待客人的工具相比,如珠宝店、绸庄店、烟叶行、大茶庄、大盐商、米行、金号、文艺界等①,显然更高一筹。黄楚九深谙国人送礼风俗,将香烟作为礼品联系感情。现如今的"脑白金"也是借着中国人过年送礼的风气火遍大江南北。

双烟牌香烟,用各界人士如木匠、读书人、商人、农民的图片传达"各界欢迎"的信息。利华皂粉也用不同的场景说明皂粉可以洗各种衣物,效果卓著,诸君不妨一试。

4．连环画广告

1926年,"百龄机"在《新闻报》上刊登广告,一个人肾虚腰痛,梦遗阳痿,身体虚弱,听人劝告服百龄机一瓶,稍见功效,服完百龄机两瓶,肾部强健,恢复康宁。故事本稀松平常,但广告避免了长篇大论带来的冗繁,用一系列连环画表述这一故事内容,每幅图周围都用圆圈区隔,这与"双婴孩"牌香烟的图片相似,从技术创新的角度看,将连续动作平面化,颇似现在的影视广告(图2-18)。

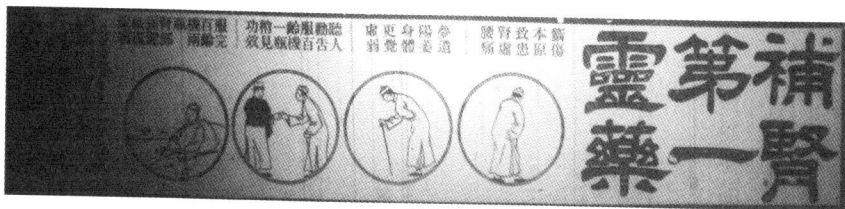

图2-18　《新闻报》百龄机连环画广告

1923年,福特在中国报刊上投放汽车广告,用一系列连环画呈现福特车便宜、性能佳、日常保养费低等特点,最后强调福特车在美国销量过百万的事实,以吸引读者购买。每幅图片本身看似毫无联系,实际上已巧妙地被标注为一、二、三、四、五,引导读者观看(图2-19)。"百龄机"用三幅图讲述一个人的故事,福特的广告用两个人讲述产品的众多故事,各有特色。

5．图片创意增多

这一阶段的图片,除了将产品本身印入广告中,用辅助文字传达产品信息

① 大公报,1918-5-1.

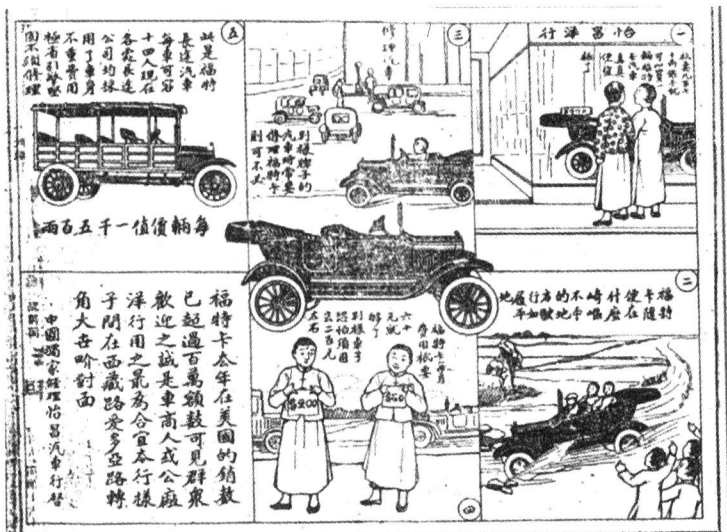

图 2-19　1923 年《申报》福特汽车广告

的,更出现警奇式、对比式、寓意式等创意手法。

　　(1)警奇式。用新颖的思想制成警奇之图画,使人注意,又能使人永久记忆。如储蓄银行的广告①,从门中伸出一巨手,满掌的银元纸币,表示能够支付巨利,画面警奇动人(图 2-20)。1921 年《申报》棕榄香皂夺奖广告,用巨大的手表明"勿失夺奖机会"(图 2-21)。

图 2-20　储蓄银行广告

图 2-21　1921 年《申报》棕榄香皂广告

---

① 蒋裕泉.实用广告学[M].上海:商务印书馆,1925:37.

（2）对比式。这一时期，对比广告运用得较多，1923 年美国奇异公司推出奇异电扇后，将奇异电风扇与中国传统的七轮扇、羽扇、蒲扇等进行比较，突出电风扇凉风习习、不用人力的特点。上海同昌洋行"飞马"牌脚踏车的广告用"人力不能与机械力竞争"的标题表达出主题，人追赶插了翅膀的脚踏车，气喘吁吁，非常有趣（图 2-22）。

图 2-22　1926 年《申报》"飞马"牌脚踏车广告

（3）寓意式。1925 年华商烟公司刊登在《申报》上的广告，在广告文字的排列上进行 180°的翻转，打破常规，吸引人们的注意。人们看到"回心转意"这四个大字的时候，产生极大的好奇心，其他文字、图片都颠倒排列。受好奇心的驱使，人们将报纸颠倒过来看到这样的话语："速拒前门虎，还防后来狼，同胞倡国货，龙门大放光。"[①]旁边配以图片，龙门在前门虎和后门狼的威胁下大放光彩——"国货之光"。广告还展示龙门牌香烟的桶装和盒装式，使顾客在购买时可以认清包装。这一颠倒报纸阅读习惯的举措，与要求国人回心转意、不用洋货、改用国货的广告主题不谋而合，设计非常巧妙（图 2-23）。

五四时期的广告创作，整体上较之前有了较大改变，更加注意心理学对广告创作的影响，开始有意识地研究国人的心理，或设悬念以牵动读者之好奇心、求知欲，或互动吸引消费者注意力。又如，"由习俗之迷信上，为世人所厌忌之图画，尤当慎避，不可登用"[②]，英美烟公司策划的有关翠鸟牌香烟"烤"字的广告，形容香烟烤的味道如同烤肉的味道时，画"一非豕非羊一动物"，考虑

---

①　申报，1925-6-14.

②　焦子坚.实用广告学（续）[J].商学杂志，1920（1/2/3）：5.

到如果画一豕,则"回教人,因字样而厌恶之"①。五四时期广告创作对心理学的关注,是广告学与心理学建立学科关系的立学之源和实践基础。广告文字也一反以往的拖沓冗繁,更为贴切简洁,使人一看即知,出现脍炙人口的"有美皆备、无丽不臻"等广告语。

广告中出现女性形象,这是较大的变化。1920年,亚尘发表《广告学上美人的研究》一文,专门讨论美女对于广告画的作用。对于用美术促进广告宣传,作者抱着积极态度,但批评月份牌的千篇一律、千人一面。他认为,不管什么行业都用美人,"既失趣味,又少生气",不应该"种种底月份牌只有

图 2-23　1925 年《申报》"回心转意"广告

一个死板板底美人","甚至有几幅多数美人聚集底画"。众人追捧月份牌,作者提出批评实属难得,希望"画月份牌的诸君,再从根本上彻底地下个研究"②。

五四时期,商家机敏地抓住社会抵制洋货的机会,在报章媒体大做国货广告,呼吁国人购用国货,这是五四时期乃至三四十年代广告创作上的重要特色。民族工商业借国内国货运动舆论高涨之时,大呼爱国,凝聚国人的爱国热情,将其转化为购用国货的消费行为,具有重大的社会意义,推动了企业的发展。

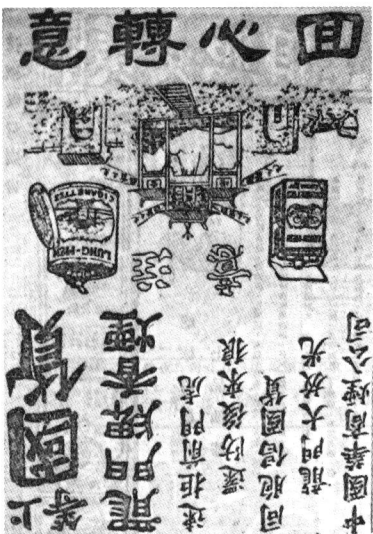

第四节　三十年代的广告创作观

1927年至抗日战争全面爆发前夕是近代广告事业的"黄金十年",国内政治环境相对稳定,南京国民政府成立后,收回关税自主权,废两改元,统一币制,客观上为经济发展创造了有利条件。但是,1929年世界经济危机爆发,帝国主义转嫁危机致使国内经济发展遭遇恐慌,使城乡生产濒临崩溃的边缘,民

---

① 马鸣章.广告杂谭[J].商学杂志,1919(1/2):53.
② 亚尘.广告学上美人的研究[J].美术,1920(1):65～67.

族工商业的发展受到新一轮的压迫。1931 年"九一八"事变,日本侵占中国东北三省,中华民族保家卫国、抵制侵略的爱国情绪再次高涨。种种外患使得国货运动再次掀起热潮,国民政府也积极支持,成立国货陈列馆、国货商场,"国人购用国货"的国货运动深入到社会每一个阶层。华商拿起广告这一商战利器,与外商展开激烈的广告战,广告创作达到鼎盛。

一、三十年代的工商业发展

1927 年,南京国民政府成立后,在财政税收方面进行了一系列改革:关税自主、统一度量衡等。次年,南京国民政府成立工商部,颁布特种工业奖励法,设立中央工业试验所,对近代新兴工业及亟需工业给予专利、免税等奖励。1931 年,南京国民政府制定实业建设六年计划,1935 年,开展"国民经济建设活动"。因为采取了种种鼓励工商业发展的举措,虽有内忧外患,但经济建设仍然快速进行,棉纺业、面粉业等均获得不同程度的发展。

荣氏家族的申新、茂新,面对日商的加紧侵略,牢牢抓住抵货运动中的民众消费热情,扩展企业规模。至 1931 年,申新、茂新在全国共创办面粉和棉纺织业厂 21 个。上海的美亚织绸厂、五和制造厂、章华毛呢纺织厂及天津的东亚毛呢纺织厂等在这一时期也都参与抵制日货、宣传国货的运动。章华 1933年生产的薄哔叽直接以"九一八"命名,又于"九一八"纪念日在报纸上刊登整版广告:"国人,汝其忘九一八之耻乎?"[①]东亚毛呢纺织厂生产"抵羊"牌绒线,商标设计凸显抵制洋货之决心,他们还生产"自由布"、"雪耻巾"等。

民族工业在这一时期大有起色,范旭东于 1918 年创办永利制碱公司,于1926 年研制成"红三角"牌优质纯碱,在万国博览会上获得最高金质奖章。经过一年多与卜内门"蛾眉"牌纯碱的削价竞争,双方终于在 1927 年达成协议,在中国市场上,永利纯碱销售为 55%,卜内门洋碱不得超过 45%。刘鸿生于1930 年经多方筹措,力组三家国内较大的火柴厂合并为"大中华火柴公司",与瑞典、美国的火柴公司展开竞争,随着"九一八"事变的爆发,国货运动热情高涨,大中华火柴的销售市场迅速扩大。

这一时期,交通运输、通讯事业受到南京政府的重视,铁路、公路、民用航空、电信、邮政建设等卓有成效。"一代船王"卢作孚于 1925 年创办"民生实业股份有限公司",开办航运业,十年内不断合并、收购国内和英美日等国的轮船,至 1936 年发展成为中国最大的民营轮船公司。

城市中,商业、百货业不断增多,经营更趋专业化。1936 年,上海大新百

---

① 　申报,1934-9-18.

货公司建成,至此南京路上四大百货公司塔楼耸立,你方唱罢我登场,争相竞争,据《新闻报》报道及刊登的广告统计,永安公司 1933 年大减价 10 次,累计 253 天,到 1934 年,几乎每天都在大减价①。可见大公司之间的竞争,激烈程度非同一般。随着国货运动的开展,一大批国货公司、国货售品所在各地纷纷创建,上海有中国国货公司、上海国货公司、北市国货商场、南市蓬莱市场、"九一八"商场等;北方有北平中华百货售品所;济南百货售品所;重庆有中华国货介绍所;西安有西京国货公司……除陈列介绍国货产品外,这些国货公司还经常组织国货厂家刊登联合广告,与外商竞争。国货运动在全国普遍开展,上演万民"大合唱"的振奋景象,推动国货市场份额稳步上升。

总之,南京政府统治的前十年,民族工业和财政金融大有起色,社会经济得到缓慢的恢复和发展,至 1936 年,国民经济达到"旧中国的最高峰,"②甚至被史学界称作是中国早期的现代化建设。但官僚资本也趁机膨胀发展起来,在一定程度上阻碍了民族工商业的发展。

二、三十年代广告事业发展概观

国民党统治十年,相对和平统一的政治格局,为工商业的发展提供了稳定的社会环境。"九一八"日本侵华,侵占我国东北,国民抵抗洋货的爱国热情高度膨胀,在全国各地掀起更加团结、更为紧迫的国货保卫战。工商界人士纷纷意识到,洋货之所以充斥市场,"实因平日利用广告宣传,而国人忽之也,长此以往,制造虽有进步,推销不谋发展,国货将日蹙于市场"③。他们更为积极地用广告来拓宽销路,同洋货竞争。世界广告业的新技术、新材料不断传入中国,广告媒介更为发达,广告公司的经营更加专业化。上海成为各国商人经商的基地,也是旧中国广告业繁荣的缩影。这一时期,广告事业得到迅猛发展,被称作中国近代广告发展的黄金阶段。

(一)户外广告成为亮点

随着百货业和交通运输业的发展,霓虹灯广告和车船广告非常流行,商人纷纷选择色彩各异的霓虹灯装饰店面,上海彻夜不眠,成为夜都。1929 年,董景安创办的"远东霓虹灯厂"是最早的华商霓虹灯厂,专门代客人设计制作。

---

① 上海社会科学院经济研究所编著.上海永安公司的产生、发展和创造[M].上海,上海人民出版社,1981:145.

② 宗玉梅.1927—1937 年南京国民政府的经济建设述评[J].民国档案,1992(1).

③ 通告各国货工厂.见上海机制国货联合公会.十年来之机联会[M].上海机制国货工厂联合会发行,1937:162～163.

当时上海市最高的霓虹灯广告是矗立在国际饭店顶层的"天厨味精"的霓虹灯广告。汽车、火车、轮船上到处贴满广告,上海先施的"先施千里香牙膏"广告,色彩鲜艳,给路人留下深刻印象(图 2-24)。

图 2-24 双层公共汽车上的广告

30 年代,路牌广告遍布各大铁路沿线和城市要道,穷乡僻壤也出现油漆广告,"凡属繁盛城市,名胜区域,大众视线必经之处,皆已为路牌所占据。彩色斑斓,平添不少点缀"①。路牌广告的制作也更加精美,富有立体感。

此外,邮政广告、电影广告、空中广告也发展起来。1935 年 7 月,第六届全国运动会在上海举行,《新闻报》借机搞了一次空中广告,把写着"新闻报、新闻夜报销数最多"、"新闻报、新闻夜报广告效力最强"、"新闻夜报欢送各选手"②的红布条系在气球上,借这一万众瞩目的体育盛事扩大了《新闻报》的影响。

(二)期刊、画报广告发展迅速

30 年代,期刊广告非常活跃。1925 年,中华职教社创办《生活》周刊,后由邹韬奋主编,销量迅速上升,至"九一八"事变时,销数由 8 万~12 万份③,创当时全国杂志发行量的纪录。邹韬奋对广告的管理非常严格,"略有迹近妨碍道德的广告不登,略有迹近招摇的广告不登,花柳病药的广告不登,迹近滑头医生的广告不登,有国货代用品的外国货广告不登"④。由于《生活》信誉较高,

---

① 孙作良.中国日报广告以外之广告事业.陈冷等.近十年中国之广告事业[M].上海:华商广告公司,1936:19.

② 吴铁声、朱胜愉.广告学[M].上海:中华书局,1946:293~294.

③ 韬奋.经历[M].北京:三联书店,1958:409.

④ 穆欣.邹韬奋[M].北京:中国青年出版社,1958:136.

许多广告主常以此为豪,互相夸耀,借此提高身价。

《东方杂志》、《妇女杂志》等期刊广告发展迅速,广告数量增加,篇幅增多。另外,大型企业或公司也都独立创办杂志,专门为企业广告作宣传。《永安月刊》(图 2-25 左)即为永安公司的百货商品作推广宣传,自诩"统办环球货品,推销中华国产"。《中和灯泡杂志》(图 2-25 中)由中和灯泡公司创办,专门推广"奇异安迪生"、"亚司令"、"飞利浦"、"大司令"灯泡。《上海生活》、《电影》周刊、《现代》、《上海常识》等休闲期刊上的广告数量更多,几乎每页都有广告。《上海生活》(图 2-25 右)甚至将西姆表的广告做到封面上,足见广告经营之盛。

图 2-25　30 年代的杂志封面

《良友》画报自创刊之日起就非常重视广告,创刊号上刊登了 19 则广告,广告版面占总版面的 23.2%。画报制作精美,销路极大,广告收效颇宏(图 2-26 左)。天津出版的《北洋画报》,印刷精美,图文并茂,广告以"小而多"著称(图 2-26 右)。

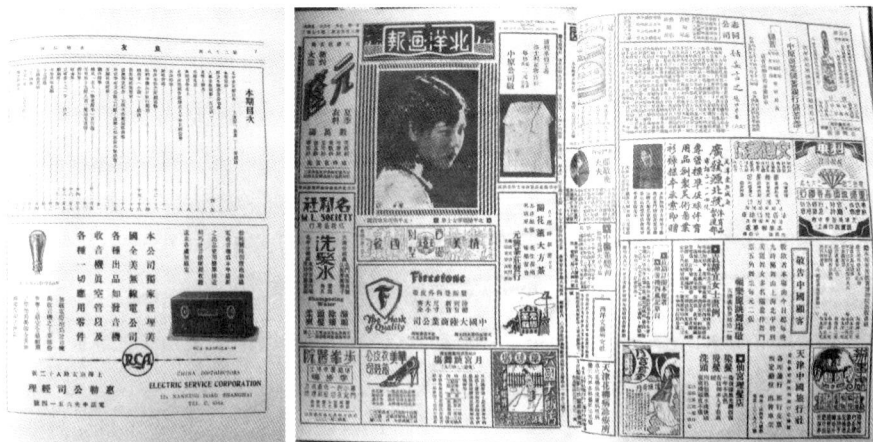

图 2-26　30 年代的画报广告

(三)书籍广告繁荣

30 年代,国民党当局实施白色恐怖政策,对进步文化进行围剿,革命进步力量奋起反击,双方的出版社、书店都利用书籍广告争取读者,扩大社会影响。以生活书店、读书出版社、新知书店、商务印书馆等为代表的进步出版业,非常重视利用他们出版的书刊刊登书籍广告。鲁迅、茅盾、冰心等人还专门为书籍撰写过广告,这些广告的特点是内容真实、实事求是、文字生动、美观醒目,受到广大读者的拥护和欢迎,书籍广告在推销进步书刊、推动进步文化的蓬勃发展方面起到推介和桥梁的作用。

30 年代,广告业兴盛,出现一大批优秀的广告设计人才,月份牌、招贴、海报等的设计更为精美。广告公司的运作更趋专业化,上海 30 多家广告社和广告公司中,华商、联合和美商克劳及英商美灵登号称四大公司。路牌公司的巨擘"荣昌祥广告公司"在这一阶段的发展也十分迅速,1935 年,该广告社把上海的克劳、麦克、彼美等著名外商广告社一一买下,规模逐渐扩大。到 1949 年,以路牌广告起家的"荣昌祥"广告社发展成为上海广告界数一数二的大公司。北京、天津、重庆、武汉等地的广告公司数量也明显增加,但发展规模不大。

这一时期,广告业的兴盛使得广告学研究的专著层出不穷,1927 年至抗战前,出现许多广告学专著(笔者见到 15 本),不仅有广告学概论方面的基础著作,还有专门的《霓虹广告术》,应用实践类的《广告画经验指导》《五彩活用广告画》等。广告学研究的论文也逐渐增多。

表 2-4　30 年代广告学研究论文统计表

作者	论文名称	出　处	
秽仙	广告趣谭	北京画报	1927(1)(2)
乒乓生	滑头广告	上海常识	1928(1)
白鹭	经济广告	上海常识	1928(28)
	广告屁股	上海常识	1928(52)
白猫	上海广告	上海常识	1928(54)
谭进修	广告的经济概观	中央大学商学院丛刊	1929(5)
高昌琦	广告	大夏周报	1931(1)
孤家	书店橱窗广告	中国新书月报	1931(5)
西冷	闲话:夸大广告与诈欺	中华周报(上海 1931)	1932(9)
绍平	读广告后	中华周报(上海 1931)	1933(87)
壮克	卫生:医药广告与卖药取缔	市政评论	1934(1)
郁冰如	观众呼声:电影广告的堕落	电声(上海)	1934(23)

续表

作者	论文名称	出　处	
霍去开斯著 波罗译	论广告	沪江大学月刊	1935(1)
何炳勋	漫画在广告上价值的想定	汗血周刊	1935(20)
何炳勋	木炭画片与国货广告	汗血周刊	1935(21)
吕何均	商业讲座：新广告之基本工作	大东月报	1936 新(1)(2) (3)(4)
不敏	论出版业与广告经济	工读半月刊	1936(4)
文夫	报纸的广告	文化建设	1936(5)

资料来源：全国报刊索引数据库。

这些文章多为介绍趣味、滑头广告术的小文章,有的批评当时报刊广告的"滑头"、"夸大"现象,广告参差不齐,夸大和欺诈现象较为严重。

三、三十年代的广告创作观

受时代审美观的影响和广告创作水平的提高,这一时期的广告,整体而言,"八股诗词文已经不多见了,代它而兴的,是风景照片、妇女照片、物体照片"[1]。广告创作已经从之前的"文章"广告,代之以形象化的"物影"广告。图画与文字相比,更多了美术的趣味,更具视觉冲击力,引人入胜,在有些时候,"广告之主要意旨完全在图画中表出"[2]。孙孝钧也认为,"图画具有美之特性,每能予人以愉快之感觉,故世人无不喜图画;且其意义,一见即可明了;文字形象复杂,调单味枯,读之费神,其意义毕读其文,难知其详。故图画之引力,较之文字为大"[3]。因此,这一时期广告创作最大的特点是"物影化",在创作观念上更加强调图片的作用。

(一)固定之广告标语

标语与标题不同,标题是广告的冠帽,未见其文,先见其冠,标题是广告的先锋,需"精辟简洁、显明触目"[4]。标题最主要的功能是吸引读者的注意力,创作手法有很多,或疑问、或劝勉、或催促,引起注意即可。标语的作用则不

---

① 何炳勋.漫画在广告上价值的想定[J].汗血周刊,1935(20):317.

② 蒯世勋.广告学ABC[M].上海:世界书局,1928:53.

③ 孙孝钧.广告经济学[M].南京:南京书店,1931:95~96.

④ 叶心佛.广告实施学[M].上海:中国广告学社,1935:42.

同,标语最重要的功能是"辅助货物之推销,而引起人民对于该公司及该货物之联想"①。标语本身的适切,不是最关键的,最主要的是,广告标语"须不时刊载于广告间,以引起社会之注意。及至社会无人不知,则标语之价值,亦随之增益矣"②。理想中之标语,必须"简单、易记、合时,及富于货物之联想性诸要素"③。

30 年代最出色的广告标语莫过于梁新记牙刷的"一毛不拔",源于《孟子》中批评杨朱"拔一毛而利天下,不为也"。成语"一毛不拔"常常嘲讽吝啬者,用在此,在玩味中强调产品的特性,所以广为流传。1926 年,梁新记牙刷在上海设厂,梁氏兄弟还精心设计了漫画,投放在各大报纸和广告牌上。漫画中有一位黑髯飘拂的老翁,脚踩牙刷柄,手握老虎钳,钳住牙刷上的毛,累得满头大汗,可牙刷上的毛却拔不出来。广告上方醒目地写着:"梁新记牙刷,一毛不拔。"这句广告语诙谐有趣,一语双关,固定出现在"梁新记"牙刷的广告中,受到人们的广泛传播。

30 年代著名的广告标语还有鹤鸣鞋帽店的"天下第一厚皮"。"鹤鸣"二字取自"鹤立鸡群,一鸣惊人",鞋店最初的经营不是很好,为了表明制作的鞋帽用料好、耐穿坚固,他们精心设计了广告标语"天下第一厚皮",似贬实褒,夸耀鹤鸣鞋帽质量较好,后还创作对联"皮张之厚无以复加,利润之薄无以复减",诙谐风趣地披露鹤鸣鞋店产品特点,鞋店生意一跃而起。

华成烟草公司生产的美丽牌香烟号称"有美皆备,无丽不臻",与另一品牌金鼠牌的标语"烟味好,价钱巧"相比,这一标语生动地将产品名称融入其中,更易引发顾客对于产品的联想,不容易被其他品牌抄袭。1927 年金鼠牌香烟的广告语就被华达烟草公司的天女牌香烟借用为"烟味真好,价钱更巧"④,冠生园月饼的广告语为"科学烘焙,配合各省人士胃口",某啤酒的广告语为"滴滴泉水精制,安全卫生",某某臭氧水的广告语为"杀菌的生力军"⑤,泰康果子露的广告语为"鲜果纯汁,科学化制,清洁卫生,及时饮品"⑥,这些脍炙人口的广告标语,已经成为 30 年代广告的代名词。

(二)漫画广告风趣幽默

这一时期,漫画广告非常流行,除梁新记的"一毛不拔"漫画外,还有连环漫画,"每幅画旁注句解释,趣味浓郁者,颇受人欢迎而留极佳印象"⑦。与普

---

①②③　赵君豪.广告学[M].上海:申报馆,1936:54.

④　新闻报,1927-11-15.

⑤　叶心佛.广告实施学[M].上海:中国广告学社,1935:41.

⑥　新闻报,1931-5-15.

⑦　叶心佛.广告实施学[M].上海:中国广告学社,1935:38.

通的图片相比,漫画广告常"以奇妙的表现感动人"①。

漫画家叶浅予于1927年开始创作长篇漫画《王先生》,受到疯狂追捧。1934年改拍成电影,后又拍摄成《王先生的秘密》、《王先生过年》、《王先生到农村去》等多部"王先生"电影。"王先生"的形象通过电影宣传深入人心。叶浅予塑造的"王先生"既可爱、又可笑、又可恨,在现实生活中极为常见,后来还被广告家运用到广告中,制作成连续的漫画广告为产品推销。最著名的是王先生为亚浦耳灯泡所作的漫画广告《王先生买灯泡上当》,用买便宜灯泡反而电费损失不少的故事生动说明"亚浦耳"省电的特点。

一,有一天,王先生来到一家商店选购商品,看到该店柜台上的招牌写着"便宜灯泡买一送一"字样,便动了心。

二,王先生拿着买好的灯泡,高兴地往家走,正巧碰见他的太太,便对她说:"我今天买了一双便宜灯泡"。

三,回到家,晚上点灯时,王先生打开灯准备看报纸,发现灯泡光线很暗,不由得对太太说:"啊呀! 这灯泡真是暗极了!"

四,到了收电费的时候,供电部分的职员查完电表,递给王先生一份电费收据单,王先生看后非常吃惊:"为什么灯泡这么暗,电费这般大?"

五,供电职员说:"因为你用了杂牌灯泡,所以发光暗,用电多,谁叫你贪了便宜,暗中吃亏,你应该买四种老牌灯泡才合算。"

六,王先生听罢,气愤地把杂牌灯泡狠狠地摔在地上,怒骂道:"杂牌灯泡真是上当,以后这种灯泡送也不要!"②

这幅漫画广告自始至终都不提"亚浦耳"的优点,但清楚地说明亚浦耳灯泡省电节能的特点。王先生成为"广告明星",频频为国货代言,图2-27即是王先生在《上海市之国货事业》上为国货宣传所作的广告:救国的方略不必费力自织布匹,只需到国货商场购买国产布即可;救国不必自己去当航空兵,只需捐助钱款支持航空事业;救国还可以通过参加跳舞会,募集善款。广告通过八幅漫画号召人们用实际行动救国。

香烟广告也用幽默风趣的漫画来表现消费者对于产品的喜爱。如第一幅画,一女郎立于柜旁,在庞杂的香烟罐中,独选某牌香烟。第二幅画,女郎与丈夫在街车中相遇,不约而同均手携某牌香烟,相视一笑。第三幅画,夫妻皆归家中,其妻即匆匆启罐,置旁物于不顾。第四幅,丈夫在沙发中口吸此烟,逍遥

---

① 何嘉.现代广告学[M].上海:中国广告学会,1931:118.

② 张则忠.古今中外广告集趣[M].北京:中国经济出版社,1991:54. 文中提及"老"牌灯泡,未提及"亚浦耳"灯泡,但笔者看到很多王先生为"亚浦耳"作的单幅广告,如《图画晨报》1934年3月25日的广告。

图 2-27　1933 年《上海市之国货事业》漫画广告

自在,意态恬适。第五幅,其母下楼视子,其媳递敬烟后,亟从背后伸手掩其姑之双目,令其猜某牌香烟,其母曰,烟味醇郁,一定某烟无疑。[①]

30 年代,漫画广告非常普遍,借助幽默风趣的漫画形式传递产品信息,读者在阅读欣赏漫画中流连忘返,在开心一笑中轻松愉快地接受产品信息,并对产品产生良好的印象。但漫画广告"设想须新颖而连贯,否则便索然无味了"[②]。

(三)女明星代言成为一种时尚

爱美之心,人皆有之,美女对于人们眼球的吸引是永恒的真理。古有美女"一笑倾城,再笑倾国",帝王"不爱江山爱美人",美女成为眼球资源,在商业广告中频频亮相,"我国近今流行之广告画,无论何种广告,大都缀以时装美女"[③]。除去月份牌上搔首弄姿的时装美女不说,报刊广告上也开始出现女明星的照片,为企业代言。这些女明星是中国电影、戏剧事业发展的衍生品,是中国最早的明星。上海著名女影星胡蝶、阮玲玉、王人美、徐来、袁美云、陈燕燕,戏曲明星陈云裳、童月娟、王熙春等,受到商家的疯狂追捧。

利华的"力士"香皂请中国最著名的胡蝶、阮玲玉、徐来、陈燕燕、袁美云、黎莉莉等在报纸上大作宣传,宣传产品使肌肤滋润、柔嫩、光滑的特点。1932年《申报》上的广告中,陈燕燕称"力士香皂在摄影场之化妆室中亦占一重要之

①②　叶心佛.广告实施学[M].上海:中国广告学社,1935:38.

③　罗宗善.广告作法百日通[M].上海:世界书局,1933:48.

地位"①。

　　利华还经常与女明星所属的电影公司联合推出广告,一方面替女明星的电影开幕做广告,另一方面也借开幕让女明星宣传产品。1932年刊登在《新闻报》第二版的整版广告,是力士香皂与明星黎莉莉的一则联合广告。电影广告在30年代以前,都是刊登在报纸的最后,在第一、二版很少见,尤其是整版广告,在那个年代非常稀少,足见利华公司财力雄厚。广告中将黎莉莉即将上演的《天明》中的三个图景用斜线式展示,在左上方写有"图为(天明)片内之三幕,表情动人,富有生气。主角黎莉莉女士,姿态天真,容貌秀丽。据云伊之肌肤洁嫩,系用力士香皂而得。盖在电影场中强光之下及摄取外景之时,肌肤最须保护,伊之保颜秘诀,即用力士香皂于温水中常洗手面,而使肌肤洁净柔嫩也。今我国明星界中,十九均信用力士香皂,故伊更爱用之"。其下还有黎莉莉的亲笔证言,"力士香皂洁白可爱又能使肌肤柔嫩,我很爱用它,黎莉莉"②。

图2-28　30年代女明星代言力士香皂联合电影广告

　　胡蝶、陈燕燕也为力士香皂代言,图片中除以照片示人外,还配有两个系列的漫画(图2-29),供大家欣赏,漫画之幽默风趣与名人代言双力合用,借机宣传新产品利华皂粉。利华公司不仅制作投放名人广告,还注意利用这一名人效应来推广新的产品。女明星代言力士香皂,自30年代一直延续至今,成为利华公司广告宣传的惯用招数。

　　除了外国公司,民族企业也开始用女明星做推广宣传。较早的是虎标万金

---

① 申报,1932-8-5.
② 新闻报,1932-2-15.

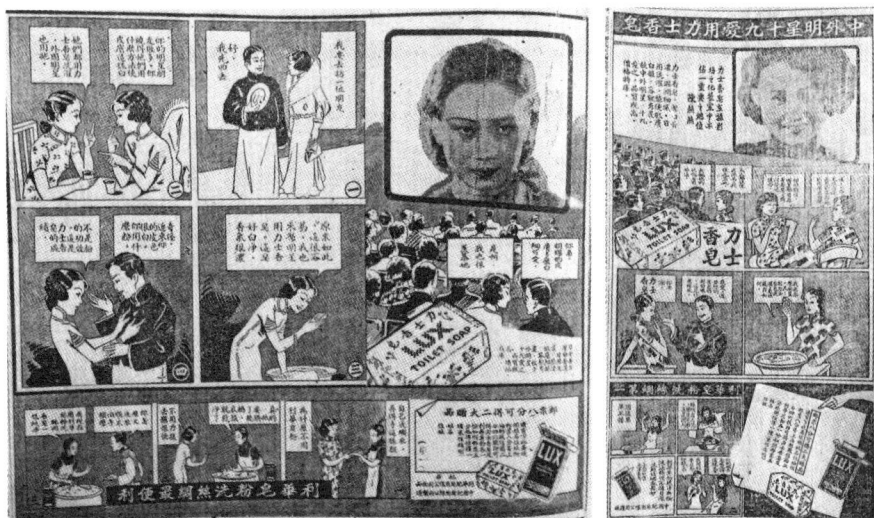

图 2-29 30 年代女明星代言力士香皂连环画广告

油,经常借舞星之名宣传产品。广告中,舞星经常跳舞,精神疲惫以致头痛,看报纸上的万金油治疗头痛,买来一试,药效如神,就连腰也不酸了(图 2-30)。

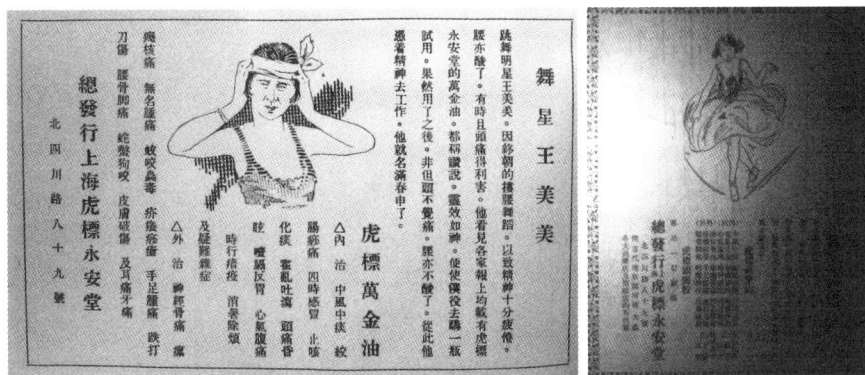

图 2-30 30 年代女明星代言虎标万金油广告

1933 年,《明星日报》举行电影皇后评选,胡蝶的票数高居第一,被誉为"电影皇后"。在宴会中,冠生园的经理冼冠生见缝插针,摄影留念时,抬来一块月饼,请胡蝶手扶月饼拍下照片,接着这张照片就变成彩色宣传画遍布大街小巷,上书"唯中国有此明星,唯冠生园有此月饼"。

上海家庭工业社也曾专门请胡蝶女士代言"无敌"牌香皂,号称"胡蝶香皂,每日用此,日见美人"①。著名的欧米茄表也曾聘请陈云裳、童月娟、王人

---

① 新闻报,1935-8-15.

美、胡蝶、黎莉莉、梁赛珍、顾梅君、陈玉梅代言产品。就连橡皮公司的球鞋也曾找女明星王人美、黎莉莉等代言①。女明星代言成为 30 年代日用品、化妆品常用的广告创意。

（四）赠品奖品之促销观

20 世纪 30 年代，赠品促销非常流行，尤其是烟草业，"赠香烟画片之盛行"②，无以复加，收集香烟牌子成为一种时尚。以英美烟和南洋兄弟为代表的中外卷烟公司将国人喜爱的传统小说（如《三国志》、《西游记》、《封神演义》等）中的人物搬上小画片，吸引人们持续购买，集齐整套还可兑换大奖。于是，"购者争先，欲博侥幸"③。

一般人没有不喜欢赠品的，"同一的商品，一有赠品送顾客，一则无之，一般人往往甚至不研究物价比较贵贱如何，径到有赠品的店里购货"④。各大商店无不精心准备赠品，或日历、或月份牌、或日记本、或小刀，将店家的名称印在商品上做广告宣传。上海有一家烟草公司，赠品非常独特，将日记册赠送给常吸某种香烟牌子的人，将吸者的名字用烫金字体印在册上，收到的人无不欣喜，自当继续吸食该香烟。这种赠品送得非常绝妙，现如今企业、组织、公会等送出的礼品也常将收者的姓名等印在礼品上，也是这个道理。

当时的奖品非常具有诱惑力，如金马牌香烟，1934 年刊出的广告为："有意外之收获！"下文为："凡吸金马牌香烟，一经尝试，爱不释手。缘因烟丝既好，赠品尤妙，且除名贵实用赠品之外，特备新式汽车参加赠品，常可使幸运之人，又有意外之收获，爱吸诸君，请加等闲视之！"⑤

赠品奖品非常风行，报纸本身也参与其中。1933 年，为推广《新闻夜报》，《新闻报》在报上刊登广告："付二元四角，订阅《新闻夜报》四个月赠张恨水《啼笑因缘》续集一册。"⑥1935 年，该报又推出广告"六元半有机会获得五万元奖金"⑦。可见赠品奖品之广告策略非常流行，同贱卖、大减价促销广告一起诱惑人心，鼓励投机侥幸。

国民政府也参与赠券夺奖的行列，发行"航空公路建设奖券"。1935 年，

---

①　黄志伟、黄莹.为世纪代言：中国近代广告[M].上海：学林出版社，2004；87～89.

②　绍平.读广告后[J].中华周报，1933(87)：4.

③　中国社科院上海经济研究所、上海社会科学院经济研究所.南洋兄弟烟草公司史料[M].上海：上海人民出版社，1958：68.

④　刘葆儒.广告学[M].上海：中华书局，1932：22.

⑤　新闻报，1934-11-15.

⑥　新闻报，1933-2-15.

⑦　新闻报，1935-2-15.

国民政府在《新闻报》上刊登整版广告，口号是"人人可以致富"，"富"字以美术造型体写成，颇引人注意，旁边写上"头奖独得五十万元"①。

除此以外，旧上海的商家还盛行赠送样品。桂格麦片曾经与餐馆联合举办赠送样品的行动，免费让人尝试，借此引起顾客好感。一些企业还用会员制的方式吸引老顾客，上海九福公司设有百龄机大会，柯达公司设有摄影研究会，成为会员之后可以享受种种权利。在现代社会，会员制仍是企业维持消费者忠实度的重要手段。其他奖品形式，如一个月内抽中发票兑换同等价格物品等，凡可以想到的赠送礼品收买人心的方法，30 年代都出现了。

（五）联合广告集体蓄势

联合广告是众商家合作推出的广告，集合各家产品用大版面刊出，既经济实惠又达到推销效果，这一广告形式在国货年非常流行。1927 年 5 月 2 日，上海的三友实业社、五洲大药房、家庭工业社、胜德织造厂等联合全市 47 家国货工厂发起组织"机制国货工厂联合会"。联合会推举出三友实业社、五洲大药房、家庭工业社、胜德制造厂、冠生园、广生行、景纶衫袜厂等 15 家企业负责筹备工作，应对洋货的竞争，为"全沪国货工厂"未雨绸缪，加强广告宣传。1929 年，该社主动与《申报》《新闻报》《民国日报》等媒体协商，开辟"提倡国货栏"，要求媒体"在这热烈的国货运动中，尽一点国民的职责"②，并给国货广告一定的优惠。《晨报》推出《上海市之国货事业》、《国货年指引》、《国货年周刊》等，《申报》开辟专门的《国货周刊》，《女声》半月刊之《妇女与国货专号》，机联会还利用无线广播电台举办国货播音，充分为国货做推广宣传。国货团体还将 1933 年定为"国货年"，1934 年定为"妇女国货年"，1935 年定为"学生国货年"，以实现持续宣传的效果。

1932 年，值"九一八"一周年之际，中华国货产销协会之中国化学工业社、美亚织绸厂、五和制造厂、中华第一针织厂、三友实业社、中华珐琅厂、胜德织造厂、一心牙刷厂、华福制帽厂九家企业联合组织"九厂临时国货商场"，商场举行一周的促销打折活动，共 18 种产品，在《申报》上大力宣传（图 2-31）。

30 年代，国货联合广告盛行。一方面，在洋商咄咄逼人气焰下，民族企业虽有抵抗之决心，但财力上难免捉襟见肘，不能时常刊登大幅广告与之竞争。另一方面，与其他企业合作的方式刊出联合广告，集体造势更容易引起社会关注，"从目前的环境看来，最应努力推行联合广告的方策"③。在国货联合广告

---

① 新闻报,1935-2-15.

② 国货周刊.本刊的使命[J].申报,1933-1-1.

③ 不敏.论出版业与广告经济[J].工读半月刊,1936(4):177.

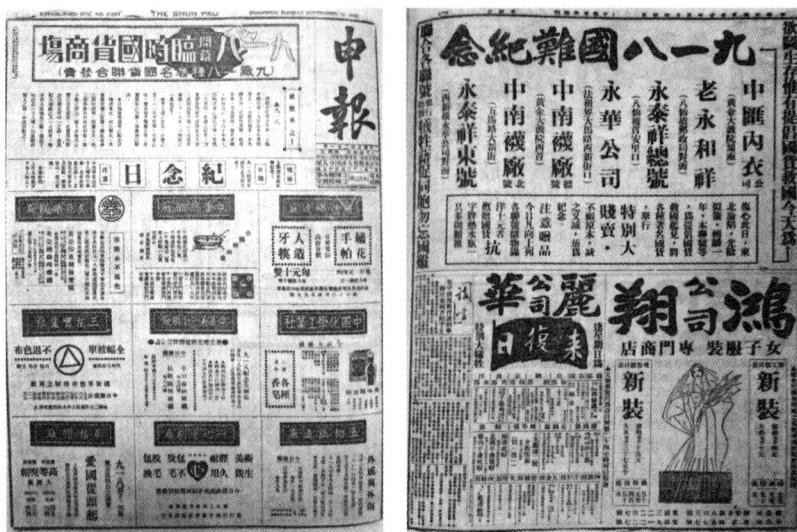

图 2-31　1932 年《申报》"九一八"联合广告

的推动下,一些报刊在"特定的时节刊出一些专门的联合广告"[1],图文并茂,广告效果很好。1933 年,在"三八"妇女节之际,《申报》专门推出"联合妇女广告"(图 2-32),将不同厂家的产品在各个版块中分开展示,供消费者选择。联合广告"把相连的物品广告合作起来,既收指臂之效,复受经济上的惠益,深合近世合作主义的真谛"[2]。

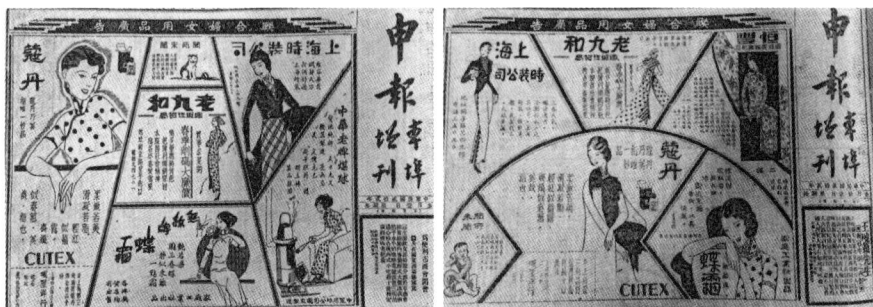

图 2-32　1933 年《申报》联合妇女广告

(六)把握机遇之事件宣传观

"机会虽属偶然的,然机会对于一事物之成功,往往有极大之助力。不论

---

① 本书编委会.近代国货广告运动[M].北京:中国文史出版社,1996:31.

② 叶心佛.广告实施学[M].上海:中国广告学社,1935:44.

何事,苟有机会可以利用,收效必比较迅速,广告亦然。利用时机之广告,每可以一敌十,以十敌百。"①广告的制作投放也要把握时机,这一时期战事很多,所以大多商家都借用战争英雄进行宣传。1931年嫩江桥战役,马占山率部打死日军108名,日本少将村兵剖腹自杀,震惊朝野,这是"九一八"后我爱国军民第一次对日军侵略者进行的大规模抗战,极大地鼓舞了民族士气。《申报》于1931年11月16日刊登专文介绍马占山将军的事迹,福昌烟公司仅十多天就创作出马占山将军系列广告,将"金字塔"牌香烟改为"马占山将军"香烟,倡导一致对外,在报纸上刊登广告,将马占山将军的半身照片置于广告中,具有很强的视觉冲击力和说服力。广告中号召爱国民众改吸马占山将军牌香烟,请上海青帮头目黄金荣题词"愿人人都学马占山将军"。配合该广告的还有一系列广告,在形式上颇具连贯性和重复性,达到反复说服的目的。广告中还有"每箱有慰劳金国币十元"的声明,表达企业的社会责任,树立产品的品牌形象(图2-33)。

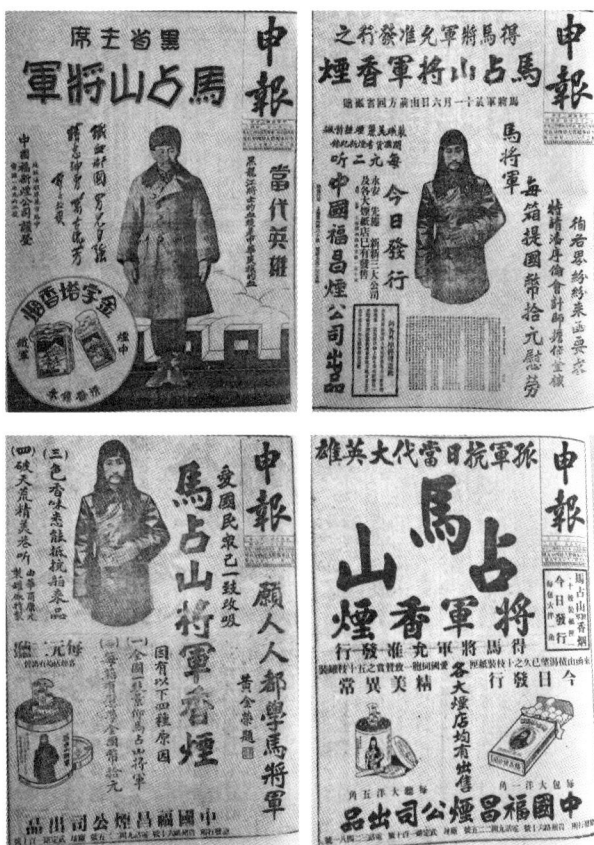

图 2-33　30 年代《申报》马占山系列广告

①　罗宗善.广告作法百日通[M].上海:世界书局,1933:13.

　　华商还将在南洋劝业会上得奖的商品登载在报纸上,"见者因其曾获奖状,颇易触发信用乐购之心"①。1931 年日本侵华,世界书局也适时推出广告"抗日救国读物",以吸引国人的注意。1930 年《新闻报》上刊登了这样一则广告,标题为"非常壮举",乍一看以为是一则社会新闻,实际是英国的亚细亚公司借着白鲁士夫人从伦敦飞抵上海一事宣传壳牌飞机汽油、马达油。可见,"逢着特别事故"进行广告宣传的手法非常盛行②。

(七)对比中见奇效

　　民国初年就有人使用对比广告,30 年代,不仅有产品使用前后的对比广告,还出现与同类产品的比较广告,如老牌灯泡的广告,矛头直指除老牌灯泡安迪生、飞利浦、亚司令之外的其他杂牌灯泡。第一幅图"形固相似,味有不同",用长江蟹与阳澄蟹的不同来形容便宜灯泡与老牌灯泡的差异,指出劣质灯泡价格虽低,但费电易破,奇异灯泡则省电耐用、光明可靠。第二幅广告更大胆:"便宜灯泡害我电费损失不少,敲碎了不用才能省钱!"

　　桂格麦片为了改变群众食白米饭的习惯,经常刊登对比广告,"桂格麦片与白米饭之比较"、"一个算术问题大家细细想想"等,突出桂格麦片与普通米饭相比,营养价值更高,说服人们购买。广告中解释:"取等量之桂格麦片与白米饭而比较之,就价格之高下言,白米饭稍较桂格麦片为廉,然就滋补之实质言,桂格麦片则三倍于白米饭。"③

　　广告创作中,除去产品本身的对比外,广告的表现形式也采用"黑白颠倒"的对比方式来吸引读者,以求独辟蹊径,引人注意(图 2-34)。宝塔汽车广告不用长篇大论来说明产品特点,而是用简笔画的手法,寥寥几笔勾画出宝塔汽车更安全、更迅速、更稳静、更伟大、更有力、更舒适、更漂亮、更寿长、更经济的产品特点,简单明了,颇有新意。华成烟草公司的金鼠牌、美丽牌香烟广告也采取"万白丛中一点黑"的手法吸引读者注意,格外"抢眼"。广告家还提出,这种对比广告"务须黑白分清,一经混淆,即不容易辨认,反不如白底黑字"④。

　　30 年代的广告创作呈现出"万紫千红春满园"的喜人景象,这是旧中国广告事业最为发达的"黄金十年"。这十年的广告创作观,既有扬弃,又有创新。首先,广告文案不再求经济节省,"文字密密地挤满,没有一点空白或边行留出来"⑤,人们开始研究留白,使广告效果最好:"大抵底边所留之空白为最多,上

　　①　罗宗善.广告作法百日通[M].上海:世界书局,1933:13.
　　②　何嘉.现代广告学[M].上海:中国广告学会,1931:22.
　　③　申报,1932-8-20.
　　④　刘葆儒.广告学[M].上海:中华书局,1932:45.
　　⑤　何嘉.现代广告学[M].上海:中国广告学会,1931:3.

图 2-34　30 年代黑白颠倒对比广告

方次之,两边则为最狭。"①其次,广告不再使用五四时期故意蓄势的创作手法,即第一天在报纸上留出大量空白,登上"请留意明日本报本处地位"这样的字眼。

翻开这一时期的报纸,赠品奖品广告格外流行,满目皆是"包包有赠"、"空盒大赠送,头奖一千元"②字眼。商场打折促销,"烂卖"、"贱卖"、"牺牲"、"照本拍卖"、"一折三折"、"非常便宜"的字眼让人眼花缭乱。街头到处是"春季大甩卖"、"秋季大甩卖"的幌子,足见当时商业竞争之激烈。名人代言,尤其是女明星代言,也是 30 年代广告创作中独有的事,自此女明星代言成为广告行业

---

① 赵君豪.广告学[M].上海:申报馆,1936:96.
② 新闻报,1936-11-15.

"4B"法则中最重要的一员。

这一时期,色彩也受到人们的关注,彩色画越来越多,据统计,"有百分之十五至二十五"①。广告画的颜色多聘请专家根据年龄、性别等来判定,我国男子最喜欢蓝色,红色次之,妇女则最喜红色,蓝色次之。但遗憾的是,彩色画仅限于海报招贴画中,杂志中除封面外,仍较少出现,报纸中更少或几乎没有。30 年代民族工商业者的广告创作观,在学习模仿外商的过程中,已渐渐能与外商一较高下了。

第五节 抗战时期的广告创作观

1937 年全面抗战爆发至建国前,中国的广告事业进入旧中国历史上最艰难的时期。工商业凋敝,从业人员稀少,报纸篇幅减少,物资缺乏,"日常各报所用的报纸,完全仰给于舶来品;而从战事发生以后,因为外汇的一再紧缩,所以价格涨得非常厉害,较战前竟涨至六倍之多"②。因而,广告事业"起了极大的变化,受了很重的挫折,人才与物质方面的损失,非常惨重"③。由于特殊的政治经济环境,中国的内地进入三大政治、经济力量并存与较量的局面,国统区的战时计划经济,日占区的"孤岛繁荣"殖民地经济,革命根据地的"新民主主义"大生产经济。在市场决定广告业发展前景的情况下,这一时期的广告业也逐渐形成三大区域分化的局面。各地区的广告事业各有千秋,为工商业和社会服务,但同时也表现出广告为政治斗争服务的特点。抗战胜利后,一些报刊相继复刊,广告事业有了一定的恢复,但总体而言,受战争的影响,广告业与30 年代的黄金时期相比,已不可同日而语。

一、国统区的广告创作观

1937 年 7 月,抗日战争全面爆发。南京国民政府为了有效动员全国人力、物力、财力,进行持久抗战,建立了战时经济体制,以军事为中心、开发矿产,推进农业增进生产。上海、南京等地的部分民族工业随着战火的蔓延,纷纷向内地迁移,新闻事业亦随着战局的发展逐渐向内地迁移。上海、南京

① 赵君豪.广告学[M].上海:申报馆,1936:93.
② 叶山.新药业广告与新闻报[J].上海评论,1939(1):12.
③ 如来生.中国广告事业史[M].上海:新文化社,1948:19.

沦陷后,报馆相继迁往武汉,最早迁至武汉的报纸是《大公报》,中国共产党领导的《群众》周刊和《新华日报》也相继在汉口创办。1938 年 10 月武汉沦陷后,新闻业再次内迁,多集中于重庆、桂林等地,在国统区形成以"宣传抗日为主基调而又种类繁多的多元化报纸群"①,重庆的广告业出现短暂的繁荣。抗战胜利后,四大家族接收大批日伪企业,美货又重新活跃在国统区的广告市场上。

这一时期,国统区的广告事业受战事迁移的影响,报纸出现不同版本,为不同地区的工商业服务,如《大公报》相继在汉口、重庆、上海、天津等地出版。同时,报纸广告也承担起"舆论"向导的力量,灵活机动地宣传抗日。

(一)抗战时期《大公报》的广告创作观

《大公报》是旧中国发行最久的报纸,1926—1949 年进入由张季鸾、胡政之领导的"新记大公报"时期,这二十三年被认为是《大公报》最辉煌的阶段。1941 年,《大公报》由于在抗战时期发表许多出色的报道和评论,获得美国密苏里新闻学院颁发荣誉奖章。《大公报》亦将广告作为报纸发展的经济基础,即使在抗战时期,也积极争取广告客户,为客户服务。《大公报》1938—1947年的广告量,虽受工商业凋敝的影响,但与战前 1935 年的 156 条相比②,仍然保持了较高的数额。

表 2-5　1938—1947 年《大公报》各类广告、广告总量和广告版面统计表③

(单位:条)

日期	社会广告	文化广告	医药广告	影戏广告	日用品广告	金融广告	香烟广告	房产广告	交通广告	其他	广告总量	广告版面比例%
1938.2	80	9	9	8	1				2	1	110	40.63%
1938.8	76	8	11	10						1	111	43.75%

---

① 苏士梅.中国近现代商业广告史[M].开封:河南大学出版社,2006:68.

② 数据参见:赵欣.从广告视角看新记《大公报》的办报思想——兼论其对现代报纸广告的启示[D].表 3.吉林大学 2006 届硕士论文.

③ 本节所选报纸广告统计,均是每年的 2 月 15 日与 8 月 15 日,社会广告包括:个人、团体、公司等启事、公告、通知,以及经济小广告内的遗失声明、招聘启事等;文化广告包括:笔墨书籍、招生;医药广告:医药、器械、医院等;影戏广告包括:电影、戏剧、评书、游乐场等;日用品包括:食品、餐馆、化妆品、衣帽、布匹等;金融广告包括:股票、信托所、银行等;香烟广告:香烟、烟草公司等;房产广告包括:经济小广告内的房地产广告、招租、招顶广告;交通广告包括:航线广告、汽车、自行车、轮胎广告等;其他:不能收归各类的广告,如五金、钢铁等;以下报纸分类同此。受报纸本身的影响,统计数字可能会出现小的误差。

续表

日期	社会广告	文化广告	医药广告	影戏广告	日用品广告	金融广告	香烟广告	房产广告	交通广告	其他	广告总量	广告版面比例%
1939.2	35	11	13	8	3						70	33.33%
1939.8	28	7	19	2	2	2		2	3	2	67	37.5%
1940.2	33	14	16	5		3		1	6	3	81	46.86%
1940.8	41	17	8	3	5	3				1	78	46.86%
1941.2	36	14	18	9	4	1		1	3	2	88	50%
1941.8	15	13	13	1	2	1			2	3	50	50%
1942.2	36	5	24	3		1				3	72	46.86%
1942.8	44	25	6	5		1		1		3	91	46.86%
1943.2	34	22	8	4		4				3	75	50%
1943.8	39	19	5	3	3	2		2	2	4	79	50%
1944.2	41	20	21	2	1	4				1	90	50%
1944.8	36	24	1		2			1		3	71	50%
1945.2	21	32	7	2	1			1	1	4	69	50%
1945.8	36	25	5		4			3		5	78	50%
1946.2	15	9	29	21	12	2			5		93	50%
1946.8	29	10	16	38	4	4	1	1	4	5	112	29.17%
1947.2	28	3	17	28	13	6		2	4	11	112	58.33%
1947.8	33	13	7	16	4	2	1	1	2		79	38.89%
各类总数	736	300	253	168	62	40	2	17	38	60	1676	
各类比例%	43.91%	17.90%	15.10%	10.02%	3.70%	2.39%	0.12%	1.01%	2.27%	3.58%		

资料来源:大公报,1938—1947。

抗战期间,《大公报》每日一大张4版。1941年8月,报纸只有2版,广告降至50条,即便如此,广告版面仍然占全部版面的50%,可见报馆当局非常重视广告经营,《大公报》在各工商团体中很受欢迎。

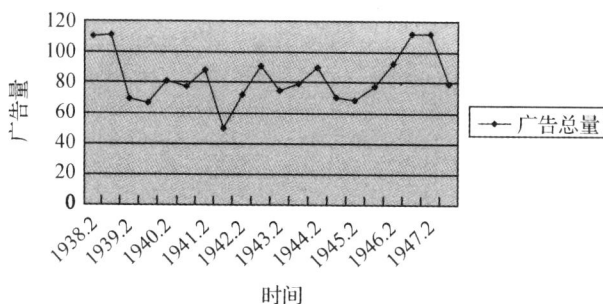

图 2-35 1938—1947 年《大公报》广告量变化图

《大公报》是民营报刊,在国统区较少受到政党的控制,每日的广告量几乎都保持在 60 条以上,最高可达 112 条。在以社论著称的报纸中,这样的广告量已属难得。

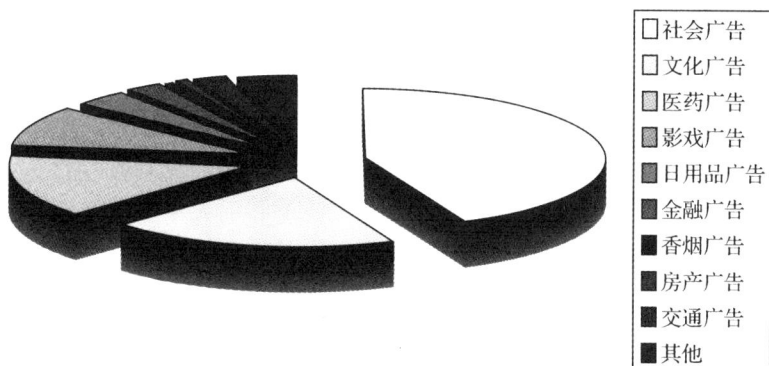

图 2-36 1938—1947 年《大公报》各类广告比例图

在各类广告中,头版的启事、公告类广告,最后一版"经济小广告"中的小广告,数量最多,这在《申报》《新闻报》各报中都是共同现象。其次是文化广告、医药广告和影戏广告。文化广告中的书籍广告较之其他各区也是最多,可见国统区的书店出版业非常繁荣,国民党当局非常重视文化教育事业。

这一时期,《大公报》因物资缺乏,厉行简约主义,广告以文字为主,图片较少。一方面因为战争年代,纸张受限;另一方面由于广告"从业员星散"①,厂商已经充分认识到必须继续投放广告,否则品牌就会被人遗忘。

1. 小篇幅多重复的实效观

广告登载次数与广告效力大小之间的关系已经引起人们的注意,冯鸿鑫在《广告学》中引用外国学者的实验说,"重复四次的四分之一页的广告,较之

---

① 如来生.中国广告事业史[M].上海:新文化社,1948:19.

一次的整页广告或二次的半页广告的效力超出一倍余"①,证明登载次数与效力大小有很大关系。登载的艺术在于"与其制一次大幅广告不如分制若干次大面积广告,务使那东西的名字出现次数多,使人对之熟悉"②。《大公报》的广告都以小的竖版出现。1/4 版的广告,在 1946 年 8 月以前,只有 4 次,分别是:陪都各界出钱劳军竞赛日程公告③、中央信托局、中国银行、交通银行联合发行简约建国储蓄券启事④,邮政储金汇业局重庆分局特约启事⑤,新华贸易公司广告⑥。其余公司企业的广告都是以极小的篇幅,每日在报纸上出现。当然这种小广告多重复的观念,最重要的是战争年代一切奉行"简约主义"而造就的。

2. 边线留白力求醒目

《大公报》的广告编排,无论是头版还是末版的经济小广告,都以较粗的竖线分开,整个版面显得层次分明,简单明了;同时在广告栏内,用较大的字体突出广告标题,以区别正文。广告内容与边线之间尽量留出空白,以求广告醒目,引人注意。哪怕是结婚启事、遗失声明,都以这样的形式编排,标题以大号粗体显示,用边线区隔周围广告,边线内留出空白,较之别报的杂乱无章,显得清晰醒目。

3. 悬疑标题牵动读者好奇心

尽管这一时期的报纸广告以文字为主,但也有引人注意的好广告。1944年 8 月 15 日,《大公报》报头下的一则广告说"狂风袭市! 损失严重",刊登在如此重要的地位,又以此标题示人,读者误以为是新闻,仔细阅读,原来是:"因狂风而吹失之衣衫物件已无法统计 如要避免此项损失 请速购'金门晒衣夹'夹上衣衫万无一失! 本市恒义升,宝元渝,中国国货公司,西川企业公司,香港裕记及各大商号均有出售。"⑦这则广告以警醒之新闻式标题引起读者的注意,两个感叹号更促发读者的情感。广告文中厂商以细心体贴为读者考虑的姿态,博得大家的好感。

1947 年的广告《算不算? 怪事 反乎常情背乎常理》同样以怪异的标题来引发读者的好奇心,原来说,"各货暴涨多数用主已感吃力,本店卖货照常牺牲,不让主顾吃亏,担保主顾省钱。鞋帽百货,样样十全,不必犹疑,请君早来

① 冯鸿鑫. 广告学[M]. 上海:中华书局,1948:99.
② 章羽. 广告[J]. 小天地,1945(5):35.
③ 大公报,1941-2-15.
④ 大公报,1940-8-15.
⑤ 大公报,1940-2-15
⑥ 大公报,1939-8-15.
⑦ 大公报,1944-8-15.

宝丰鞋帽百货线店"①。相较商品的物价本身,标题的创作似乎有些大题小做,但至少可以吸引读者的注意。

4. 文图配合加深读者印象

报纸的篇幅受限,尽管文字可以很好地表达商品特征,但图片更通俗形象。抗战期间,广告图片优美者较少,大多以产品或商标出现在较小的篇幅内。1946 年抗战胜利以后,报纸上优美的图片增多,与文字互为辅助,增强读者记忆。如 1946 年 8 月鹅牌咖啡茶与三星牌糖果的广告说:"春游芳草地,夏赏绿荷池,秋饮黄花酒,冬吟白雪诗。"文字押韵流畅,简单活泼,富含文学气息。广告中还有四幅描写四季食用咖啡、糖果的场景,与文字互为关照,突出产品"四季咸宜"的特点(图 2-37 左)。天鹅牌香烟的图片以一只憨态可掬的天鹅,向人们推荐"聪明人,爱其实惠;体面人,喜其大方(图 2-37 右)"②。

图 2-37　抗战时期《大公报》图片广告

战争胜利后,工商业得到缓慢恢复,广告业也有了一定程度的复苏,广告创作恢复到战前水平。

(二)国统区《新华日报》的广告创作观

《新华日报》创办于 1938 年 1 月 11 日,是抗战时期中国共产党在国统区唯一公开发行的大型机关报。《新华日报》自创刊之日起就非常重视广告业务,创刊当日即在头版和第四版刊登各类广告共 24 条,刊登《本报招登广告启

---

① 大公报,1947-2-15.

② 大公报,1947-8-15.

事》:"本报业已出版,欢迎工商政学界刊登广告,取费公道,收效宏大,并为社会服务起见,特设经济广告栏,取费尤廉,如蒙回顾,请迳向本报广告课接洽为荷。"①初创时的广告价目是:"第一版每方寸一元二角八分,第四版每方寸每日九角六分,经济广告,每行每日一角。"②这种主动招揽广告的态度和设置广告课专揽其事的经营观念,以及广告编排的多样性,反映了我党对于广告业务的重视,广告收入成为报馆营业发展不可缺少的一部分。

《新华日报》在汉口出版至1938年10月25日,因汉口失陷迁至重庆,在国民党统辖下的《中央日报》等报的挤压和地方工商业的排斥下,仍然坚持广告业务,积极宣传党的政策文化。在广告科主任范剑涯等人的努力下,《新华日报》用诚实、高尚的广告精神赢得广大客户的欢迎。

表2-6 1938—1947年《新华日报》各类广告、广告总量和广告版面统计表

(单位:条)

日期	社会广告	文化广告	医药广告	影戏广告	日用品广告	金融广告	香烟广告	房产广告	交通广告	其他	广告总量	广告版面比例%
1938.2	4	2	5	6						2	19	12.5%
1938.8	10	5	5	7	2				1	1	31	20.83%
1939.2	3		8	5	4					1	21	18.75%
1939.8	2	3	3		2	1					11	12.5%
1940.2	9	2	17	3	1			1	1	1	35	18.75%
1940.8	8	3	17	3	1			1		1	34	18.75%
1941.2	4	1	21	3							28	27.08%
1941.8		1	19	3	1	1			1		26	25%
1942.2	1		27	8	4					1	41	33.33%
1942.8		2	28	7	1	1				1	41	33.33%
1943.2		2	9	1	1	3					16	25%
1943.8		5	7								12	25%
1944.2		1	1	2	3	3	1			2	13	25%
1944.8	2	2	28		3						37	33.33%
1945.2		8	26	1							35	33.33%
1945.8	3	4	4		3					2	16	25%

① 新华日报,1938-1-11。字迹不清以"×"代替.
② 新华日报,1938-2-15.

续表

日期	社会广告	文化广告	医药广告	影戏广告	日用品广告	金融广告	香烟广告	房产广告	交通广告	其他	广告总量	广告版面比例%
1946.2	1	3		7	2		1		1		15	25%
1946.8			3	7	2	2			1	2	17	25%
1947.2	2	2	2	1	1		2				10	25%
各类总数	50	46	230	64	31	11	4	2	5	15	458	
各类比例%	10.92%	10.92%	10.04%	50.22%	13.97%	2.40%	0.87%	0.44%	1.09%	3.28%		

资料来源:新华日报,1938—1947。

《新华日报》的广告经营自初创至1946年,每天的广告量都在10条以上,最多可达40条以上,与《解放日报》每日的三四条相比,数量较多。即便是性质相同的党报,因地区经济水平发展不一,广告业务差异很大,"广告是经济的晴雨表"这一杠杆真理,放之四海皆准。

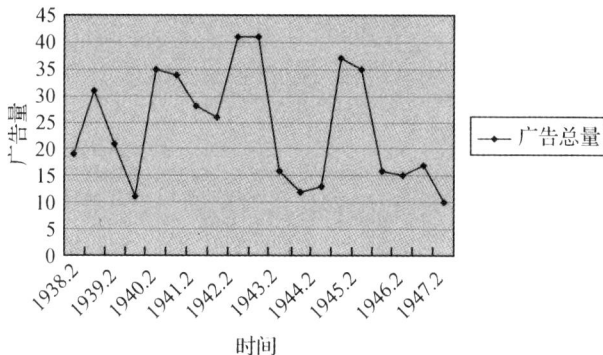

图 2-38 1938—1947年《新华日报》广告量变化图

自1942年起,《新华日报》的广告版面几乎占总版面的1/4以上,按每日报纸4张计,广告就占整整一页。《解放日报》自1942年以后,头版的1/2版广告改为整版广告,这反映了党报对于广告的重视和积极服务广告客户的经营理念,这一模式"开启了党的机关报商业化模式的经营历史"①。

在《新华日报》的各类广告经营中,前四项为社会广告(个人启事、团体声明)、文化广告(书籍、招生)、医药广告、影戏院广告。仅医药广告一项,就占全部广告的一半以上,恰恰证实了医药广告在近代非常泛滥,不仅商业报刊如

———————————

① 吴果中.重庆《新华日报》的广告经营初探[J].国际新闻界,2006(8).

此,党报同样也需要此类广告增加营业收入。影戏院广告和文化广告也占相当比例,这表明重庆地区人们非常重视精神文化娱乐和文化教育,影戏业在抗战时期仍然得到发展。《新华日报》不仅宣传进步书刊,如《群众》周刊、毛泽东《论持久战》等,还经常将重庆光明、上海、世界、中央、明星影院的影戏广告刊登在广告栏,方便读者观看。社会广告如寻人、声明、启事、征聘等,因最初免收费用,所以初创时较多,体现了报纸积极服务社会的优良作风。

图 2-39　1938—1947 年《新华日报》各类广告比例图

《新华日报》的广告创作,与战前经济发达地区的广告相比,有所下滑,但与根据地的广告创作相比,仍有许多可圈可点之处。

1. 突出时代主题

作为中共中央党报,其广告宣传时刻注意与新闻内容紧密配合,积极宣传党的政策文化,突出时代主题;积极宣传抗日书籍,与陕甘宁根据地的解放报社遥相呼应,对于进步文化的书籍、启事,常常给予最大版面,突出广告中"抗日"、"慰问"、"政治"、"战区"、"陕甘宁"、"抚恤"、"解放社"等字眼,就连医药广告的广告文中也写上"优待抗战部队大批购用"[1],时刻对国统区的人们进行思想文化教育,充分体现了广告的教育功能。

2. 廉价促销之诱惑

《新华日报》积极研究读者心理,经常以廉价促销的方式吸引读者注意,促其购买。如 1940 年美洲红檀树的广告,广告标题"快买一本万利",以极富诱惑力的文字催促人们,接着以"一年长一丈高,十年长合抱大"[2]的经验告诉人们,种树也可以发财。读书出版社为纪念"八一三"淞沪抗战,特推出大廉价活动,不忘以特大的字体"最后一天"[3]提醒人们抓紧机会购买。报馆当局和新

---

①　新华日报,1938-2-15.

②　新华日报,1938-8-15.

③　新华日报,1943-8-15.

知书店也以"纪念八一三"为由,大廉价三天。上海恒义兴袜衫厂开幕时,在报纸上刊登"大减价一星期"的标语,不忘提醒读者"最后三天"①,催促读者赶快购买。

3. 分类编排、文字醒目

战时广告从业人员星散,印刷图片极其有限,报纸积极地从文字方面吸引读者。《新华日报》的文化广告、医师广告、影戏广告编排有序,读者翻开报纸就能找到,在文字编排上,注意突出商品、医师姓名或影戏院的名称,广告之间常以直线边框分开,既简单又醒目。

图 2-40　1944 年 2 月《新华日报》广告

4. 图片设计突出商标与包装

《新华日报》的广告图片非常少,常常将商品的商标、包装等显示出来,这沿袭了民国初年的广告设计,突出商标图案,在印刷条件有限的情况下,将商品最核心的内容展现出来,方便读者购买。如永安堂的"虎"标,不管是万金油,还是八卦丹,都突出老虎的这一商标图案,体现了永安堂的品牌宣传策略。香烟的广告也突出"囍"这一体现商品名称的商标,提醒读者记忆购买。

总体而言,与战前上海等发达城市相比,《新华日报》这一时期的广告创作水平仍处于初创阶段,大致相当于五四时期的水平。总体而言,广告留白、文字力求醒目的创作观念得到普遍重视,这也是近代广告业长期积累的结果。广告图片的创作,也有以明星为噱头的大手笔创作,如 1939 年三友实业社生产的"椰子霜"、"双星霜",以"留法姊妹花大杰作"为卖点,将二者的照片刊登

---

①　新华日报,1946-2-15.

在报纸上,广告篇幅占全张报纸 1/4,延续 30 年代的创作风格。

二、日占区的广告创作观

由于英、美、法等国在战争初始纷纷中立,上海的公共租界和法租界得以保存,原上海的工商企业、文化团体等纷纷涌入租界避难,江浙、广州、天津等地的工商业资本和企业也相继迁入租界,租界的工商业快速发展,出现所谓的"孤岛繁荣"。太平洋战争爆发后,租界被日军占领,租界内的中外企业和银行也被日军接管,新闻事业同样如此。《申报》、《新闻报》、《中华日报》等著名报纸纷纷被日伪政府改为舆论工具。北平、天津、南京等日伪占领区同样如此,日本侵略者创办了大批报刊、通讯社和无线电广播电台,为其政治宣传服务。1945 年日本投降,国民党当局接收了日伪区的财产,新闻事业再次改头换面,为国民党当局服务。

日伪区的广告事业也经历了诸多变化,在日伪政府管制之前,租界的工商业高度繁荣,令报刊上的广告依然繁荣。至太平洋战争爆发,尤其是 1942 年以后,报纸篇幅减少,广告也受到限制,民族工商业的广告遭遇日货广告的挤压。天津的《庸报》、北平的《新民报》等经常在头版刊登日货广告。《申报》、《新闻报》上的广告版面狭小,拥挤不堪,日本的仁丹广告再次登场。至 1946 年以后,报纸版面恢复至战前的水平,单个广告的面积也随之扩大至战前的整版、半版,广告创意再次繁荣发展。日占区的广告创作观将以《申报》、《新闻报》两份大报为代表进行抽样统计分析。

表 2-7　1938—1947 年《申报》各类广告、广告总量和广告版面统计表①

(单位:条)

日期	社会广告	文化广告	医药广告	影戏广告	日用品广告	金融广告	香烟广告	房产广告	交通广告	其他	广告总量	广告版面比例%
1938.2	5	3	1					1		1	11	12.50%
1938.8		13	12	1	2	4	1			2	35	40.63%
1939.2	2	12	15	8	6	2	1				46	40.63%
1939.8	62	84	94	67	30	5	2	9	5		358	71.88%
1940.2	109	14	28	49	30	5	1	6	17	3	262	62.50%
1940.8	121	57	38	45	25	6	3	17	2	3	317	73.21%
1941.2	166	21	41	54	24	5		39	10	3	368	71.43%

---

① 《申报》1942 年 2 月 15 日至 2 月 20 日缺.

续表

日期	社会广告	文化广告	医药广告	影戏广告	日用品广告	金融广告	香烟广告	房产广告	交通广告	其他	广告总量	广告版面比例%
1941.8	187	45	34	50	24	7	1	28	13	1	390	64.58%
1942.8	133	54	33	60	50	7	2	21	33	2	395	78.13%
1943.2	60	29	30	47	26	23	3	10	4	1	233	48.44%
1943.8	78	30	25	49	31	8	1	10	8	4	244	62.50%
1944.2	97	20	25	22	30	13	5	6	2		224	62.50%
1944.8	43	21	27	22	21		2	5			141	56.25%
1945.2	8	15	6	38	8	6	6			3	90	62.50%
1945.8	34	26	12	28	4	4		2	1		111	50.00%
1946.2	105	35	16	43	26	9	5	7	1		251	58.33%
1946.8	92	57	25	57	30	7	5	19	9	3	304	52.08%
1947.2	154	55	32	51	29	8	9	32	12	7	389	54.17%
1947.8	123	54	40	42	22	4	4	16	9	7	321	58.13%
各类总数	1579	645	534	733	418	126	53	228	126	48	4490	
各类比例%	35.17%	14.37%	11.89%	16.33%	9.31%	2.81%	1.18%	5.08%	2.81%	1.07%		

资料来源:申报,1938—1947。

表 2-8 1938—1947 年《新闻报》各类广告、广告总量和广告版面统计表①

(单位:条)

日期	社会广告	文化广告	医药广告	影戏广告	日用品广告	金融广告	香烟广告	房产广告	交通广告	其他	广告总量	广告版面比例%
1938.2	101	97	95	52	21	13	1	43	27	7	457	64.93%
1938.8	156	81	76	67	26	16	3	68	38	4	535	73.44%
1939.2	229	68	85	50	36	7	3	50	23	4	555	71.15%
1939.8	190	104	126	66	37	8	2	101	30	6	670	71.81%
1940.2	219	70	93	76	16	7	2	61	18	9	571	68.75%
1940.8	150	42	98	78	19	10	5	55	17	2	476	82.81%

① 《新闻报》1942 年 2 月 15 日至 2 月 20 日缺.

续表

日期	社会广告	文化广告	医药广告	影戏广告	日用品广告	金融广告	香烟广告	房产广告	交通广告	其他	广告总量	广告版面比例%
1941.2	236	32	118	99	45	4	2	60	17	7	620	83.75%
1941.8	226	64	75	71	53	10	1	64	23	4	591	63.64%
1942.8	139	43	32	74	92	20	6	39	26	4	475	82.50%
1943.2	122	44	60	80	85	17	3	27	6	2	446	62.50%
1943.8	94	22	25	55	65	8		29		1	299	75.00%
1944.2	153	29	42	52	4	9	2	38	3	2	334	68.75%
1944.8	133	79	67	30	14	11		20		2	356	50.00%
1945.2	30	2	5	61	11	1	7			2	119	62.50%
1945.8	112	4	27	32	13	2	2	15	1	1	209	62.50%
1946.2	165	45	10	45	31	5		36	22	2	364	75.00%
1946.8	196	55	40	70	44	16		83	30	9	548	64.58%
1947.2	263	58	51	74	48	10	6	150	42	10	712	67.19%
1947.8	295	64	16	73	20	8		99	15	3	598	64.57%
各类总数	3209	1003	1141	1205	680	182	58	1038	338	81	8935	
各类比例%	35.91%	11.23%	12.77%	13.49%	7.61%	2.04%	0.65%	11.62%	3.78%	0.91%		

资料来源:新闻报,1938—1947。

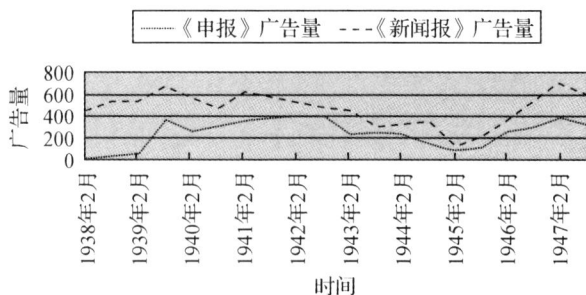

图 2-41　1938—1947 年《申报》、《新闻报》广告量对比图

在争夺广告客户方面,《申报》和《新闻报》一直是处于对峙状态。即便1927 年史量才收购了《新闻报》部分股权,二者的壁垒依然没有改变,仍然有"申新"和"新申"之争。由于《新闻报》定位于工商阶层,因此成为当时上海各商号的"柜台报",广告量极大,在战前广告业务就已经超过《申报》。时人记

载,《新闻报》在我国各地的报纸中,"销路最多,所以广告也最多,成了一张广告的报纸"①。《新闻报》的广告收费,折扣要比《申报》"硬一成,至少半成"②。《申报》对外宣称的折扣是七五折,实际上是七折,《新闻报》收八折。抗战期间,《新闻报》在租界"畸形繁荣"的支持下,俨然成了一张广告报:"据广告界估计,全沪厂商之报纸广告费,百分之七十均为《新闻报》吞去。"③1938年,《申报》在汉口、香港出版,广告量极少,至1938年10月10日在上海借美商名义复刊后,广告量开始增加。1939—1947年,二报广告量的起伏变化大体相同,1945年广告量同样达到低谷,至1946年开始攀升。总体而言,《新闻报》的广告量要多于《申报》,二报的广告版面所占比例均在一半以上,《新闻报》略高。

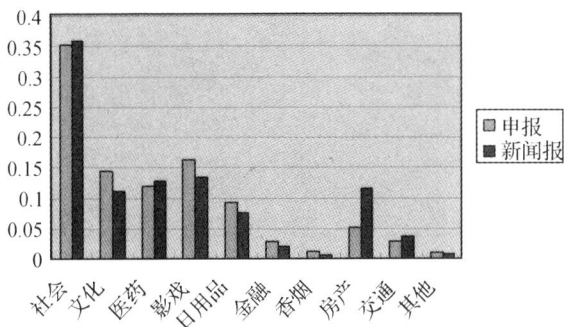

图 2-42　1938—1947 年《申报》、《新闻报》各类广告比例对比图

　　《申报》虽然广告总量不大,但是在各类广告所占比例中,有许多超过《新闻报》,如文化广告、影戏广告、日用品广告、金融广告。原因在于二者的定位不同,《申报》定位于官绅阶层,《新闻报》定位于工商阶层,因此《新闻报》的医药广告、房产广告、交通广告的广告量要超过《申报》。抗战时期,稍有钱财的人们都涌入租界,租界人口猛增,这一庞大的消费人群给电影院、游乐场的畸形繁荣创造了条件,经历了战火洗礼的上海电影业居然又进入新的繁荣期。在战火纷飞、祸乱不断中,影戏广告一枝独秀,占据各大报刊的重要位置。《申报》、《新闻报》的头版都刊登电影广告,有些甚至是大手笔创作,如1939年《木兰从军》在《新闻报》头版刊登整版广告,这在战前都很少见到。

　　抗战时期日占区的广告创作,基本上延续了30年代的广告创作风格,较少受战乱的影响。唯独1942—1945年日伪管制期间的广告比较粗糙,民族工商业的广告较少出现。1946年,广告的创作恢复战前水平,直至1949年停

---

①　叶山.新药业广告与新闻报[J].上海评论,1939(1):13.

②　张秋虫.《新闻报》和《申报》的竞争.上海文化史馆、上海市人民政府参事室文史资料工作委员会.上海地方史资料五[M].上海:上海社会科学院出版社,1986:40.

③　新闻报一家独吞全沪广告费[J].精华,1946(革新26):4.

刊。抗战时期日占区的广告创作,从观念层面分析有以下几点:

(一)持续不断的品牌传播

抗战期间两大报纸见得最多的是华成烟草公司的两个拳头产品——美丽牌香烟和金鼠牌香烟,每天的《申报》和《新闻报》上都可以见到它们的广告,位置固定在第3版,面积占1/4版,且每天刊登在两份报纸上的版本也不同。这两个品牌自1924年华成烟草建厂以来,历经二十年来的发展,已经形成较为成熟的品牌形象,美丽牌和金鼠牌的广告,经常出现一位时髦女郎,图中美女一袭旗袍,弯眉细眼,圆润光洁,芊芊玉指夹根香烟,悠然中透露着自信与时尚的美丽。所有的图案中都会出现统一的广告标语"有美皆备,无丽不臻"和"烟味好,价钱巧"、"音韵和谐、精短美丽"[1],充分显示出品牌的优雅和独特。广告图案也大致相同,格调一致,两个产品的广告都是由张荻寒、谢之光负责,广告中时常可以看到他们的题名(图2-43)。

图 2-43 抗战时期金鼠牌、美丽牌香烟广告

这种风格自战前延续而来,成为两大品牌的固定形象,持续不断地在报刊中出现,不断强化品牌形象,一如万宝路香烟广告中的西部牛仔。这两个品牌针对的是上等烟市场,除了固定不变的广告标语,配合以广告文。第一幅图是时髦美女在户外观赏美景,广告语为"看好风景吸好烟,乐而忘返",用暗示的手法提醒顾客在类似场合中应吸金鼠牌香烟。第二幅图片中是一对恩爱的夫妻,广告语是"爱情的媒介,伉俪间的伴侣",美丽牌香烟成为恩爱夫妻联系感情的物件,强调美丽牌香烟应时随身携带。第三幅图中是一对情侣在户外散步,广告语为"迟迟风日弄轻柔,小径烟香韵事留",充满诗意和韵味的广告语展现了美丽牌香烟的优雅内涵,颇有意境。第四幅图中,优雅时髦、涂着蔻丹的女子坐在院内小憩,广告语"乘凉小院幽间坐,美丽名烟得味多"道出此景此

① 卞其蕤.略谈广告设计[J].工商管理,1948(2):21.

时有此美丽牌香烟的种种美好。至1946年以后,美丽牌香烟的广告创作又开始出现连载小说,吸引读者持续关注。下页第一幅图中除了有"三笑缘"的小说外,还有一幅绝佳的对联"有客便成敬意　无花足比幽香",突出美丽牌香烟在交际场合的地位和幽香的味道。第二幅图中,除小说"今古奇谈"外,还配有多幅图片,居家、出游、舞厅,广告语"随时随地,无不相宜"与图片内容紧密配合(图2-44)。

图 2-44　抗战时期美丽牌香烟小说体广告

(二)色相俱全的诱人术

这一时期,由于租界内聚集庞大的消费群,电影娱乐业呈现畸形繁荣。一时间,报纸上的电影广告"琳琅满目,钩心斗角,确有点令我们看到眼花缭乱"①。电影广告中常常出现"被角拂处一丝不挂"、"肉香四溢,春色一片"、"施展全副媚功,发挥风流解数"这样的字句,举凡广告员脑海里所能想得出的"诱惑"的字眼全都搬了上去②。电影拼命做宣传,广告文字"充溢着色情化和性挑拨的肉馋"③。《侥幸少女》的广告说:"女学校女学生全体解除内衣,水洗凝脂,肉体丰美,华清出浴图,无比艳腻。"《孤军魂》的广告说:"没有女人,没有大腿"④,称内容"风流放荡,哀感顽艳,回肠荡气,色授魂销",又"怎样肉感,热烈,火炽,浪漫","末了还来个郑重声明'儿童与青少年无把握者免来'"⑤。此

---

①② 广告上的字眼[J].电影,1939(38):封里.

③④ 论电影的广告[J].一周间,1934(6):211.

⑤ 朱星.漫谈广告文字[J].工商生活,1941(1):23.

广告不仅有撩人的色情文字,还有极富挑逗意味的性感美女。电影《爱的协调》的广告中,女主角赤裸全身,开放程度实在让人咋舌瞠目。除去照片外,广告中还有一些小字:"瞒了丈夫,牺牲色相,大胆杰作……欲燄熊熊,关不住的青春,遏不住的欲火。"撩拨未尽兴,非要在电影名称下写上"此中一切未便尽情写出,且亦毋庸写出,看了自然明白"①。

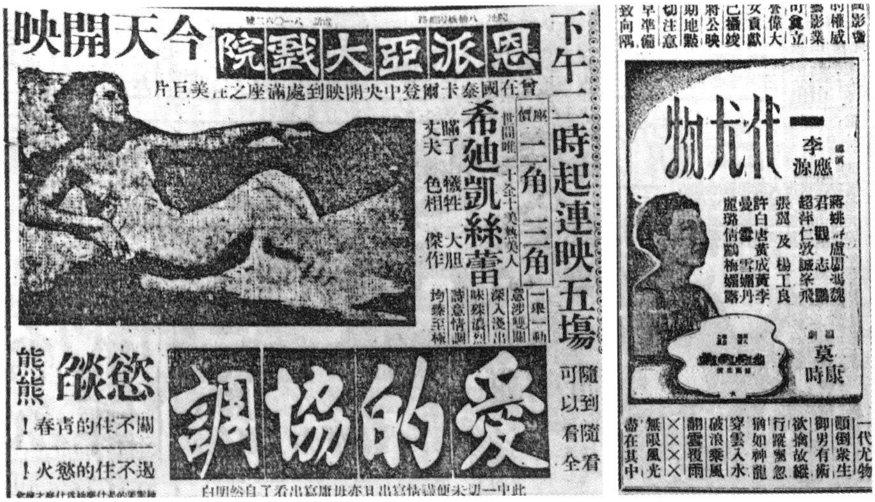

图 2-45　抗战时期电影广告

外国电影如此,中国影片也毫不例外(如图 2-45),租界内电影业的相对独立,政府管制较少,电影广告毫无遮拦地将人性最本能的欲望表达出来。1939 年《一代尤物》的广告,一个酥胸半露的女星,似隐还露,欲盖弥彰,惹人遐想。广告语为:"一代尤物,颠倒众生,御男有术,欲擒故纵,行踪飘忽,犹如神龙,穿云入水,破浪呈奉,翻云覆雨,××××,无限风光,尽在其中。"②这一时期的电影和广告多是香艳的、艳情的,名字多为"小店鸳鸯"、"多妻秘史"、"多夫宝鉴"、"江湖艳史"、"色星高照"、"飞来艳福"。电影广告已不仅仅靠明星的名字来吸引眼球,更多依靠撩人的字眼和剧照来刺激感官,吸引观众,这一色相俱全的诱人创作"充分透露出'孤岛'观众对感官刺激的渴望"③。

(三)以消费者为中心的场景式图片创作

抗战时期《申报》、《新闻报》中的化妆品、纺织品、食品、香烟广告和医药广告常常以产品使用者,即消费者的形象出现在图片中,场景描述成为图片创作

---

①　申报,1937-2-15.

②　申报,1939-2-15.

③　李道新.中国电影史研究专题[M].北京:北京大学出版社,2006:246.

的共同点。这一摆脱了简单产品、包装物的图片创作,而代之以产品使用者的场景式描述,反映了广告创作观念上的转变,广告创作中,已开始由生产者本位向消费者本位转变,在生活场景中融入产品,润物细无声,悄然无息地将产品的特性传达给消费者,更容易使消费者记忆和信任。

30年代可口可乐经屈臣氏引入上海,其刊登在《申报》上的广告以"游泳池畔"为背景,靓丽的美女穿着游泳衣,享用着可口可乐,广告语"饮以可口可乐,美味怡神,游兴倍增"①和盘透露了产品名称、产品特点,欢乐的场景,广告的形式和立意非常出色(图2-46左)。民族品牌青岛啤酒同样选择夏日游泳的沙滩为广告图片的背景,广告语"创业史五十年,崂山泉水酿造,沿用德国技术,总厂规模宏大,远东第一,牌子最老,酒味醇厚,滋补身心,成分正确,标准最高,科学管理,国货之光"②突出厂家悠久的历史和产品本身的特点,但这一理性诉求与美丽的沙滩,靓丽的男女关联不大(图2-46右)。

图 2-46 抗战时期场景式图片广告

同样是饮品,上海啤酒采用的是另外一种创作方式,用夸大而突出的漫画来宣传产品。广告语"百饮不厌"、"再进一杯"突出饮用产品的愉快体验,这种创作方式倒是简单有趣(图2-47)。

这一时期,桂格麦片开始以妈妈关心孩子的成长为诉求点(图2-48左)。图片中时尚的母亲给两个孩子端上两碗麦片粥,标题"闲食吃不得,请喝桂格麦片粥"。因为闲食"既未必清洁,而滋补与否,更为一大疑问",而桂格麦片则

① 申报,1941-8-15.
② 新闻报,1947-8-15.

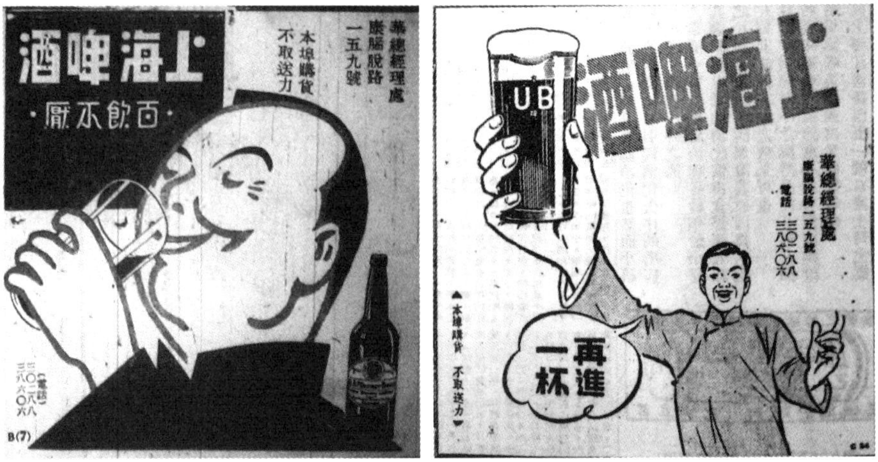

图 2-47 上海啤酒漫画广告

“补质匀称，补血补脑，添精增力，含有助发育助健康之乙种维他命，风味佳美，清腴可口，而又易于消化”①，为养成子女健全的身心，应弃用闲食，改食营养与风味绝佳的麦片。谆谆教诲，良言益耳，稍有经济实力的父母，又有哪个会不动心呢？“美和”咖啡也以消费者在不同场景中的图片做广告(图 2-48 右)。

图 2-48 抗战时期桂格麦片、“美和”咖啡广告

绒线、布匹类的广告纷纷将产品信息融入生活场景中，或以浓浓的温情来打动消费者，或以愉快的体验来吸引消费者(图 2-49)。双猫牌绒线广告用猫

① 申报，1940-8-15.

的图像打动消费者,广告语"慈母手中线,爱儿身上衣"则烘托出浓浓的温暖。白猫牌花布的广告中出现可爱的"白猫"商标,旁边一个妙龄的女子,穿着由白猫牌布匹制成的旗袍愉快地荡着秋千,充分展现出布匹的立体效果。

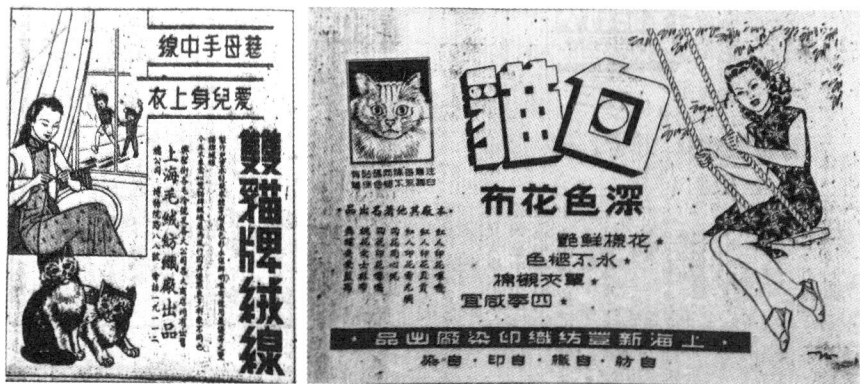

图 2-49　抗战时期双猫牌绒线、白猫牌布匹广告

　　总之,日占区的广告事业,依然勉力维持着战前的辉煌,广告创作并未停步。广告图片比 30 年代更为精美,除场景式外,较多使用悬疑、对比、名人推荐的创意手法。1940 年,美亚织绸厂的"寿阳绉"广告采用悬念式的创作,持续两天在报上刊登一个大大的半月和一个"?"号,图片下方为万人欢呼的场面(图 2-50 左),第三天才揭示谜底,半月代表"半月出品",寿阳绉的下方依然是万人攒动欢呼雀跃的场景(图 2-50 右)。1942 年,新光标准内衣 SMART 衬衫的广告也采用这一手法。对比式创意则以 1939 年的石氏美容医院、美眼整

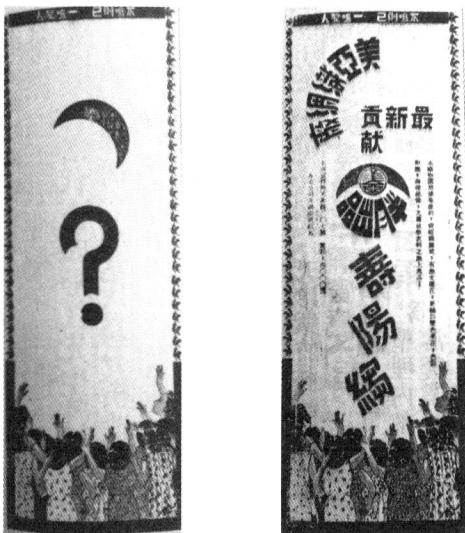

图 2-50　抗战时期"寿阳绉"悬念广告

容医院为代表①,用手术前后的照片对比来突出美容的效果。广告文字的创作仍以鹤鸣鞋店为代表,"与其又加又减,不如不加不减"②,形容产品价格始终如一。

三、革命根据地的广告创作观

在共产党领导的陕甘宁革命根据地,延安是中共中央所在地,这些地区经济相对落后,但是新闻事业在党中央的领导下异常活跃,积极宣传抗日和民族统一战线。1937 年 1 月,中央政府机关报《红色中华》改名为《新中华报》出版,1937 年 4 月,《解放》周刊创刊,积极宣传抗日,争取民主。《中国青年》、《中国妇女》、《中国工人》等也相继创办。1941 年后,抗日战争进入最艰难的时期,延安等革命根据地物资奇缺,生产、生活极其困难。在党中央的领导下,根据地实行"新民主主义"大生产运动,"自己动手,丰衣足食"。鉴于当时的经济条件,为节省人力物力,党中央决定将《新中华报》与《今日新闻》合并,改出《解放日报》,其他刊物停刊。1941 年 5 月,《解放日报》在延安创刊,该报成为抗战期间革命根据地影响最大的报纸。新华广播电台于 1940 年 12 月 30 日开始播音,内容多为政府与军队的布告、战绩战报、个人启事等,属于政治广告、军事广告和文化广告的范畴。

革命根据地的经济发展落后,报纸、广播都属于新鲜的事物,更别提广告。小商小贩的叫卖、招幌广告等仍是广告传播的主要手段,但新闻工作者已有办报刊的经验,自《解放日报》创刊起,就非常注意刊登广告,1941 年 5 月 17 日,创刊第二日就在报头附近刊登"本报广告科启事":

> 本报为应各界需要,决定于报头两旁及第二版最后半栏刊登广告,并将广告价目附后。凡欲刊登者,请于事先将广告及应付之广告费一同送交本报广告科。附广告价目:
> 报头旁每边每天三十元。
> 第二版最后半栏每十行每天四元,超过十行照价加费。
> 长期刊登一月以上者九折,两月以上者八折,三月以上者七折。

在经济水平低下、广告意识落后的边区农村招揽广告,难度颇大。商人舍不得广告费,直至 5 月 24 日,报头旁才出现一则陕甘宁边区银行的广告,另一侧则登载《本报广告刊例》,内容与《本报广告科启事》相互补充:"广告内容由

---

①　新闻报,1939-6-17,1939-2-15.

②　新闻报,1948-5-15.

刊户自行拟定,但以铅字排印为限,如欲排木版、铜板、锌版,皆应另付制版费。"①从规定来看,当时馆内设置广告科,不负责创作广告,只负责接洽广告业务,排版制版。

受边区工商业发展落后的影响和战时政治军事的影响,《解放日报》的广告数量总体不多,且篇幅有限,广告的内容多为边区政府个人发布的启事、通知,商业广告也有一定的份额,但创作水平较低,多为文字平铺直叙,无创作艺术可言,与国统区、日占区的广告创作形成鲜明对比。这种广告创作上的落后,并非杂志社、报馆内部不重视广告,实因战争政治军事的需要及工农业生产难以自足所致。

表2-9 1941—1947年《解放日报》各类广告、广告总量和广告版面统计表

（单位:条）

日期	社会广告	商业广告	文化广告	广告总数	广告占全部版面之百分比
1941.5.24(广告初见)	3	1		4	9.03
1941.8	3			3	6.67
1942.2	2			2	2.78
1942.8			2	2	2.78
1943.2			2	2	2.78
1943.8	2			2	2.78
1944.2	2			2	2.78
1944.8	2			2	2.78
1945.2		2		2	2.78
1945.8	3	1		4	2.78
1946.2	4			4	2.78
1946.8	4	1		5	7.64
1947.2	1			1	0.62
各类总数(单位:条)	26	5	4	35	
各类比例(单位:%)	74.29	14.29	11.43		

资料来源:解放日报,1941—1947。

从上表看出,社会广告占较大比例,类型有征稿启事、杂志社启事、新法学

---

① 解放日报,1941-5-24.

会启事、美术展览会、收买批发食盐启事、讽刺画展、延安市骡马大会启事、新中国机械工厂启事、建设厅供销处启事、遗失声明、作废声明、军事工业局收买弹壳启事、延属司令部通知、追悼会、延安中学改名为行知中学等,启事、通知类广告占比较大,内容多为延安边区的建设服务,这就是一切为了战争的广告态度。

商业广告只有五条,分别是边区银行的储蓄广告、妇女合作社的食品部、廉价漂染、布庄大减价、煤油大减价,内容为日用品,奢侈品如烟草、化妆品全无。边区农村连温饱都成问题,奢侈品毫无市场。这与国统区,尤其是日占区租界内的"孤岛繁荣"形成极大反差。农村与大都市的两极分化,在战前就已存在,由于战事的影响,农村经济更加破败不堪,还要供应战略物资,两极分化更加严重。在中共中央的领导下"自己动手,丰衣足食",官兵齐动手,种南瓜为温饱,种棉花为穿衣,革命根据地的农村经济呈现出欣欣向荣的景象,与孤岛歌舞升平的"畸形繁荣"形成鲜明的对照。

文化广告只有四条,为地图类、书籍类的出版声明,即使是在物资极具匮乏的年代,根据地人民依然重视精神文化建设。社会广告中经常有美术展览之类的启事等,学习知识、普及文化成为边区建设的一项重要内容。

总体而言,边区根据地的报馆非常重视广告,成立专门的机构,经营广告事业,广告版面安排在报头的两侧。但由于大后方物资匮乏,大部分物品实行配给制,商业经营有限,商业广告比重较小,社会广告占额较大,反映出"一切为了战事"之"战时广告"的性质。诚如美国杂志所反映的美国广告业一样,"美国一向被称为是商业化的国家,什么都以□□□为前提。但当战事一起,连商人招徕广告的态度也全变了。军事第一,胜利第一,招徕生意反为第二"[1]。广告既然为战争服务,广告创作本身也就不重要了。这一时期的广告创作,大都为文字,编排不太讲究。商业广告中常见的诱说之词为"廉价"、"大减价",与30年代的"大牺牲"、"贱卖"、"烂卖"等相比,更为质朴、严肃。

抗战时期,由于地区政治经济发展的不平衡,广告创作呈现出高中低三个水平。租界的"畸形繁荣"造就了广告创作的畸形繁荣,消费人群高度密集、工商业密集、广告人才密集,使得孤岛的广告创作依然向前发展。国统区的广告事业处于三者之中,新闻事业迫于战事的影响到处迁移,广告业也在不同地区为当地的工商业服务,广告从业人员散佚,使得国统区的广告创作水平有所下滑,但是在广告的编排方面仍然注意留白,使得广告版面清晰易读,注重标题的创作。中共党报《新华日报》在国统区公开出版,在国民党当局的严密监控

---

① 国亮.战时广告[J].人世间,1944(1):73.

下，"发扬文化，领导社会，言论动击国家之安慰，与民族之兴亡"①，积极利用广告宣传党的思想文化，以诚实、高尚的广告精神争取广告客户，在广告编排和创作方面开创了党报的广告模式。根据地的广告事业因物资匮乏，社会广告较多，商业广告极为有限，体现出"一切为了战事"的时代精神，广告创作仍然处于草创阶段。

清末民初，中国的商人，眼见洋商利用广告，商品不胫而走，而我国商人广告意识薄弱，"'只此一家'、'祖传秘方'千篇一律"，而洋商广告"神出鬼没，千变万化"，②中国商人势难与之拮抗。在外商广告的示范和中国有识之士的带领下，国人日益明晰广告的功用，于是继洋商而后起，"以广告为战具"与洋商展开了激烈的广告战，这一广告意识的转变是促使近代我国广告创作观念发生变化的根本原因。民族工商业者与外商之间的竞争，使得报纸广告的篇幅逐渐扩大，开始讲究广告的创作技巧，积极地利用时机来与外商抗争，他们意识到"利用时机之广告，每可以一敌十，以十敌百"③，因此每有抵制洋货、宣传国货的机会，必加以利用，用"中国人当用国货"的爱国诉求激发国人的爱国热情，为国货的生存和发展争取机会，有些甚至因此走出困境，获得新生。国人亦积极研究广告与受众心理的关系，利用受众的求知欲、好奇心、参与心、趋同心等特点创作广告，或悬疑、或恐怖、或参与、或证言、或名人推荐、或对比，积极宣传产品。广告文的创作和设计，无论是标题、标语、正文，还是图片等的编排，都发生了很大改观。广告标题的创作，从某商号某产品加广告二字的毫无变化，开始注意独具一格，"精辟简洁、显明触目"④，用或反复强调、或提醒、或疑问、或类比等修辞手法来引起读者的注意。广告文由清末的繁冗枯燥变得愈发有趣，诗意朦胧，对仗工整，又或是小说、谈话、问答等清晰明了地表达产品的特点。广告标语的创作最得力者如百龄机之"有意想不到之效力"，美丽牌香烟的"有美皆备，无丽不臻"，鹤鸣鞋店的"一毛不拔"、"皮张之厚无以复加，利润之薄无以复减"，明星公司的"明星香水，香水明星"，这些产品靠着广告的效力名闻一时，时隔半个多世纪，产品虽已消逝，但广告语历犹在目，散发出近代独有的味道和情怀。图片的运用也较清末时期更为普遍，创作上更加强调以消费者为本位，抛弃草创阶段的产品包装物呆板的设计，更加注意发挥图片的感情色彩，漫画、连环画、照片等技法频繁运用，或用夸张的图片博得观众一笑，或用时髦的美女来吸引读者的注意，文图之间的配合也更为默契。广

---

① 周钦岳.广告与发行[J].中国新闻学会年刊,1942(1):47.
② 徐宝璜.广告学[J].报学月刊,1929(2):15.
③ 罗宗善.广告作法百日通[M].上海:世界书局,1933:13.
④ 叶心佛.广告实施学[M].上海:中国广告学社,1935:42.

告的编排也更加清晰易读,留白、边线等已普遍运用,套色印刷于 1936 年出现。诸多创作观念上的改变和进步,虽然步伐缓慢,但依然创造了二三十年代的"黄金时期"。这种创作观念的改变,一方面得力于外商广告创作的示范,另一方面也因国人在这一时期开始学习广告学的基本原理和方法、广告与心理,新材料新技术的传入也促使近代的广告创作观念发生改变。

第三章
中国近代广告经营观

　　广告经营,通常指:"经国家广告管理机关批准,利用一定的技术和设备,对广告宣传者提供广告设计、制作、代理或发布方面的服务,并从中获取经济收益的行为。"①广告经营的主体是媒体和广告公司(社),经营范围包括广告设计、制作、代理和发布,服务对象是广告主。本书研究的近代中国广告业,是广告发展的滥觞时期,无法直接以其为标准进行分析。近代国人的论说中,似未见广告经营的提法,只有陆梅僧专列第五篇"广告的工作部分",从广告部的设置及其工作内容谈及广告代理商的组织,与经销商合作的办法及广告的测验和记录等。吴铁声较为全面地谈及广告经营各主体,他认为,广告的实行机关包括:广告部、广告代理业、报馆广告部、杂志广告部。近代广告经营,尚处于"媒介广告经营的时代"②。一方面,大众传播媒介的生存和发展需要广告收入的支撑,"广告是报业的滋养品"③。另一方面,报纸、杂志等大众传播媒介又可以为广告主提供发布信息、促进销售的平台,"予供予求,两相隔剂,法至善也"④。于是报馆内部设置专门的广告部,负责招揽客户和设计广告。一些人逐渐脱离报社,成立专门的广告公司(社),随着业务能力的增强和专门人才的推进,走上专业化、系统化的经营道路。这是近代广告经营的两种主要方式。大企业自设广告部,经营设计、发布广告,如英美烟草公司、美孚石油公司、南洋兄弟烟草公司、华成烟公司,成为独立的广告经营设计者。因此,这一时期的广告经营,从经营的主体可以分为广告主、媒体和广告公司,本章将从这三个行为主体入手,分别探索其近代广告经营观。

---

①　张金海.广告经营学[M].武汉:武汉大学出版社,1996:1.

②　张金海.广告经营学[M].武汉:武汉大学出版社,1996:6.

③　胡政之.祝华商广告公司创业十周年.陈泠等.近十年中国之广告事业[M].上海:华商广告公司,1936:12.

④　项翱.新闻广告[J].小说海,1916(2):71.

第一节 近代广告主的经营观

广告主即企业,是市场竞争中的主体,也是广告活动的主体。他们是广告活动的买方和服务对象,始终居于市场主导地位。广告主是广告市场活动的起点、源点和基点,广告主对于广告的认识、决策和战略直接关系广告行业的生存和发展。

清末民初,欧美物品源源输入中国,人人咸以用洋货为喜、不知国货为何时,华商才意识到广告的重要性,纷纷以广告为武器,与洋商展开激烈的角逐,"近世商战之声浪,若怒涛之澎湃然,各逞其能,各炫其技,以互相角逐于世界,孰胜孰负,变在俄顷。而商人之恃以战争者,厥为广告。譬之两方搏战……广告,枪炮也。果广告而能得其逞,则枪炮锐利,可操胜算;反则一无所能,拱手让人而已"①。又有人说:"广告者,乃攻城掠地之工具也。盖商人以诚信为壁垒,以广告为战具,广告精良,犹战具之犀利也,执有利器,战无不克,故商业之与广告,关系至为密切。"②正是有此认识,广告成为商战"出马第一条枪"或"临阵第一排炮"。

一、外商的广告经营观——以英美烟公司为中心

外商早已熟稔广告的重要性,他们向中国倾销大量洋货,广告总是扮演重要角色,常常是货物尚未露面,广告早已先来,正所谓"出马第一条枪"或"临阵第一排炮"③。20世纪初,日本的"仁丹"、美孚石油的"美孚煤油"、英商亚细亚火油公司等外商的广告到处可见,各省重镇和通衢要道的墙壁、建筑物上触目皆是。外商还印刷大量的传单到处发送,赠送精美的月份牌、年画、日历等。外商对于广告的运作早已炉火纯青,给华商上了一堂堂生动的广告观摩课。

(一)结构严密、步调统一的管理观

随着广告业的发展,一些规模较大的企业开始设置广告部,专门负责广告

---

① 君豪.广告谈[J].上海总商会月报,1924:(6).
② 徐启文.商业广告之研究[J].商业月报,1934(1).
③ 平襟亚、陈子谦.上海广告史话,上海文化史馆、上海市人民政府参事室文史资料工作委员会.上海地方史资料(三)[M].上海:上海社会科学院出版社,1984:133.

业务。1902 年成立的英美烟公司总部设在伦敦及纽约,推选烟草大王杜克为首任董事长,据《科利尔杂志》报道说,他是一位"敢想敢为的广告人,能想出令竞争对手灰心丧气的新奇手法;他总是愿以投入大量几乎令保守的制造业者丧胆的利润在广告宣传上"①。1903 年,英美烟公司在上海设立子公司,唐默思主持业务,他秉持了杜克的广告宣传方法,花巨资投入广告宣传。为了支持在中国庞大的市场销售网,唐默思设立广告部,主要负责"有关广告的事项,负责监督公司外面用于广告的各种物料,以及有关库存各种广告材料、涂料、木匠等事项"②。广告部门由其直接管辖,这有利于与其他部门的协调。

广告部办事人员有外国人两三人,中国人六七人,另有勤工三四人,下设图画部、橱窗部、动画绘制所等,绘制各种招贴图画、月份牌、报刊广告以及香烟牌子等。英美烟"凭藉雄厚的资本,网络全国最优秀的人才,为任何广告公司所望尘莫及"③,蔡子庐、胡伯翔、丁悚、殷悦明、杨左匋是广告图画部的主要设计人员。他们严格分工,胡伯翔、倪耕野、梁鼎铭、吴炳生、马瘦红等画彩色印刷广告,丁悚、丁讷兄弟画黑白报纸广告,他们二人也有分工,丁悚画广告的人物部分,丁讷画广告中的烟壳、烟听,还有专人写作广告上的美术字,杨芹生专写外文美术字。④ 可见,英美烟公司非常重视广告设计。由于财力雄厚,广告人员的薪酬非常丰厚,且"对于任何广告都能自己完成,不需外求"⑤。印刷方面,英美烟公司设立首善印刷公司,其拥有当时中国最先进的印刷设备,专门负责印刷招贴广告、月份牌等,印发的月份牌新颖、精美,不仅在中国的穷乡僻壤广为流传,甚至流传到东南亚及印度等地。20 世纪 20 年代,英美烟公司创办美术学校,培养了不少广告设计人才。

隶属总经理的广告部被称为"部级广告部",配合公司全国纵向的销售市场,下设区级广告部、段级广告部、分段广告部和地区广告员,主要职责为:

部级广告部　外籍人主管。中国籍首席助理和办事人员照料广告牌记录、报纸、广告库存品。

---

①　[美]高家龙著,樊书华、程麟荪译.中国的大企业:烟草工业中的中外竞争[M].北京:商务印书馆,2001:31.

②　上海社会科学院经济研究所.英美烟公司在华资料汇编(第二册)[M].北京:中华书局,1983:520.

③　如来生.中国广告事业史[M].上海:新文化社,1948:8.

④　丁浩.将艺术才华奉献给商业美术[J].益斌.老上海广告[M].上海:上海画报出版社,1995:13～14.

⑤　平襟亚、陈子谦.上海广告史话,上海文化史馆、上海市人民政府参事室文史资料工作委员会.上海地方史资料(三)[M].上海:上海社会科学院出版社,1984:140.

区级广告部　除了满洲外这些部的工作人员全是中国人,区级广告部主要是广告品的交换所和保存必要的记录的地方。

段级广告部　这里并不规定要保存正式的广告品记录,因为广告品是立即发给广告人员使用的,但在大多数的情况下,段办事处总是保存这些记录的,在指定一个专人在段里进行广告工作的地方,他的工作大多是照管重新分发广告品,并在段办事处所在地的城市里也进行广告宣传。

分段广告宣传　负责分段的推销员几乎将他所在地区的广告宣传工作全都包管下来,报纸和画广告除外,但他帮助画广告的人员获取挂广告的场所。

地区广告员　我们(即英美烟公司)应当找到能选出适宜中国胃口的新颖思想的讲究实际的广告员。为了达到这个目的,我们应将中国分成若干广告地区,从中国工作人员中委任一个对广告宣传有地区倾向的人,让他全部负责那个地区的广告宣传。所谓广告宣传,我认为应使广告牌保持良好的状况,到处招贴,在商店陈列,在庙会作广告宣传,帮助进行样品赠送,分发传单,在剧场、浴室和旅馆做广告宣传,等等。①

广告部配合市场调查,研究敌我产品,拟定广告计划,然后分配至各区各段各人,使得广告宣传战略整齐划一,"凡有关广告的全部事项和事务……都直接受上海总公司管辖。至于广告的方法,做什么广告,这类事件在全中国也是非常统一的"②。另外,英美烟公司还充分利用代理商推广其广告业务,与各级代理商订立协议,按照销售数量给予丰厚的佣金或利润,在广告宣传方面还给予一定的资金支持。在利润的驱动下,各级代理商争相在其关系范围内大做广告,根据所在地区的风土人情开展广告宣传,这一依靠代理商的方法降低了广告制作成本。英美烟公司还出版《英美烟公司月报》,联络公司内部华人之感情,要求各地经理留心公司外面的招牌、木牌等广告是否清洁美观,是否合乎标准,"倘若有的广告,因为下雨、风吹日晒、装满灰尘,见了即请通知我们,好把他重新修好,我们一定是感激的"③。英美烟公司通过各种渠道,各级代理商销售网与广告网密切配合,提供整齐划一的报刊广告、电影广告、播音广告,上下配合,左右呼应,形成密不透风的广告覆盖网,使得英美烟公司的香烟广告遍布都市乡村。

---

①　上海社会科学院经济研究所.英美烟公司在华资料汇编(第二册)[M].北京:中华书局,1983:702~703.

②　上海社会科学院经济研究所.英美烟公司在华资料汇编(第二册)[M].北京:中华书局,1983:520.

③　商业丛谈:本公司的广告[J].英美烟公司月报,1926(10):37.

(二)本土化传播的广告传播观

在陌生的异域开拓市场,英美烟公司最初使用西方的方法,但是没有获得成功,后入乡随俗,针对中国人的喜好制作和投放广告,才逐渐被接受。英美烟公司推出"强盗牌"香烟(图 3-1 左)①,广告画面上是一个彪悍威猛的"海盗",持刀立于装置有火炮的甲板上,上方标有"强盗"的英文字母"PIPATE",俨然一副侵略者的面孔。这引起人们的强烈反感,人们将其侵略中国的野心与鸦片战争联系在一起。英美烟公司很快注意到这一抵制情绪,对广告图片进行修改,"强盗牌"改为"老刀牌"(图 3-1 右)②,船上的火炮改为铁箱,对杀气腾腾的海盗胡子等部位进行了修改。"老刀牌"与"大英牌"在很长一段时期内垄断中国卷烟市场。英美烟公司在中国内陆市场进行了深入的调查研究,逐渐意识到,应当"找到能宣传适宜中国胃口的新颖思想的讲究实际的广告员。为了达到这个目的,我们应将中国分成若干个广告地区,从中国工作人员中委任一个对广告宣传有地区倾向的人,让他全部负责那个地区的广告宣传"③。广告创作要"既引起中国人的注意而且也适合他们的口味。我们认为这是极为重要的事"④。本土化宣传成为英美烟公司开拓市场的有力"战具"和"利器"。

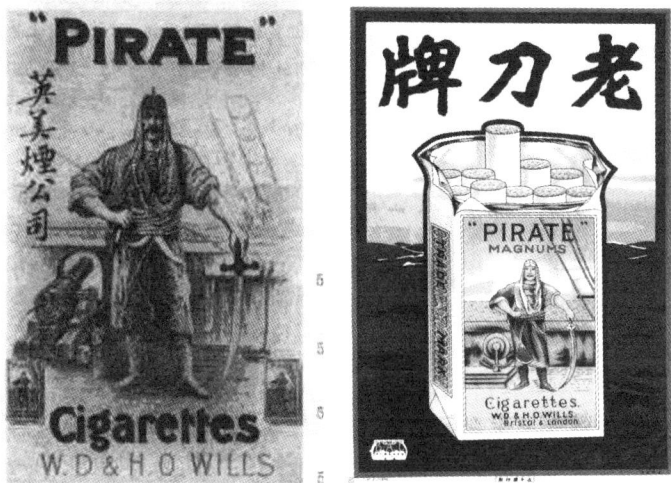

图 3-1　英美烟公司"强盗牌"、"老刀牌"香烟

① 陈超南、冯懿有.老广告[M].上海:上海人民美术出版社,1998:58.
② 赵琛.中国近代广告文化[M].长春:吉林科学技术出版社,2001:3.
③ 上海社会科学院经济研究所.英美烟公司在华资料汇编(第二册)[M].北京:中华书局,1983:703.
④ 上海社会科学院经济研究所.英美烟公司在华资料汇编(第二册)[M].北京:中华书局,1983:641.

1. 广告人才本土化

为了创作出符合中国消费者口味的广告,英美烟公司认为应当"找到能宣传适宜中国胃口的新颖思想的讲究实际的广告员"①。因此他们十分依赖熟悉中国传统、了解中国风情和善于观察人们思想的中国人,使公司能够准确把握受众的心理。公司的广告部、区级广告部、段级广告部、分段广告部,到处都是中国人,他们非常熟悉本地区的情况,能专心致志于该地区的广告宣传,到处招贴广告。英美烟公司以其雄厚的财力,重金网络中国最优秀的广告设计人员,这些人熟悉中国传统文化习俗,绘制出的广告画透露出浓厚的传统文化气息,受到消费者的追捧和青睐。例如,胡伯翔擅长中国画,吸取西洋水彩画的技法创作出精美的月份牌,风行全国,其在图画部工作期间,受到很高的礼遇,每月 500 大洋。

2. 广告作品本土化

英美烟公司最初的广告作品中常常会出现童话故事或西方谚语,但中国人不能理解。他们很快调整战略,入乡随俗地创作出富有中国风情的广告画。1919 年,英美烟公司推出"多福牌"香烟,其烟匣上就印有适合国人口味的广告语"多福牌香烟系精选上等烟叶制造,人生所求不外多福多寿多男子,望诸君吸此多福牌皆多福多寿多男子"②。多福多寿乃中国人的人生所求,子孙满堂则是传统社会家族兴旺发达的标志,英美烟公司在烟匣上印上这样的广告语,迎合了中国人祈求多福多寿多男子的心理愿望,受到国人的喜爱。英美烟公司的广告画喜欢使用国人熟知的神话故事,如杭稚英画的《吕布戏貂蝉》,周柏生创作的"二十四孝"人物、京剧人物和通俗小说人物。英美烟公司还依靠中国的督察商检验中国广告员的工作,让中国的经销商票选出最喜欢的广告图案,绘制成精美的日历。英美烟公司的日历,成为"每年一项轰动性的广告",被分送到"中国的每一个角落"③。

新年佳节到来时,英美烟公司会"在城市的各个地方张贴红色的广告画",上面写着"祝你新年快乐和富裕,请抽双喜牌卷烟"④,用"双喜"作为香烟品牌,因为双喜意味着双重祝贺。

---

①　上海社会科学院经济研究所.英美烟公司在华资料汇编(第二册)[M].北京:中华书局,1983:703.

②　上海社科院企业史资料研究中心藏.英美烟公司抄档[Z].45.

③　Hutchison,James Lafayette,*China Hand*.Boston:Lothrop,Lee and Shepard Compan,1936.P266～267.

④　上海社会科学院经济研究所.英美烟公司在华资料汇编(第二册)[M].北京:中华书局,1983:713.

3.广告投放本土化

广告作品的投放直接影响到受众对广告的理解和认同。英美烟公司除了依靠西方人所熟悉的广告媒介如报纸、杂志、户外广告、招贴画外,还深入中国社会的每个角落,他们意识到:"如果要支配中国商场,仅依靠中国报纸的广告,是尚不足;因为大部分的民众,对于报纸无甚关系的原因,而必须在街道上、火车上、轮船上贴以光彩夺目的广告。"[①]英美烟公司的纸烟"所以能完全独占中国市场者,亦端赖于此。在中国的无论什么名胜的山坡上,都能见有此种触目的广告板"[②]。1924年,汉口英美烟公司致信上海英美烟公司,建议使广告画"成为环境景色的一个组成部分"[③],这一愿景的先驱即日本的仁丹广告,在英美烟公司的眼中,中国真正的广告唯有日本的仁丹广告。

庙会是中国的传统节日,逢有庙会,男女老幼倾城而出。由于人流量大,庙会成为英美烟公司投放广告的集中地。河北保定的刘守真君庙,每逢农历三月十五日,"善男信女,莫不前来烧香⋯⋯本公司为推广营业起见,特择冲要之地,高搭席棚,赠彩售烟。棚上悬翠鸟大旗两个,高二丈余。棚内满挂彩画,四周挂广告小旗数串,可使远近注目。棚前陈列各种纸烟,并各样应用样品,高唱买烟得彩⋯⋯买烟者争先恐后"。庙会上,英美烟公司还雇用大小船两只,"桅上悬广告小旗成串,临风飘荡,甚属可观"[④]。这种售烟赠彩的广告宣传,在天津、奉天、潮阳等地,"广告法之有效者也",因"游人如山","故所售之烟甚多云"[⑤]。端午节时,英美烟公司还特别组织一大哈德门船停靠在浯水上,"两旁悬中英国旗,中悬万国旗帜,全船满贴各种广告,用各种烟壳嵌成'哈德门船'、'大哈德门'、'英美烟公司'、'良辰美景'、'赏心乐事'暨联语等字样"。船内设有售烟处、抽彩处,白天新丽夺目,夜晚灯火辉煌,恍如白昼。端午竞技之后,"游江之红男绿女将该烟舟重重围绕,购烟抽彩者拥挤异常"[⑥]。

(三)注重受众心理的创作观

"招徕生意,全赖广告,英美烟公司广告,一连数十张,凡可张贴之处,几乎到处糊满"[⑦],这就是英美烟公司的普遍投放策略,英美烟公司的广告渗透到中国的每一个地区,城市的大街小巷"每一堵空墙或空牌上、衙门前柱子的砖

---

①② 蒋国珍.中国新闻发达史[M].上海:世界书局,1927:68.

③ 上海社会科学院经济研究所.英美烟公司在华资料汇编(第二册)[M].北京:中华书局,1983:702.

④⑤ 上海社会科学院经济研究所.英美烟公司在华资料汇编(第二册)[M].北京:中华书局,1983:712.

⑥ 英美烟公司月报,1923(8):38.

⑦ 秦辉祖.烟草刍议[M].上海:文明书局,1909:701.

头底座上,处处都贴满了(英美烟公司的)巨幅广告宣传画"①。街上行驶的黄包车夫的背上,行驶内地的轮船、火车、日记簿及旅行用具上,贴满英美烟公司的广告,报纸、电台就更不用说了。由于英美烟草公司的广告宣传十分发达,"在十多年前,许多的乡村中不知道'孙中山'是何许人,但很少的地方不知道'大英牌'香烟"②。

铺天盖地的广告宣传,并不是英美烟公司最为自豪的广告策略,他们认为最好的广告"须能使人人注目,必须新颖之法……报上之广告,须含游戏及美术性质,则观者悦而读之矣"③。因此英美烟公司在不断完善广告网络的同时,注重挖掘时人的文化心理和传统习惯,收到了意想不到的广告效果。

1. 消除疑虑之免费体验广告

纸烟传入中国以前,人们习惯抽食旱烟。英美烟公司的纸烟,最初销路有限,大多是在华的洋商。国人因深受鸦片之害,"深恐再遭外国人的愚弄,重蹈吸食鸦片烟受害的覆辙,吸后上瘾,损害身体,以致大都不愿购吸,因而推销困难"④。为了改变这一现状,英美烟公司想尽办法,沿街免费赠送,每家店铺和戏院的每一观众人手一烟,但人们还是抵触。于是英美烟公司专门雇人在繁华的闹市表演抽食纸烟,边吸边称赞,还朝围观的人们抛撒纸烟。一些经销商特地在酒楼、茶馆吸食纸烟,证明此无瘾无毒。经过几年的努力宣传,人们渐渐地接受了纸烟。推销员每来到一个地区,"就不时地免费分几包称人牌香烟给骡夫、小旅馆老板与农民"⑤,散发香烟样品来推广销路,凡"沿街冲要之处,分送纸烟。人人吸后,啧啧称羡,备受欢迎,而各牌纸烟销路,遂大见扩充"⑥。

2. 好奇心之悬念广告

1918 年,有一天在上海的通衢大道,遍贴"烤"字的招贴,旁边无一字,弄得大家猜疑百出,莫名其妙。后来经过许久才又出现同样的招贴,在"烤"字下添有"君识此字矣,君已知作何解矣"的字样,看见的人"愈疑,谓总识此字,知

---

①　字林周报,1907-6-14:669.

②　希超.英美烟公司对于中国国民经济的侵蚀[A].中国经济情报社.中国经济论文集[C].上海:生活书店,1934:93.

③　上海社会科学院经济研究所.英美烟公司在华资料汇编(第二册)[M].北京:中华书局,1983:701.

④　杜振华.英美烟草公司与重庆卷烟市场[A].中国民主建国会重庆市委员会、重庆市工商联合会文史资料工作委员会编.重庆工商史料选辑(第 1 辑)[M].重庆:重庆出版社,1982:156~157.

⑤　上海社会科学院经济研究所.英美烟公司在华资料汇编(第二册)[M].北京:中华书局,1983:429.

⑥　上海社会科学院经济研究所.英美烟公司在华资料汇编(第二册)[M].北京:中华书局,1983:721.

作何解,有何用途,何来疯魔事故作此疯魔",许久,其又添"因系用烤法制成,然则翠鸟牌香烟,其味道其香气,不更较他种而上半"①的字样。人们方知"烤"字乃指用烤的方法制成的翠鸟牌香烟,疑雾总算得以吹散,纷纷"尝购此牌烟草,吸之果较他种好些,销路开矣"②。该广告利用人们的好奇心,"始而引人人疑,继而使人大疑,终始释人之疑,疑而吸烟者,谁不购试,购者多销路广,利在其中矣"③,翠鸟牌香烟遂不胫而走,销路极好。"红锡包"香烟还贴过"盛"字的招贴,第二天在招贴上添加"红锡包香烟到处盛行"字样,通过企业的自我宣传来提高产品形象。

3. 逐利心之赠品抽彩广告

英美烟公司十分注重利用人们的逐利心,不惜人力财力,大做赠品和抽彩广告。最常见的是烟盒中附送成套的画片,吸引人们不断购买。他们发现,"画片的吸引力真是威力无穷",在成套的画片中,"中国交际花"最为大众喜爱,"不但为成年人所收集,而且未成年人同样也乐于收集"④。在农村,这种吸引力远远超过城市。为了推销"哈德门香烟",英美烟公司督促经销商扩大陈列,"凡能摆50小盒以上者,即赠送精美画片一张",这使得各商家"无不争先恐后,多陈列哈德门香烟,以希获得美人画片"⑤。

英美烟公司还在全国各地推出赠彩广告,烟盒内附送彩票,"购者争先,欲博侥幸"⑥。如在奉天,凡购买大炮台、大前门或司令牌香烟一小盒者,随赠彩券一张,多买多得。头彩为"福德电车一辆",不愿要电车者,还可以得价1600元;二彩2张,各得"4两重金镯子一副";三彩6张,各得"天然纺一匹";四彩15张,各得"2尺4寸牛皮箱一个"⑦。丰厚的奖品刺激了消费者,"买主特别踊跃,奋力争购"。英美烟公司还公布赠彩活动的结果,以博得群众的信任。例如在宁波推行的赠彩活动,"头彩系彝和米店得去,二彩乃刘采仙君所得,三彩为恒德庄所得"⑧,结果公布在《英美烟公司月报》上。赠品抽彩的广告活动备受欢迎,抓住了消费者对于购烟之外这些小利的喜好,成功地完成了促销。

4. 崇洋心之美女广告

上海开埠后,欧美人的衣食住行等生活方式渐影响国人的生活习惯,社会

---

① ② ③　马鸣章.广告杂谭[J].商学杂志,1919(1/2):49.

④　上海社会科学院经济研究所.英美烟公司在华资料汇编(第二册)[M].北京:中华书局,1983:717.

⑤　上海社会科学院经济研究所.英美烟公司在华资料汇编(第二册)[M].北京:中华书局,1983:719.

⑥　中国社科院上海经济研究所、上海社会科学院经济研究所.南洋兄弟烟草公司史料[M].上海:上海人民出版社,1958:68.

⑦　英美烟公司月报,1924(7):15~18.

⑧　英美烟公司月报,1924(1):24.

中上层阶级纷纷以洋货为荣,以国货为耻。英美烟公司适时地利用人们的崇洋心理,在广告中大量展示西方人的生活,诱发人们模仿消费。广告画中常常出现烫发美女的形象,嘴里叼着烟,穿着高跟鞋,引来追崇和摹仿。1921年《申报》头版上的哈德门香烟广告中,穿着时髦的烫发美女斜靠在椅子上,手中的香烟烟雾缭绕,美女顾盼若兮,广告语曰"千金难买这一笑,惟大号哈德门香烟可以换之"①。香烟广告中的女性形象清晰记录了中国近代女性向现代生活方式迈进的历史进程,从这一层面而言,广告画确实起到推波助澜的作用。

另外,在遭遇国人抵制洋货、产品在同国货竞争中处于劣势时,英美烟公司还通过广告博取国人的同情。"五卅"运动中,社会各界抵制英货,国人拒吸英美烟公司的香烟,报纸也不愿刊登其广告,英美烟公司就设法在《新闻报》、《申报》的广告版上刊登大大的"诚"字②,试图利用人们的同情心来博得国人的好感,以此挽回在国货运动中受损的企业形象。

(四)寸土必争的竞争观

英美烟公司以其雄厚的财力以及周旋于政府与代理商的公关手段,向异己力量发出挑战,凡市场上之可争可抢之利益,绝不放弃,或兼并,或竞争,甚至使用低级卑劣的手段打压破坏对手的信誉,进行有利于自己的广告宣传。

1. 争地盘

英美烟公司的广告,"凡可张贴之处,几乎到处糊满,华商欲贴,几无空隙显明之墙壁,即偶然能贴一二,旋亦被其糊没,与之计较,徒费唇舌"③。华商的广告盖没英美烟的广告时,英美烟就利用其外交特权,立即向法院提起诉讼。在广告争夺战中,妓院也成为重要战场。英美烟公司"每晚必到妓院处打茶围,见有我(南洋兄弟烟草公司)烟,必排斥之;张挂之月份牌,亦运动收去"④。英美烟公司雇人到妓院打茶围,只要见到南洋的月份牌,就设法弄去,甚至佯装喜欢此月份牌,请妓女送给。英美烟公司始终认为,广告的普遍宣传可以使得读者"于有机会时,作一刹那之注意而已"⑤,其目的在于使消费者对品牌或产品产生印象,甚至熟稔,将来需求时"已有先入之印象"②。

---

①　申报,1921-1-5.

②　上海社会科学院经济研究所.英美烟公司在华资料汇编(第二册)[M].北京:中华书局,1983:701.

③　秦辉祖.烟草刍议[M].上海:文明书局,1909,引自上海社会科学院经济研究所.英美烟公司在华资料汇编(第二册)[M].北京:中华书局,1983:701.

④　中国社科院上海经济研究所、上海社会科学院经济研究所.南洋兄弟烟草公司史料[M].上海:上海人民出版社,1958:69.

⑤②　赵君豪.广告学[M].上海:申报馆,1936:36.

2. 争新奇

除了普遍宣传之外,英美烟公司认为,广告必须新颖才能引人注目,他们常常将西方新颖的广告方法运用到中国来。据陆梅僧回忆,英美烟公司最早开始放映幻灯广告,"由杨左匋主其事"③。20年代电影刚刚兴起时,英美烟公司就迅速抓住机会,在城市中收买或自建电影院,播放广告,进行产品宣传;在电影院门口,还常常实行购票赠烟,使得观剧者"颇行踊跃,争先恐后,啧啧称赞,更莫不手持香烟一支,借助雅趣"④。1922年,英美烟公司摄制了第一部电影广告。为了制作更能表现中国传统文化的电影,英美烟公司雇用大量中国的导演和演员。在每一部电影的每一个镜头和每一个副标题下,都印上英美烟公司各种牌号的香烟,以扩大宣传效果。20年代中期,英美烟公司通过兼并或买断的方式直接或间接地控制了近100家电影院⑤。因电影属于新奇事物,英美烟公司的电影票价低廉,且有香烟赠送,故大受欢迎,放映时"人民莫不以先睹为快,观者昼夜不绝,真乃创(销)烟之良法也"⑥,增进了消费者对企业的好感。

霓虹灯广告最早出现在20年代末的上海,英美烟公司很快利用这种广告媒介进行香烟宣传。英美烟公司在大世界游乐场对面的空地上竖立起当时最大的"红锡包"香烟活动广告,每到夜晚,烟支从烟盒内一支支跳出,最后一支点燃,烟头上还有青烟缭绕。铁架中间还装有大型电钟一只,甚为引人注目⑦。英美烟公司"每年广告费数十万元",但销量大增,年年赚钱,年年扩大生产,仅仅1926年"所得的纯利润达6 000万元之谱"⑧。

(五)灵活处理危机的应变观

英美烟公司在中国的销售也不是一帆风顺的,在政治外交风云变幻,民族主义爱国热情高涨的年代,常常遭遇抵制,时断时续。自1905年抵制美货始,长达40年,每次抵制都极大地影响到洋货的销售,但是英美烟的广告从未停止,而是用尽各种方法应对危机。

---

③　如来生. 中国广告事业史[M]. 上海:新文化社,1948:8.
④　上海社会科学院经济研究所. 英美烟公司在华资料汇编(第二册)[M]. 北京:中华书局,1983:708.
⑤　[美]高家龙著,樊书华、程麟荪译. 中国的大企业:烟草工业中的中外竞争[M]. 北京:商务印书馆,2001:211～212.
⑥　上海社会科学院经济研究所. 英美烟公司在华资料汇编(第二册)[M]. 北京:中华书局,1983:709.
⑦　徐百益. 实用广告学[M]. 上海:上海翻译出版公司,1986:50～51.
⑧　希超. 英美烟公司对于中国国民经济的侵蚀[A]. 中国经济情报社. 中国经济论文集[C]. 上海:生活书店,1934:93.

五卅运动引发抵制英货运动,英美烟公司自然成为目标,报纸拒登其广告,学生们还撕毁了"大英牌"香烟的广告牌,没收香烟并烧毁。英美烟公司天津地区的广告,至少有一半被毁坏,"反对公司的情绪是我(注:天津经理)个人所看到的最厉害的一次"①。《申报》馆还关闭了报社楼顶闪光的英美烟公司的霓虹灯广告,英美烟公司拍摄的电影也被指责丑化中国人的形象,影片广告味道浓厚,不得已英美烟公司解散了电影部。

面对危机,英美烟迅速改变了广告宣传的方法。

首先,不再张贴户外广告。运动爆发后,英美烟连续几个月都不在户外张贴大型广告,"因贴了以后会引起许多麻烦。那时贴些广告之类东西不但无用,而且对我们的营业非常不利"②。直到1927年,英美烟公司还需要"特别考虑到目前中国人的情绪",广泛调查经销商的意见,看是否需要停止户外广告。云南、香港、广州、厦门、梧州等地一致同意停止,只有福州经销商认为应继续。综合各方面意见,英美烟公司决定停止大型招贴广告、广告牌、墙上招贴等形式的室外广告,改之以赠送有吸引力的挂历等小玩意儿。

其次,改头换面,力保重点品牌。面对排外情绪,英美烟公司改为集中维护其在中国销量最大的"大英牌"香烟。在运动爆发的几个星期内,英美烟公司迅速撤下全国各地"大英牌"的招贴和广告牌,换上新的广告牌。广告牌上,将"大英牌"改为"红锡包",强调这种香烟是在美国生产的。广告画中人物一只手拿着"红锡包"香烟,另一只手指着露出的烟壳底面"美国制造"几个字,意欲告诉人们,"红锡包"不是英国货,你们不用抵制它。英美烟公司说服美国驻上海领事克宁翰写信证明"大英牌"香烟是在美国生产的,将其刊登在报纸的头版,到处散发传单:"大英牌(又名红锡包)香烟……证明确系用美国烟丝制造,且完全在美国境内制造之或,为此布达。如各界有怀疑者,请询大美国驻沪总领事,当知所言不谬也。"③克宁翰闻知他的信被英美烟用于广告时,非常意外④,足见英美烟公司广告手法之狡黠。

最后,坚持用报纸进行广泛宣传。1925年五卅惨案爆发,各地报刊于6月19日发表联合声明,拒登仇货广告。"其无契约者业已停登,其有契约者,

---

① 上海社会科学院经济研究所.英美烟公司在华资料汇编(第四册)[M].北京:中华书局,1983:1328.

② 1925年12月8日湖北公安英美烟公司致汉口英美烟公司湖北区经理函.上海社会科学院经济研究所.英美烟公司在华资料汇编(第四册)[M].北京:中华书局,1983:1345.

③ 永泰和公司印发的传单.上海社会科学院经济研究所.英美烟公司在华资料汇编(第四册)[M].北京:中华书局,1983:1431～1432.

④ [美]高家龙著,樊玉华、程麟苏译.中国的大企业:烟草工业中的中外竞争[M].北京:商务印书馆,2001:283.

因为满期,未能即停"①,英美烟公司与上海申报、新闻报、时事新报等九大报纸签有长年合同,不仅不停止广告,而且大放厥词,说自己帮助各地发展实业,"曾费巨金,教导华人改良种烟法,借以增进中国烟叶之生产"②,这已经超过了商业广告的性质,完全在为自己的商业行为辩护。针对各地的报纸广告,英美烟公司的广告部还提出整体意见供各地执行。报纸广告所用的"系英国制造",目前应从报纸上删去这一措词,但是"并不需要把你保存的雕刻版都删去这个措词,而仅需从你正在用的或以后几个星期里要用的雕刻版里删去这一措词"③。翻阅当时的报纸,"大英牌"香烟的广告与修改名称后的"红锡包"没有多大差别,广告画中都是一个肥头大耳的"盛"先生指着香烟说,"大英牌香烟的味道越办越好","红锡包香烟真不错啊"。不同的是,后一种的广告中多了"在美国制造"这几个大字④。

英美烟公司成功地应对历次抵制风潮,其香烟销售虽有波动,抵制风潮过去后又重新上升到新的增长点,采取更加疯狂的手段打压民族品牌。

二、华商的广告经营观

欧美商人对于广告一事颇为重视,英美烟公司每年的广告费动辄数百万,他们早已习惯于利用广告的威力驰骋商场,反观吾国商人,"昔甚漠视此道。近者风气大开,咸知利用广告可以发展业务"⑤。清末民初,政府颁布发展实业的政策法规,民族资本家投身实业的积极性大为提高,为了同外商竞争,他们纷纷拿起广告这一有力的武器,为商业的发展摇旗呐喊。

(一)蹒跚学步的管理观

民国初年,李文权、黄世祝等人纷纷发表言论告知国人,广告不仅是商业发展的主动力,并与国家兴亡、世界文明的发展具有密不可分的关系。"告白

①　上海社会科学院经济研究所.英美烟公司在华资料汇编(第四册)[M].北京:中华书局,1983:1439.

②　上海市通志馆期刊,1934(3):1010.

③　1925 年 6 月 18 日上海英美烟公司致沈阳、天津等各地分公司广告部函,上海社会科学院经济研究所.英美烟公司在华资料汇编(第四册)[M].北京:中华书局,1983:1443.

④　新闻报,1925-5-15,1925-8-15.

⑤　顾宝善.全人俱乐部:广告杂谈[J].大陆银行月刊,1924(8):77.

不良,商业不昌,商业不昌,国家斯亡"①,"广告为商战利器之一也"②。同时华侨商人创办企业,"对处于低迷状态中的中国工商界起到振聋发聩的作用"③。20世纪二三十年代,澳洲侨商郭乐、马应彪、郭泉等相继在上海南京路创办先施、永安、新新、大新等大型百货公司,他们因侨居国外多年,熟知西方现代广告,将广告经营之术介绍进入中国,为华商提供了学习的榜样。

国人意识到广告的作用后,开始制作和投放自己的广告,"有许多大企业,如烟公司、百货公司等都自己设有广告部,请有画师及广告人员为自己的出品货物设计一切广告事宜"④,永安百货公司有40多个商品部,每个商品部都有专门的接待部和广告部予以配合。

南洋兄弟烟草公司熟悉商业竞争,他们意识到烟草本是消耗品,推销全靠广告宣传,起初聘有周柏生、唐琳,后来聘请陈康俭为广告部主任,增聘王通、唐九如等。1918年,南洋购置石印机自办简单印刷;1923年,投资香港永发印务公司;1933年,正式收买远东印刷公司,改名为"利济有限公司",后改为南洋兄弟烟草公司印刷所,归总公司直接管辖,从此公司用以宣传的画片、月份牌等都由自己印刷。

华成烟草股份有限公司开办之初就非常重视广告宣传,1929年专设广告科掌管广告事物,指定专人负责,包括"本外埠各种广告的设计事项;广告记录并编制表册事项;调查各处广告事项;绘拟各种广告文字、图画事项;支配及接洽各种广告事项;各项广告支付传票等事项"⑤。华成烟厂的广告设计人员有张荻寒、谢之光、张雪父,他们设计宣传的"金鼠"牌、"美丽"牌香烟成为中外烟草市场上的健将。

小的企业虽不设广告部,但也聘有专门的广告设计人员。信谊药厂广告部聘有王逸曼、周守贤、董天野等(图3-2);新亚药厂广告部聘有王守仁、陈青如、江爱周、李银汀、许晓霞等;中国化学工业社聘请李咏森担任广告部主任,高奎章、张益芹、著名漫画家张乐平也曾为"三星牙膏"画过广告;新星药厂在当时只是中型的药厂,也有胡振翔等人负责广告;福新烟公司聘有程玠若;叶

① 李文权.告白学[J].中国实业杂志,1912(1):102.

② 黄世祝.广告论.乐农史料整理研究小组.荣德生与兴学育才[M].上海:上海古籍出版社,2003:207~208.

③ 徐鼎新.二十至三十年代上海国货广告促销及其文化特色[J].上海社会科学院学术季刊,1995(2).

④ 洛神.上海广告公司的内幕[J].一周间,1946(8):12版.

⑤ 方宪堂.上海近代民族卷烟工业[M].上海:上海社会科学院出版社,1989:93.

浅予为三友实业社创作过广告画①。此外,黄楚九、胡文虎、冼冠生等都十分注意广告的经营。

图 3-2　1939 年《新闻报》信谊药厂广告　王逸曼设计、周守贤制图

但是,与外商相比,华商广告部的组织结构较为简单,除了南洋兄弟烟草公司等大企业能有办法与之相抗衡外,其他多为一招一式的广告宣传服务,广告费的支出非常有限,且时断时续,不如外商财力雄厚,可以操纵时局;在与其他机关配合方面,亦稍显薄弱。但这些大的企业的广告部,已经基本能够"创造对于意欲配给的商品之需要,同时可以去除或多或少市场上的销售阻力"②。换言之,华商的广告部已经成为其维持现有市场,进而开发潜在市场并实施广告计划的重要部门,"南洋的广告部门比英美烟公司小,财力也没有英美烟公司那样雄厚。然而它的规模变得越来越大,资金越来越多,并比以往更多地由技术上更有竞争力的专业人员管理"③。

(二)民族主义的宣传观

作为政治纲领和社会思潮,民族主义不断被提倡,不仅成为辛亥革命的理论基础,也成为唤起危机意识,掀起反美华工禁约运动、收回路矿运动等的指导思想,直接推动实业救国的强国理想。在商战中,民族主义提倡"中国人请用国货","拒用洋货"口号,呼唤国人共用国货,杜塞漏卮,挽回利权。

1. 借时势进行爱国宣传

爱国抗日是近代社会的主旋律,华商常常抓住时势热点进行策划宣传以扩大影响,引起社会各界人士的关注。"五卅"惨案发生的第二天,三友实业社就在上海《申报》上刊登了半版广告,以"哭南京路被害的学生"为标题,以套红

①　丁浩.文采风流今尚存——浅谈近代我国广告画种与广告画家[J].中国广告,1982(4);徐百益.树一代广告人物画新风的庞亦鹏[J].现代广告,1997(5).

②　吴铁声、朱胜愉.广告学[M].上海:中华书局,1946;313.

③　[美]高家龙著,樊书华、程麟荪译.中国的大企业:烟草工业中的中外竞争[M].北京:商务印书馆,2001;250.

形式代表血迹,上面印有一个泪流满面的愤怒的人头,形成强烈的视觉刺激。广告正文洋洋洒洒五六百字,慷慨激昂,感人肺腑。先是号召"未死之中国同胞,一醒睡狮之梦,三省戴天之仇,努力奋起,以雪是耻",接着号召抵制洋货、购用国货。广告以提问的方式呼吁"未死之中国国民"认识到:"南京路之子弹有限,合中国之子弹无穷。此后尔愿着外货之毛丝纶乎?抑愿着国货之自由布乎?尔愿用外货之珠罗纱乎?抑愿用国货之透凉罗乎?尔愿作冷血动物乎?抑愿作热血之人类乎?当尔觉悟用国货可以作一子弹无形之抵抗时,则今日学生诸君虽死,亦可作挽救中国民气之动点矣。"①在特定的历史条件下,这则广告以血红的画面、血腥的味道引起人们的恐惧不安,起到较平时更为突出的抵制洋货和推销国货的作用。

1934年11月16日,《申报》报道了马占山将军积极抗日的英勇事迹,极大地鼓舞了民族士气。黄楚九经营的福昌烟厂洞察先机,迎合时势,仅用十多天就创作出马占山将军系列广告,将生产的"金字塔"牌香烟改名为"马占山将军"香烟,在社会上引起极大反响。民众烟公司同样生产"蔡廷锴将军"牌香烟,广告宣称:"本公司以此烟即系纪念民族英雄,不能不拣选物质加工精制。前旬在本埠出市,果受全沪民众狂热欢迎,认为国货猛将确无负于蔡将军之盛誉。"②民众烟公司将国人对英雄的顶礼膜拜转化为对产品的信任和热衷,取得巨大成功。

2. 产品命名之爱国宣传

华商还以产品命名的方式宣扬爱国,抵制洋货。1919年,振胜烟厂刊登了一则长篇广告:"抵制外货,莫如提倡国货。振民气,御外侮,作商战,胜作兵,此我振胜烟厂之定名;金瓯不缺,祖国常存,提倡国货,一言九鼎,此我金鼎牌之定名;牡丹虽好,全仗绿叶扶持,国货虽良,端赖同胞提倡,此我牡丹牌之定名;黄包车夫亦黄帝子孙,不可以其下等社会而忽之,本烟厂制此以应,亦塞漏卮、挽利权之一法也,此我黄包车牌之定名。爱国同胞,事急矣,时危矣,莫谓香烟小品,无关宏旨,须知救世图存,惟此是赖,国人其可忽乎哉?国人其可忽乎哉?"③从厂名到产品商标,无不反映出浓浓的民族情感和与外商争夺市场的决心,期许国人购用国货给予支持和帮助。

南洋兄弟烟草公司生产的"大爱国"牌、"长城"牌香烟,中国兴业烟草公司生产的"泰山"牌香烟,华商烟公司生产的"龙门"牌、"黄河"牌香烟,紧扣象征中华民族符号的长城和泰山等,将吸烟这一小事同抵制洋货、购用国货、以防

---

① 申报,1925-6-1.
② 申报,1933-1-17.
③ 新闻报,1919-6-8.

利权外溢等国家民族大事联系在一起,激发国人的爱国情感。"长城"牌香烟的广告语是"不吸香烟,固然最好,要吸香烟请吸国货长城牌"①,将长城作为广告主题,上书对联"忍令祖国金钱流于异域　相率中原俊杰挽我利权",横批"众志成城"②,微言大义,足见其率国人抵御洋货之决心。南洋的爱国广告宣传收到良好效果,"1915 年 7 月,英国驻广州领事报道说,南洋的报纸广告在'激发爱国者只抽他们的香烟,和支持本地工业'方面是有效的"③。

3. 商标设计之抵洋宣传

民族企业家在商标设计方面,亦精心设计,抵御洋货,振奋国人的爱国热情。东亚毛呢纺织有限公司生产的"抵羊"牌毛线,是最典型的一个。该商标名称"抵羊"两字与"抵洋"谐音,契合时代主题,迎合国人的心理。商标是两只山羊,两头相撞,死死相抵,绝不妥协。

温州百好炼乳厂生产"白日擒雕"牌炼乳,其商标设计针对英商英瑞公司的"鹰牌"炼乳。"鹰牌"图样是衔有标带之鹰,立树枝上首向左作飞翔状。"白日擒雕"的商标是白日之下有一只手擒着雕,烈日红光四射,雕向右展翼。雕鹰同属猛禽,一方面可以暂时借助鹰牌的商誉打开市场。用手擒雕,含有不许这只外来苍鹰在中国市场上飞翔之意。英瑞公司曾将百好炼乳厂告到商标局,因百好炼乳厂采取有理有据的抗争,不但胜诉,更借助官司扩大了影响④。

1918 年,著名剧作家陈蝶仙创立上海家庭工业社,其"无敌牌"牙粉与日本"金刚石"、"狮子牌"牙粉相抗衡,其广告语是"天虚我生发明,家庭工业社制"。纸袋的一面印有"天虚我生发明"字样,另一面印有网球和球拍的静物图案,网球象征日本太阳旗上的太阳,用球拍打球,有打倒日本帝国主义的意义,可谓"用心良苦"⑤。

（三）熟谙国人心理之创作观

华商更能体察国人的心理和情绪情感的变化,他们在广告创作中充分利用这一特点,创作出符合国人口味的广告作品。

①　陈子谦、平襟亚.英美烟公司,上海文化史馆、上海市人民政府参事室文史资料工作委员会.上海地方史资料[M]三.上海:上海社会科学院出版社,1984:59.

②　申报,1925-6-18.

③　[美]高家龙著,樊书华、程麟苏译.中国的大企业:烟草工业中的中外竞争[M].北京:商务印书馆,2001:109.

④　吴百亨.经营百好炼乳厂的回忆[A].潘君祥.中国近代国货运动[M].北京:中国文史出版社,1995:160～171.

⑤　寿乐英.近代中国工商人物志(第四册)[M].北京:中国文史出版社,2006:179～187.

1. 标新立异之广告宣传

英美烟公司在中国横行无忌,赚得盆满钵满时,福新烟厂的"小囡"牌香烟横空出世。黄楚九精心策划了一场别开生面的广告运动。1918年,"小囡"牌香烟面世前,黄楚九就包下上海"申"、"新"等报第一版的全版广告,第一天整版只印一个大红的鸡蛋,因为是"我国报纸第一次套色印刷",[①]这则没有文字说明的红蛋广告立刻成为人们注意的对象。次日,版面上换了一根小孩的发辫,第三天是一个可爱的胖娃娃,直到第四天,谜底才揭开,原来是福新烟厂的"小囡"牌香烟问世。福新烟厂利用中国人得子吃红蛋的民俗,巧妙地将香烟比喻为"小囡",在情感上展开攻势,在报纸上刊出"祝贺大家早生贵子"的贺词。这一广告颇具中国民族特色,充满人情味,立刻博得人们的称赞。为了配合销售,持有两张香烟牌子者即可兑换一个真红蛋。黄楚九不仅在报纸上刊登"红蛋"广告,还在马路上到处贴满,他经营的"大世界"游乐场也广为宣传此广告,买门票即赠烟一盒。该广告标新立异,连英美烟公司都自叹不如。

2. 投其所好之创作

华商更熟悉吾国的风土民情,在贴近国人心理方面技高一筹。1924年,华成烟公司的香烟取名"金鼠"牌,因适逢鼠年,民间素有"黄金鼠年"的口彩,有富贵发财的意思。1933年2月1日,华成烟公司在《申报》上刊登头版整版广告(图3-3),广告语为"吸老鼠牌香烟大富大贵多子多孙",配以"老鼠娶亲"的风俗画:鼠新娘坐着一群老鼠抬的花轿前来,鼠新郎乘着一辆轿车,新郎宅门上挂着"华成烟公司"的牌匾,浩浩荡荡的老鼠仪仗队打着"金鼠牌"的旗子,灯上赫然印着"金府"字样,非常有趣。由于烟味好,价钱低廉,"金鼠"牌香烟一上市,就获得广大烟民的喜爱,

图3-3 1933年金鼠牌香烟广告

销量大增。1925年,华成烟公司销烟11 018箱,"金鼠"就有8 000箱,占72.61%。"金鼠"牌的广告注重传统民俗,1925年端午节之际,在广告画中配以"乙丑端阳词"联系与人民的感情,其广告语"烟味好、价钱巧"流传至今。

---

① 陈培爱.中外广告史——站在当代视角的全面回顾[M].北京:中国物价出版社,1997:44.

(四)步步紧逼的争夺战

在广告方面的投入,华商虽不及外商,但随着实力的发展和广告意识的增强,亦竭尽全力,紧随其后,有时更为出色。

1. 配合舆论,与外商作战

自 1905 年开始的抵货运动,历时几十年,时断时续,抵制洋货、购用国货,民族主义情感高涨之时,华商总能抓住时机,配合舆论,同外商展开别开生面的广告战。五卅运动期间,英美烟公司的报纸广告、影片广告受各方面抵制,《申报》馆关闭了报社大楼顶上闪光的英美烟公司的霓虹灯广告。华商积极参与抵货运动,竭力宣传国人买国货,不买洋货;派人到英美烟公司张贴广告的地方,捣毁英美烟公司的广告,换上南洋、大美烟等公司的广告;到处散发传单,竖立广告牌,在报上刊载广告,让人们认清并拒吸英美烟公司的香烟,改吸价格相当的南洋烟。有人甚至还画上一只乌龟站在英美烟公司的烟盒上,附上题词"谁吸英美烟香烟的就是乌龟"。借助"五卅运动"的抵货危机,国产香烟的销售遇到有利时机。1925 年,南洋兄弟总销售额为 3 645.6 万元,比 1924 年的 2 521.1 万元增长 45%。英美烟公司 1925 年的销售量则由 1924 年的 634 624 箱减至 587 950 箱。[①]

2. 投资印刷厂、报纸和慈善事业

最初,华商烟草厂的广告印刷全赖外商。1918 年,南洋兄弟烟草公司购置两台石印机,可以印刷简单的广告,但仍捉襟见肘,比不上拥有先进彩印设备的英美烟公司。1922 年,南洋投资 15 万元创设永发印务公司,终于可以印制能与英美烟公司媲美的精美招贴画、月份牌。1933 年,南洋正式收买远东印刷公司,改名为"南洋兄弟烟草公司印刷所"。华成烟草公司早期也没有印刷设备,1935 年投资华一印刷公司,印刷所需广告画片。

收买报纸控制舆论,一直都是英美烟公司的拿手好戏。英美烟依靠其雄厚的财力笼络各地著名报馆,除收购版面刊登广告外,还发放补贴。当时,天津董显光创办的《庸报》必须靠其补助才得以自给。广州著名商报《七十二行商报》主笔黄绩文被英美烟收买,在公司兼职,对南洋的新闻"始终不落稿",因此南洋"买告白亦不当在彼处矣"[②]。针对英美烟的这些伎俩,20 年代初,南洋兄弟烟草公司在香港、广州和上海设立自己的报纸。简玉阶认为,"办报以作

---

① 中国社科院上海经济研究所、上海社会科学院经济研究所.南洋兄弟烟草公司史料[M].上海:上海人民出版社,1958:220 页图表.

② 中国社科院上海经济研究所、上海社会科学院经济研究所.南洋兄弟烟草公司史料[M].上海:上海人民出版社,1958:68~69.

喉舌,此策良然"①,专门刊登南洋广告部职员拟定的广告。

除广泛社交以改善公司形象外,华商在慈善捐助方面也不相让,争相扩大公司影响,树立良好的公司形象。20世纪初,在历年的各省灾荒及粤省水灾米荒中,南洋屡输巨款。1920年,为募集救灾资金,南洋提出,每销售一箱香烟就捐出10元赈济北方旱灾。1931年,南洋又提出,每箱香烟捐出3～8元赈济苏皖水灾。这一由销量决定的捐赠改善了企业的形象和声誉,有良心的消费者更乐于购买,从而促进销售。上个世纪,这一社会营销手法就已流行。除此以外,南洋还捐资助学以扩大影响,出钱资助大学生留学欧美,在各地捐助兴办学校,联络与教育界的感情。

3. 步步紧逼之赠品战

物资匮乏的年代,赠送毛巾、香皂、月份牌等小玩意确能收到较好的促销效果。在这一方面,华商也不甘示弱,用奖品吸引顾客。英美烟发行成套的《水浒传》画片,南洋兄弟烟草公司也立刻发行成套的香烟牌,牌上印着《三国志》《西游记》中的人物,吸引人们收集。南洋兄弟烟草公司的营销也颇有创新,消费者收集成套的香烟牌可以兑换自行车、热水瓶等贵重的奖品。1927年10月10日,中国华业烟公司在《武进商报》上刊登了一则赠品广告,奖品非常诱人:"二十五条赤金戒一只,五十条名誉银盾一座,一百条台风扇一台,一百五十条风琴一架或花半铜床一张,二百条留声机一台,空盒二十只换本牌香烟一包,五十只换毛巾一条,一百只换蜜蜡烟嘴一只,二百只换玻璃杯四只,三百只换台钟一座。"②30年代,附送赠品的方式非常有效,但费用也很大。南洋的广告费由1931年的14.1万元增长到1934年的33.5万元,增加了238%,平均年增长80%。仅1934年广告费用就占销售额的10.31%,还不包括交际费、捐款等支出③。

以英美烟公司为代表的外商占据中国广告市场的半壁江山,他们凭借雄厚的财力和广告手法的驾轻就熟,掌控着广告战的主动权,或争地盘,或争新奇,或以精美的月份牌、画片吸引国人购买收集,或以丰厚的奖品引诱人心。在国内民族主义爱国热情高涨时,他们迅速采取灵活迂回的广告战术从容应对,外商对广告有声有色的经营,引导了我国现代广告事业的发轫和成长。当然,华商也不甘人后,或进或退、有理有节,沉着冷静地应对广告战,他们常常能结合社会思潮的变化,利用国人的民族主义情绪,积极宣传国货,号召"中国

① 中国社科院上海经济研究所、上海社会科学院经济研究所.南洋兄弟烟草公司史料[M].上海:上海人民出版社,1958:248.

② 武进商报,1927-10-10.

③ 中国社科院上海经济研究所、上海社会科学院经济研究所.南洋兄弟烟草公司史料[M].上海:上海人民出版社,1958:247.

人用中国货"、"用国货最光荣"等,谱写了现代广告事业的辉煌。

第二节　近代媒体的广告经营观

现代新闻事业的发展,若仅赖于报纸发行所得的收益,是不能生存和发展的,还要依赖报纸广告的收入,如"报馆于售报之外,其大宗收入,本以广告为首"①,当然受政党津贴者除外。广告,不仅是工商界传播商品信息的工具,也是报社重要的经济来源,是新闻事业发展之命脉,"犹之血液对于人体一般重要"②。胡政之说,"广告是报业的滋养品"③。报社只有在经济上自给自足,才能在言论上保持独立,保持公正客观的办报方针。近代报馆杂志社,在广告事业经营方面已粗具企业化经营的规模,纷纷设立广告科、发行科,专揽其事,以谋求报社收益的增加。这一企业化经营虽未成为中国报业的普遍现象,但至少迈出可喜的一步。

中国近代报纸发展很快,但经济独立,实力雄厚,能够谈得上媒体经营的不过《申报》《新闻报》《大公报》等少数几家商业报刊。这些报纸最初都由外国资本创办,将西方先进的经营管理思想介绍到中国,后华人资本渐入,沿袭其经营思想并开拓创新。1912 年,史量才接手《申报》,转为华股公司,经理由报界巨子张竹平担任,汪英宾担任协理。《新闻报》的经营也多蒙汪汉溪运筹帷幄,后来居上,发行量超过《申报》。中国近代报刊竞争非常激烈,尤其在报业重镇上海,各有千秋,互不相让。1927 年,史量才收购《新闻报》1/2 以上的股权,"申"、"新"二报的业务始终处于对峙状态,各有侧重。这些报业的经营,尤其是广告经营,对《解放日报》《新华日报》等近代报刊起到示范作用。

一、精准定位、服务读者

媒体之间的竞争,说到底就是争取读者的竞争。经营媒体者,首先应明确自己的读者群,然后才能围绕他们开展新闻报道评论,提供其他服务。近代各报都在努力办出特色,以求在竞争中立于不败之地,竞争最为激烈的莫过于

---

① 姚公鹤著,吴德铎标点.上海闲话[M]上海:上海古籍出版社,1989:136.

② 刘觉民.报业管理概论[M].上海:商务印书馆,1936:210.

③ 胡政之.祝华商广告公司创业十周年.陈冷等.近十年中国之广告事业[M].上海:华商广告公司,1936:12.

"申"、"新"二报,较早提出报纸定位思想的也是二者。

(一)定位官绅阶层的《申报》

《申报》自创刊起就以官府政界人士及知识分子为主要读者对象,这部分人拥有较高的名望和经济实力,消费能力较强,能够成为长期订户,进而成为广告对象。据戈公振回忆,当时的报纸广告"大半为奢侈品及药品"①。这部分人因出身和地位的关系,非常重视时事政治,因此《申报》自创办之日起就非常重视报道政治新闻。1912 年,史量才接手后,正值政治动乱、军阀混战,关心时事和国家命运成为大多数绅商的习惯。《申报》聘请黄远生、邵飘萍等一流记者进驻北京,时刻洞察北京的政治新闻,采写了大量有关袁世凯、张勋复辟的阴谋等新闻,还著文描写政治人物的逸闻趣事,引起读者的极大兴趣。在人事方面,《申报》从《时报》高薪聘请陈景韩(笔名陈冷)担任主笔。陈景韩早年留学日本,对于办报有独到的见解,主张新闻要客观,反对有闻必录,采访写作要确、速、博,对当时的报界产生较大影响。1911 年《申报》还创设副刊《自由谈》,最初由天虚我生的陈蝶仙负责,后由周瘦鹃负责,内容偏重趣味性,多为言情小说等,被称为鸳鸯蝴蝶派,在上海很有市场。1920 年,《申报》还增辟《常识》栏,介绍各科最新知识,有常识、科学、卫生、市政、经济、法律等,内容极其丰富,使读者能够获得丰富的知识。以官绅和知识分子为主要读者对象的定位,使得《申报》上刊登的文化书籍广告远多于《新闻报》(《新闻报》多大企业的广告)。张静庐在《中国的新闻纸》一书中说《新闻报》,有关"新文化书籍的广告,该报特别缺少,甚至于没有;我们如果拿《申报》来看,每天在第二张的封面上,总可以看到:'今天出的什么新书?'《新闻报》就没有。"②《新闻报》的戏目广告则比《申报》多。

(二)定位工商阶层的《新闻报》

汪汉溪多次说过:"上海人口以从事工商者为最多,我们办报,首先应当适应工商界的需要。"③他的口号是"轻政重商"。事实证明,这一思想是有独到之处的,对《新闻报》影响深远,这也是《新闻报》的广告业务超过《申报》的主要原因。1923 年,汪汉溪特辟经济新闻,将金融市场、汇兑市场、证券市场、上海商情、国内外经济事情等翔实地刊印在报端,重金聘请徐沧水和朱熙农为主编,其收入与总编辑李浩然不分伯仲,足见对经济新闻的重视。发刊之

① 戈公振. 中国报学史[M]. 北京:三联书店,1955:220.

② 张静庐. 中国的新闻纸[M]. 上海:光华书局,1928:75~76.

③ 陶菊隐. 记者生活三十年[M]. 北京:中华书局,1984:82.

日即言：

> 人生在世，因时代之进化，人事之繁复，除立身处世之常识以外，对于所从事之职业，尤必需具有职业智识。是故从事于经济事业者，自应具有经济习识，方能胜任而愉快。近世之经济组织，既日趋庞大，而经济习识，亦日渐复杂。其于商人，尤属紧要。该商业上经营管理之要素，尤在明了现今之时事，以为技术动作及资金运用之工具。本报有鉴于此，特刊经济新闻。①

《新闻报》这一精准定位，使得"上海的工商界，大至工厂、公司、洋行，小至澡堂、理发店，都订阅一份，即江南各县镇较大的商号，凡需向沪批发、要随时了解上海行情的，也都要订阅《新闻报》"②。《新闻报》代表商界立场，"表现出商业专刊的形态，无形中成为商人阶级的机关报"③。因此，《新闻报》又称"柜台报"④，凡有柜台即有该报。庞大的商界读者群，为《新闻报》提供了大量的广告客户，这也是其精明之处。

民国初年，正当《申报》以长篇论说号召读者时，《新闻报》避重就轻，出奇制胜，争取一般商人和小市民阶层的读者，将原来的电讯、通讯和本埠新闻改为"新闻一"、"新闻二"和"新闻三"，配合这种变化，还刊登"新评一"、"新评二"、"新评三"这样的短评，文字浅显易懂，很受读者欢迎。正因为如此，《新闻报》因偏重"金融工商业，销路更大，广告最多。全市各戏院上演的戏目广告，它最多最全。有些小戏院可以不登《申报》，《新闻报》却非登不可"⑤。针对《申报》的《自由谈》，《新闻报》创设《快活林》，以严独鹤为主编，此人也是鸳鸯蝴蝶派的领袖，与《申报》主持《自由谈》的周瘦鹃互成犄角之势。

但《自由谈》比《快活林》要严肃些，后者多是游戏文字和低级趣味的小说等，满足一般小市民的需求。可见，《新闻报》以工商阶层和小市民为读者对象的办报思想是其广告业务发达的重要原因。

出版物都有固定的界限。我国的"《大公报》和《申报》是盛销于文化界的。像《新闻报》和《时报》，则多为商界所爱好"，其广告也各有偏重，"《申报》以出版业的广告为中心，而《新闻报》则以香烟以及其他各种同业广告为主"⑥。

---

① 　导言[N].新闻报，1923-4-15：第四张一版.
② 　徐铸成.报海旧闻[M].上海：上海人民出版社，1981：37.
③ 　朱宗良.民国初年之上海报业[J].李瞻.中国新闻史[M].台北：台湾学生书局，1986：352.原文刊登1956年6月《报学》杂志第一卷第九期.
④ 　陶菊隐.记者生活三十年[M].北京：中华书局，1984：78.
⑤ 　曹正文、张国瀛.旧上海报刊史话[M].上海：华东师范大学出版社，1991：魏绍昌序.
⑥ 　不敏.论出版业与广告经济[J].工读半月刊，1936(4)：175.

二、广告与发行互为促进

随着新闻事业的蓬勃发展,各大报馆都意识到广告与发行之间的关系,这与传统的邸报发行大相径庭。广告的收入与发行量的增加相辅相成,广告增加,则推广发行有了财力的支撑;发行推广,则降低了每张报纸的发行成本,发行的扩大同时又为报纸广告的招揽增加了说服广告主的力度,更有力地促进了报纸广告业务的开展。曾服务于《申报》的近代报人汪英宾提出:"广告与发行工作的推进是互为因果的,广告之增加固可以推广发行的工作,而发行之推广,读者数目之增加,广告之吸收范围也必更广。"[①]对于发行,广告好比多米诺骨牌反应堆的第一个骨牌,登广告者"多觅销路最广之新闻纸,以求效力广大也"[②]。发行之于广告,一荣俱荣,一损俱损。当然,扩大发行的第一步首先是低廉的定价,"欲得多数之读者,则惟有低廉其定价,使购买力遍及于各级社会,读者既众,则广告效力自大,而登广告者随以俱来"[③]。因此,各大媒体都将扩大发行量视为报社经营的第一步,"多不惜牺牲现金,以求发行之低廉,而达其畅销之目的,藉博广告之收入"[④]。

(一)《申报》的发行与广告

《申报》初创时,发行量只有 600 份,外埠的发行主要借助于信局,后渐在江浙及济南、汉口、武昌、成都等全国三四十个城市设立分销处,日本、英法等国亦设立分销处。至 1897 年,《申报》发行量"每日销数约在七八千份之谱"[⑤]。1912 年,史量才接手《申报》,聘用对广告经营颇有研究的张竹平为经理。张竹平非常重视报纸的发行,设立发行科和广告科,不仅重视本埠发行,还大力发展外埠订户。1929 年,张竹平因在外经营《时事新报》辞职,经理由马荫良继任,但在发行上仍沿用其政策。

本埠直接订户由"报馆所雇定的报差九十一名分段送出"[⑥],每人有固定的地段。街头发行则继续沿用《申报》首创的报童体系,雇佣报童在街头叫卖,

---

① 汪英宾.报业管理要义[J].新闻学季刊.1941(2):71.
② 曹用先.新闻学[M].上海:商务印书馆,1933:88.
③ 黄天鹏.中国新闻事业[M].上海:上海联合书店,1930:59.
④ 燕京大学新闻系.新闻学研究[M].北京:良友公司,1932:1.
⑤ 徐忍寒.《申报》七十七年大事计(一八七二——一九四九).上海文化史馆、上海市人民政府参事室文史资料工作委员会.上海地方史资料(五)[M].上海:上海社会科学院出版社,1986:25.
⑥ 发行:送出并不就了[J].申报馆内通讯,1947(2):16.

利用"报贩口头的叫喊,以引动读者的购买欲"①。如果当天有精彩的新闻,则可以收到较好的效果。《申报》本埠的间接订户,则主要借助于近代流行的报贩头制度,派送报纸。近代,"几乎全体报纸的发行,仍依赖于报贩头制度,这在中国新闻历史上,是一种比较特殊的现象"②。这些报贩头在当地有较高的势力和地位,普通一个报贩头"总有若干报贩头子,及若干小报贩头子,每一个小报贩头之下,联系了若干报贩"。戈公振认为,这些报贩"人数极多,组有捷音公所,团结甚坚"③。报社只要与几个重要的报贩头保持稳固良好的关系,就可以借助于他们熟络的人脉和庞大的报贩网络,将报纸分销出去。对报社而言,这省去许多人事上的管理和不便,发行量的收益及信用方面均有裨益。《申报》在本埠的发行"主要的都是经过若干报贩领袖的手"④,再由"报贩分送给订户或零售"。每天清晨,望平街的报馆门口就簇拥着黑压压的报贩,"从我们手里领过报去,再转到每个读者的手中"⑤。《申报》还一度成立报纸递送公司,雇人用脚踏车"以递送公司名义,每日清晨送报上门,同时向阅户兜售"⑥,但效果不好,后想联合《新闻报》共同承担此项费用,遭到拒绝。

外埠报纸的发行,主要依靠分馆和代办处,分馆的设立亦有发行量的规定,"每日销数达五百份以上者,始得称为分馆"⑦。清晨印好的报纸首先要供给外埠,及早捆扎,根据火车、轮船、长途汽车的时刻派送到各地分馆和分销处,使读者能够尽早看到报纸。由于速度快和服务周到,《申报》在外埠,"尤其是京沪杭沿线一带,拥有大量的读者"⑧。1933年6月,《申报》还成立服务部,专门负责外地读者订购、邮寄书报、杂志。在《申报》的发行量中,外地销数差不多占到一半,与同时期的《新闻报》相比,《申报》的发行成功主要表现在外埠,二者竞争拼的主要是"上海、沪宁、沪杭线","殊死相搏,死也不让对方占先"⑨。为了推广销路,《申报》"还送过月份牌"⑩,这也是为了推广销路。

《申报》1912年的销量为7 000余份,1916年增至14 000份,报纸始步入营利阶段。1917年,每日销数达20 000余,1920年,增至30 000余份,1921年,

①　鲁风.新闻学[M].上海:新中国报社,1944:178.

②④　鲁风.新闻学[M].上海:新中国报社,1944:175～176.

③　戈公振.中国报学史[M].北京:三联书店,1955:226.

⑤⑧　发行:送出并不就了[J].申报馆内通讯,1947(2):16.

⑥　汪仲韦、徐耻痕.又竞争又联合的"新"、"申"两报[J].新闻与传播研究,1982(5).

⑦　《申报》分馆章程.戈公振.中国报学史[M].北京:三联书店,1955:227.

⑨　顾执中.报人生涯:一个新闻工作者的自述[M].南京:江苏古籍出版社,1991:246.

⑩　徐百益.上海报纸广告探源[J].现代广告,1996(2):59.

增至45 000份,1922 年,增至50 000余份。① 1935 年,根据该报宣布的数字,全国各地(除东北辽宁、吉林、黑龙江、热河失陷外)销数总共达 15.59 万份,是1912 年的 27 倍多。发行量的大增使得报纸纸张和广告比重增加,《申报》的纸张由 1912 年的三大张增至 1918 年的四大张,1920 年为四张半,1921 年增至四张半或五张,1922 年增至五张半或六张、七张,每月的广告收入在 15 万元以上。1934 年,《申报》的年营业额达 200 万元,广告收入约占 150 万元,占75％,发行收入仅为 50 万元,占 25％。②

(二)《新闻报》的发行与广告

《新闻报》创刊时,即以"经济独立、无党无偏"为宗旨,对于言论主持公道,不为威胁,不为利诱。《新闻报》将读者定位于中下市民和小商人,报纸文字浅显易懂,读者看起来不费力。《申报》定位于官绅上层知识分子,文字"深奥难懂,并非一般人所尽能懂得"③。《新闻报》以读者为中心的精准定位,使得其在上海本地非常受欢迎。《新闻报》"广延人才,推广销数。报章内容,力求丰富"④,正所谓"欲善其事必先利其器",为了加快印报的速度,《新闻报》还从美国购到最新巴德式二层、三层、四层轮转印机四部,每部每小时可出报十余万份。汪汉溪说:"上海各报馆,得改用轮转机之益,实自本馆启之。"⑤汪汉溪在经营《新闻报》时,除设发行科外,还增设推广科,其任务"为研究邮政路线"⑥,推广外埠发行。

《新闻报》初创时,筚路蓝缕,非常困难。本埠发行专门雇用送报之人,送递本地商号。这种送上门的报纸,初并不受商号喜欢,"复多方以善言乞取报资,多少即亦不论,几与沿门求乞无异"⑦。后与报贩巨头协商,始打开局面。因其定位于工商阶层的办报方针,使得不久即成为各商铺的"柜台报"。至民国时期,《新闻报》本埠发行走在各大报的前列,首创"分区派送报纸"的先例。上海的市民已经习惯了在早上八点前看到报纸,因此该报千方百计提早刊印,以满足读者的这一要求。但考虑到报贩来自不同的地区,一清早就赶到报馆领取报纸,路途遥远确为不便。《新闻报》遂将集中发行改为分区发行,将上海分

①　李崇生.本报之沿革[A].申报馆.最近之五十年——申报馆五十周年纪念[C].上海:申报馆,1923:457.

②　李瞻.世界新闻史[M].台北:三民书局,1983:980～981.

③　申报掌故谭:六、通俗化的新闻[J].申报馆内通讯,1947(3):19.

④⑤　新闻报三十年之事实[A].新闻报三十年纪念文[C].上海:新闻报馆,1922:历史栏 2～3.

⑥　陶菊隐.记者生活三十年[M].北京:中华书局,1984:83.

⑦　姚公鹤著,吴德铎标点.上海闲话[M]上海:上海古籍出版社,1989:127.

为五个区，每区租用一家电影院（万国、明星、九星、共和、福安游艺场）为发报点（当时的电影都是下午开映，早上没有），事先用大卡车将报纸送往各影院，散居在各区的报贩，可就近取报，省去不少路程，可以提早将报纸送给订户。分区发报的制度，得到了上海各报的广泛认可，纷纷加入，以销数分摊租用电影院的费用①。《新闻报》的间接订户也是借助于报贩制度，《新闻报三十年纪念文》中可以看到这些报贩的照片②，报贩统一穿着标有"新闻报"字样的衣服（图3-4）。

图3-4　新闻报无锡、扬州分馆

《新闻报》外埠的发行，在苏浙及长江一带，因"承销人不甚得力"，影响远不如《申报》。为了改变这一情形，扩大外埠发行量，《新闻报》聘请程寅生为出派员，亲自到各地查视，"次第设法添设分馆，分销处，计前后成立者五百余处。国外如南洋群岛及各国都城，各大商埠，订阅者亦数千户"③。销量由每日的五六千份起逐年递增，"至近年（1923年左右）日销几及十余万份"④。《新闻报三十年纪念文》说："至今成效大著，则程君之力为多。"⑤《新闻报》成立三十年时，上海、湖北、奉天、黑龙江、南昌、浙江、长沙等地的名流纷纷发来祝辞，各地分馆如南京分馆等也发来祝词："唯我新闻，独树一帜。无党无偏，宣扬民志。"⑥可见，《新闻报》确为近代发行量最大的报纸，广告也最多。

---

① 汪仲韦、徐耻痕.又竞争又联合的"新"、"申"两报[J].新闻与传播研究,1982(5).
② 新闻报三十年纪念文[C].上海:新闻报馆,1922.
③④⑤ 新闻报三十年之事实[A].新闻报三十年纪念文[C].上海:新闻报馆,1922:历史栏2~3.
⑥ 新闻报总公司三十年纪念颂词[A].新闻报三十年纪念文[C].上海:新闻报馆,1922:祝辞17~18.

《新闻报》的广告最多,反过来促进了发行。徐铸成在《报海旧闻》中提及,他初到上海时,上海各界的名流和商店、工商界的老板"不看《新闻报》就不敢放心",因为《新闻报》上刊载的当地婚丧、做寿的广告最齐全,"看了后,才便于'交际',免于'失礼'"①。

近代我国报纸之发行份数及贩卖份数"不易于调查"②,我们只能借助于老报人的回忆揣测,大抵各有吹嘘炫耀之嫌,虽都有夸大,但至少反映了各报社在广告经营中重视发行的经营理念,都意识到发行之于广告的重要关系。刘觉民说:"经验告诉我们,没有推广销数就很少有推广广告的可能。登商业广告的人们不是在仅向报纸买得多少的广告地位而已,他欲在于购得一种为他的经济利益发展的宣传权,换句话说,他是在于想社会传播他的商品或役务地交换分配。所以要有大的销数的报纸,广告能够宣传的范围就愈广。"③

三、主动招揽广告客户

近代广告的来源,大体分为三种:一是商人直接送登报馆;二是由报馆派人招揽;三是由广告掮客或广告社介绍者④。商人直接送登的,属于"自动型",因"报纸本身的销路广,客户有非刊登该报广告不足以谋业务上发展之感"⑤。这种主动送登的广告,在近代民众广告认识尚不发达之时,在报馆广告业务中尚属少数。由广告掮客或广告社介绍,则会被其盘剥折扣。因此,主动出击是报馆经营广告业务、招揽广告客户的上策。

(一)在报馆组织中增设广告推广科,主动出击

张竹平在《申报》馆内增设广告推广科,科内分广告外勤组和广告设计组,"内外各竭其能,则广告之发达可立而待也"⑥。外勤组专门负责外出招揽广告客户,改变以往坐等客户主动上门的习惯,主动向工商界宣传《申报》读者面广、发行量大及刊登广告的好处。1921 年,邹韬奋曾到《申报》馆帮助处理英文函件,他回忆称:"依我所记得,那些信件的内容大概都是广告方面说服外国公司兜生意的。"⑦广告设计组则延请广告设计的专家,按照客户的要求和商

---

① 徐铸成.报海旧闻[M].上海:上海人民出版社,1981:37.

② 燕京大学新闻系.新闻学研究[M].北京:良友公司,1932:11.

③ 刘觉民.报业管理概论[M].上海:商务印书馆,1936:210.

④ 戈公振.中国报学史[M].北京:三联书店,1955:213.

⑤ 广告:钱是这样来的[J].申报馆内通讯,1947(2):12.

⑥ 吴定九.新闻事业经营法[M].上海:现代书局,1930:88.

⑦ 韬奋.经历[M].北京:三联书店出版,1958:42～43.

品的性质,精心设计广告文案。报馆内设广告科(处),分外勤和内勤两种,成为近代各报经营广告事业的组织结构基础,不仅《申报》、《新闻报》等商业报纸如此,战争时期《解放日报》、《新华日报》也都设有广告科。外勤专司"招揽广告及对外接洽关于广告之事物",应有"忠勤之奋斗与敏活之手腕"①。内勤处理日常社内广告事物,规划广告编排等。《新闻报》之准备科,其任务为"计算新闻与广告的比率,以决定次日出版的张数"②。从某种程度上讲,当时的准备科掌控着报纸的版面安排,该报每日张数多少,不是取决于新闻,而是取决于广告。这一情况在当时非常普遍,徐铸成在《报海旧闻》中曾提及,新闻常常受到广告的威胁。

(二)招揽广告客户要有"叫化精神"

詹文浒在《报业经营与管理》一书中说,报馆广告人员外出招徕广告要有所谓的"叫化精神"。这种"叫化精神",凡是住过上海的人都领教过:"他们一看中了你,就会'太太少爷'地紧紧跟着你,他们在跟的过程中,决不转移目标,任凭来了怎么一个贵客,在他锐利的眼光中,定可厚赐他一份,但他们宁可放弃那份,紧紧钉住你,郑重地钉,固执地钉。"③这种叫化精神,是广告招揽人员的必需精神。即使是打官话"预算有限","一次不来继以二次,二次不来继以三次四次,只要人力到家,总可达到目标"④。原来不登广告的,要使他来登;次数不多的,要使他们增加次数。因此,"至诚所至,金石为开,最后的胜利必属于你"⑤。詹氏曾服务于《中美日报》、重庆《中央日报》、《新闻报》,他在书中的言论,应是近代报刊经营管理的实践总结。

(三)处处留心、善于运用

有些广告不是平日可以争取到的,因为有些商铺还停留在传统的经营观念上,很少主动刊登广告,但在商铺纪念日的时候会举行打折优惠,回报主顾。因此,聪明的广告人员,"在他们的备忘手册中总有这类店铺的名称以及它们的纪念节日。日期将近了,他们就会事前去接洽"。对于客户而言,他们也许还没意识到,因此这种积极主动的关心提醒,不仅是"一种惊奇,也是一种感激"⑥。在这样的情况下,他们准会破例同意刊登。如果刊登广告的样式合乎他们的心意,"那明年、后年以及以后数年的广告,无有不属于你的"⑦。

---

①　吴定九.新闻事业经营法[M].上海:现代书局,1930:88.

②　陶菊隐.记者生活三十年[M].北京:中华书局,1984:84.

③④⑤⑦　詹文浒.报业经营与管理[M].台北:正中书局,1946:159.

⑥　詹文浒.报业经营与管理[M].台北:正中书局,1946:160.

小的商铺,限于规模和资本,无力刊登大幅广告,又不肯刊登小广告。广告人员要"善于利用机会,联合这些商店,设计联合广告,只要各家肯出规定的广告刊费,就有很美观很动人的联合广告出现"①。这样,商家节省了人手,刊登了大幅广告,报社也有不错的收益。争夺广告客户时,《申报》和《新闻报》颇为留心。当时负责《申报》分类广告的是曹耘书,他每天都看《新闻报》,发现有登《新闻报》而没有登《申报》的客户,就去信说服他们刊登《申报》,说明分类广告的价目。刊登分类广告十分便利,"除可派员接稿(只须电话通知或来信通知)外,还对客户致送拍纸薄和铅笔为赠品"②。

四、不断创新广告刊例,积极服务顾客

在拉广告客户的同时,媒体也要积极为读者和顾客服务,以争取长期合作。报社编排广告,务求"令人悦目,而动购买之心"③,同时又要积极为广告客户提供满意的服务,"处今日商战剧烈时代,无论何业,莫不以服务二字号召于世,报业与各方接触最易,允宜保持服务之宗旨,时时为顾客着想,方可获到最大之同情,抑且报纸本以服务社会为职志也"④。

(一)变更广告刊例,吸引顾客

起初,《申报》通过不断变更广告字体来容纳更多的广告。1893 年,《申报》由原来的老四号字体改为部分用老五号字体,广告中首次出现木刻字和铜锌版图画。⑤ 1905 年,《申报》实行大的革新,"本馆既深喜同志之多,而又愿为各报馆之先路,乃亟思改良,渐求进步"⑥。版面由原来的八版扩至十六版,广告也出现论前、后幅、长行短行等。其中,论前(即社论前面)广告更能吸引读者的注意,收费比其他版面地位的广告高得多。

民国以后,《申报》在广告编制和形式方面不断创新,始终走在各大报的前列。1912 年,《申报》专辟"中缝广告",其价格等同于封面广告的价格,这一方法得到许多报纸的效仿。在评论版上端,另辟"紧要告白"。1918 年 9 月,在每版沿边上下,另辟狭长地位,作为"特别广告"。报纸上的广告开始分为特等(特别地位)广告,头等(登于评论前封面者),二等(登于中缝者),三等(即长行

---

①　詹文浒.报业经营与管理[M].台北:正中书局,1946:159.

②　徐百益.申、新两报的广告之争[J].现代广告,1998(2):69.

③　曹用先.新闻学[M].上海:商务印书馆,1933:85.

④　赵君豪.中国近代之报业[M].上海:商务印书馆,1940:221.

⑤　徐载平、徐瑞芳.清末四十年申报史料[M].北京:新华出版社,1988:343.

⑥　本馆告白[N].申报,1905-2-7,头版.

不在封面者),四等(短行五十字起码)。1921 年,《申报》广告面积"几占全部之五分之三矣"①。1932 年 11 月 30 日,《申报》在时评栏内发表《今后本报努力的工作》一文,阐述创刊 60 周年后的工作方针时,其中第一条即"在编排方面,务使新闻与广告相配合,力争其明显醒目"②。近代"华北各新闻社对于广告地位之观念"③,即论前广告、封面广告、中缝广告、普通广告和分类广告,这实自《申报》起。

《新闻报》的广告计分六等——特等(登于新闻栏内),头等(登于封面及专电前),二等(登于紧要分类栏内),三等(登于快活林栏下),四等(登于后幅之长行),五等(登于后幅之短行)。④ 其他各报的广告地位安排,大致如此。1919 年,《新闻报》把"特别广告"排在新闻材料的中间地位,效果"确是很好"⑤。1920 年,《时事新报》在"本埠新闻"前辟"小广告栏",位于左上角,使读者"一目了然",登了后,"不但卖货人得着利益,就连消费者也很觉便当"⑥。

汪英宾从美国密苏里大学新闻学院毕业后,为《申报》广告的发展出谋划策。为拉拢顾客起见,1924 年 2 月 8 日《申报》创办《本埠增刊》,每日出版,专登广告式的文字,"每逢阴历年底圣诞节前,还分出各种冬至特刊和其他的装饰、饮食、国货等特刊,一方面提倡,一方面可以拉拢商店的广告"⑦。另外,《申报》还举行广告"商标"竞赛,鼓励厂商重视商标设计,为自己争取广告客户。针对《申报》的《本埠增刊》,《新闻报》创办《本埠附刊》,专送本埠商铺,专登本埠广告。《新闻报》还不定期创设汽车专刊、医药专刊、国货专刊,不仅提供广告版位,还附赠具有商业性质的新闻。《新闻报》副刊上发表的一些小说,"涉及某某产品系某家厂的,居然也收广告费"⑧,因为这些小说,实际上是商店约请作家写的介绍商品的文章,其上半段是小说,下半段为广告。其极富趣味性,读者爱看,起到很好的宣传效果,如吴绮缘之《小桃红》等。《时事新报》也有《市声栏》,以广告为主。报馆提供的这一增值服务,既满足了广告主的需求,又为自己揽得了生意,一举两得。

为了吸引顾客,积极服务刊户,近代报纸已经开始采取"软广告",即刊登新闻式广告为客户做商品宣传,这种做法在当时被称为"广告屁股":"现在大

①　李崇生.本报之沿革[A].申报馆.最近之五十年——申报馆五十周年纪念[C].上海:申报馆,1923:457.

②　今后本报努力的工作[N].申报,1932-11-30.

③　吴定九.新闻事业经营法[M].上海:现代书局,1930:90.

④　《新闻报》广告简章.戈公振.中国报学史[M].北京:三联书店,1955:221~222.

⑤⑥　戚其章.广告的研究[J].复旦,1920(11):62~63.

⑦　张静庐.中国的新闻纸[M].上海:光华书局,1928:75.

⑧　曹正文.张国瀛.旧上海报刊史话[M].上海:华东师范大学出版社,1991:92.

报的规矩:凡是刊广告的商店,可夹入一段短宣传文字,刊在新闻中,俗称广告屁股"①。

(二)将广告分类编排

将广告与性质相近的新闻栏排在一块,如戏剧电影广告在娱乐版上,银行债券广告排在金融栏内,使广告与读物联系起来。上海的"申"、"新"两报即是如此。这样的编排有利于读者"按图索骥,各取所需"②,也满足了广告主的需求。

最初,"申"、"新"两报常常将大广告拼在上方,小块留在底部,这样的编排毫无计划,属于"散乱式"编排,这种情形在近代非常普遍,"中国一般商业性质的报纸大都采用这种方式"③。小广告客户无力承担大版面的广告费用,常常被挤在不起眼的地方,如《新闻报》的游艺广告。出于对这种编排的不满,这些小客户转而投《申报》。受这一编排思想的启发,《申报》于1923年前后开始专辟版面给分类广告。1925年,《申报》又在本埠增刊开辟分类广告专栏,撰文宣传分类广告的好处,培养客户的广告意识:"分类广告为吾人日用所必需,盖人生衣食住无一不仰给于人,于是筹措经济之间,用分类广告,可以较贱之价得较美之物,可以己之无用之物售于他人之待用者。"④分类广告的好处渐为人们认可,各报广泛效仿,推动了广告编排方式的改革。汪英宾回忆,他于1932年主持《时事新报》,因战争影响,上海虹口、闸北的人民流离失散,《时事新报》用一个大的广告篇幅刊登人事广告,帮助失散的人团聚,利用广告解决人生之大问题,销量因此"每日达二十四万份"⑤,打破了全国纪录。

《新闻报》深受启发,在广告科外特设准备科,分门别类整理当天收到的广告,如封面广告把律师、启事、报丧和营业广告分开,分类广告把遗失、召租、拍卖、寻人等分开,戏目广告把京剧、越剧、沪剧、淮剧、话剧、电影、评弹等分开。报尾的分类栏广告,"则更受人欢迎"⑥。《申报》也奋起直追,亦增设广告整理科。

(三)广告创作进行革新,以服务读者

清末民初,报纸上的新闻都是文言文,八股气息很浓,广告文亦是如此。1912年以前的"申"、"新"各报用文言八股撰写广告,一般小市民很难看懂。

---

① 广告屁股[J]上海常识,1928(52):6版.
②⑥ 陶菊隐.记者生活三十年[M].北京:中华书局,1984:217.
③ 刘汉兴.各国报纸广告的比较[[J].新闻学季刊,1940(2):65.
④ 本埠增刊:广告与人生[N].申报,1925-9-10.
⑤ 汪英宾.报业管理要义[J].新闻学季刊.1941(2):72.

1914 年前后,"申"、"新"二报开始花力气改革报刊广告文体。1914 年,《申报》上出现白话广告文案,一改八股气息和陈腐口吻,生动活泼,极富口语化,特别适合普通老百姓的口味。《申报》冲破束缚,创作出符合现代气息的广告文体,是我国广告文体的一大突破。1915 年,《新闻报》也出现白话文广告,通俗易懂,文字间注意留白。这一新的文体,代表了报纸文体改革的方向,比五四新文化运动提倡的"白话文"运动要早好几年。以市场为导向的文体改革,适应了时代发展的需要和普通读者的需求。

广告印刷技术也不断改善,各大媒体通过购置、使用新的机器提高印刷质量。1920 年,《新闻报》增设照相制版部,"专制铜版锌版铅版,及各式照片"①,后又添置新机,聘用名师监造各种新式铜招牌,"盖本埠以机器制造铜招牌,唯本馆一家始倡耳"②。1928 年,《新闻报》率先添置套色印刷机,《申报》也于1934 年添置套色印刷机,开始刊印封面套色广告。③ 各报还聘有专门的广告画家,根据客户的需要和产品特点设计广告文案和图画。《太平洋报》聘用李叔同,专门代客户进行美术加工,所刊广告具有很高的艺术性,深受读者喜爱。"申"、"新"两报都有设计组,为客户制作广告,反复征求客户意见,直到满意为止。④ 著名漫画家丁悚是《新闻报》的兼职广告画家,负责对大的广告画进行润色创作。《新闻报》还设有广告编校部,仔细核实广告内容,以免出错,"倘原文模糊或有些欠妥,就得提出来商讨,或打电话询问广告员,然后再作决定"⑤;广告有错字,则免费再刊登一天。《申报》老早就成立"广告的整理部,专门整理广告"⑥,这种尽职尽责为客户服务的理念,使得二报成为广告商投放广告的首选,近代媒体经营广告的翘楚。

五、与广告代理商保持良好的联系

广告的来源有三个,除了主动送登外,还要依靠广告代理商或广告社。《新闻报》除上门招徕顾客外,"主要依靠广告代理商"⑦。一方面,各报都与广

---

①② 新闻报三十年之事实[A].新闻报三十年纪念文[C].上海:新闻报馆,1922;历史栏 3.

③ 宋军.申报的兴衰[M].上海:上海社会科学院出版社,1996;233.

④ 许清茂.我国新闻媒介广告产生、发展的特点和规律刍议(三)[J].中国广告,1991(2);19.

⑤ 《新闻报》的"财源"——广告费.郑逸梅.书报话旧[M].北京:学林出版社,1984;215.

⑥ 刘汉兴.各国报纸广告的比较[J].新闻学季刊,1940(2);65.

⑦ 徐百益.申、新两报的广告之争[J].现代广告,1998(2);68.

告代理商保持良好的业务往来,给予折扣。《新闻报》的折扣要比《申报》"硬一成,至少半成"①。《申报》对外宣称的折扣是七五折,实际上也可能是七折,《新闻报》收八折。为了吸引大的广告代理商,《新闻报》暗中给营业额最大、广告客户最大的优惠,"联合、中国、大陆、亚细亚、联华和大东另外一个折扣的优惠即七二折"。《申报》的《本埠增刊》由联合广告公司承办,联合广告公司由《申报》经理张竹平及汪英宾、陆梅僧、陆守伦等成立。当时本埠增刊上的封面广告,凡有要刊登的,都需要同联合广告公司商量,《申报》给联合很高的折扣。后《申报》、《新闻报》及《大公报》的第一号广告代理商都是联合广告公司。

　　另一方面,报馆还与广告代理商保持良好关系,经常招待他们到外地旅游。《申报》于 1947 年 6 月 28 日,就曾招待大的广告商游览宁波,"本年六月二十八日,本报招待本市广告代理商负责人赴宁波游览雪宝山及育王山。两山为浙东胜景,风光绝丽,留连经日,宾主尽欢而返"②。1948 年,《申报》又招待广告商游览南京③。据推测,这样的招待活动每年都有,各报大致相同,只不过名目不同。通过游玩等休闲性的活动,报馆与广告代理商既联系了感情,又增进了业务往来。

六、重视自身形象的广告宣传

　　报馆自身的信誉,也是商户刊登广告慎重考量的因素之一。商户首先愿意将广告投放在发行量大的报刊,以求商品宣传之广大效果,对那些信誉较差、在普通老百姓心目中无甚好印象的报社,弃之不理。

(一)重视广告信用

　　广告之信用,亦即"新闻纸本身之信用"④。除了追求销量,谋求广告效力外,广告主也追求公信力,客户花费高昂的广告费购买广告地位,实际上是"购买报纸对读者树立的信用"⑤。报社对广告收入应十分慎重,对具有"诈骗之性质,或文字含有伤风化之词句,则虽出重金,亦当拒而不纳"⑥,因为稍有不慎,就会"贻害读者,从而影响自己的声誉,阻碍自己的前程"⑦。

　　《生活》周刊严格挑选所刊登的广告,"略有迹近妨碍道德的广告不登,略

---

①　张秋虫.《新闻报》和《申报》的竞争.上海文化史馆、上海市人民政府参事室文史资料工作委员会.上海地方史资料(五)[M].上海:上海社会科学院出版社,1986:40.

②　本报招待:广告代理商游宁波[J].申报馆内通讯,1947(8):6.

③　涯夫.本报招待:广告商春游南京记[J].申报馆内通讯,1948(4):11~14.

④⑥　曹用先.新闻学[M].上海:商务印书馆,1933:84.

⑤⑦　詹文浒.报业经营与管理[M].台北:正中书局,1946:148.

有迹近招摇的广告不登,花柳病药的广告不登,迹近滑头医生的广告不登,有国货代用品的外国货广告不登"①。《新闻报》在广告简章中宣称:"本报收登广告,其措辞与体裁,以宗旨正当不越法律范围者为限;其有关风化及损害他人名誉,或迹近欺骗者,一概不登。"②为了避免不必要的诉讼,该报对广告的来稿进行认真审查,凡"经本馆认为必要时,得酌嘱登户觅具保证人,填立保证书"③。汪英宾在《报业管理要义》中提出,广告审核工作非常重要,"有时甚或会发生生命的危险",为了免除这种危险,近代各报最通用的方法是"要登广告人觅保"④。要求报社调查每个广告主,似乎在近代也不太可能,但至少这是一种慎重的态度,要求登广告者寻求有信用之人保证,规避不必要的纠纷。

各大报馆通过各种手段,以加重广告在读者心目中的分量。在张竹平的主持下,《申报》、《时事新报》举行"商标竞赛会",一方面鼓励商人讲求商业上之信用,也招徕广告客户。《民国日报》因得到政府的保障,对外宣布其广告"在法庭上或官厅上有特殊之效力"⑤,以争取读者信赖,招徕广告客户。

(二)重视自身形象的对外宣传

1. 自我宣传

报纸的销量,报社向来是密不宣示的,但为了争取广告客户,常以销量大来争取客户信任。1923 年左右,《新闻报》以日销 15 万份为号召。1929 年左右,《生活》周刊以日销 15 万份为号召。《申报》也以日销 15 万份为号召。1935 年,《新闻报》为了证明其"销量最大",还专门聘请一位著名会计师到报馆监印,证明那天的印数是 18 万余份,这一行为明显具有自我标榜和招徕的意义。⑥

2. 事件营销

1935 年,新闻报馆还借助第六届全国运动大会作了一次盛大的"事件营销",采用最新颖之气球广告,在气球上悬以长布,长布上写有标语"新闻报、新闻夜报销数最多"、"新闻报、新闻夜报广告效力最强"、"新闻夜报欢送各选手"。⑦ 这一事件集合了最大人群受众和媒体的注意,效果显著。《新闻报》也经常在其他报刊上做广告宣传,如刊登在《上海生活》的封底广告,"晨夕两刊,

① 穆欣.邹韬奋[M].北京:中国青年出版社,1958:136.

② 《新闻报》广告简章.戈公振.中国报学史[M].北京:三联书店,1955:221.

③ 《新闻报》广告简章.戈公振.中国报学史[M].北京:三联书店,1955:222.

④ 汪英宾.报业管理要义[J].新闻学季刊.1941(2):73~74.

⑤ 曹用先.新闻学[M].上海:商务印书馆,1933:88.

⑥ 徐铸成.报海旧闻[M].上海:上海人民出版社,1981:39.

⑦ 吴铁声、朱胜愉.广告学[M].上海:中华书局,1946:293~294.

销路最多。刊登广告,效力最大"①。1948 年,《新闻报》在《工商管理》上刊登广告说自己是"全中国舆论权威",且"销数全国第一,广告效力第一"②。《大公报》则自诩为"销遍全国 是人人的报",实行差异化定位,适逢 1948 年,将电话号码也更改为"19480",言其"言论公正,记天下的事,1948 年,定报纸,刊广告,最迅速,拨电话 19480"③,读起来朗朗上口,容易记忆。

3. 审时度势

1919 年,日本向袁世凯政权提出"二十一条",全国爆发抵制日货运动,报界联合会于 1919 年 4 月 12 日通过了《拒登日货广告案》,各报积极响应。1919 年"五四"爱国运动爆发,《申报》、《新闻报》、《时报》、《神州日报》、《时事新报》、《中华新报》、《民国日报》发出联合声明:"自五月十四日起,不收登日商广告,并日本船期汇市商情。"④各报积极配合舆论的要求,拒登日货,提倡国货。1925 年"五卅惨案"发生后,《申报》和《新闻报》又拒登英美烟公司的广告。"尽管《新闻报》是美国注册,照理不应拒登美商广告,但在爱国同仇的大前提下,宁可牺牲广告费,决不丧失中国人的立场。这一点是始终坚持的。"⑤《民国日报》自 1925 年 6 月 26 日起特辟"国货广告专栏,"免费送登三日。"五卅运动期间,《申报》或为全国发行量最大的报刊之一,是国货广告最靓丽的窗口。"媒体在民族大义面前,舍弃经济利益、拒登外商广告、积极宣传国货的这一行为,实为一场宣扬报格的"自我形象"宣传。据《申报掌故谭》记载,《申报》在"提倡国货,抵制日货的声浪,响遏云霄,确予日货以重大打击"⑥。

汪汉溪在主持《新闻报》期间,凡是有登广告,提及"申新"二报,一定会劝告来人将其更改为"新申"二报,如果对方不同意,宁可舍弃广告费。⑦ 如果广告部的人员没有发现,校对部的发现,可以代为改正。对于广告中二报的顺序,汪汉溪非常重视,这一问题不能那么随便——卢前王后不言让。因为《新闻报》历史较《申报》晚,但他雄心勃勃,要把《新闻报》办成超过《申报》的报纸,果然在销量方面,如愿以偿,后来居上。《申报》上的广告,则必称"申新二报",二者的这一壁垒在 1927 年史量才收购《新闻报》股权之前,尤为鲜明。汪

---

① 上海生活,1938(1)封底广告.

②③ 工商管理,1948(1)夹页广告.

④ 头版头条[N],新闻报.1919-5-15.

⑤ 汪仲韦、徐耻痕.又竞争又联合的"新"、"申"两报[J].新闻与传播研究,1982(5).

⑥ 申报掌故谈:二十一、无敌牌牙粉[J].申报馆内通讯,1948(2):17.

⑦ 这一史实的提及有两处,一为:张秋虫.《新闻报》和《申报》的竞争.上海文化史馆、上海市人民政府参事室文史资料工作委员会.上海地方史资料五[M].上海:上海社会科学院出版社,1986:36～45;一为:《新闻报》的"财源"——广告费.郑逸梅.书报话旧[M].北京:学林出版社,1984:214～216.

仲韦(汪汉溪的儿子)和徐耻痕(《新闻报》高层)回忆,1927年以后仍然坚持用"新申"两报。同时《新闻报》作为一份"柜台报",非常重视"卖相"。报馆内部有几句口号:新闻快速,纸张洁白,校对精良,编排项目。将"纸张洁白"与"新闻快速"相提并论,汪汉溪自有他的道理,他认为:"一个人首先要注意卖相,纸张洁白,好比一个人穿上漂亮的衣服,令人一见面就发生美感好感,所谓三分人才,七分打扮,它的重要性不减于内容,甚至超过内容。"①

以上种种原因使《新闻报》的广告费由"己亥(1899年)收费岁仅万元"至1922年左右"岁入刊费几及百万元"②。《申报》1934年营业额达200万元,广告收入达150万元之多。当然,以营利为目的,广告选登方面自然不甚严格,一些有识之士也慨言称:"专为营利的申新诸报,应该多注重社会福利,对不良广告,应自动地加以限制,务期一方面不违背营利的原则,他方面成新闻事业的神圣使命。"③

近代报刊有几千份,这里不能一一分析,只能选取最有代表性的《申报》、《新闻报》,略总结其经营上的观点和方法。《申报》、《新闻报》在广告经营中既有合作,又有竞争。不论是报馆的组织设备,或是广告的招徕、发行的促进,又或是广告的编排印刷和服务,都互相赶超,走在同时代报刊的前列,为其他报刊的广告经营提供了示范和榜样。其他报刊的主事者或多或少都与二报有着千丝万缕的关系,如《生活周刊》之邹韬奋、《时事新报》之张竹平、《时报》之戈公振等,都曾任职于二报。抗战时期,尤其是日寇、国民党接管上海统治时期,二报的言论都或多或少有不光彩的一面。二者企业化的广告经营观念,也为抗战时期的进步报刊如《解放日报》、《新华日报》等的广告经营积累了经验,党报非常重视广告的刊登,设置广告科招徕和制作广告,积极为刊户服务。如《解放日报》创刊的第二天(1941年5月17日),就刊登了有关广告的启事:"本报为应各界需要,决定于报头两边及第二版最后半栏刊登广告,并将广告价目附后。凡预刊登者,请事先将广告及应付之广告费一同送交本报广告科。"④这一主动刊登广告、促进报刊经营发展的理念和积极为民族工商业、文化事业之发展做商业宣传的使命感,在物资匮乏、纸张暴涨的战争年代,显得弥足珍贵。

---

①　《新闻报》的"财源"——广告费.郑逸梅.书报话旧[M].北京:学林出版社,1984:214~216.

②　新闻报三十年之事实[A].新闻报三十年纪念文[C].上海:新闻报馆,1922:历史栏2~3.

③　毛树清.报社组织的检讨[J].新闻学季刊,1939(1):42.

④　解放日报,1941-5-17.

第三节 近代广告公司的经营观

随着近代广告事业的发展,社会上亦出现了介于企业广告部和媒体广告科之间,集合各种广告人才,代理各种广告业务的广告社或广告公司。1909年,王梓廉君本着提倡广告、促进工商的目的创办了"维罗广告社",经过长期努力,渐引起社会的注意,继起者如雨后春笋,树立了广告业的旗帜。

一、近代广告公司(社)的发展概况

近代报刊在中国出现后,就有了广告代理一说,出现专门代理报馆广告业务的"捐客"。随着业务的发展,这些捐客或自立门户,成立"广告社",或另辟专门的广告业务,统领一方。二三十年代,近代广告公司(社)数量激增,在服务客户方面,不仅仅局限于媒体代理,开始调查市场、编制图文等,为客户提供更全面、更专业的服务。抗战爆发后,广告公司的业务跌入低谷。

(一)清末民初广告代理业的发展

报刊出现后,媒体才有"经营"广告的观念。报刊为商人提供了"一纸风行,天下胫走"的媒介,这种媒介独立于商人的店铺之外,比传统的市招范围更广,效果更好。报馆中有专门刊登广告服务的"卖报人",《申报》初创时的《本馆条例》即言:"苏杭等处地方有欲刻告白者,即向该卖报店司事人说明某街坊、某生理,并须作速寄来该价,另加一半为卖报人饭赏。"①这里的"卖报人"就成了最早代理报馆广告业务的"广告人","饭赏"即最初的"代理费"。清末报馆出现了专门为报馆招徕广告、从给付的广告费中收取佣金的"捐客",如为《申报》招揽广告的郑端甫、严锡圭、管荣甫、林之华、田庆甫。

随着业务的发展,"捐客"除代理报刊广告外,还兼营其他,改称为广告社,如郑端甫、郑耀南父子的"耀南广告社"。夏馥生创办的好华广告社,因开设在《新闻报》报馆旁边,占有地利优势。王梓濂创办捷登广告社,最初经办油漆广告,后业务大展,声名颇著,改称为"维罗广告公司"。还有专门代理英美烟草公司油漆路牌业务的"闵泰油漆广告社"、胡锄金创办的"胡罗广告公司"等。此外,专门承印香烟广告招贴及戏院海报的"中华广告社",专代工商界绘画的

---

① 申报,1872-4-30.

"联辉广告画社",王尊我创办的"活动橱窗布置广告",孙雪泥创办的专门为工商界设计招贴印刷的"生生美术公司",都是广告公司。除了上海这一广告重镇外,北京、天津、武汉、重庆等广告业发达的地方亦有广告社出现,如天津的"华阳"、"五洲"、"北洋"、"大陆",北京的"杨本贤",武汉屠子青创办的"兄弟广告公司",重庆蒲丁佚创办的"西南广告公司"。

报刊广告是这一时期广告代理业的主要业务,经营《申报》的张竹平在申报馆的阁楼上自办"联合广告顾问社",邹韬奋也曾在那里担任过英文广告员,接替他的是徐百益。《新闻报》的广告代理商是"中西广告公司",创办人是程士良,经办过根泰厂和合调味粉、新世界游艺场、正广和汽水、怡昌洋行的旁氏白玉霜广告等。商务印书馆是我国近代出版业和国民教育的重镇,在广告经营方面也走在前头。最迟在1918年,商务印书馆就已创建"上海中国商务广告公司",主要业务是为出版的期刊招揽广告,也经营报纸广告。商务印书馆有许多名人录和杂志订户、图书预约、邮递定户的姓名卡,商务广告公司为之代办邮寄广告业务,还独家代理津浦、京汉两大铁路广告,培养出一批知名的广告画家,为中国广告人才的培养做出重要贡献。1932年,商务广告公司并入联合广告公司①。商界直接交付报馆刊登广告,手续非常繁琐,费用亦不省,而这些广告代理商们因与报馆的关系,获得较高的折扣,因此商界人士大都愿意交给他们代理。

外商也纷纷来华创办广告社,为在华的洋商服务。意大利人贝美(Brumo Perme)于1915年创办贝美广告社,规模不大,最初只有一个办公室,承揽洋货户外广告。1918年,美商克劳广告社由前中美通信社长克劳(Carl Crow)创设,主要代理美商在中国的广告业务,在各地租有大的油漆广告地位,备有广告牌,可代客粘贴广告招贴,同时经办上海各大日报以及外埠报纸广告。美商克劳广告社"曾聘用著名画家叶浅予、胡忠彪等"②。1921年,英国人美灵登创办美灵登广告公司(Millington Ltd),专营路牌、报纸广告、电车、公共汽车广告,还承包了上海电话公司的电话簿广告,"雇用大批业务员,开支庞大"③。刘鸿生还是他们公司的董事。

法兴印书馆(Oriental Press)原有广告部,于1921年独立,成立"法兴广告公司",专门经营路牌广告,替外商在华服务,租有广告场地和路牌,承办广告绘画、书写、印刷、制版等,还备有"广告船,专游行于内地"④,聘柯联辉负责画稿。至1934年,该社有工人100多人,经办名人牌香烟、红屋牌香烟、勒吐精代乳粉等广告。外商广告公司还有"爱克美广告公司"、承办邮递广告业务

---

① ② ③ 　徐百益.中国广告行业的发源[J].现代广告,1997(1).

④ 　蒋裕泉.实用广告学[M].上海:商务印书馆,1925:4.

的"捷运广告社",规模都很小。

这时期的广告公司,规模都很小,属于"版面代理"性质,不能提供全方位的广告服务,"往往有一二个人,可以经手登载广告或代贴招纸,就自称为广告公司,其实只是掮客性质,并不能予广告者以有价值的服务"[1]。

(二)二三十年代广告公司的发展

"民国十五年后是广告界的发展时期"[2],1926年,林振彬脱离商务广告公司,与李道南君等创办华商广告公司,初时客户很少,至1936年,拥有国内外近97家客户。该公司以"代理商"命名,以"服务与进步"为经营理念。林振彬亲自设计了一则广告解释这一理念:"当我们创设的时候,人们对广告公司的服务并不完全了解。当时广告的掮客很多,他们依靠回扣为收入。受过训练的撰稿和绘画人员不容易找到,人们的广告意识也不及现在。面对偏见和困难,我们决心根据对市场和消费者的了解提供服务,以及怎样使他们停下来看广告从而伸手到口袋里拿出得来不易的钱去换取商品。这种理解使我们的服务有价值。"该广告说:"我们10年来每年增加客户,而使他们满意。开创不久我们有5个客户,为18种商品撰写了文稿,现在我们有97个客户,为181种产品准备了文稿。"[3]这是近代第一个明确提出"经营理念"的广告公司,根据对市场和消费者的调查了解,为客户提供满意的服务,这一理念的提出与林振彬留学美国有很大关系,他将美国的理念带入中国。其公司的客户以外商居多,图画部画家人数虽不及联合,但水平很高,如庞亦鹏、蒋东籁等,庞亦鹏的黑白画人物,线条流畅,黑白处理非常独特,颇为人称道。

1930年,在张竹平的主持下,联合广告公司以"广告托拉斯"[4]的姿态成立。这一广告公司,集合了姚君伟之"一大"、"商业"广告社,郑耀南之"耀南广告社",陆梅僧之"大华广告社",张竹平之"联合广告顾问社",这些广告社都有固定的客户资源且小有规模,成立联合公司后,声势更加浩大。在组织方面,张竹平担任董事长。张竹平担任《申报》经理多年,1929年脱离并创办《时事新报》,后创办《大晚报》,拥有非常优越的媒体资源。联合广告公司由郑耀南担任总经理,总揽大局,郑耀南还是1927年成立的"中华广告公会"的会长。郑耀南早先服务于《申报》和《新闻报》,其父亲郑端甫曾为《申报》招徕广告,因服务诚恳,得到报社信任,成立耀南广告社,经手的客户很多。他经手的《新闻

---

①　陆梅僧.广告[M].上海:商务印书馆,1940:184.

②　如来生.中国广告事业史[M].上海:新文化社,1948:13.

③　华商.中国广告之父[J].现代广告,1997(2).

④　平襟亚、陈子谦.上海广告史话,见上海文化史馆、上海市人民政府参事室文史资料工作委员会.上海地方史资料(三)[M].上海:上海社会科学院出版社,1984:138.

报》广告，"约占该报全部广告的百分之二十"①。姚君伟担任公司协理，他会讲广东话，且与南洋兄弟烟草公司负责广告业务的路锡三是亲戚，因此广东帮的客户就由他出面，因早期的广告业务多由面子、交情招徕。姚君伟后又承办大新百货公司、华商新华行等广告，经营路牌广告等。陆梅僧担任经理，主持外商部，他曾留学美国，专攻广告，回国后创办"大华广告社"，后进入联合广告顾问社，担任经理，1930 年并入"联合"。先进的美国式广告理念和与外商打交道的经验，为公司揽得不少生意。

联合公司聘请愈蕙东担任营业部主任，愈蕙东曾供职于英商第威德制药公司，"能说会道且有一股钻劲"②。愈蕙东到职后，以美商大美烟公司为着眼点，锲而不舍，美商大美烟公司明确拒绝他，但他仍设法接到华盛顿香烟的大幅广告，又招得中国肥皂公司委印的力士香皂等其他外商的广告。联合公司还聘请曾在英美烟公司任职的王鹧担任主任，他擅长画月份牌，在荷兰等地颇负盛名。

联合广告公司是二三十年代营业额最大的广告公司，"颇受工商界的尊敬和信赖"③。它一改当时一二人经营的广告社，成立有规模有系统的股份有限公司，为广告业的发展"树立伟大的企图，是值得称颂的"④。联合公司还能为客户提供较为全面的广告服务，在沪有 200 余家客户委托他们代理广告业务，调查市场、测验顾客心理、编制图文、选择广告媒介，为客户提供更全面、更专业的服务。

"华商"和"联合"，美商的"克劳"和英商"美灵登"，是当时上海广告业中的四大广告公司。"克劳"和"美灵登"遭遇到联合和华商的激烈竞争，英美商人转而委托"华商"和联合公司。因为客户认为"在中国投广告，应委托中国人办的广告公司承办比较合理"⑤。当时瑞士的华福麦乳精广告就由"美灵登"转而委托"联合"。"克劳"和"美灵登"转而经营户外广告、公共汽车、电车广告和印刷制版业务。

这一时期异军突起的还有王万荣的"荣昌祥广告社"，开始只是代漆路牌，到 1927 年，美灵登广告公司及陈泰兴广告社都将路牌广告委托给荣昌祥。到后来，上海的马路及沪宁、沪杭两路沿线的所有路牌广告几乎由"荣昌祥"包办，设在天津的分公司垄断津门的路牌广告。这一时期，因其与"联合"合作，给予对方很好的印象，"联合"遂投资五万元入股，王万荣以"木料、铅皮、生财等作股五万元"⑥合组为"荣昌祥股份有限公司"。由于财力雄

①②⑤　徐百益.联合广告：四家合办的广告公司[J].现代广告，1997(3).

③④　如来生.中国广告事业史[M].上海：新文化社，1948：13.

⑥　徐百益.广告大王王万荣.于谷.上海百年名厂老店[M].上海：上海文化出版社，1987：326～327.

厚,公司业务发展很快。1935年左右,该广告社把上海的克劳、贝美等外商的路牌广告位一一收购,规模逐渐扩大,广告遍布全国各主要铁路沿线的民墙、月台。该广告社十分注意宣传,每个广告牌上都附有公司名号字样的小牌,成为驰誉全国的专营路牌广告公司。"新新广告公司"、"大陆广告公司"、"源源广告社"等也经营路牌广告,这些公司业务单一,以"油漆路牌"为主要业务,遍布穷乡僻壤。

自从有了无线电广播之后,广告界出现专营"播音广告"者,金康候设立"上海播音广告公司",因与电台主持人关系很好,且在工商界口碑不错,生意兴隆。

1934年成立的中华广告有限公司,是一家以明星为招牌的广告公司。这家公司由王晓籁、虞洽卿、唐海安、胡蝶、周剑霄、陈小蝶、韦凌云、潘有声、蒋东籁九人创办,因胡蝶在当时"已经是一个很好的广告"①,成为商标。由胡蝶出面拉广告,"有谁能够硬着心肠拒绝她。这样生意方面是不成问题"。胡蝶的爱人潘有声是个生意人,熟知生意上的门槛。蒋东籁原服务于"华商",他的设计才华又可以为公司出力。

二三十年代,北京的广告社较为粗糙,人数较少,一般只有一间房子,前面是"营业室",后边是广告作坊。主要业务为报社、电台代理广告,印刷、张贴、散发广告标语传单,兼营汽车车载广告和街头巷尾的路牌广告、游行广告。这些广告社都是一些名不经传的广告商和三流的美工,较有影响的有特灵美术、三星、平津三家,杨本贤广告公司、赵松岩广告社也较为知名。杨本贤广告社创办于1921年,是北京最早由国人创办的广告社。该社主要为在京报纸招揽广告,各报以一至三成作为酬金。30年代,该社还兼营电台和影院广告。据《最新北平指南》介绍,这些广告社"率皆附售各种药品、书籍杂志,更有兼售雪花膏及代冲相片者"②,想是以其为副业,增加收入。据统计,当时北京的广告社有12家,分别是杨本贤广告社、新中国广告部、平津广告部、赵松岩广告部、三友广告部、姚子扬广告社、张益三广告社、徐绍庭广告社、李宝丰广告社、黄新汉广告社、三星广告社、新星广告社。

天津最早的广告社,是李散人于1920年创办的新中国广告社。李散人曾经担任天津《新民意报》广告部主任,非常熟悉广告业务,后将业务拓展至天津的两大报——《大公报》和《益世报》,承包了两报的广告业务,随后成立专门的广告社,几乎垄断天津报纸的广告业务。③ 中外广告社、天津北洋广告社、大

①　史乃文.胡蝶组织广告公司潘有声拉扰最出力女星招牌胜利可期[J].电声(上海),1934(16):304.

②　田蕴瑾.最新北平指南[M].北京:自强书局,1935:6.

③　刘嘉燮.回忆《新民意报》.中国人民政治协商会议天津市委员会文史资料研究委员会.天津文史资料选辑第33辑[M].天津:天津人民出版社,1985:47.

陆广告社、宝和广告社也较为知名。

重庆地区,30年代又有本地人唐绍武开办的"亚东亚广告公司",继起者有"东方"、"新光"、"西方"、"重庆"等广告社,但每家不过三两人,资金少,设备简陋,只有几架扶梯,主要承办墙壁广告。到抗日战争时期,广告社发展到20多家,规模仍然很小,有的靠熟人多,拉关系以争取业务。"白宫广告社"开始用照相技术制造幻灯片,质量较好,承包了全市的幻灯广告。"环球广告社"利用汽车的车身和车顶做广告,生意非常兴隆。[1]

1925年,长沙马嗣良等人创办"新湘广告公司",官府与商民的告白广告均由其承办。他们创设出一种木牌广告,申请专利由官府保护,别人不得仿作,这一创新之法在当时还属罕见。[2]

1935年,《报学季刊》刊登了一篇全国广告业进行调查的报告,反映了当时广告行业发展的概貌。

表 3-1　1935 年左右全国广告业调查

(一)华商

公司名称	负责人	创办年月	代理广告种类	代理报社名称	营业总额	公司地址
华商广告公司	林振彬	1926年7月	全国中外报章、杂志及路牌、招贴等	全国中外报章、杂志三百余家	全年约六十万	上海香港路四〇号
维罗广告公司	王梓濂	1909年	国内各种报章杂志及路牌、戏幕、电气等广告	国内外各报馆各杂志社	全年七十余万	上海山东路二九〇号
大陆广告公司	刘镜川	1916年	全国大小报纸、杂志、路牌、火车、轮船等广告	全国各报馆	每月约十万	上海山东路二〇五号
亚西亚广告公司	崔泉声	1931年2月	各种报纸、杂志、路牌、戏幕、电车汽车等广告	各地报社杂志社	全年二十余万	上海汉口路四五七号
中国广告社	钱潘川	1916年	同上			上海汉口路二六三号
交通广告公司	虞顺懋	1930年7月	独家经理平汉、陇海两路广告,承办上海华商公共汽车广告	全国各报社	全年约五十万	上海靶子路五七弄四号

① 重庆广告业话旧[J].中国广告,1984(1).
② 杂纂:长沙创设广告公司[J].中外经济周刊,1925(106):38.

续表

公司名称	负责人	创办年月	代理广告种类	代理报社名称	营业总额	公司地址
中华广告公司	蒋东籁	1935年4月	日报杂志油漆路牌等广告	全国各大报各杂志	全年约二十万	上海圆明园路一三三号
诚信广告服务社	戴欲仁	1929年1月	各种广告		全年约三万	上海北京路二六六号
元昌广告公司	张元贤	1928年元旦	无线电播音广告等	全沪电台暨各种刊物	约四万余元	上海西门路菜市路三让坊七号
共发广告公司	林慕娄		各种广告			上海靶子路三六一号
南洋广告公司	黄春荪					上海福州路二六九弄六号
联合广告公司	郑耀南		各种广告			上海山东路二五五号
联挥画社	柯联挥					上海四川路六八一号
大鹏广告社	程建甫					上海河南路二〇八号
电影服务社	杨敏时					上海博物院路一二八号
远东商场广告公司	朱守之		各种广告及印刷			上海汉口路四四号
大来华行	丁佛影		各种广告			上海北京路三七八号
国华广告印刷社	孙道胜					上海山东路二〇五号
摩登美术广告公司	於金荣		各种广告			上海圆明园路一三三号
濒源广告公司	姜介仁					上海四川路六八一号
天龙广告社	梁指南	1928年7月	全权经理粤汉、广三、广九铁路及各报纸等广告	港粤各大报		广州太平路西濠口
长城美术公司	黄海秋					广州太生路一〇〇号

续表

公司名称	负责人	创办年月	代理广告种类	代理报社名称	营业总额	公司地址
国民美术广告公司						广州太平路四十一号
中央广告公司	庄茂如	1935年5月1日	报纸、电影、路牌无线电等广告		约五万元	南京户部街六十二号
宝和美术广告公司	梁宝和					天津以而近路三一四号
北洋广告公司	胡稼秋	1924年8月	日报、杂志、路牌、电影院、无线电广播广告	平津京沪等处各大报社	约十五万元	天津法租界四号路一一四号
商业服务社	王镂冰		各种报纸广告			天津法租界

(二)外商

公司名称	负责人	公司地址
Carl Crow. Ins.（美商）	Crow. Carl.	上海仁记路八十一号
Perm s. Bruno	Perms. Bruno	上海外滩二十四号
Millington. Ltd.（英商）	Harrm. E. F.	上海四川路六六八号
Acme Advertising Agency	Crn. wshs w. S. B.	上海博物院路一三一号
Asia Decorating and Advertising Co.	Ezra，N. E. B.	上海四川路三三〇号
Continental Advertisers（俄商）	Podpakh. Ceonti P.	上海福州路八十九号
Associated Advertisers. Federal Lnc.，U. S. A.	Thompson，Fesse	上海南京路五十号
Chisolm and Keifer（美商）	Chisolm. Donald.	上海北京路八十三号
Direct Mail Advertising Agency（葡商）	Bames. Adolpho	上海靶子路二七七号
Ross Advertising Agency	Ross. Colin G.	上海
Hampson C. W.（英商）	Hampton，C. W.	上海中央路十号
Holodovich，N. U.	Hclodovich，N. C.	上海四川路二百、十五号
Mutual Advertisers Ltd.（英商）	Mr. W. Martin	上海四川路三百廿一号
Tarmka，M.（日商）	田中宝	上海吴淞路五十四号
Advertising and Publicity Bureau. Ltd.（英商）	Church. C. J.	香港

续表

公司名称	负责人	公司地址
Millington Limited	Millington, F. C.	香港皇后路五号
Roxor Advertising experts	Charles, R. H.	香港
Victoria. Printing Prers	Robert, A. H.	香港
Millinton Limited	Brosier-Creagh Major E.	广州
Tsingtao Advertising and Publiciety Co.（法商）	Yourieff, W. G.	青岛
Great Northern Publiciety Co.	Silva, H. M.	天津维多利亚路一七三号
North China Advertising Co.	J. Twyford and Co.	天津
Uocal Advertising Bureau（英商）	Cameron and Co.	北平
Simpoan's Agency	Simpson, E. L.	哈尔滨

资料来源:全国广告业调查[J].报学季刊,1935(4):121～123.

可知,二三十年代的广告公司发展非常迅速,除以上海为中心外,遍布广州、南京、天津、青岛、香港、北平、哈尔滨等重要城市,外商除英商、美商外,还有葡商、日商、俄商和法商。这一调查结果,一方面见证了二三十年代国内工商业发展迅速,经济发展出现小的高潮,同时也印证了"三十年代是中国当代广告的极其活跃时期"[①]的论断。这一时期广告公司的业务已由单一走向多元化经营,服务的内容逐渐拓展到调查市场、研究顾客心理、编制图文、帮助顾客选择媒介等。随着新媒介的出现,这一时期还出现新型的播音广告公司、活动橱窗广告公司,标志着广告代理制在近代已全面开花,蓬勃发展。

(三)抗战时期及战争结束后广告公司的发展

抗战时期是"广告事业的衰落时期"[②],1937年"八一三"抗战时期,战火频繁,因洋商回国,广告客户减少,人民因战争的影响也不敢花钱,致使购买力低下。广告公司解散职工,画家也纷纷转业。四大广告公司受战争影响颇大。联合广告公司,所有职工一律半薪。张竹平转而经营商业,许多职员离职。1941年,徐百益、愈蕙东独自创办惠益广告社,后愈离去,改名为"益丰广告社"。华商广告公司因洋商回国,营业非常清淡,一部分职员另办银都广告社,专营影院银幕广告;一部分人另办广艺广告公司。克劳广告公司,因克劳回

---

① 陆幸生.销往中国——记中国广告界元老徐百益[J].百花洲,1992(6):131.
② 如来生.中国广告事业史[M].上海:新文化社,1948:19.

国,业务由胡忠彪代理。美灵登托姜玉书代理。维罗广告公司,因王梓濂君去世,人事发生重大变化,从此"客户星散"①。离职的胡谭明及同事创办企新广告公司,经营勤恳,忠诚服务,战争结束后,规模日益扩大。报纸纸价飞涨,广告篇幅受限,银幕广告在这一时期达到"饱和点","电台减少,收音机受限制,于是路牌油漆广告又呈灿烂的景象"②。经营路牌广告的荣昌祥广告公司扶摇直上,至1949年,成为上海广告界数一数二的大公司,被誉为"广告大王"。经营路牌广告的还有"中央、仲发、康泰、国际、新新、交通、中南、鸿昌、华生泰、波士登等广告公司(社)"③,这些公司的业务较少,拥有的路牌数量极其有限,多则几十块,少则一二块。"华生泰"专门替客户张贴海报和招贴广告的,是个独行生意。

抗战胜利后,社会政局得以稳定,各地报纸纷纷复刊,报刊广告重新成为工商界和广告公司的主要业务,广告公司也增加不少。1946年,上海广告业同业公会改名为"上海市广告商业同业公会",分报纸组、路牌组和其他。其中,取得《申报》《新闻报》代理商牌号的就有28家广告公司,可见当时的广告经营仍然停留在"代理制"阶段,计有大明、大东、大陆、大新、大声、ABC、公益、中国、永安、世界、企新、克劳、柏高、高风、亚西亚、国华、华美、普益、鼎盛、维新、维罗、联合、联华、工商、新声、联营、华新、美灵登等28家。路牌广告仍属"荣昌祥"最为发达,由京沪、沪杭两路扩展到"津浦、平津、江南、平绥、浙赣路"④。上海、北京、杭州、南京、无锡、苏州都成立办事处,到处都可以看到荣昌祥的油漆牌子。

抗战胜利后,重庆的广告行业,虽有几十家,但较稳定的只有20家左右,能维持到解放的,只有"唯一"和"现代"两家。1944年,祝纪和与人合办"协美广告社",与重庆轮渡公司签订合约,承包轮渡广告,在船舱内钉制木框,镶上玻璃,张贴彩色绘制的广告,图文并茂,因往返市区和南岸的市民终日不断,有一定的效果,"五洲大药房、华福烟厂等是轮渡广告的长期刊户"⑤。

这一时期的广告事业,从抗战胜利到新中国成立,由于民族资本遇到种种困难,加上国民党政府的巧取豪夺,发行金圆券,币制贬值,据徐百益回忆,"广告事业的总的趋势是走下坡路的"⑥。联合走下坡路,华商也转向经营电影院银幕广告。联华转向出版业,新新广告社转向油漆。一些广告社为了维持生存,家店不分。

———————————

①　如来生.中国广告事业史[M].上海:新文化社,1948:19.

②　如来生.中国广告事业史[M].上海:新文化社,1948:21.

③⑥　徐百益.实用广告学[M].上海:上海翻译出版公司,1986:61.

④　如来生.中国广告事业史[M].上海:新文化社,1948:23.

⑤　对《重庆广告业话旧》一文的补充[J].中国广告,1985(1).

二、近代广告公司的经营观

近代广告公司（社）由无到有，由单一的版面代理到代客设计、市场调查等全方面服务，业务范围也由单一的报刊广告扩大至路牌、公共车辆、银幕广告、活动橱窗、播音电台等，范围愈发广泛，规模也由单一走向多元，还出现专门的明星广告公司，甚至出现广告公司的同业组织。这些广告公司，有的历经战争的冲击走下坡路，已渐消失，有的则顽强经营，成为建国后数一数二的大公司，为新中国广告事业的发展奠定了良好基础。

（一）重视人才

"凡百事业之兴替，人才最关重要。中国广告事业之有今日发达之形态，亦即人才增进之明显表示。盖自中国工商界确认广告为时代所必需之后，一切图案设计画，遂渐渐趋于专门化。凡从事广告事业者，咸知非有特殊学识经验，决难胜任奏效。于是研究者日众，分门别类，各专一长。人才方面渐臻美备，观乎各大厂商之新闻广告部分与各地之增设代理机关，皆有专才职司其事，足证人才方面之迈进"①，这是孙作民在"华商广告公司"成立十周年上的发言。他认为中国广告事业的发展，与各类的专门"人才"密不可分。

"华商"的林振彬、"联合"的陆梅僧等都从国外留学回来，将美国的广告理念带入中国，"主要表现在重视广告撰稿人员和广告画家"②。"克劳"有特伟、胡忠彪、周开甲等人；"美灵登"有专门的广告撰稿员韦应时，绘画委托当时在沪的俄国人设计。"华商"的广告设计人员很多，有庞亦鹏、蒋东籁、孙作民等，1936年，庞亦鹏还被提拔为华商设计部长。"联合"有专门的图画部，聘请曾在英美烟公司任职的王鹗担任主任，参照英美烟公司的方法罗致人才，开始时只有五六人，各司其职，有擅长擦壁画的，有擅长黑白画的，后又聘请到留美回国的陈康俭为画师，发展到1941年，图画部有15人，有专职的撰写文案人员两名。丁浩、张雪父、陆禧逵、叶心佛等都曾是联合的骨干画家，还有漫画家方成，他们各有专长，各有分工，互相配合，相得益彰。公司还给优秀人才以优厚的酬劳，如王鹗的薪酬，每月240元，等于普通工资的8倍③，年底还有分红。这充分证明了广告公司重视人才的经营观，无怪乎"联合"的经理陆梅僧说：

---

① 孙作良.中国日报广告以外之广告事业.陈冷等.近十年中国之广告事业［M］.上海：华商广告公司，1936：18.

② 徐百益.实用广告学［M］.上海：上海翻译出版公司，1986：55.

③ 徐百益.联合广告：四家合办的广告公司［J］.现代广告，1997（3）.

"广告代理商,既是一种服务机关,首要的资产,就是人才。"①

荣昌祥广告公司的王万荣"很善于用人。凡是油漆好手,他都尽力罗致",因此公司"拥有一批绘制路牌的高手,像赵锡奎、费梦麟等"②。赵锡奎被誉为"描绘面容圣手"③,他描绘的形象惟妙惟肖,许多电影明星的预告片广告都要请他漆制,许多广告画像"都成了美国特派记者们猎取的镜头"④。各广告公司还注意培养人才,经常刊出"招生"广告,为企业招募后备人才。1930 年,国民商业广告公司在《新闻报》上刊登"美术部招生"广告:"本公司开办以来,经有数年,今因扩充营业,美术部特招练习生二十名,凡对于练习生之各科教导,本部当负完全之责任,趋于成才,使以能谋身而自立。"⑤因为,"广告商出卖的是服务,不是实质的货品,所以广告事业要发展,必须要人和,广告事业要发达,必须造就人才"⑥。

(二)公关媒体,利益双收

广告代理商,归根到底即"周旋于广告媒介物与广告者二者之间的一种服务机关"⑦。在争夺客户资源的同时,广告公司首先要与媒体保持敦厚的交情,"因大都会之所谓广告家,不过为数家报馆,兜揽报纸广告而已。即于所兜之广告,亦不过作一中间之传递人而已"⑧,与媒体往来频繁,交情自亦敦厚,"有时候,可以得到较廉的代价"⑨。客户之所以选择找广告公司代理广告,在于"广告公司经手的广告,有时反较报馆特派的人经手便宜"⑩。张竹平先前经营"联合广告顾问社",1930 年后主持"联合广告公司",拥有得天独厚的媒体资源,《申报》《新闻报》《时事新报》《大晚报》《大公报》等,"联合"都是一号代理商。据徐百益回忆,"申"、"新"二报给予"联合"的折扣超过其他公司20%,在收益上比别家就多了一成。另一方面,与媒体关系密切,还可以承包并开辟广告地位,享受专利。"联合"承包了"申新"二报的《本埠增刊》和《本埠附刊》的封面地位,《申报》图画增刊的广告地位,享有优厚的折扣,其他广告同

　　①　陆梅僧.广告[M].上海:商务印书馆,1940:187.

　　②　百益.广告大王王万荣.于谷.上海百年名厂老店[M].上海:上海文化出版社,1987:326～327.

　　③　如来生.中国广告事业史[M].上海:新文化社,1948:21.

　　④　高树.我所认识的赵锡奎[J].中国广告,1981(2):52.

　　⑤　新闻报,1930-2-15.

　　⑥　如来生.中国广告事业史[M].上海:新文化社,1948:19.

　　⑦⑨　陆梅僧.广告[M].上海:商务印书馆,1940:182.

　　⑧　蒋介民.工商业与广告谭[A].王潆如.新闻学集[C].西安:天津大公报西安分馆,1931:208～210.

　　⑩　广告屁股[J].上海常识,1928(52):6 版.

业要刊登,要和"联合"商量、登记,因此"联合"在同业竞争中享有独一无二的媒体资源。另外,"联合"的经理郑耀南还曾向"申"、"新"二报建议,在提要旁开辟出一小块地位,刊登广告,这一地位当然又被"联合"揽得。

华商广告公司是"几大影院的广告专利者,同行要登那几家银幕广告得向他公司去商量"①。旧上海的路牌广告,也都由广告公司签订长期合同承包,同行要登也要向其租来。

华商广告公司的林振彬除了注意与客户保持联系,经常拜访他们外,还与报界、政界的人来往密切。在十周年庆典上,他邀请《申报》主笔陈景韩(冷)、《大公报》胡政之、《庸报》主持董显光、上海外贸局局长 P. W. Kuo 等到场赴宴并题写颂文。胡政之题写颂文说:

> 广告事业,向来系由外商专办,华人虽有从事活动者多不为中外所注意,林振彬先生与其同志独能于十年以前创设华商广告公司,以国人自办之新事业,与外人争其短长,为中国新闻企业界增加一支生力军,这不能不说是时代的异彩……②

法兴广告公司经营户外广告,因与"三山堂"关系较好,"三山堂拥有不少房产,就为法兴提供了地位"③。可见,"人情"在经营中仍占有很大比重。

"面子和交情"是旧中国广告公司"做广告的唯一法宝"④,广告公司与媒体保持各方面的关系,就与争取客户一般,在经营中非常重要,许多广告公司还设立专门的媒介部,与媒体保持密切联系。

(三)拓展广告新形式

近代广告经营,除规模大的公司拥有媒体资源外,"一般广告公司,往往想办法,搞出新的形式,以招徕顾客,并取得利润"⑤。1930 年,上海集美广告社在沪宁、沪杭甬二三等客车内张挂镜框广告,受到顾客欢迎。交通广告公司在上海各车站的大钟两旁悬挂两条对联式的镜框广告,上联是美丽牌,下联是金鼠牌香烟,为华成烟做广告。1932 年,交通广告公司又在南京的各大繁华地段和重要地点树立标准钟等数十只,钟身四面的铁架子上镶嵌大玻璃、油漆广告,晚上用电灯照明,这一"电钟"广告成为近代重要的户外广告之一。荣昌祥广告公司的经理王万荣,善于配合客户的需要精心设计,将电影《夜半钟声》的

---

① 洛神.上海广告公司的内幕[J].一周间,1946(8):12.

② 胡政之.祝华商广告公司创业十周年.陈冷等.近十年中国之广告事业[M].上海:华商广告公司,1936:12.

③ 徐百益.户外广告,引人"驻"目[J].现代广告,1996(5).

④ 洛神.上海广告公司的内幕[J].一周间,1946(8):12.

⑤ 徐百益.实用广告学[M].上海:上海翻译出版公司,1986:54.

路牌装置成舞台式,五和织造厂的商标设计"鹅",在原静安寺路的草坪上用水泥塑成五只不同姿态的白鹅,直到现在还被人回忆称是比较生动的广告形式。又如家庭工业社的"蝶霜"路牌,尺幅不大,但立体的"蝶霜"两字上覆以金箔,蝴蝶须装上弹簧,临风颤动,栩栩如生,可以说是以小胜大,以精取胜。① 家庭工业社还为《大公报》在新世界屋顶设计了"电灯走字"广告。王尊我②创办的"活动橱窗布置广告",在当时"只此一家,别无分出"③。他为冠生园设计的中秋月饼橱窗广告"莺莺拜月",莺莺小姐对月焚香,立在假山后头的张生不时探头,惟妙惟肖,别开生面,"使橱窗广告又一次形成飞跃"④。法兴还曾经创新用"广告船,专游行于内地"⑤,借此做广告上之宣传,劝诱百姓购买。

1933 年,徐百益在联合工作期间,借鉴国外的促销经验,在商品的包装物里附上赠券。购买的商品越多,获得赠券越多,积累到一定程度,还可以兑换奖品。徐百益还将其理论化,精心设计成小册子,阐述这一理论和图标说明,主题是"维持原有主顾,拓展未来业务",这一营销手段至今仍普遍采用。

(四)拉广告"头钻"、"手长"、"脚快""、皮厚"

广告公司竞争非常激烈。联合广告公司承包了《申报》、《新闻报》本埠增刊的封面广告,承办永安公司广告的狄芝生过来跟联合商量,联合公司坚决回拒,狄氏只好作罢。背后"联合"派人去永安公司兜售广告,声称他们有办法按照要求刊登在指定位置,永安公司连忙把底稿给"联合"。第二天,广告即在《申报》的本埠增刊刊登出来,从此,永安公司的业务就转手到"联合"手中。这一事件,足见广告公司同业之间竞争激烈,虽有些心狠手辣,但经营以利润为上,这在现代广告业中也是常有的事。

有个姓陆的广告人,很会钻营,独家代理上海报刊上的香烟广告,有三家他一直插手不进。南洋兄弟烟草公司属广东帮势力,外帮人很难打入;洪沧亭、渭亭兄弟创办的华达烟公司,因洪与孙光第关系不错,不许他人染指;华成烟公司的美丽牌、金鼠牌香烟,每天在"申"、"新"两报刊登广告,全由狄芝生经售,狄坐收佣金,非常丰厚。这个姓陆的竭力向华成烟公司的老板游说进攻,终于与狄氏平分秋色。《新闻报》由狄经手,《申报》由陆承办。

---

① 百益.广告大王王万荣.于谷.上海百年名厂老店[M].上海:上海文化出版社,1987:326～327.

② 一说为黄尊我.徐百益.店铺广告,多姿多彩[J].现代广告,1996(6).一说为王尊我.如来生.中国广告事业史,本文以如来生的说法为准.

③ 如来生.中国广告事业史[M].上海:新文化社,1948:9.

④ 徐百益.实用广告学[M].上海:上海翻译出版公司,1986:52.

⑤ 蒋裕泉.实用广告学[M].上海:商务印书馆,1925:4.

"联合"拥有得力的广告画家,实力雄厚,常与英商美灵登广告公司争抢客户。瑞士的华福麦乳精广告本来由美灵登广告公司经办,但在图画部分,由俄国人画,不像中国人,联合广告公司立刻给总厂去信,不久总厂即把广告业务全部委托给联合广告公司承办。据徐百益回忆,这一事由他写信促成。

(五)创办广告刊物,增辟宣传渠道

除了借助于著名的报刊外,许多广告公司还创办广告杂志,为客户挖掘更多的宣传渠道。最早开始这一业务的是法兴印书馆,创办中英文广告杂志,供刊户刊登。1936年1月,联合广告公司发行《快乐家庭》,根据美国妇女家庭杂志的模式办刊,一半都是广告,按照电话簿和名单免费赠阅,专门聘请名家撰写文稿和漫画。为了取信于广告客户,该刊还邀请广告客户评点,同意后再发出。这一与广告客户互动的方式,获得客户欢迎。

联华广告公司是近代数一数二的大公司,由联合广告公司与华成烟公司合办,其经理陆守伦"在广告界资望深重",是1946年成立的"上海市广告商业同业公会"的首任理事长。为了扩大业务影响,联华广告公司先后创办《上海生活》(1937—1941)、《小说月报》(1940—1944)。《上海生活》的发行借助于《新闻报》的订阅渠道,初随报免费赠阅,后定价一元。杂志的内容偏向于上海的风土习俗,如上海的城隍庙等,版面编排精美,每页都有广告,占篇幅一半以上。1940年,《上海生活》上还出现照相版的彩色广告,夹在封面与扉页之间(图3-5)。

图3-5　1940年《上海生活》天厨味精广告

《小说月刊》长期邀请包天笑、郑逸梅、程小青、张恨水、徐卓呆、范烟桥、王小逸、谢啼红、秦瘦欧、程小青、徐碧波等名家撰写小说,中短篇都很精彩,广告篇幅较多。

广州中原文化广告公司出版的《中原画报》(1946—1947)、上海元昌广告公司出版的《咪咪集》等都是广告公司发行的杂志。出版广告杂志为刊户服务的经营理念一直流传至今,各大广告公司都设有发行部,专门负责此事。

(六)宣传自己的广告意识

公司经营广告不仅靠扎实的业务招揽客户,还需注意自我宣传。广告公司都是替别人做嫁衣,做宣传,自己出嫁当然马虎不得。商务广告公司成立

后，即在商务印书馆的八大杂志上开展自我形象的宣传（图3-6）。"本公司特聘画家及广告家担任"广告创作人员，广告文字"力求醒目动人，俾收广告之实效"。为了进一步说服商家在杂志和书籍上刊登广告，商务广告公司还在《东方杂志》上刊登《论登书籍及杂志广告的利益》的文章，以商业软文的形式劝诱商家要相信书籍、杂志广告"效力确实最能永久"。

图3-6　上海中国商务广告公司广告

现在经营商业一天难似一天了，因为从前营业的范围小，目前营业的范围大；从前营业只要货真价实，隔了数年数十年自然声名日大，生意日旺。目前善于经商的利用种种方法，不过一年半载，他的声名及生意竟可胜过数百年老店。唉！这是什么缘故？老实说，他们大半得力在广告的势力罢了。然而广告种类很多，传单、招贴，街上发的、贴的，太觉杂乱，实在有些惹厌，注意的人很少。日报效力较大，可惜是一时的，不是永久的。要登效力确实最能永久的广告，莫如书籍及杂志，即如敝馆的店名，虽不敢说全国皆知，但是全国识字的人，总有大半数知道商务印书馆。并承各界不弃，常常赐顾，一半是出于各界见爱，一半却是敝馆常登书籍、杂志广告，有效的确实证据。此种广告，利益真是一言难尽，就敝馆出版书籍而论，有宜登广告的，有不宜登广告的，那些国民小学教科书，销路虽大，各界倘要求登载广告，敝馆不敢奉命。因小学生识字不多，非但广告不能发生效力，而且敝馆反蹈了欺谎的过失，这是同人所深恶的。所以敝馆出版书籍，虽有三千余种，却只选了历次试验，销路最畅，极有效力的书籍、杂志二十余种，为登载广告无上利器，扩充营业第一要藉。各界要知道详细情形，请写信到上海棋盘街商务印书馆中国商务广告公司，立即回复。①

第一，刊登广告对于现代商业非常重要，与传统商业相比，现代商业借助于广告，可以在一年半载的时间成为声名卓著的店铺，超过百年老店，其原因就在于借助现代广告的力量，提出广告为商业之利器。

第二，与招贴广告、日报广告相比，书籍、杂志广告效力最持久。招贴与传单已泛滥成灾，惹人生厌，现在已很少有人注意。进一步与日报广告相比，日

---

① 梅.论登书籍及杂志广告的利益[J].东方杂志，1920（1）、（5），1921（6）等.

报广告的效力非常宏大,但持久性与书籍、杂志广告相比,稍显不足。因此,书籍、杂志广告的效力确实"最能永久"。

第三,借势于商务印书馆已有的社会地位,几乎半数识字的人都知道"商务印书馆"的名号,因此借助于实力雄厚、已有众多读者市场的商务印书馆,广告的到达范围及力度自然宏大,矛之所指,盾之所随。

第四,用已有的广告效果向顾客保证其广告投放效果。

第五,以对受众负责的态度彰显企业诚信。

与商务广告公司媲美的联华广告公司,创办《上海生活》、《小说月报》,在替客户做广告宣传时,也不忘替自己做广告。在临近圣诞时,联华广告公司在杂志上刊登拜年广告(图 3-7),携全体员工向大家鞠躬,颇有现在春节前夕各大企业在电视媒体纷纷露面向大家拜年的味道。

不仅如此,联华广告公司还专门撰写短文《广告失策·去而不还,广告得法·一可易万》,极力劝说大家刊登广告。

> 商战犹兵战也,广告犹战略也,实操其成败之关键。战略运用,千变万化,贵能出奇制胜,广告之道,又何独不然。

> 广告得其法者,收效之速,如响斯应,收效之宏,一以易万;反之,虽日日有偌大之支出,而效力则渺渺茫茫,如黄鹤飞去,泥牛过海,去而无返!是以精明之事业家,必以审慎之态度,委付其责任于专门人材。

> 本公司由专家组织,统办一切广告业务,以服务忠实,设计完善为宗旨。年来工商百业,日新月异,广告角逐,更不可一息或懈,苟蒙各大厂商或新兴事业,以广告事务相委,同人等自当以热情之目光,往视其前途之发扬光大![①]

联华广告公司的文章已不仅仅局限于书刊杂志,主要从商战的角度讨论广告的作用,可以以一易万,以具体的数字转换、利益回报来吸引顾客,以竭诚服务客户的理念向大家保证,本公司的广告设计以"服务忠实、设计完善"为宗旨。

在宣传自我形象时,中国广告社有限公司还刊登自己的成功案例,以彰显其实力。1948 年,在《工商管理》上刊登广告,标榜自己为"一九四七年最轰动之两大广告设计者",即"黛绸与林黛玉猜奖竞赛"和"地球牌、双洋牌绒线展览会","设计新颖,服务周到"。

荣昌祥广告公司经营路牌广告,在每个路牌上都附以小牌"荣昌祥",在宣传客户的同时宣传自己。

联合广告公司通过路牌的"凑版"广告宣传自己。凑版广告系仿照报刊的

---

① 上海生活,1940(冬至号).

"凑版"广告,为防止因路牌广告上的某些客户因业务到期留有空白,使一般的广告主误以为这些广告牌没有价值,联合与三友实业社协商,当某些广告牌到期后,就以三友实业社的广告补上,找到客户后,就将三友的撤下,"这个办法曾行之有效"①。

维罗广告公司于1925年扩大规模,搬迁新址时,在《新闻报》上刊登"扩充迁移"广告,引起大家的注意。

近代广告公司,从经营上来看,无不以信用和服务来博得工商界的好感,如"耀南广告社""以服务信用博得多数工商界的赞许"②,因而其广告业务多。但广告行业门槛过低,鱼龙混杂,时有欺骗顾客的现象。一些广告公司,因路途遥远企图糊弄客户,在本该刷上

图 3-7　联华广告公司圣诞广告

广告的地方,用布景拍照后交给客户。这确实会影响人们对广告行业的态度,轻视广告业人员,不相信广告。广告审查制度不完善,行业内部自律意识欠缺,报纸媒体、广告公司惟利是图,夸大虚假的医药性病广告充斥报纸,户外广告乱贴乱刷,影响了广告人的形象。因此,有人感慨:"广告之经理人,对于所代理之广告,实负一种使命,即不但使委托者满意,亦应使社会上对此广告满意。"③这一饱含着社会责任感的呼唤不禁让我们想起罗斯福总统那句振奋人心的豪言壮语,"不当总统,就当广告人。"更深刻的寓意在后半句,很难想象,在过去半个世纪里,如果不是广告在传播着更高水平的文化知识,社会将是什么样?总统希冀的是,做一个广告人,广告经理人,应主动承担起社会赋予的责任。同一时空,不同国界对广告人的同一期望,意味深长,任重而道远,可喜的是,我们的先人,已在路上。

近代广告经营,从广告主、媒体到广告公司,每一主体行为的出现都是历史性的剧变。广告主由之前的"不知用报纸广告法",④所费无几的广告费都用在店面的招牌和招贴上,到每年投入数十万元运用于报纸广告、杂志广告、月份牌、画片等,从广告费的支出而言,当为跨越式转变。从组织系统来看,之

① 徐百益.联合广告:四家合办的广告公司[J].现代广告,1997(3).

② 如来生.中国广告事业史[M].上海:新文化社,1948:6.

③ 蒋介民.工商业与广告谭[A].王澹如.新闻学集[C].西安:天津大公报西安分馆,1931:208～210.

④ 蒋国珍.中国新闻发达史[M].上海:世界书局,1927:67.

前的广告活动常为一劳永逸,时断时续,只有在新铺开张或季末打折时才会进行,而现在则成立专门的广告部,整体规划全年之广告活动,并配合协调销售部、产品部、运输部等各部门进行商品促销活动。同时广告部还雇有专门的设计人员,根据受众的心理需求创作广告,这都是近代广告主经营观念的巨大转变。报纸这一大众传播媒介的出现,将近代广告由古老的民墙、招贴引领到"一纸风行,天下胫走"的大传播时代。报纸杂志的出现为广告提供了更快更广的发布平台,而广告的收益则成为报纸赖以生存和发展的滋养品。二者"予供予求,两相隔剂,法至善也"①。报馆在广告经营方面,为了争夺读者,办出特色,进行精准定位。如《申报》定位官绅阶层,《新闻报》定位工商阶层,《时报》定位于知识分子。近代报刊媒体都意识到了发行与广告互为促进、互为因果的关系,相继确立了广告与发行并重的经营理念,在报馆内部设置发行科、推广科,专司其事。在推广业务方面,各报刊媒体主动招揽广告客户,不断创新广告刊例,积极服务客户,同时注意与代理商保持良好的关系,注重自身形象的宣传。这些都是媒体在近代广告经营观方面的表现。中国近代广告代理业也有了前所未有的发展,由出售报纸版面坐收佣金的"掮客",到专门代理报馆广告的广告社,专营路牌广告、电影广告的广告公司,其经营的业务由单一走向多元,服务的内容也由单纯的"中间人"拓展到市场调查、研究顾客心理、帮助客户选择媒介等变得更专业、更全面、更系统。他们重视人才,主动联系媒体,拉广告且锲而不舍,"头钻"、"腿长"、"皮厚",创办广告刊物,增辟刊发渠道,且注重自身形象的广告宣传。这些经营方面的理念,直到今天都是我们学习和继承的宝贵财富。

---

① 项翱.新闻广告[J].小说海,1916(2):71.

第四章
中国近代广告管理观

随着商业竞争的日益激烈，近代报刊媒体上出现大量虚假夸大、诲淫迷信的广告，仿冒名牌也屡屡发生。诸多不道德广告和不正当竞争遭到社会人士的非难和排斥，社会上对广告渐生鄙夷之想。为了改变广告业颓落的社会形象，有效发挥其推销商品和指导人生的功能，保障正常的市场竞争秩序，提高广告业在社会上的地位，现代意义的广告管理工作被提上日程。清廷、北洋政府、国民政府、解放区和地方政府相继出台了一系列广告管理的法规，通过法律手段和行政命令的方式对广告活动进行管理，这与古代传统的道德约束有着本质的区别。报业团体、商业团体和广告商公会也相继成立，订立同业行规，通过行业自律来约束不道德广告行为。

广告管理，指"对广告活动和广告业的计划、协调、控制和监督，它包括广告行政和法制管理、广告行业自律、广告经营者经营管理与社会监督等"①。近代广告管理刚刚起步，尚未形成健全的管理体制，但至少为近代快速发展的广告业提供了行业性的指导和建议，有些管理观念甚至影响上世纪80年代乃至现代社会的广告管理。本文主要从商标管理、广告法规管理及行业自律三个方面分析广告管理观，探讨政府及社会各界人士对广告管理的认识和态度。

第一节　近代商标管理观

商标作为区别同类产品的标记，在近代以前素来不被人重视。因我国政治上闭关自守，商业交换的范围仅限于一区一隅，还未有大市场剧烈竞争的出

---

① 陈培爱.中外广告史——站在当代视角的全面回顾[M].北京：中国物价出版社，1997：62.

现，且"中国人的生活一向是立足在彻头彻尾的实际上面的缘故，对与商品本身并不发生多大关系的商标之类的事物，并不是很注意"①。商人所售商品仅有牌号，即某铺某字号。然自海禁大开，中外互通，商贾辐辏，因在万国货物云集的当口，"苟无图形以资表彰，文采以供鉴别，则饰伪乱真，滥冒杂赝，将莫可究"②。于是我国工界界亦以竞争关系，标新立异，各标图记，以防他家影戤。而外商早已悉知商标之专用特许权及财产价值，催促我国政府早定章程，以保护他们的在华权益，订立商标法律渐臻必要，成为时代的必然。商标与广告有密切的关系，商标管理也是广告管理的一部分。

一、商标与广告

中国商人向来注重商号，把祖宗留下来的招牌看得比命都珍贵，商家卖货也常常以"百年老店"、"老字号"自居，且中国老百姓购买商品素有认牌不认货的习惯。随着近代商标制度的建立和广告宣传方法的进步，商标渐受到商家的重视，商家无不将商标列为广告的重要内容，广为宣传，有时一则广告，无其他内容，独有一商标设计，成为名副其实的商标广告。有些商家甚至还在报纸上开展"猜商标"的活动，如1919年大学眼药在《申报》上刊登整版"悬赏广告"，中间为其商标图案"一个戴着眼镜的外国佬头像"，问题是"这个什么东西的牌子呢"③，奖品为金戒指、银茶杯等，通过丰厚的奖品诱惑，对公众进行商标教育。

（一）商标的定义

"商标"在近代算是一个新名词，然其作为商品标记的使用，在我国出现很早。目前学术界公认的最早的、较为完整的商标，是北宋时期山东济南刘家功夫针铺所用的"白兔"商标，中间为一幅"白兔捣药"的图案，上面刻有"济南刘家针铺"的标题，图案左右分别标注有"认门前白兔儿为记"（图4-1）。随着近代中外商战的日益激烈，商标使用愈发普遍，商标渐成为广告宣传的要素。

商标是商品的标识，这一定义得到大家的普遍赞同。如抗白在《吾国商人之弱点》中谈及中国商人无理想之商标时云："商标者，使人不可雷同，表示其

---

① ［日］内山完造等著，尤炳圻等译.中国人的劣根和优根[M].南昌：江西人民出版社，2009：6.

② 郑飞.我国商标制度沿革及注册商标之统计分析[J].工商半月刊，1929(12)：21～22.

③ 申报，1919-1-16.

图 4-1　北宋时期刘家功夫针铺"白兔"商标

独有专用之记号也,既云记号。"①

随后,人们开始研究商标的本体:文字或图画。"商标者,以绘画图样,用以作商品之标识者也。"②"商标是用人、地、花、草、禽兽、虫类、文字、图案作为商品的标识。"③商标逐渐从图画扩至文字、图画,图画包括人、地、花、草、禽兽、虫类等。

商标代表品质,"商标是代表商品品质的记号"④;"商标为图或字形成之记号,专用以区别货物系何家出产,保障货品之真实,藉免膺鼎,而避鱼目混珠者也"⑤;"一种商品,为使人易于辨认真伪起见,便用一种标记来示区别,而教导大众去认明这种标记,一则可免上当,同时厂商也可以抵制仿冒,而维持他们的营业,这种标记,称之谓'商标'"⑥。

商标对于商品,好比姓名之于人,"人有姓名,始能别甲乙,商品有商标,始能别甲所制造与乙所制造"⑦。商标要注册,亦如名字必须经过登记,才能得到法律上的承认和保护,"商标为取得法律报章之唯一护符,以免同业

① 抗白.吾国商人之弱点[J].中国实业杂志,1912(4):3.

② 蒋裕泉.实用广告学[M].上海:商务印书馆,1925:51.

③ 冯鸿鑫.广告学[M].上海:中华书局,1948:88.

④ 叶心佛.广告实施学[M].上海:中国广告社,1946:54.

⑤ 孙孝钧.广告经济学[M].上海:南京书店,1931:120.

⑥ 陆梅僧.广告[M].上海:商务印书馆,1940:91.

⑦ 金忠圻.商标法论[M].上海:会文堂新记书局,1935:1.

冒牌"①。

(二)商标的意义

商标一旦注册使用,便成为商品的第二生命,"并能杜防人家的假冒,给顾客以保证真伪防人家混用"②。

1. 鉴别商品

商标一旦注册之后,便成为商品的专属,商品质量较好,得到社会人士的爱用和信赖,顾客会认定商标再次选用商品。买"龙虎"牌万金油,治疗皮肤病见效,第二次购买时,一定会选择"龙虎"牌。但是如果没有商标,则"市场上商品难免有混销之虞"③,商品的出处、品质也难以认定。

2. 提高商誉

商标长久应用,"其印象之感人,能使人记忆而久远不忘,故与商业极有关系"④。顾客以后购买,凭记忆购买信任的商品,不致蒙骗。商标还可以"发扬货物之声价"⑤,知名商标可以提高商品地位,较别种同类的商品占优势。

3. 防止假冒

商人见到稍微出众的商品就设法假冒,例如明代北京市场上有家以"黑猴"命名的毡帽店,因质量优良而风靡一时,至清代,北京市场上的毡帽店皆挂"黑猴"招牌:"鲜鱼口内砌砖楼,毡帽驰名是黑猴,门面招牌皆一样,不知谁是老猴头。"⑥仿冒自古有之,最初无法律条文可依,多依靠地方官府裁定。随着商标法的实施,商标经官署注册后,可以禁人假冒。"倘有冒用者,当依法律惩罚,以保护商人之商标权利,防卫其事业发展前途之阻碍。"⑦

4. 产生联想

用文字或图画来设计商标,不仅可以给人极深的印象,还可以使人们对商品产生丰富的联想,增加人们的喜好。近代百代唱片公司以"雄鸡"为商标,取其发声响亮激昂。上海水泥股份有限公司以"象牌"为商标,寓巍巍安固之意。天津东亚毛呢纺织厂"抵羊"牌,两羊相抵,"寓制自勇健山羊之纯毛,抵羊谐音抵洋,又寓抵制洋货挽回利权之意,妙语双关"⑧。

经日积月累的宣传,良好的商标就有了"金钱上的价值"⑨,成为无形资

①⑧ 叶心佛.广告实施学[M].上海:中国广告社,1946:54.
② 何嘉.现代广告学[M].上海:中国广告学会,1931:129.
③ 金忠坼.商标法论[M].上海:会文堂新记书局,1935:1.
④⑦ 蒋裕泉.实用广告学[M].上海:商务印书馆,1925:51.
⑤ 孙孝钧.广告经济学[M].上海:南京书店,1931:10.
⑥ 都门杂咏.见李家瑞.北平风俗类征[M].市肆.上海:商务印书馆,1937:423.
⑨ 陆梅僧.广告[M].上海:商务印书馆,1940:92.

产,"与银行之存折无异,存款越多,价值愈高"①,厂商在转移或改组时将商标作为资产。

(三)商标与广告的关系

商标价值的产生和增加都要通过广告,冯鸿鑫在《广告学》一书中就提到:"商标的产生、应用和利益,大都是广告发展的结果。"②随着人们对商标认识的不断加强,利用商标图案做广告者屡见不鲜,"注册商标"这四个字也成为广告稿本的一部分,成为厂商向消费者保证品质的凭信。日本仁丹那一翘胡子的商标图案与广告形影不离。美国的司各脱鱼肝油自投放中国市场,就坚定不移地以"渔夫负鱼"图案为商标,在广告和产品包装中坚持使用。上海永安堂的"虎标"牌万金油等药品一直以"龙虎"为商标。

商标与广告息息相关,其价值的增加除商品本身的优良外,还需"多刊广告",③使顾客获得深刻之印象,广告停刊,"其价值亦必随跌耳"④。

同样,"商标颇有助于广告"⑤,设计良好的商标,能够在人们脑海中留下较深刻的印象,这本身"就等于商品被人记得"⑥,广告的目的也就达到了。商标"在广告里时常登载,在包装上时常看见,日久以后,社会人士对于这种商标的印象,就会越久越深,牢记不忘"⑦,戚其章说最好的广告稿本第一要务就是商标,"广告上最紧要的事体,就是把商标一齐登载,给大家看了可以晓得那样货物的商标是怎样的"⑧。

利用广告还可以对顾客进行商标教育和鉴别。虽然法律规定同业不得使用同一商标,但社会上"为着冒用商标而引起纠纷,而涉讼,而诉愿,而案延经年,不胜其累者,欲时有所闻"⑨。遇到此种情形,一方面可以通过法律保护其利益,同时"唯有用广告,警告购者,促之注意鉴别,以免鱼目混珠"⑩。新创的商标,尤其需借助于广告对顾客进行商标教育,使假冒货物无人购买。

①③ 赵君豪.广告学[M].上海:申报馆,1936:51.

② 冯鸿鑫.广告学[M].上海:中华书局,1948:92.

④ 赵君豪.广告学[M].上海:申报馆,1936:52.

⑤⑥ 蒯世勋.广告学 ABC[M].上海:世界书局,1928:88.

⑦ 陆梅僧.广告[M].上海:商务印书馆,1940:92.

⑧ 戚其章.广告的研究[J].复旦,1920(11):56.

⑨ 陈如一.谈商号与商标[J].工商新闻,1948(21):7 版.

⑩ 孙孝钧.广告经济学[M].上海:南京书店,1931:10.

二、近代商标管理的沿革

商标是商品的标识,代表着商品的品质和信誉,可以"防奸商之攘夺美名掺杂伪品"①,因此东西各国都设有商标注册局,以保护各商户之权利。海禁大开,中外通商,外国人"啧有烦言,以为中国不举行保护商标之政,各商亏损甚钜"②,外商纷纷公请我国保护他们的牌号,以防人们假冒,在外交政策的推动下,我国开始着手商标法制建设。

(一)商标法之沿革

我国海禁未开以前,商人推销商品靠的是商号或牌号,以"百年老店"的信誉取信于顾客,本无商标之使用。遇到假冒商牌的,酌请地方官审定,立碑为记,不得假冒。然东西各国商人,对于商标的使用莫不视作专利权,均立法保护,设专门机构专司其事。故英、美、日等国续约,均要求保护他国商民在华的商标权利。吾国在光绪二十九年(1903)创设商务部,内设商标登录局,委托总税务司英国人赫德接手拟定章程,1904 年我国第一部商标法规《商标注册试办章程》由清廷颁布。我国的商标立法在近代可以分为以下几个阶段:

1. 清末萌芽期

我国最初拟定商标法,实起于外商的需要。1902 年中英续约,其中第七款规定:"中国现亦应允保护英商贸易牌号,以防中国人民违犯,迹近假冒之弊。由南北洋大臣在各管辖境内设立牌号注册局所一处,派归海关管理其事,各商到局输纳秉公规费,即将贸易牌号呈明注册,不得藉给他人使用,致生假冒等弊。"③美、日两国也相继在商约中规定,要求中国政府保护他们商民的商标及图书版权。1903 年清廷创设商部,内设商标登录局,委托总税务司赫德代拟商标章程。1904 年 6 月,始有《商标注册章程》共二十八条,细目二十三条。因法规完全为保护外商,尤其是英商利益,遂一经颁布,立刻激起国人的不满,外商之间亦心存猜忌,遂使商标局未能正式开办。津沪海关仅收受挂号,无从转递核准。1906 年,英、法、德等五国驻华大使和外商针对《商标注册章程》提出新的修改意见《各国会议中国商标章程》,送交商务部研究。但经几次修改,都中途夭折。1911 年清政府被推翻,商标立法修订工作不了了之。

2. 北洋政府时期

民国成立后,商标管理的事宜由工商部接管。1913 年,工商部改为农商部,在部内附设商标登录筹备处,然欧战伊始,内外多故,商标管理又被搁置。

---

①②③　论商标注册不应展期[J]. 东方杂志,1904(12):143.

直至欧战结束,工商业渐次发达,对于商标保护又有了需要。1922 年,农商部复设商标登录筹备处,添设津沪筹备分处,接管清末海关代办商标挂号之事,由英使代拟商标法草案,送往国会公决。1923 年 5 月,我国第一部正式的《商标法》由国会明令施行,依法设立商标局。北京商标局自 1923 年 5 月成立至 1927 年底由国民政府接收,四年时间所办商标注册,共"一万一千九百一十一号"①。

3. 国民政府时期

国民政府迁都南京,于 1927 年设立全国注册局,后又改组为商标局,内设商标注册课,办理商标注册事宜,仍然沿用 1923 年北洋政府颁布的《商标法》,在上海设立沪办事处,接收前北京政府办理登记过的卷宗,查验给证,表现出商标保护的延续性。1930 年经立法院参酌各国法规,修订《商标法》,于 1930 年 5 月 6 日颁布,内容与旧法略同,删除了刑罚的规定,此外,还刊行《商标公报》,将每月注册之商标公开通告。南京政府期间,中外商标注册经商标局注册的,自 1928 年至 1934 年,共有"二万四千七百四十七件"。② 1935 年国民党政府修正公布新的《商标法》,由原来的 40 条改为 39 条。抗战时期,商标局还订立了非常时期保护厂商使用规定,抗战后清理了汪伪政府商标法规、通告、指令等。

4. 解放区商标立法

在解放区,各革命根据地根据当地的工商业情况,相继颁布了商标管理的法规。苏皖边区有《苏皖边区商品商标注册暂行办法》。晋冀鲁边区于 1946 年公布实施了《晋冀鲁边区商标注册办法》,保护当地工商业活动。1948 年,太行区工商管理局作了《关于施行商标登记的指示》。1949 年陕甘宁地区颁布《陕甘宁边区商标注册暂行办法》等。1949 年华北地区也颁布了《华北区商标注册办法》,这是解放区根据地颁布的全部商标法规中,"内容最完备的商标法规"③。

(二)商标法律条文中对商标图文的规定

商标法规中除了明文规定如何注册商标,保障商民的合法权利外,还限制并规定了广告和包装物中的图案与文字,如表 4-1 所示:

---

①　金忠圻.商标法论[M].上海:会文堂新记书局,1935:7.

②　王叔明.商标法[M].上海:商务印书馆,1936:10.

③　左旭初.中国近代商标简史[M].上海:学林出版社,2003:43.

表 4-1　近代商标法中对商标图文的规定和限制

时间/法规	有关商标图文的规定
1904 年 8 月《商标注册试办章程》	第一条　商标者,以特别显著之图形、文字、记号,或三者具备,或制成一、二,是为商标之要领。 第八条　不准注册之商标,如下所列: 一,有害秩序风俗并欺瞒世人者; 二,国家专用之印信字样(如国宝、各衙门、头防、铃印等类)及由国旗、军旗、勋章摹绘而成者; 三,他人已注册之商标又距呈请前二年以上,已在中国公然使用之商标相同或相类似而用于同种之商品者; 四,无著明之名类可认者。①
1906 年《各国会议中国商标章程》	第一条　凡商标须以显著、易记之式样,字母、语言、图章及货品、盛器之形状,与别号以及他项显著之记号,或取以上所载之记号等,相兼并用均无不可。 第八条　不准注册为商标,如通用公标(即各商人,或一等商人于专类之货品时,有使用者并照商规,亦不视为一己之商标,即如不准以外国语言注为面纱、棉线、棉布之商标)以下所开之商标,亦不准注册。 一,有害秩序、风俗,或有影射骗人之意者; 二,国家专用之印信字样(如国宝、各衙门、头防、铃印等类)及国旗、军旗、勋章摹绘而成者; 三,凡与他人已注册之商标相似而用于同种,或相类之货品者,及与第一条所载专册存案之商标相同者; 四,凡与第一条所指商标相背者。②
1923 年 5 月 23 日《商标法》	第一条　商标须用特别显著之文字、图形、记号或其联合式为之。商标须指定所施颜色。 第二条　左列各款之一,不能作为商标呈请注册。 一,相同或近似于中华民国国旗、国徽、国玺、军旗、官印及勋章者; 二,相同或近似于红十字章或外国之国旗、军旗者; 三,有妨害风俗秩序或可欺罔公众之虞者; 四,相同或近似于同一商品习惯上所通用之标章者; 五,相同或近似于世所公知他人之标章,是用于同一商品者; 六,相同或近似于政府所给奖章及博览会、劝业会等所给奖章褒状者,但以自己所受奖者作为商标之时,不在此限; 七,有他人之肖像、姓名、商号或法人及其团体之名称者,但已得其承诺时,不在此限; 八,相同或近似于他人注册商标时效后未满一年者,但其注册实效前已有一年以上不使用者,不在此限。③

①　奏定商标注册试办章程[N].申报,1904-8-21:1 版.
②　各国会议中国商标章程[J].东方杂志,1906(3):17～23.
③　农商部商标局.商标法[J].商标公报,1923(1):1.

续表

时间/法规	有关商标图文的规定
1930 年 5 月《商标法》	第一条第二项　商标所用之文字、图形、记号、或其联合式,须特别显著,并须指定所施颜色。 第二条　左列各款,均不得作为商标呈请注册。其中增加一条"二、相同于总理遗像及姓名、别号者";其余八条同 1923 年之《商标法》。①
1935 年 11 月新修改的《商标法》	将 1930 年之《商标法》第一条"须特别显著,并指定所施颜色",改为"应特别显著,并应指定名称及所施颜色"。 第一条增加第三款:"商标所有之文字,包括读音在内。"②
1948 年《牡丹江省牡丹江市暂行商标注册办法》	第七条　商标为生产品有意义之记号,因此禁用有伤风化之图案印装。 第十条　商标文字均宜用中国文字或新文字,如有必要使用苏联文、英文、拉丁文时,需另附有说明书呈交市府。③
1949 年陕甘宁边区《商标注册暂行办法》	第八条　商标所用文字,以本国文字为限,不得使用外国文字(已经使用外国文字之商标、牌号,得限期更换之)。④

　　我国近代有关商标图案本体的认识,即商标由图形、文字、记号或其联合式组成,皆形成统一的看法。对文字中使用中国或外国文字,在各个时期规定不同。清末时,慑于外国强加于清政府的不平等条约,对于商标使用外文者,予以认可,纺织品除外。外文的使用一直延续至国民政府时期。文字的注册,过去只问字形,不论声音,然汉字一个音有无数字可以采用,于是一些羡慕的人便采取隐戢朦胧的手段,蒙蔽顾客。如"风行全国的家庭工业社的'无敌'商标,最近某公司以'蝴蝶'商标,呈请注册"⑤,几经交涉,才予以解决。于是1935 年修订商标法中规定,商标所用文字,包括读音在内。至民族独立、政治独立之时,解放区根据地规定禁止使用外国文字,如出口产品必须使用者,须附说明书呈交申请。有关商标使用的时限,各时期统一规定为 20 年,解放区亦如此,只有陕甘宁边区和牡丹江市的商标有效期为 5 年。另外,随着印刷技

　　①　商标法.钱永源.商标汇编[M].商标汇编社出版,1931:1~12.

　　②　上海机制国货工厂联合会.工商手册[M].上海机制国货工厂联合会发行,1937:88~97.

　　③　东北行政委员会商业部.商业法令规章汇编.左旭初.中国商标法律史[M].北京:知识产权出版社,2005:475.

　　④　商标注册暂行办法[J].陕甘宁边区政府工商厅.商标公报,1949(1):1~3.

　　⑤　左旭初.中国商标法律史[M].北京:知识产权出版社,2005:331.

术的发展,商标图案中的颜色于 1923 年起被纳入法律管理。

有关文字、图画、记号本身内容的规定也逐步完善。最初我国商标图案的规定,以不损害公益性利益为原则,不能有碍于国体、政体和社会风气,未涉及个人的肖像权等个人利益。随着商标的广泛使用,1923 年,我国商标法将他人之姓名、肖像权列入其中。1923 年的商标法还规定,商家在商标图案中使用奖章褒状,有表示商品品质之嫌,企图获得消费者之信任,自身没有获得奖章者不能使用。1925 年,孙中山先生逝世,国货产品纷纷以中山先生之名字、别号、遗像等为商标,一方面表达敬仰之心,一方面企图通过中山先生之威望达到推销商品的目的,因此 1930 年新修订的商标法中规定,不得使用总理遗像、姓名及别号。

三、近代商标管理观

近代战事频仍,时局动荡,使得商标管理的法制建设及实际管理中的认识和态度,即商标管理观,呈现出形态各异的特点,既有通贯于各阶段的连贯性,又有各时期的特殊性。

(一)商标管理偏袒洋商利益

无论从法规的援引,还是在实际管理中,我国的商标管理无不体现出洋商利益至上的特点,实由近代政治不独立所致。清末《商标注册章程》由英国人赫德草拟,北洋之商标法"则以日法为蓝本"[①],国民政府时期的商标法沿袭北洋政府。从商标注册的数量来看,北洋政府期间自 1924 年第 1 号商标注册至 1926 年 12 月商标注册的 9797 号中,"英日两国商标最占多数,次为德国、美国,而吾国则反居第四位"[②]。纺织品和烟草业的商标注册,英国最多,化学及医药类,日本最多。国民政府时期的商标注册,中国"占百分之五十弱"[③]。可见外国人商标注册之热情远远超过我国,实有立法为他人作保护之嫌。

商标出现纠纷时,商标局处理评定时常偏袒洋商。中国化学工业社的"三星"牌肥皂,早在 1924 年就核准注册,但日本信昌洋行于 1929 年提出异议,国民党商标局当局不顾《商标法》之规定"自登载商标公报之日起,已满三年时,概不得请求评定"[④],竟判定"日商使用在先,撤销中国化学工业社的注册"[⑤]。

①　金忠圻.商标法论[M].上海:会文堂新记书局,1935:12.
②　郑飞.我国商标制度沿革及注册商标之统计分析[J].工商半月刊,1929(12):31.
③　郑飞.我国商标制度沿革及注册商标之统计分析[J].工商半月刊,1929(12):37.
④　农商部商标局.商标法[J].商标公报,1923(1):1.
⑤　沈关生.我国商标法制的理论与实践[M].北京:人民法院出版社,1993:30.

中国厂商对洋商商标提出异议时,国民党商标局却"认为英商商标注册已满三年"①,驳回中国厂商的控诉。

"人丹"与"仁丹"商标诉讼案,国民党商标局最初偏袒洋商,直到五四爱国运动爆发后才得以解决。"龙虎"牌人丹问世之前,日本的仁丹一直垄断着我国市场。民国初年,黄楚九生产的"龙虎"牌人丹问世后,遭到日商的嫉恨。不久,日商就以"冒牌"的罪名,向地方法院提出诉讼。黄楚九的解释为,"人丹"与"仁丹"只是药品名称不同,"人丹"的商标名称为"龙虎"牌,不存在冒牌的问题。这场商标法律纠纷一直上诉到北洋政府的大理院,黄楚九也因此花费了近10万元的诉讼费,前后拖了10年的时间。直到1919年"五四"爱国运动爆发,全国上下抵制日货,当局的态度才向黄楚九的方向转化,最后以"龙虎"牌人丹胜诉结案。

(二)商标管理维护国家权威

国家和政党的权威形象,神圣不可侵犯,即使在外国法律中也严令禁止,不得用于商标和商业广告。我国的商标管理,自清末的《商标注册章程》,至北洋政府、国民政府的《商标法》,都明令禁止使用"国家专用之印信字样(如国宝、各衙门、头防、铃印等类)及由国旗、军旗、勋章摹绘而成者"②,相同或近似于"中华民国国旗、国徽、国玺、军旗、官印及勋章者"③。在日常管理中,上至工商部,下至各市上海、北平等地方机构,也屡次发出通告,"通告各商业机关,不得用党徽为商标"④、"禁止以党徽为商标或装潢花样",⑤非常重视维护国家标识的权威性。

1925年,孙中山先生逝世,举国上下哀恸。有些厂商便使用孙总理的遗像或名字作商标广告,最初使用者较少,后来竟蔚为大观,连知名的冠生园食品有限公司也推出"中山橄榄"(图4-2)。从商标使用者本身而言,这一方面

① 沈关生.我国商标法制的理论与实践[M].北京:人民法院出版社,1993:30.
② 奏定商标注册试办章程[N].申报,1904-8-21:1版.
③ 农商部商标局.商标法[J].商标公报,1923(1):1.
④ 禁止党徽作商标[J].工商半月刊,1930(7):2.
⑤ 函覆铨叙部秘书处:禁止以党徽为商标或装潢花样,中央早有决议[J].中央党务月刊,1933(61);禁以党徽为商标或装潢[J].中央党务月刊,1930(19).上海特别市政府训令第三六六七号:令社会局、本市商人团体整理委员会:为准工商部咨照奉行政院训令经中央常会议决禁止各商店以党徽为货物商标或装潢花样令仰饬属遵照由[J].上海特别市政府公报,1930(49);训令:令社会局:准工商部咨以奉行政院令禁止各商店以党徽为货物商标或装潢等因仰转饬遵照由:案准工商部咨开案奉[J].北平特别市市政公报,1930(37);训令苏州市长、各县县长奉省令准部咨开请饬禁各商店以党徽为货物商标或装潢仰遵照由(十九年三月二十一日)[J].江苏省建设厅公报,1930(32/33).

表达敬仰之心,另一方面也企图借伟人形象进行宣传。于是,社会各阶层人士纷纷呼吁,要求国民政府制定相应的法规予以禁止,保护孙总理之国父权威形象不受侵犯。针对此情形,国民政府于 1928 年颁布"兹制定各项商品印贴总理遗像,作为商标限制办法"①的指令,"除经总理生前特别允许,得有特别状外,所有新案一律批驳不准"②。1930 年颁布的《商标法》中,将相同于总理遗像、姓名、别号的限制用法律形式予以保障,充分显示了商标管理中对国家权威、国家形象的维护。即使是之前已经核准注册的,如上海三兴烟草公司的"孙文"牌、"中山"牌商标,实业部也咨请上海特别市政府严令限期取缔。③

图 4-2　中山橄榄

(三)商标管理维护社会风俗

商标经广告或包装物宣传,散布于社会上,与民众教育有着密切关系,"用之得当,足以唤起民众,不得其当,足以伤风败俗"④。因此近代商标图案注册,都不得妨害风俗秩序,欺罔公众。含有伤风败俗以及神权迷信、崇拜帝王的图画,一律不得用作商标。国民政府期间,工商部命令取缔"赌具之采用为商标,及商标之用于赌具"⑤。1928 年,上海特别市发出禁令:"将本市内所有以赌具为商标之广告,一概禁止张贴,以维善良风俗。"⑥内政部针对当时的卷烟业在烟匣中附送画片,或娼妓之形象,或裸体猥亵之画片,或含有赌博性质

---

①　国民政府工商部. 工商部部令[J]. 工商公报,1928(4):3.

②　国民政府工商部. 工商公报,1929(14):3.

③　上海市政府训令第六九四五号:令社会局:为实业部咨请严令三兴烟公司停止使用中山孙文两商标转行道办由[J].上海市政府公报,1931(78).

④　何嘉.现代广告学[M].上海:中国广告学会,1931:131～132.

⑤　金忠坼.商标法论[M].上海:会文堂新记书局,1935:19.

⑥　上海特别市市政府指令第一六三九号:令公用局:为呈复禁止张贴以赌具为商标之广告一案已饬属遵办由[J].上海特别市市政府市政公报,1928(12):29～30.

之彩券的现象,认为此等诱惑人心的促销手法,妨碍风化,危害社会。于是下令上海、广州、汉口、天津、南京、北京各总商会及各省政府:"速将一切伤风败俗,以及其他迷信神权崇拜帝制之神仙帝王等商标图画,一律改作含有刺激性的爱国雪耻,劝勤崇俭,以及提倡体育、智育、德育等有益社会人心之图画文字……藉以唤起民众,造福国家。"①可见,当时社会非常重视商标的宣传教育功能,商标管理注重维护社会良好风俗,这一看法各国通行。

(四)商标管理凸显对外邦交

商标管理必须遵守外交政策,1927年,我国对外宣布"无约国商标不能注册"②,而这点在清末的商标法规中,并没有将洋商排除在外,实际上我国商标法制建设的最初动机是源于外商的需要。现在却因国际邦交中没有与该国有政治经济条约关系,商标的注册也被排除在外。商标法规禁止使用"相同或近似于红十字章或外国之国旗、军旗者"③,红十字为国际救护机关所用标章,严禁使用,遵守国际规定,维护其标章之独特性。1904年制定的《商标注册章程》未提及这点,然1907年出现"红十字"标识时,农工商部立刻发出通知,"商标禁用红十字会之标识"④。1929年,江苏出现类似"红十字会"商标时,工商部明令禁止。禁用外国国旗、军旗,也是为了维持邦交,含有各国互惠的意思。

(五)商标管理维护"国货"商标

政局的动荡和外交多变,致使商标管理也时有变化,除了倾向于洋商利益外,在国货运动以及抗日情绪高涨之时,商标局也时常顺应民意,回归其维护国货产品之"国货"商标专用权的本位职责。1930年,国家为提倡国货维持实业起见,给予国产火柴业以铁路运输、税务抽提等方面的特殊救济。但山东青岛的洋商火柴厂,"所用商标,多载提倡国货、勿忘国耻字样,并不注明厂名,显系鱼目混珠,希图影射"。对此情形,山东青岛市火柴联合会函请全国商会联合会:"请烦查照,并乞传布。"⑤1931年,日商朝日燐寸株式会社之"中华正"商标及其联合商标注册时,所呈图样中有显著之中华字样,商标局"饬据改为国

---

① 何嘉. 现代广告学[M]. 上海:中国广告学会,1931:131~132. 此法令由作者录于上海《新闻报》,没有显示时间,在法令之前,有这样一句"内政部长薛笃弼,前以工商部长孔祥熙通咨令各省市政府",孔祥熙于1928年担任工商部长,1930年工商部与农矿合为商业部,因此此法令当与1928年至1930年之间.

② 无约国商标不能注册[J]. 东省经济月刊,1927(10).

③ 农商部商标局. 商标法[J]. 商标公报,1923(1):1.

④ 商标禁用红十字会之标识[N]. 大同报(上海),1907(22).

⑤ 工商消息:青岛洋商火柴商标之蒙混[J]. 工商半月刊,1930(22):12~13.

华商标"。日商日清燐寸株式会社"来福"商标,因图样上方两角有"国货"字样,经予核驳不准注册。商标局还专门下发《商标局取缔冒充国货商标意见》,通饬各省市,对于外商狡猾多端地将"外国制品改换装潢商标,冒充土制品物,混销内地,希图免出口税"者,依法予以取缔,下令"凡于商标及图中有显明表示国货、国产、中华制造等字句,或隐含国货意义之字句,如抵制外货、挽回利权等,呈请注册时,由局妥慎审查,严加驳斥"①。商标注册中利用文字冒充国货,或有冒充之嫌疑者,严罚严办。1929年,国民政府工商部商标局编印出版《国货商标汇刊》(图4-3左),专门介绍国货商标图样。1940年,国民政府经济部还要求各地商会、行业同业公会集中编辑出版《国货商标汇刊》,最大限度地宣传国货,抵制冒充国货者,当时的上海就出版了《上海国货商标汇刊》(图4-3右)等。

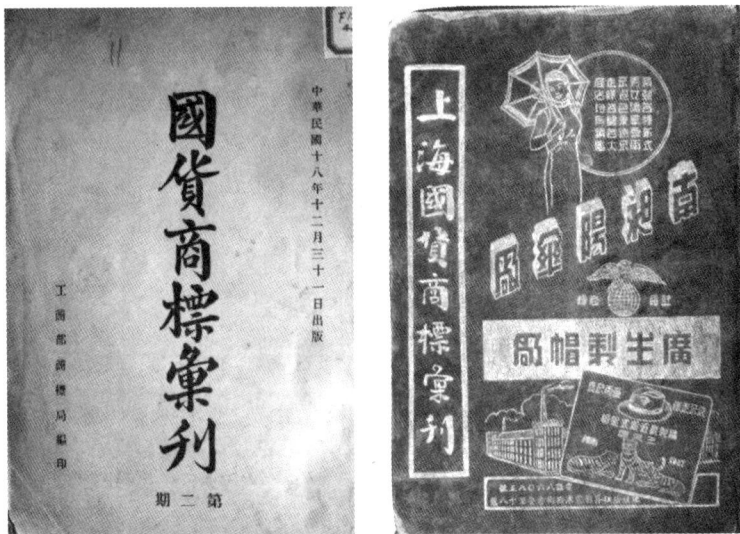

图4-3　国货商标汇刊、上海国货商标汇刊

　　旧时,洋商盗用商标之事时有发生,一遇此事,华商只得"痛中国办理此事之无状也"②,忍辱负重,安之有素。为了保护在华利益,洋商也呼吁中国早建商标法案,我国的商标管理法规,在洋商与华商千呼万唤中渐始出来。法律法规出台后,工商界也从之前的商标无意识主动注册备案,寻求法律保护,广告稿本中开始注意凸显商标图画、包装物、"注册商标"字样等。华商运用商标的名称和式样也推陈出新,争奇斗艳。从其使用的商标图案来看,无论是图像还是文字,都非常注重对传统文化的运用,"天官赐福,八仙过海,魁星点斗,五子

---

① 商标局取缔冒充国货商标意见[J].工商半月刊,1931(11):3.
② 姚公鹤著,吴德铎标点.上海闲话[M].上海:上海古籍出版社,1989:91.

夺魁,平升三级,笔锭高升,刘海戏蟾"①,到处尽是,触目皆然。商标设计还呈现出时代特点,如"抵羊"、"无敌"。亦有极富现代气息者,如三友实业社之"三角",简单易记。有些商家甚至还利用科学的方法征集商标,公开征求并请专家评判。如上海新民药厂于 1940 年在《新闻报》上刊登广告,现金征求商标:"本厂现拟征求商标一枚,举图画连带文字而未经他人使用,并隐含有本厂厂名之意义,可以适用于一般药品者为标准,一经采取,当以现金国币一百元作为奖金,以二十九年二月二十八日为征求截止期,届时敬请□□□□初两先生评判,之于三月十日登载新申两报公告栏内。"②有些厂商还通过律师在报纸上公开商标公告,敬请顾客和同仁知晓。

近代商标管理,无论从法制建设还是商标诉讼中,都显示出维护国际邦交、维护权威和社会风俗的观念,商标管理因着局势的变化时而偏袒洋商利益,时而又能响应社会舆论的要求保护华商的利益。

尽管近代商标管理非常严厉,但冒牌现象屡禁不绝,如华成烟公司之"美丽"牌香烟在市场上销量极好,立刻就有"秀丽"、"华丽"等商标注册。冒牌现象的频频发生,恰恰反映了近代商业竞争之烈。近代商标管理,除依靠商标局和地方政府外,同业公会、商会组织等亦发挥着重要作用,因为这些民间组织更熟悉当地商情,于是一旦有洋货冒充国货商标者,悉由同业公会随时调查,如"果属国货,应由同业公会证明"③。官方与民间共同管理的模式,至今仍被采用。

第二节 近代广告法规管理观

中外经商诸子,莫不以广告为商战之利器,标新立异之中,难免有奸诈之徒,使用虚假夸大的手法吹嘘产品,社会人士深受其害。时人普遍认为,广告对于社会的关系,"既深且巨",其影响所及,不在新闻之下。虚假不正当的广告一经刊出,受众不但对广告失去信仰,还对报社失去信任,虚假不正当广告也妨碍了正当的市场竞争秩序。如果广告刊登的是有伤风化的违禁品,则足以使某些意志薄弱的青年人误入歧途。有鉴于此,国民政府及各省市地方政府相继颁发一系列法令法规,对"乱花渐欲迷人眼"的不道德广告进行管理,通

---

① 抗白.吾国商人之弱点[J].中国实业杂志,1912(4):3.

② 新闻报,1940-2-15.

③ 商标局取缔冒充国货商标意见[J].工商半月刊,1931(11):3.

过行政方式引导广告业健康发展。

一、近代不良广告

新闻纸的职责和使命乃指导社会，领导群众，"故其对于新闻之记载，固应慎重选择；而于广告之登载，也不可忽视"①，因为"报上所登的广告是否有信用，对于报纸名誉亦大有关系也"②。然翻看近代各大报刊，为着报社收入计，多不愿积极拒登广告，欺骗广告触目皆是，"有以完全赝品欺骗读者的，有以失实的构造而大事宣传者，有以劣质自制的春药而号称某国出品者，有以真正好药售廉价为号召而实则予以极微的药量致毫无效力者，有以奉送秘方为名而实则借以售药者，也有以虚伪的证明书贻害群众的"③。虚假夸大广告泛滥成灾，"此乃最失广告之价值"④。

户外广告同样如此，1917 年以前上海的各大马路上，有许多店铺的门前常常书有"收店在即，各货减价"等打折字样，这样的恶习，被租界司法界的姚公鹤君认为"几近欺诈"，经他考察，此事确是"滥觞于英、法各都市"。这种欺诈广告，被视为"学步泰西"，"吐精华而茹糟粕"⑤。

(一)量的考察

不道德不正当的广告触目皆是，从量的方面考察，各商家为求商品销路的扩大，不惜花费数万元刊登巨幅广告。同业中有刊登半版者，则较之以整版，有整版者，不惜以跨版，以求引起读者的注意，彰显企业的实力。竞争无限制，而购买力有限，无疑造成广告费的浪费，对社会、报纸及同业都是巨大的贻害。

广告费的支出属于"资本"性质的生产，最终还需顾客来买单。据民国时期的《东南日报》统计，一支四元一角钱的牙膏，其中四角是原料，八角为锡管，另外八角是广告费，余下的才是制造商及零售商的利润。由此看来，过量的广告费必然会增加消费者的负担，对于整个社会也是一种浪费。

对报社而言，过量的广告实为浪费。近代战乱频仍，白报纸仰赖进口不能自给，社会各界提倡节约限制纸，在此情况下，广告过多不仅破坏版面的组织

---

① 李锦成.新闻纸登载广告的讨论[A].李锦华、李仲诚.新闻学言论集[C].广州：新启明印务公司，1932：161.

② 文夫.报纸的广告[J].文化建设，1936(5)：3.

③ 陆梅僧.广告[M].上海：商务印书馆，1940：193.

④ 蒋裕泉.实用广告学[M].上海：商务印书馆，1925：3.

⑤ 姚公鹤著，吴德铎标点.上海闲话[M].上海：上海古籍出版社，1989：39. 需要说明的是，此书原刊于 1917 年，由商务印书馆出版，因此此书记载史实应在 1917 年以前.

及美观,更影响新闻的价值。《新闻报》的广告非常泛滥,有时会把新闻挤成一小块,或者夹成一条小弄堂。"有的,在版面中央登一块广告,而四面都补上新闻"①,这种"四面靠水"的广告加倍收费,还有"一面靠水、三面靠水"的广告,常常使得报纸版面支离破碎。

过量广告还带来不好的风气,非大版面无以动观瞻,过度的广告战,对实力相对较弱的企业而言,无疑会加重负担。商业广告过多,也影响人事广告的刊登。抗战期间,有广告登户跋涉数百里,到重庆某报要求刊登寻人广告,遭到拒绝,因为该报商业广告过多,篇幅容纳不下。

另外,招贴广告"在任何地方的街道或交通中枢,围墙上、木柱上以及一切建筑物上,触目皆是,式样和大小不一,十分难看"②。妨碍了附近的广告或天然风景,也影响交通秩序,引起人们的厌恶和不快,破坏市容,对公众和私人都是妨碍。

(二)质的考察

广告在推动商业发展、社会进步方面,居功厥伟,然利之所在,往往弊之所随,"所谓都市愈文明,人心愈谲诈,于是仗着广告而经营欺诈的事,亦层出不穷"③。

1. 诲淫性广告

诲淫性的黄色新闻早已成为众矢之的,成为大家攻击诟骂的对象。报纸上的色情广告、花柳病广告等,对社会同样有着恶劣的影响。电影制片商为了谋求利益,炫奇般卖弄着色情噱头,到处铺陈"浪漫热烈"、"肉感温柔"、"哀感顽艳"、"悱恻低徊"④等勾魂摄魄的字眼,甚至刊出半裸的照片及大腿图片,以迎合小市民的低级趣味。1933年,《电影月刊》上刊登文章公然批评"电影版广告的抄袭——不外乎卖淫"⑤。其中一则广告"他有'力'所以能够吸动她的芳心,她能降尊就卑,破格施爱","欲的推进,性的谨素,爱的尖端",简直比"性史材料富当"⑥。

花报上也时常刊登着窑姐的信息,"说她是姿首可人,风流跌宕;说她是具有沉鱼落雁之容,含花羞月之貌"⑦。戏报上的某某坤伶,柔腰轻躯,巧笑美

———————————

① 徐铸成.报海旧闻[M].上海:上海人民出版社,1981:231.

② 吴铁声、朱胜愉.广告学[M].上海:中华书局,1946:283.

③ 何嘉.现代实用广告学[M].上海:中国广告学会,1931:12.

④ 郁冰如.观众呼声:电影广告的堕落[J].电声,1934(23):453.

⑤⑥ 电影版广告的抄袭——不外乎卖淫[J].电影月刊,1933(23):46.

⑦ 李锦成.新闻纸登载广告的讨论[A].李锦华、李仲诚.新闻学言论集[C].广州:新启明印务公司,1932:162.

目,怎么风流,怎么可爱,甚至登出照片,使一般血气未定的青年趋之若鹜。"清毒止淋丸"、"破天荒的花柳圣药"、"梅毒完全保险"等广告时常刊出,一般的浪子"看见花报、戏报说得那样快乐,而这些报纸又载这样的保险品,简直行桥过水,一概无妨"①。"申"、"新"二报的医药周刊,"其中所述者,满纸淋病、梅毒、生殖灵之类,此则关系社会善良风俗,为害尤不可言"②。最荒谬的,"堕胎广告也公然刊登"③。此等海淫类色情广告,"向在上海的报纸上占有不变的巨幅的地位",④以至于人们惊呼上海是色情化的都市。

重庆时期,共产党的《新华日报》也时常刊载"花柳病"医药广告,究其原因,与政治无关,于营业有利也。可见,当时刊登广告,是如何的"饥不择食",严重影响了报纸的形象。⑤

2. 诲赌性广告

赌博为害之烈,人尽皆知。赌博最发达者,莫如我国,"赌博的形式,也一天增加一天"⑥。然我国近年商人,"因赌博一事,而登载广告招徕者有之"⑦。例如某处演戏,征收某项赌租若干;某处赛马、斗狗、斗蟋蟀;某处开奖彩票,等等,不一而足。1924年,北京《东方时报》为推广起见,迎合社会赌博的心理,举行彩票式有奖销售,头奖、二等奖、三等奖都是极富诱惑的小汽车。近代撼动整个上海滩的股票风波"橡胶风潮",报纸广告扮演着重要角色,"未几而公司成立,未几而广登各新闻纸广告"⑧,大肆吹嘘橡胶怎么好,用途如何广,应诺向股民每季度发放高额股息。于是乎,举国若狂,父勉子,兄诏弟,舍橡胶股票无可致富。据姚公鹤记载,"当时亲友叙唔,除橡皮股票外,无他谈话,抑若早投资而即晚便可获利者"⑨。人们抱着赌博发财的心理,盲目地相信外商,盲目地相信广告上的吹嘘,将面值3两的股票炒到17两,最后,致使花花绿绿的橡胶股票一夜之间成为废纸,上海滩几十家商铺、钱庄纷纷倒闭,牵动整个上海市场,酿成国际交涉的大案。

除了彩券广告外,有些赠品广告常年出现在报纸上,"只消寄邮五分或一

①⑦ 李锦成.新闻纸登载广告的讨论[A].见李锦华、李仲诚.新闻学言论集[C].广州:新启明印务公司,1932:162.

② 文夫.报纸的广告[J].文化建设,1936(5):3.

③ 宗兰.净化广告[J].上海记者,1944(4):2.

④ 子康.从报纸广告所见的上海社会相[J].浙江记者,1948(5/6):27.

⑤ 立人.重庆新华日报专登性病广告[J].大观园周报,1946(21):头版.

⑥ 王世杰.对于中国报业的罪言[J].现代评论,1925(一周年纪念号).任白涛.综合新闻学[M].长沙:商务印书馆,1941:60.

⑧⑨ 姚公鹤著,吴德铎标点.上海闲话[M]上海:上海古籍出版社,1989:120.

角,可以得到中外新闻全年一份,或香艳的画片一打或两打"①,这些广告常常不注明地址,由报馆代设邮箱,本埠人习以为常自然不会上当,外埠贪图便宜的人就容易上当。

3. 欺诈性虚假广告

欺诈类广告,最甚者莫过于药品广告。报纸上的药品广告说得天花乱坠,什么一料见效,负责除根,"甚至有三日保好,不好还洋等说,你想天下的病,除非神仙法子,哪有包好的道理,更有想入非非的,假托治愈人鸣谢,为自己颂扬"②,甚至有"求子福音,保证受孕"③的广告。报纸广告是社会生活的反映,只要我们翻开近代报纸浏览一遍,"触目惊心的,神药广告是近数年中国报纸上的新纪元"④,好像中国人需要补品的人特别多,孱弱得可怜,难怪外国人讥讽我们是"东亚病夫"。

书籍广告中,一些销售"避溺新法、胃病须知"等类的书,买来一看,原来是说"入水不要淹过膝盖,包你不会溺死,胃病饿几天就好"⑤,文字巧妙,使人无懈可击。还有"某名人题签啊,某要人作序啊"的书籍广告,说得天花乱坠,更易动人,你真的去买一本看看,却直呼上当,但腰包已经掏过了。⑥ 商务印书馆"小说月报丛刊"的书名,在第一集的新诗集"歧路"底下印着"周作人等著"字样,但翻遍此书,却不见周作人的名字。⑦

大减价广告周而复始地挂在商店门口,"永远不见没有减价的时候",以至于真正减价的时候,反不能引起大众的注意。低价广告明言"某货五元起",或用极大的字书明赠送或免费,旁边用极小的字注明须多少钱或多少邮票,故意含糊其辞。此种虚伪的低价赠送广告,"势必造成对于读者的信任心减少"⑧。

上海是一个欺诈的城市,"报纸上密密层层的广告栏,很有不少掘就了的诈欺陷阱,等候人们去践踏"⑨。招聘英文翻译的广告,应征者每人试译一页,合则面谈,广告者将要翻译的东西分散开给应征者各自翻译,然后收集上来,换了别人在某杂志上连续发表。1929 年,上海还发生虚设"大生字号"骗取各公司样品数十万元的事情,此类广告"岂不要叫人见了广告发生不寒而栗、悚

①　绍平.读广告后[J].中华周报,1933(87):4.
②　壮克.医药广告与卖药取缔[J].市政评论,1934(1):86~87.
③　新闻报,1933-11-15.
④　陈定闳.从报纸广告看中国社会[J].民主与统一,1946(11):8.
⑤　西冷.夸大广告与诈欺[J].中华周报,1932(9):22.
⑥　邹韬奋.韬奋漫笔[M].上海:生活书店,1933:16.
⑦　冰如.名人与广告[J].幻洲,1926(5):254~255.
⑧　冯鸿鑫.广告学[M].北京:中华书局,1948:102~104.
⑨　子康.从报纸广告所见的上海社会相[J].浙江记者,1948(5/6):27.

然而懼的现象"①。诸如此类虚假夸大广告使人上当,虽然法律上有诈骗钱财之刑罚,但却用不到他们身上。"全球独一无二花衫,南北驰名伶界泰斗"②等类的吹嘘广告,不管怎样大吹特吹,一点责任都不负。但是就广告业本身而言,"广告上的欺骗政策,实在是一种慢性自杀政策"③。

4. 导人迷信广告

封建迷信之害,烈于洪水猛兽,稍有智识之人,都应该有所警惕,然即便是现在,相面之术等仍然没有禁绝,何况是大众智识还未普遍开化的年代。相士广告在近代报纸上"最为普遍"④,什么"一言等祸福",什么"一笔判英雄",什么"知道趋吉避凶",什么"五行阴阳",五花八门骗人的手段,务求达其渔利之目的。如果"一般无识之妇女与头脑冬烘者流,昧于理智,受其诱惑,堕其陷阱,为害不浅"⑤。

上海的"申"、"新"二报每天都刊有相士、命家的广告,如刊登在《新闻报》上的一则广告,标题为"颂扬惠思道人推命神验"⑥,将蒋介石、孔庸之、宋子文之名列于其上。蒋介石之西安事变,孔庸之赴英归国日期,宋子文之官运前程,都要请教慧思大师推验并一一验证,吹嘘得神乎其神,目的只有一个,吸引更多的人前往。

此外,还有商家借助于迷信的方式推销商品的,如"某甲迷信狐仙极深,扬言能知未来",一天召集善男信女,焚香礼拜,以告知众人本年收成如何。突然此人大哭,告知今年时疫流行,中医西医均束手无策。破解的方法,就是在家中空置一副棺材并煮若干黑豆食之,祈求仙姑保佑。众人皆惟命是从,争往购买棺材,棺材店的生意遂骤然兴隆。后棺材店老板皆以酒肉等致谢某甲,原来"某甲乃受寿材店主之嘱,伪作狐仙降凡,愚弄你等购买寿材,可谓花样翻新的广告术罢了"⑦。这则迷信广告与北魏时期争购柏木棺材在阴间可以不受苦的广告如出一辙,都是以迷信的方式促销商品。

5. 损害他人名誉广告

此类败坏他人名誉的广告,指摘他人短处,在广告初发达的时代,在所难免。然随着广告事业的发展,在近代此种损害他人名誉的广告已很少,大家都

①　何嘉. 现代实用广告学[M]. 上海:中国广告学会,1931:13.

②　西冷. 夸大广告与诈欺[J]. 中华周报,1932(9):23.

③　论电影的广告[J]. 一周间,1934(6):212.

④　刘洪兴. 谈报纸广告的净化[J]. 新闻学季刊,1939(1):54.

⑤　李锦成. 新闻纸登载广告的讨论[A]. 李锦华、李仲诚. 新闻学言论集[C]. 广州:新启明印务公司,1932:163.

⑥　新闻报,1938-5-15.

⑦　白雪. 广告的新花样[J]. 公教白话报,1943(7/8):133.

已知晓"指摘他人出品之制造不合法,货品含毒质,用之无益,则绝不可"①,但是,近代出现另一种极可恶的风气,北京的报纸"容许他人利用他们的广告栏,以丑诋他人"②,往往容许他人用极大号的字,在他们的社论前登载这一类的广告,完全不负法律上或道义上的责任。从报社本身而言,纯然抱发财主义的态度,这种极恶的风气一旦形成,究竟应由谁负责呢?

近代屡有厂商未经本人允许,发布明星广告,侵犯明星的肖像权和名誉权。30年代,华成烟草公司出品的"美丽"牌香烟上的美女,系平剧明星吕美玉。后惹起官司,华成烟草公司败诉,损失数十万。1936年,男星张翼因身体魁梧,壮健异常,有中国"人猿泰山"之称。药房未经允许,将其照片印在新出品的补尔康药片的传单上。电影皇后"胡蝶"的照片,也被药商印在淋病广告上(图4-4)③。可见,侵犯明星肖像权的广告,在近代就已经非常泛滥。

图4-4　药商未经"胡蝶"允许,发布淋病广告

以上诸多不良广告,数量之多和广告内容本身,对于整个社会都有极坏的影响:在物质上,使消费者自身遭受损失,发生危险;在精神上,扰乱社会良俗,妨碍文化的健康发展,妨碍附近的其他广告和天然风景。受众不但未对广告产生信仰,反而产生恶劣之感和不快。近代许多有识之士已经对不良广告提出严厉批评,指出不良广告是广告者自身的没落,是一种慢性自杀政策,不仅贻害同业和其他企业,对广告代理业和广告媒介物也造成损害,同时还贻害全体消费者,使消费者对所有广告都失去信仰,阻碍广告事业自身的发达。

①　叶贡山.广告丛谈[J].留美学生季报,1918(3):14.

②　任白涛.综合新闻学[M].长沙:商务印书馆,1941:59.

③　发财.张翼之药房广告交涉,一万元之希望恐将引起诉讼[J].电声,1936(18):436;淋痫药物把她做广告,胡蝶究竟是否有毒[J].电声,1936(21):511;惊异.明星被寿衣店做广告[J].大众影讯,1941(23):599.

二、近代广告管理法规

鉴于不良广告对于社会、同业、消费者的恶劣影响，近代各级政府有计划地将新兴的广告事业纳入法制管理的范畴。虽未形成颇具约束力的全国性广告法，但散落于出版法、民法、刑法、交通法、市政纲要、违警罚法等法律条文中的已有间接谈到广告者。各级政府组建相应的管理机构，征收广告税或广告捐，拟订广告管理规则，开展清壁运动，推动近代广告业的有序发展，使混乱无序的广告业渐入正轨。

现代意义的广告管理，发端于清末民初 1911 年的《大清民律草案》，此草案第 879 至 885 条规定了广告的意义及效力，撤回、优等悬赏广告等，重点规范悬赏广告的性质和法律行为，规定"广告人对于完结其所指定行为之人，负与以报酬之义务"①。即使完成悬赏广告的人，不知道此广告时，广告人同样负有支付报酬的义务。此法案在民国初年继续沿用，至 1925 年修改颁布的《民律草案》中，此类悬赏广告的条文仅稍作语言表述上的修改，内容完全相同。

1912 年 3 月 8 日，内务部颁布《核定告示广告张贴规则》，此法是近代最早针对乱贴广告现象进行的全国性行政管理，其宗旨是"为保持清洁整肃观瞻而设"，特别选取适宜的地方"定为告示及广告张贴处"②。按，广告张贴者分为三类：政府告示、学堂广告和商业广告，各类广告均有不同的申请张贴程序。

1914 年 12 月 5 日，北洋政府公布《出版法》，明确规定，凡信柬、报告……号单、广告等类之出版不得"淆乱政体"、"妨害治安"、"败坏风俗"，违反规定者，将没收其印本或印版，处著作人、印刷人以五等有期徒刑或拘役。广告中也不许"攻讦他人阴私、损害其名誉"，违者"被害人告诉时，依刑律处断"③。1930 年 12 月，国民政府颁布实施的《出版法》规定，出版品不得由"意图破坏公共秩序者"、"妨害善良风俗者"，④不得破坏中国国民政府或三民主义，损害国家利益，其中的出版品包括广告戏单。1937 年，国民政府修正《出版法》，规定以"广告、启事等方式登载于出版品者"，不得"意图破坏中国国民党或违反三民主义"、"破坏公共秩序"、"妨害善良风俗"，如有违反，禁止"出版品之出售

① 商务印书馆编译所.民律草案[M].上海:商务印书馆,1913:251～254.
② 核定告示广告张贴规则[Z].蔡鸿源.民国法规集成(第 4 册)[C].合肥:黄山书社,1999:307.
③ 大总统公布出版法申令[Z].中华民国史档案资料汇编(第五辑第二编·文化)[C].南京:江苏古籍出版社,1998:434～435.
④ 出版法[Z].蔡鸿源.民国法规集成(第 5 册)[C]..合肥:黄山书社,1999:170.

及散布,并得于必要时扣押之"。发行人、编辑人、著作人及印刷人判处"一年以下徒刑拘役,或一千元以下罚金"①。刑法第 153 条、第 292 条、第 309 条等皆与出版法有连带关系。②

1928 年 6 月,内政部颁布《规定张贴广告标语处所式样》③,商家张贴广告必须依照内政部规定的大小和颜色格式,树立广告牌的地位。各地政府当局也严格限制,有妨碍市容、交通或公众安全者严加取缔。这在一定程度上遏制了商家竞相以大版面论广告效果的现象,"减少公共场所广告牌所占的地位,使广告者只能从内容方面竞争,而不能以面积的大小相竞争"④。广告大小统一,促使商家只能从广告文案和排列方式方面进行创新,有效地引导了广告创作技术的发展。1928 年 7 月 21 日公布的《违警罚则》第五十二条规定:"对无故损坏店家招牌告白者,私贴告白者,处以五日以下拘留或五元以下罚金。"1928 年 8 月,内政部颁发《市政纲要》,市容第六条规定:"广告、布告、标语等,市上随处都有张贴,如无适当管理,极易损坏市容。管理方法,最好照内政部规定张贴布告、广告、标语各专处之形式、尺寸办理。此外无论何处,一概不准张贴。跨街广告牌,往往遮断路灯光线,且有碍交通,必须从严取缔。至于商店门前招牌,亦应限定适当高度,以免妨碍行人,并不得有大旗等伸入街心。"⑤

抗战时期,国民政府在各地设立新闻检查所,以加强对各地新闻的检查,适应战时需要。1930 年设立的武汉新闻检查所,规定:"凡在各省市印行之日报、晚报、小报……与发行前,均须将全部稿件,无论社论、专论……及其他一切副刊文字并广告等,一律送由各该新闻检查所检查。"各刊应对刊登不妥的进行改正,如有不遵照检查程序送检的,将给予"停刊一日或一日以上,及永久停刊之处分"⑥。

1935 年,国民政府军事委员会颁布实施《取缔刊登军事新闻及广告暂行办法》,此项规定旨在保守军事机密,所有与军事有关的广告,"非经军委会委

---

①　国民政府公布的修正出版法[Z].中华民国史档案资料汇编(第三辑・文化)[C].南京:江苏古籍出版社,1991:273～279.

②　刘洪兴.报纸广告的净化[J].新闻学季刊,1939(1):56.

③　规定张贴广告标语处所式样[Z].蔡鸿源.民国法规集成(第 40 册)[C].合肥:黄山书社,1999:189.

④　吴铁声、朱胜愉.广告学[M].上海:中华书局,1946:283.

⑤　吴铁声、朱胜愉.广告学[M].上海:中华书局,1946:28.

⑥　武汉新闻检查所半年工作报告[Z].中华民国史档案资料汇编(第五辑第二编・文化)[C].南京:江苏古籍出版社,1998:416～419.

员核准不得擅登,关于空军及属于防察工程旨事项尤应严密注意"①。同时国民政府军事委员会对广告原文实行审批制度,审核相符者方准登载。可见,在特殊时期,与军事有关之新闻广告受到严格的管制。

1936 年 10 月,国民党社会部颁布《修正取缔树立广告的办法》及《户外广告物张贴法》等法规。1937 年 10 月 25 日,国民党颁布《广告物取缔规则办理手续》,其中规定商店之招牌、电气广告、广告纸、传单、车内广告、展览会广告、广告塔、广告板等,凡与设置场所不适当、妨害安宁秩序及社会风俗、妨害美观或等,严加整理。②

对媒介物的管理方面,报纸广告应是国民政府最关注的,因报纸广告的效力最大、最宏远。1916 年 10 月,内政部下发《报纸批评图画广告等项时涉淫亵应设法劝戒文》:

> 准教育部函开,查新闻报纸,用以发扬正论,指导社会,关系至为重要。故东西各邦,莫不目报纸为社会教育之课本,任斯事者,自宜特加慎重。非独宗旨议论宜求正当,即游戏之批评,附张之图画,其属词取材,亦非苟焉而已。乃观京沪各报纸,各有批评图画不尽正当者,而以广告一项为尤甚。甚至鬻导淫之药,缀猥亵之词,尺幅之中,层见叠出。在阅报者,而为谨饬之士,既恐缘此轻视报纸,亵言论之尊严。倘在浮薄之辈,则触目动心,有溃情欲之防,适成诲淫之具。且阅报者不尽本国人,流传他邦,益增外人之诟病。窃思办报诸君,率多明达,断非好弄此污秽之笔墨。不过登载之人,为推广销路起见,备极形容,流传淫亵,而报馆以此项广告,关于营业,亦遂习而不察,照文登录。假使官厅加以劝戒,当不难憬然觉悟,或于登报之时加以选择,或与原登报之人,酌商修改,于营业之收入,既无亏损,于报章之价值,且有增加。为此函请贵部设法劝戒,期报章上此类污点,消除净尽,以助社会之改良,且免外人之讪笑,其于报纸声价,社会风化,裨益俱非浅鲜。即希酌核办理等因到部,相应转付查照,并希转饬所属一体遵行可也。③

该文对京沪报纸刊登的不正当导淫医药广告提出严厉批评,猥亵之词流传异邦,严重影响我国形象,要求出版者严格选择送登广告,拒登不良广告,承担起发扬正论、指导社会的职责,以助社会改良。1931 年,国民党中央宣传部

---

① 佚名.取缔刊登军事新闻及广告暂行办法[Z].蔡鸿源.民国法规集成(第 46 册)[C]..合肥:黄山书社,1999:32.

② 佚名.广告物取缔规则办理手续[Z].蔡鸿源.民国法规集成(第 84 册)[C]..合肥:黄山书社,1999:184~185.

③ 佚名.报纸批评图画广告等项时涉淫亵应设法劝戒文.蒋裕泉.实用广告学[M].上海:商务印书馆,1925:附录二 6.

拟订《管理报纸广告法》，送交立法院审议，"立法院法制委员会已于四月十五日提出讨论"①，遗憾的是，此法令最终并未颁布实施。1946 年，国民党交通部电信局颁布《交通部公布旨广播无线电台设置规则》，规定"民营电台播送以上两项节目（新闻报告和音乐歌曲及其他娱乐节目）至多不得超过每日播音时间百分之八十，公营电台应不予播送商业广告"，同时规定，"广播电台不得播送不真确之消息，或违反政府法令危害治安有伤风化之一切言论、消息、歌曲、文词"②。如有违犯，将由交通部按情节轻重予以警告、停止播音、吊销执照、撤除电台的处罚。

近代中央政府颁布的广告法规相对较少，零散不成系统。但在广告业发达的上海、天津、北京、南昌、青岛等地，地方政府针对各地广告业的发展情况颁发了大量地方性广告法规。

表 4-2　近代各地政府颁布的广告管理法规统计表

地区	法规题名	时间
上海	上海市政厅征收广告税章程	1912 年
	承办广告税章程	1924 年 12 月
	布告商民人等张贴广告应先纳税领照倘有私贴照章处罚文	1925 年
	修订征收广告税章程	1925 年③
	上海特别市公用局规定沪南广告税办法	1928 年 4 月 17 日
	上海特别市广告规则	1928 年 4 月 21 日
	上海特别市政府公用局广告管理处规则	1928 年 9 月 18 日
	各广告公司招揽广告给予二成手续费办法	1928 年 10 月 17 日
	修正上海特别市广告管理规则	1929 年 2 月 21 日
	上海特别市广告管理规则	1929 年 3 月 22 日
	沪市国货广告免税办法	1930 年 5 月 22 日
	上海特别市取缔报纸违禁广告规则	1930 年 6 月 11 日

---

① 报纸广告法草案已拟就[J].中国新书月报,1931(6/7):43.

② 交通部公布之广播无线电台设置规则[Z].中华民国史档案资料汇编（第五辑第三编·文化）[C].南京:江苏古籍出版社,1999:126～128.

③ 蒋裕泉.实用广告学[M].上海:商务印书馆,1925:附录三 7～12.此书初版于 1925 年 10 月,再版于 1926 年 3 月,因此推及此法大概是 1925 年成文.

续表

地区	法规题名	时间
上海	编钉特许广告场号牌办法	1930 年 9 月 8 日
	上海市对于充气管式电光广告之征税办法暂行规定	1930 年 9 月 15 日
	征收广告商承包广告毛收入百分率广告税暂行办法	1931 年 10 月 29 日
	修正上海市广告管理规则	1932 年 8 月 9 日
	上海第一特区工部局刊布医师广告章程	1934 年
	上海市公用、教育局会订准许学校揭布招生广告办法	1936 年 9 月 14 日
	上海市管理中西医药新闻广告暂行规则	1936 年 10 月 9 日
	上海市取缔报纸杂志登载海淫及不良广告暂行规则	1936 年 11 月 27 日
	上海市卫生局、新闻检查所合作取缔中西医药新闻广告办法	1937 年 1 月 21 日
	上海特别市广告管理规则	1941 年 7 月 14 日
	上海特别市广告管理规则(第六十二条修正条文)	1941 年 11 月 15 日
	上海特别市广告商登记办法草案	1942 年 5 月 14 日
	上海特别市取缔医药广告暂行规则	1944 年
	上海市公用局广告商登记规则	1945 年 11 月 5 日
	上海市广告管理规则、附上海市广告捐率表	1946 年 6 月 21 日
	上海市公用局广告商登记规则	1947 年 5 月 2 日
	上海市广告登记费率表	1947 年 9 月 1 日
	修正上海市广告管理规则条文	1947 年 9 月 25 日
北平	关于禁止随处粘贴广告的训令	1919 年 11 月 1 日
	修正北平特别市广告管理规则	1929 年 11 月 7 日
	北平特别市公用局广告亭管理规则	1929 年 12 月 20 日
	呈对于医药广告请由会审查汇报以昭划一由	1930 年
	令工务局:呈为拟订广告灯管理规则请核示由	1930 年
	修正北平特别市广告管理规则各条条文	1930 年 5 月 21 日
	北平特别市公安局管理中西药商广告暂行章程	1930 年 8 月 20 日
	北平市工务局广告灯包租规则	1930 年 10 月 11 日
	关于取缔随处张贴广告的训令	1931 年 9 月 1 日
	北平市管理中西医药新闻广告规则	1935 年 1 月 1 日
	修正北平市广告管理规则	1935 年 1 月 25 日

续表

地区	法规题名	时间
北平	修正北平市管理中西医药新闻广告规则第六条条文	1936 年
	各报社不得登载以领袖字样为商品名称之广告	1937 年 7 月 1 日
	关于颁布禁止滥贴广告的布告	1940 年 10 月 1 日
	关于粘贴广告的训令	1941 年 1 月 1 日
	关于不得任意张贴广告的训令	1942 年 8 月 1 日
	关于粘贴广告的规定	1943 年 2 月 1 日
	关于粘贴广告应贴在广告牌上,清理不合法广告的训令	1943 年 1 月 1 日
	关于标语广告事项等问题的政府布告	1944 年 12 月 1 日
	北平市政府管理广告规则	1946 年 1 月 1 日
	北平市政府管理中西医药广告规则	1946 年 10 月 9 日
	修正北平市政府管理中西医药广告规则第八条文	1946 年 12 月 16 日
	北平市广告牌招商承租办法	1946 年 12 月 31 日
	播音广告章程	1947 年 1 月 1 日
	北平市政府管理广告规则	1947 年 1 月 17 日
	关于刷除民墙、敌伪残余宣传文字广告、防止滥贴广告办法及取缔各项文物上广告牌的训令	1947 年 2 月 1 日
	北平市政府管理广告商规则	1947 年 4 月 25 日
	修正北平市政府管理广告规则	1947 年 10 月 25 日
	北平市政府管理广告规则登记费表	1947 年 12 月
	北平市管理广告规则	1948 年 1 月 1 日
	北平市规定医药广告须经核准	1949 年 5 月 22①②
天津	津市府订定管理医药广告规则	1935 年 4 月
	天津市管理广告规则	1947 年 5 月 21 日
重庆	重庆市广告管理规则	1943 年 9 月 26 日
	广告经营标准	1943 年 9 月

---

① 人民日报,1949-5-22.

续表

地区	法规题名	时间
江西	教育厅令:未经核准之电影片不得预登广告	1932 年
	南昌市政委员会管理广告规则	1934 年 1 月 26 日
	南昌市:取缔凌乱广告	1934 年
	南昌市政委员会江西省会公安局市民领用禁止揭帖广告磁瓷牌办法	1934 年 9 月 25 日
山东	济南市财政局征收广告税暂行规则	1931 年 12 月
	青岛市广告管理暂行规则	1931 年
	山东省政府广播无线电台播音广告章程	1937 年
浙江	修正杭州市广告管理规则	1924 年 7 月
	浙江新办广告捐及其章程	1926 年 3 月 1 日
	杭州市广告取缔规则	1929 年 9 月
	修正浙江省各市县政府征收广告捐规程	1934 年 2 月
	杭州市广告管理规则	1935 年 5 月
广东	广州市公共广告场所使用及广告所得捐征收细则	1923 年
	粤省府会议修正取缔医药广告规则	1937 年
江苏	训令各县政府苏州市政府奉令准工商部咨请免征国货广告税文	1930 年 3 月 8 日
湖南	游行广告管理规则	1934 年
福建	厦门市管理广告规则	1936 年

资料来源:此表中的法规以各地政府公报、市政月刊中的通告为资料来源,详见上海市政府公报、北平市政府公报、东阳县政公报、济南市政府市政月刊、天津市等.

各地颁布的有关广告管理的法规有 70 多条,地方性广告管理已从无序放任到有组织的主动管理。各地纷纷组建专门的机构,通常由公用局管理户外广告,社会局领导地方广告行业,警察局、卫生局、教育局等部门协作管理。广告管理的内容涉及多个方面,不仅在城市内建设及维持公共广告场,树立广告牌,清理墙壁残破广告,审核发布广告,还对广告代理业实行规范式管理,指导广告业发展。广告商(公司)一律登记造册,领取执照后方准营业,规定其代理广告收取"二成"的手续费,征收广告税。最初,地方政府的广告税向由商人承包,成立专门的管理机构后,"收回商办广告税"①。以上海为例,1928 年以前,

---

① 各局业务丛报.公用局[J].上海市政公报副刊,1928(4):94.

上海一地就有大公广告公司、同华广告公司等认包广告税,但由于放任管理,广告税收非常少。1928—1931 年,上海市成立沪南、闸北、浦东、沪西广告管理处,收回商办广告税。上海市还制定了广告管理规则,对市内的标准广告场、特许广告、临时广告、传单广告、车辆广告、电影广告、船舶广告、幕布广告等各类广告进行专门管理,凡揭布广告,必须"报经公用局核准登记纳捐,方得揭布"①。

管理者尤为重视户外广告,广告牌的大小、颜色、放置等均有明确的规定,旨在清理广告残破凌乱、大小不一等现象,整理市容市貌。在对特殊商品的管理中,有关医药广告的管理最为严格。近代虚假医药广告最为猖獗,与人民群众的生命健康有直接的关系,所以各地都将医药广告列为管理工作的重中之重,不仅针对医师发布专门的广告章程,还根据市场情况发布医药广告条例。

地方政府对广告的管理,"是近代广告管理制度的关键组成部分"②。但由于地区广告业发展不平衡,广告管理也参差不齐,上海、北京两地的管理法规最多,涉及面尤为广泛,为其他省市的广告管理提供了蓝本,为新中国成立后广告法的制定提供了一定的理论借鉴。

三、近代广告法规管理观

近代广告管理,除商标管理有专门的立法外,其他有关广告活动的管理均未纳入国家立法管理的范畴,未形成统一的广告单行法规,唯在出版法、刑法、民法、交通法、违警罚则等条文中间或提及广告的限制和罚则,这是由广告业在当时的国民经济生活中所处的地位决定的。广告业在近代尚处于初步发展阶段,广告未经选择,良莠不齐,也是意料之中的事,对广告业的行政法规管理尚处于初创探索阶段。全国性的广告管理还需依托出版法、民法、刑法、交通法等有关广告的规定,但地方性的广告立法已进行得如火如荼。上海、北京、天津等广告业发达的城市已率先通过行政训令、地方立法的方式对广告代理业、广告场地、广告内容、广告收费等进行尝试性管理并不断修正。种种迹象表明,近代的广告管理已从无序混乱的放任,开始有组织有序的主动管理。

(一)以市容市貌为管理之初

无论是国民政府,还是地方政府,其对广告事业的管理都从清理乱贴广告的城市"清壁运动"入手。1912 年 3 月 8 日,内务部颁布《核定告示广告张贴

---

① 上海市广告管理规则[J].市政评论,1946(10):47.
② 夏茵茵.中国近代广告管理评析及启示[J].山东大学学报,2009(3).

规则》,这应是近代最早的有关广告的专门性规定。其第一条规定:"本规则为保持清洁、整肃观瞻而设,特择适宜之地方,定为告示及广告张贴处。"①凡公署、局、所告示张贴处,学堂广告张贴处,商业广告张贴处,皆设立木栏,以横宽一丈,直长五尺为准。学堂及商业广告纸一律限定不得超过一尺五寸,长不得超过二尺五寸,如高有五尺者须以上下两排张贴,对各类广告的招贴日期进行限制,外国人通用。

1928 年,内政部颁布《规定张贴广告标语处所式样》,要求官厅之布告,商业之广告必须依照规定的大小和格式,树立广告牌的地位,改变以往"妨害公安之标语、毫无限制之商标,随处张贴,淆惑社会"等有碍观瞻的无序状况;通告各级政府、各公安局一体照办,并"克日具报考察,切切,此令"②。1928 年颁布的《违警罚则》中第五十二条,《市政纲要》中市容第六条,均是对任意张贴广告的管理,以整理市容。对有碍风景或观瞻的广告,内政部规定"凡高岗处所、公路、铁路交通交叉地点,重要建筑附近,及其他有碍风景或观瞻者,不得树立广告"③。但是,各省市未能严格遵照执行,交通中枢及风景线等地广告牌依然林立。有关户外广告的管理,政府不断出台新的政策以严肃执行,整饬市容市貌,保护风景文物和交通安全。1936 年 10 月,国民党社会部颁布《修正取缔树立广告的办法》及《户外广告物张贴法》等法规,1937 年 10 月,颁布《广告物取缔规则办理手续》,继续对各类广告物进行规范管理,凡与设置场所不相宜、妨害美观或风坟者,一律取缔拆除。④

从地方政府广告管理处的职责、广告税的征收、各地广告管理的规则看,禁止乱贴广告,藉肃市容都是其重要组成部分。地方政府广告管理处有三个职责,第一职责即"建设及维持广告场"⑤,建设广告场的初衷也是"鉴于市内广告,大率就市街墙壁凌乱张贴,损碍市容"⑥。对所管辖的公共广告场,"每日轮流洗刷",以保持整洁。这一严格的规定,充分表明了地方政府对市容市貌的重视。广告税的征收,一方面补贴地方税收,另一方面也可以限制乱贴广告发生。

---

① 核定告示广告张贴规则[Z].蔡鸿源.民国法规集成(第 4 册)[C].合肥:黄山书社,1999:307.

② 规定张贴广告标语式样,民国十七年六月内政部通饬各省民厅(附令).吴铁声、朱胜愉.广告学[M].上海:中华书局,1946:附录一 367.

③ 吴铁声、朱胜愉.广告学[M].上海:中华书局,1946:29.

④ 广告物取缔规则办理手续[Z].蔡鸿源.民国法规集成(第 84 册)[C]..合肥:黄山书社,1999:184~185.

⑤ 第七章广告[J].上海特别市公用局业务报告,1929(7-12):927.

⑥ 建设广告场发布广告牌[J].上海特别市公用局业务报告,1930(1-6):195.

　　上海、北京、天津、南昌、重庆等地颁布的广告管理规则中,都有对揭布地位的相关规定,目的是维护市容市貌。1928 年《上海特别市广告规则》规定,广告揭布地点以公用局所建之公用广告场、临时广告场,人民自建之特许广告场为限。第六十七条还规定,"凡房屋招租等非广告之揭帖,除本人门首外,不得随意乱贴其在里衖之间,应由业主另备揭示地位揭布之"①。1947 年颁布的广告管理规则中规定,不得在党政机关布告处、机关学校及其他公共建筑物之墙壁、街闸、电杆、清洁路线之墙上揭布广告,违者处国币五万元以下罚金并撤除广告②。《北平市政府管理广告规则》之第十条③,《天津市广告管理规则》第四条、第六条④,《南昌市政委员会管理广告规则》第三条⑤,《重庆市广告管理规则》之第四条⑥,都有相似的规定。天津市计划在铁路旁设立广告牌,因为"树木成荫与图案画交相辉映,不但增加美感,且来津旅客,对本市工商业,于未下车前,即能一览无余"⑦。《重庆市广告管理规则》第七条还规定:"凡已期满之广告若系在墙壁上,应由原设置人洗刷尽净。"⑧以上规定,都是为了保持良好的市容市貌和房屋的清洁,维持张贴的秩序和观瞻。

(二)以国家政体、社会良俗为管理之本

　　国家政体、社会良俗是国家存在和安定发展的根本,北洋政府、国民政府颁布的出版法中明确规定,广告作为出版物的一种,不得淆乱政体,败坏良俗。1914 年北洋政府的《出版法》第十条、第十一条规定,"凡信柬、报告……号单、广告等类之出版",不得"淆乱政体"、"妨害治安"、"败坏风俗"⑨,违者没收其印本或印版,处著作人、印刷人以五等有期徒刑或拘役。1930 年 12 月,国民政府颁布实施之《出版法》规定,出版品不得"意图破坏公共秩序者","妨害善良风俗者",⑩不得破坏中国国民政府或三民主义,损害国家利益,其中的出版品包括广告戏单等。1937 年,国民政府公布修正《出版法》中,明确规定以"广告、启事等方式登载于出版品者",不得"意图破坏中国国民党或违反三民主

---

　　①　上海特别市广告规则[J].上海特别市市政府市政公报,1928(10):66～78.

　　②　修正上海市广告管理规则条文[J].上海市政府公报,1947(15):622～624.

　　③　北平市政府管理广告规则[J].北平市政府公报,1947(3):10～14.

　　④⑤　天津市管理广告规则(五月二十一日第八十四次市政会议通过)[J].天津市周刊,1947(1):14～15.

　　⑥⑧　重庆市广告管理规则[J].南京、重庆、北京市工商行政管理处.中华民国时期的工商行政管理[M].北京:工商出版社,1987:202.

　　⑦　管理广告[J].天津市周刊,1947(1):6.

　　⑨　大总统公布出版法申令[Z].中华民国史档案资料汇编(第五辑第二编·文化)[C].南京:江苏古籍出版社,1998:434～435.

　　⑩　出版法[Z].蔡鸿源.民国法规集成(第 5 册)[C]..合肥:黄山书社,1999:170.

义"，"破坏公共秩序"，"妨害善良风俗"，如有违反，禁止"出版品之出售及散布，并得于必要时扣押之"，发行人、编辑人、著作人及印刷人判处"一年以下徒刑拘役，或一千元以下罚金"。①

1928年6月，内政部颁布《规定张贴广告标语处所式样》规定："妨害善良风俗之广告禁止张贴，违反党义及妨害公安之标语禁止张贴。"②《广告物取缔规则办理手续》中规定，凡距离"皇宫三百米以内"③，社寺庙宇境内均不准揭布广告，给予国家政体之象征物皇宫、社会上的宗教信仰以无上的尊重。国民政府时期，还积极维护党国的权威，商业广告中不得使用国旗、党徽等，"各报凡以国旗为商业性质之广告者，应予检扣"④；同时，对于国家领袖的肖像或语言，也给予无上的尊重，"禁止各报刊利用领袖官衔及语录为任何商业性之广告"⑤。

同时，净化广告文字也是各地政府的要务。广告管理处的职责之一即"审核发布之广告"。⑥ 各地颁布实施的广告规则都有规定，广告文字应宗旨纯正，不得"激烈危险有妨秩序安宁者；猥亵恶俗有伤风化者；乖谬荒诞有害青少年道德观念者；有挑拨恶感之意思者；有诱惑及煽动之意思者；有蒙混欺骗之意思者；窃用他人商权版权者；其他经公用局认为不合宜者"⑦。1947年上海市修正颁布的广告规则中，又将"花柳病症医药之说明文字，或标本模型者"及"含有赌博性质者"⑧纳入禁登范围。花柳病医药广告、性病广告等有伤风化的广告一律不准在公共广告场或临时广告场内揭布，只能在厕所内张贴。这一管理方法至今仍在沿用。

对色情电影广告的管理是任何时代都亟待解决的问题之一。电影是商业化的艺术，为了找寻买主，片商必然要在市场上拼命宣传。翻开报纸，比较多

① 国民政府公布的修正出版法.中华民国史档案资料汇编（第三辑·文化）[C].南京：江苏古籍出版社，1991：273～279.

② 规定张贴广告标语处所式样.蔡鸿源.民国法规集成（第40册）[C].合肥：黄山书社，1999：189.

③ 广告物取缔规则办理手续.蔡鸿源.民国法规集成（第84册）[C].合肥：黄山书社，1999：184～185.

④ 军委会新闻检查局民国三十一年十月至三十二年十月工作报告.中华民国史档案资料汇编（第五辑第二编·文化）[C].南京：江苏古籍出版社，1998：484.

⑤ 军委会新闻检查局民国三十一年十月至三十二年十月工作报告.中华民国史档案资料汇编（第五辑第二编·文化）[C].南京：江苏古籍出版社，1998：485.

⑥ 第七章广告[J].上海特别市公用局业务报告，1929(7-12)：927.

⑦ 上海特别市广告规则[J].上海特别市政府市政公报，1928(10)：67.

⑧ 修正上海市广告管理规则条文[J].上海市政府公报，1947(15)：622～624.

的就是电影广告，"文字之间充溢着色情化和性挑拨的肉欲"①。如《侥幸少女》的广告："女学校女学生全体解除内衣，水洗凝脂，肉体丰美，华清出浴图，无比艳腻。"《孤军魂》的广告说："没有女人，没有大腿。"② 这样的电影自然有伤风化。1916 年内务部发布的《报纸批评图画广告等项时涉淫亵应设法劝戒文》，即是对报纸广告诲淫的管理。"登载之人，为推广销路起见，备极形容，流传淫亵……期望章上此项污点，消除净尽。"③

对于国货广告，各级政府向来特别照顾，一律照规定税率减收二成，唯烟酒因系奢侈品减收一成。1930 年国货年，国民政府还适时发出免征国货广告的通知，通令各省市执行，以示提倡。经工商、内政、财政三部审核，"凡关于娱乐品、奢侈品两项，准予酌收广告捐……其余正当国货广告税，一律免征"④。诸多管理规定及各地政府的遵照施行，无不体现出庄严的国家主义、温情的民族主义与道德教化情怀，体现出以国家政体、社会良俗为本的管理观念。

（三）以罚代管、滞后管理

近代中央政府颁布的广告训令及地方政府颁布实施的广告规则中，对违法广告普遍采取"以罚代管"的方法，处罚力度相对较小，难以有效惩戒，违法广告禁而不止。1928 年上海市广告规则规定，对私自张贴广告者，处以"十元以下之罚金"⑤；对登载广告的文字仅有"禁止"、"不得违反"等提倡，未有实际性处罚。时至 1942 年，重庆市颁布的广告管理规则中，对擅自揭布广告或将内容变更及违反规定者，按情节严重处以"二十元以下之罚款"、"七日以下之拘留"。⑥ 可见在近代，各地对于广告的处罚依然较轻，难以有效规制违法乱贴现象。

整体而言，"民国时代的经济法律虽然在一定时期和一定范围内适应并促进了经济的发展，然而就民国时期的经济法律发展整个历史过程来看，其立法和执法状况，却滞后于经济发展的法制需求"⑦。广告立法管理同样如此，民国时期因着战乱的频仍，时局动荡，一直没有单行的广告法，直至 1994 年中国才有了第一部广告法，其立法工作与他国相比，严重滞后。美、英、德等国在 20 世纪初纷纷订立广告法规。1911 年，美国的《普令泰·因克广告法草案》公

---

① ②　论电影的广告[J]. 一周间，1934（6）：211.

③　论电影的广告[J]. 一周间，1934（6）：212.

④　工财内三部审核免征国货广告税办法[J]. 工商半月刊，1929（18）：8～9.

⑤　上海特别市广告规则[J]. 上海特别市市政府市政公报，1928（10）：66～78.

⑥　重庆市广告管理规则[J]. 南京、重庆、北京市工商行政管理处. 中华民国时期的工商行政管理[M]. 北京：工商出版社，1987：203.

⑦　张廉. 中国经济法的起源与发展[M]. 北京：中国法制出版社，2006：249.

诸于世，"使一般消费者和诚实的广告者有所保障"①。1907 年，英国发布《广告法》，禁止广告妨碍公园及娱乐场所，或损及风景地带的自然美。中国的广告业虽由国外引入，但立法工作迟迟未见动静，其立法工作较之英美等国晚了近 80 年。

其在实际立法中也存在时间上的滞后管理，1937 年，金城大戏院放映的《夜半歌声》是新华公司出品的恐怖影片。公司在上海静安寺路跑马场对面的空地上树立了一个高大的活动广告，广告上绘着一个披着黑衣的魔鬼式巨人，面目可憎，铁爪青牙，伸着一双巨掌，随风摆动。旁边是一个擎着蜡烛的老太太，扶着一个披发少女。这一广告着实非常恐怖，契合影片的恐怖色彩。刚从乡下来到城市的女孩邱金珠看到这一广告后，竟活活被吓死。市联会函请工部局取缔该广告，新华公司老板张善琨不予理睬。随后，首都警察厅才下达训令《取缔电影广告诱惑文字》，要求广告不得有恐怖神怪字样②。

广告立法的滞后，直接影响执法的实施，各地政府的管理收效也是成败参半。政府开展的清壁运动，始终未见多大成效。城市建筑物上的广告非常凌乱，"有时虽有清壁运动的举行，仅收于一时，日久玩生，墙壁上纵有'禁止招贴'等标识，而一般招贴视若无睹，任意张贴，以致房屋的外观斑驳不堪入目"③。变相的性病药品广告等就像是城市的"牛皮癣"，随处可见。所以清壁运动要持之以恒，才能收效。商号还想方设法"将布制之广告横拉于街中，日久即破旧不堪，有碍观瞻"④。

从近代市场发展来看，中央政府及地方政府的广告行政法规管理在一定程度上起到了规范广告主体行为和推动广告业发展的作用，广告业的发展逐渐走上正轨。各地政府要求广告商注册登记，征收广告税已渐成气候。1947年战乱刚刚结束，上海市各类广告商的登记和广告税征收就卓有成效，应是战前管理观念的延续，如下表所示：

---

① 吴铁声、朱胜愉. 广告学[M]. 上海：中华书局，1946：24.
② "夜半歌声"广告酿成人命，乡下女孩看见怪人黑影活活吓死，市联会函请工部局取缔该广告[J]. 电声，1937(11)：521；张善吃软不吃硬，怪人广告换上新装决不拆除[J]. 电声，1937(13)：603；首都警察厅取缔电影广告诱惑文字[J]. 电声，1937(23)：1003.
③ 吴铁声、朱胜愉. 广告学[M]. 上海：中华书局，1946：28～29.
④ 工业概况：清除残破广告[J]. 市政半月刊，1934(5/6)：5.

表 4-3　1947 年上海市广告商及各种广告登记表

月份	广告商（家）	各种广告									登记费收入总额（元）
		幻灯片广告（张）	霓虹灯广告（市尺）	车辆广告		幕布广告（幅）	电钟广告（座）	特许广告（市尺）	临时广告（张）		
				私有车辆（辆）	公共车辆（市尺）						
总计	13	20 716	6 494	17	20 340	5	7	540 940	114 700		517 034 148
一月	—	1 526	—	—	1 696	—	—	9 220	11 400		9 468 964
二月	1	1 429	—	4	—	—	—	21 081	1 100		11 098 320
三月	—	1 608	—	—	3 390	—	—	32 219	—		16 821 740
四月	—	1 732	—	6	—	—	—	23 301	1 000		12 442 980
五月	2	2 003	—	1	5 085	2	—	107 865	—		37 107 720
六月	2	1 922	1 409	—	—	—	—	69 730	3 000		33 436 416
七月	1	1 797	234	—	—	—	—	4 215	500		17 816 424
八月	1	1 492	123	2	5 085	—	7	146 442	12 500		97 008 976
九月	2	1 753	1 360	4	—	—	—	9 658	83 500		43 163 456
十月	—	1 921	234	—	1 695	—	—	23 451	—		61 410 624
十一月	—	1 815	1 158	—	1 695	—	—	19 877	200		60 480 240
十二月	4	1 718	1 976	—	1 695	3	—	73 881	1 500		116 778 288

资料来源：上海市广告商及各种广告登记[Z].上海市公用事业统计年报,1948:68.

　　广告场地的建设也粗具规模,大城市都纷纷建立公共广告场和临时广告场,对游行性的车辆广告、音乐广告也进行积极的管理。虽然全国性的广告法仍付阙如,但政府并非不及此,不时发布临时性的劝诫文和取缔令,对各地乱贴广告和涉淫文字图画广告进行指导性管理。各地政府除遵照国民政府的法令外,还积极颁布广告管理规则,管理不良广告。商民也参与法令的制定,主动呈请政府出台相应政策保护商民利益。如 1929 年 8 月 30 日,上海市商民协会铜铁机业分会,呈请上海市公用局,要求豁免国货广告税,增加外货广告税金,以实现"藉维商业以示提倡"①的民族利益。上海市公用局积极给予反馈,1929 年 9 月 14 日出台意见,因国货广告税已减收二成,豁免不以照准,但是对"呈中有征收该税人员苛政横敛,怨声载道一语……如有额外勒索情事,

_____

　　①　上海特别市政府训令第一五七四号[J].上海特别市市政府市政公报,1929(30):19.

尽可据实呈诉,以凭究办等"。① 近代广告的法规管理,在立法和执法过程中,呈现出以罚代管、滞后管理的特点,以市容市貌为管理之初,以国家政体、社会良俗为管理之本。因其对不良广告中的诲淫广告和医药广告管理较多,欺诈性广告、诲赌性广告和导人迷信广告等较少涉及,使得不道德欺诈广告依然比比皆是。可见,"由于没有一部正规严肃的广告管理法规,国民党政府对广告的管理是软弱无力的"②。但至少,国民政府及当地政府已迈出可喜的一步,"慰情聊胜于无",开始考虑建立专门的报纸广告法等,并付诸地方性广告法规的建设,为近代广告业发展提供了一定的行业指导和行为规范,推进并改善了广告的管理工作。

(第三节) 近代广告行业自律观

理想的广告管理应是"实行政府法制管理与广告自我约束(即自律)相结合,又以自我约束为主的管理机制"③。不良广告带来种种社会危害,政府应出台严厉的行政法规进行管制,广告行为各主体也应积极自我约束和自我管理,这样才能标本兼治。报馆要有报格,广告商要讲究职业道德,商人要以诚信为本。诚如吴铁声所言:"欲彻底使广告伦理化,一方面固须藉法律加以限制,同时广告者自身及办理广告者也须有一种自制。即一般商店、团体、广告代理业、出版业及其他关系者之间,为促进广告伦理化起见,有制定一种规约,共同遵守的必要。"④近代报业组织、商业团体及广告商,除遵照执行政府颁布的各项广告管理法规外,开始有计划、有组织地进行广告自律建设。他们不仅自我约束,还建立各种行业组织,订立行业规约,通过集体的力量进行约束管理,以挽救广告业的信用和名誉,促进广告业的健康发展。

---

① 为请豁免国货广告税则增加外货广告税金由[J].上海特别市市政府市政公报,1929(32):69.

② 陈培爱.中外广告史——站在当代视角的全面回顾[M].北京:中国物价出版社,1997:63.

③ 陈培爱.中外广告史——站在当代视角的全面回顾[M].北京:中国物价出版社,1997:64.

④ 吴铁声、朱胜愉.广告学[M].上海:中华书局,1946:31.

一、近代报业广告自律

不良广告的出现,其中一重要原因是"广告刊物不加限制"①,唯广告者意志是从,所刊文字不加审查,以致刊物声誉堕落:"商业化的报纸,只知赚钱,不问其他,对于国家应尽的义务,观念至为淡泊。"②虽然各大报纸的广告条例中都要求不刊登不良广告,如《新闻报》规定:"本报收登广告,其措辞与体裁,以宗旨正当不越法律范围为限;其有关风化及损害他人名誉,或迹近欺骗者,一概不登。"③《大公报》广告规则第二条:"广告措辞及体裁以不越法规范围为限,如有关风化或有关法律责任及对其他有妨碍者,得删改之或拒绝刊登。"第十五条:"书籍杂志及一切刊物等广告,须经本馆审查其内容后,认为无关风化或不致干涉禁令者,方可照登。"④然此类官样文章,措辞空泛,少实际的约束,收效不宏,形同具文。"且少数报纸,忽视条例,无所不登"⑤,报社为招揽客户,还常常对大客户奉送广告性质的新闻,有的广告直接闯入新闻版面,割裂报纸版面,这些都是读者深恶痛绝的。

报纸对于社会,负有重大的责任,刊登广告,虽以收入利益为目的,但有伤风化之广告一经刊出,对社会影响既深且巨。近代报刊媒体,能主动拒登不良广告者,固不乏人。如邹韬奋主持之《生活》周刊,对广告管理非常严格,"略有迹近妨碍道德的广告不登,略有迹近招摇的广告不登,花柳病药的广告不登,迹近滑头医生的广告不登,有国货代用品的外国货广告不登"⑥。其不仅对广告内容进行严格审查,不赚不义之财,而且在广告版面的安排上始终坚持小广告,反对大广告,且"划定广告版位,不至于因广告而割裂整个版面的内容"⑦。《生活周刊》对于国货广告的宣传亦孜孜以求,深受工商界和读者的喜爱。

但是,近代报馆能够主动承担起对于广告的责任者实居少数,"徇利昧义,实居多数"⑧。戈公振在《中国报学史》中谈到我国的广告事业时,言及当时《申报》、《新闻报》、《益世报》上的广告,外货实居十之六七,国货仅十之二三,

① 陆梅僧.广告[M].上海:商务印书馆,1940:194.

② 戈公振.报纸的将来[A].黄天鹏.新闻学演讲集[C].上海:现代书局,1931:69.

③ 戈公振.中国报学史[M].北京:三联书店出版,1955:221.

④ 《大公报》广告规则.转引自穆加恒.商业广告的净化问题[J].报学杂志,1948(10):11.

⑤ 刘洪兴.谈报纸广告的净化[J].新闻学季刊,1939(1):55.

⑥ 穆欣.邹韬奋[M].北京:中国青年出版社,1958:136.

⑦ 高运锋.从《生活》周刊剖析韬奋的广告观[J].新闻大学,2000(3).

⑧ 禁止淫秽广告文.刘洪兴.谈报纸广告的净化[J].新闻学季刊,1939(1):55~56.

且国人广告中大半为奢侈品及药品,常有不道德与不忠实广告,以致常有伤事发生。"此不但为我国实业界之大忧,亦广告界之大耻也"①,徐宝璜君也曾撰文说,世人对于广告,"每生鄙夷之心",因报馆只知道出售广告地位,不问其内容,于是"龌龊之广告有之,虚伪欺人之广告亦有之"。殊不知报纸出售的不仅仅是广告地位,更是读者对于报纸的信任心。"鄙夷之心既生,广告之力自灭"②,因此报纸应自动净化广告,使不良广告绝迹。

单纯依靠各报自律,显然是不够的,必须依靠行业自律来促进整个行业的健康发展。报业团体得以成立,积极约束各报广告行为。1910 年,《时报》、《神州日报》报馆发起成立"全国报馆俱进会",得到各地报馆的积极响应,于 9 月 4 日在南京成立,参与报馆 37 家。该会于 1911 年在北京召开常会,1912 年在上海召开特别大会,参与者共六七十家,改名为"中华民国报馆俱进会",通过七项决议案,第六项即"设立广告社案",督促报业改良,限制不良广告的刊登。

1919 年,广东《七十二行商报》与《新国民报》提议,组织"全国报界联合会",由广州和上海报界公会发起,于 4 月 15 日召开成立大会,会员 84 家。会议决案"拒登日商广告",在当时反响很大。时值五四运动爆发,国人一致抵制日货,各会员报社积极响应,上海《申报》、《新闻报》、《时报》、《神州日报》、《时事新报》、《中华新报》、《民国日报》七家报纸发出联合声明:"自五月十四日起,不收登日商广告,并日本船期汇市商情。"③各会员报社还配合舆论的要求,拒登日货,提倡国货,以维护民族的利益。1920 年 5 月 5 日,"全国报界联合会"在广州召开第二次会议,共到报馆及通讯社 100 多家④,代表 196 人。会议通过 14 项决议,其中第九项为"拒登日商广告案",第十三项为"劝告勿登有恶影响之广告与新闻案"⑤,内容如下:

> 广告固为报社营业收入之一种,然报纸之天职在改良社会,如广告有恶影响于社会者,则与创办报社之本旨已背道而驰。如奖券为变相之彩票,究其弊可以凋敝民力而促其生计,且引起社会投机之危险思想。又如春药及诲淫之书,皆足以伤风败俗,惑乱青年。此种广告,皆与社会生极大之恶影响,而报纸登载,恬不为怪。虽曰营业,毋乃玷污主持舆论之价

---

① 戈公振.中国报学史[M].北京:三联书店,1955:220.

② 徐宝璜.新闻纸与社会之需要.新闻学[M].北京:中国人民大学出版社,1994:122.

③ 头版头条[N].新闻报,1919-5-15.

④ 一说为 112 家。黄天鹏.中国新闻事业[M].上海:上海联合书店,1930:128.一说为 120 家。穆加恒.商业广告的净化问题[J].报学杂志,1948(10):11.

⑤ 黄天鹏.中国新闻事业[M].上海:上海联合书店,1930:128.

值乎? 且贪有限之广告,而种社会无量之毒,抑亦可以休矣。报界联合会为全国报界之中枢,有纠正改良之责,宜令本会各报一律禁载上述广告。其类此者,亦宜付诸公决,禁止登载。牺牲广告费之事小,而影响于社会大也。①

此案寄希望通过这一条文,约束各报"饥不择食"的收益贪念,拒登对社会有恶劣影响之奖券广告、春药及诲淫书籍广告等,承担起宣传文化与教育群众的使命。但由于缺乏具体的监督和惩戒机制,使其仅成为"提倡"的口号。第三次会议原本定于 1921 年在北京召开,因内部意见不一,遂停止活动。

除全国性的报业组织外,各省市也纷纷建立新闻团体的联合会。新闻业最发达的上海,1909 年就成立了"上海日报公会",以"互联情谊,共谋进步"为宗旨。② 此后还有 1927 年上海通讯社记者公会,1931 年上海新闻记者公会,1932 年中国新闻记者联盟等。1935 年联华影片公司出品之电影《新女性》,其中有一段涉嫌诋毁记者形象,上海记者公会向其交涉,要求删除此段,登报道歉,保证以后不再发生此类事件。在交涉的过程中,双方一度僵滞不下,后记者公会联合《新闻报》经理汪伯奇、《申报》马荫良、《时事新报》、《大晚报》张竹平等,对于"联华广告,请一律拒登"③。最初,联华公司毫不在乎,还登启事于《申报》,自本月二十三日起,永远不登《申报》。不料此启事刊登后,报界同仁无不大怒,各报方决定一律停登联华广告,以示决绝。联华公司这才有了悔意,由吴邦藩恩请汪伯奇、马荫良二君担任仲裁,从中斡旋。吴邦藩亲自前往记者公会道歉,答应所提的三个条件,登报道歉,并请汪马二君见证。在各报上刊登道歉广告如下:

> 联华公司《新女性》影片中穿插新闻记者之片段引起上海市新闻记者公会之不满,后蒙汪伯奇、马荫良先生允为调停,敝公司深为感歉,现将片中欠妥各节剪除,业已圆满解决。

此"新女性"事件,在中国电影史上轰动一时。广告不仅充当了记者公会抵制影片侮辱名誉的杀手锏,又充当了调和这一事件的"和事佬"。1936 年,上海新闻界之《时事新报》、《申报》、《时报》还因明星电影公司拖欠广告费,对其最新出品的"新旧上海"影片广告一律拒登。④

天津于 1906 年成立"报界俱乐部。"北京、广州、浙江、湖南等地报界联合会也陆续成立。1927 年,湖南全省新闻联合会的议案中,第十项是有关广告

①　戈公振.中国报学史[M].北京:三联书店,1955:221.

②　胡道静.上海新闻事业之史的发展[M].上海:上海通志馆,1935:31.

③　联华影片交涉案结束,记者公会以拒登广告为武器获得胜利[J].电声,1935(9):179.

④　前账未清,上海三大报拒登明星广告[J].电声,1936(18):426.

的内容,如下:

　　(甲)禁登英日商品广告;

　　(乙)禁登反革命、反农工运动广告;

　　(丙)禁登反文化广告(如看相、算命,及一切诈骗、迷信等广告);

　　(丁)禁登颂扬广告。①

　　杭州市曾为限制各报之自由竞争、广告折扣任意高下之状况,各日报广告部成员于 1928 年夏成立"杭州市日报广告联合营业社",承包杭州市日报广告营业。章程中规定"本社之广告,需遵守决议之广告折扣缴账,不得以个人私交破坏定规"②。

　　随着近代报馆经营业务的发展,报人已逐渐意识到不良广告对于事业的危害,既有各报自身之广告拒登条款,又有集合团体力量之同业广告决案。从已形成的条文来看,不良广告,如淫秽色情、欺诈医药广告的呼声最高。但在实际的执行中,申、新等商业性大报为巨额的广告收益,不愿积极取缔不良广告,净化报纸版面,欺诈、色情类广告始终未绝于刊。报业团体之"劝告勿登有恶影响之广告与新闻案"等虽有提案,但没有具体的管理办法,只是一个劝告。报馆如果不照做,也没有制裁的办法,不过是隔靴搔痒,徒具其文。但即便如此,此决议"总算是我国广告伦理化运动的先声了"③。在提倡国货广告方面,这应是近代报业的一大成就。1905 年拒登美货广告,1919 年拒登日货,1925 年拒登英货广告,报纸积极地充当国货运动的先锋,拒登洋货广告,开辟国货专栏,减免国货广告刊登费用,这一舍弃经济利益的公益行为彰显了报业的民族大团结和政治关怀。

二、近代商业团体之广告自律

　　报纸拒登不良广告乃净化广告之治标的办法,治本还需广告商主动配合,提高认识,诚实为上。工商业团体之间"也应当订立同业协定,限制全体广告的数量和种类,使之适应社会实际需要的程度"④,限制同业间过度的广告战和版面浪费,为社会节约尽一份力量。

　　近代报纸发展很快,由最初的一大张扩至四张、十六张,广告在其中占据着重要地位。烟草广告、医药广告不仅有半版,甚至有整版跨版,同业间竟以

---

　　① 黄天鹏.中国新闻事业[M].上海:上海联合书店,1930:129～130.

　　② 杭州市日报广告联合营业社章程.项士元.浙江新闻史[M].杭州:之江日报社,1930:附录 258～261.

　　③ 吴铁声、朱胜愉.广告学[M].上海:中华书局,1946:31.

　　④ 不敏.论出版业与广告经济[J].工读半月刊,1936(4):177.

版面大小论成败,于是造成篇幅浪费的结果,翻开报纸,满目都是广告。同业间鹬蚌之争,常常累及自己,入不敷出,报馆当局则坐收渔翁之利,因此同业间亦开始协商限登广告,以节约成本。近代各行业对广告管理最多的是电影界、新药业及律师会,尤以上海地区为典型代表。

(一)电影界之自律管理

色情化宣传是近代电影广告的一个常态,"浪漫热烈"、"肉感温柔"等勾魂摄魄、紧张动人的字眼极富诱惑,使人们惊呼电影广告不外乎导淫。1932年12月,内政部、教育部下设的电影检查会宣布,自1933年1月1日起,在检查影片时对电影广告严加检查,"以免一般投机取巧者之妄事铺张,过自夸饰"[①]。后国产电影界以时间仓促为由,联华、明星、天一、艺华、月明、快活林六公司联名要求展期,延至2月1日,以集体的力量与政府进行协商管理。

电影院的广告,最初不过小小的一块,至多不过1/4版。随着竞争的剧烈,各以巨幅广告为压迫同业的手段,劣质影片也以大幅广告为号召。于是,在观众心目中就造成一种心理,"非登大广告不是佳片"[②]。因此,电影院的广告费支出一天高过一天。登大广告也不过能多拉一点观众而已,于营业本身并无多大裨益。上海各影戏院为了"失之东隅,收之桑榆",无可奈何中不得不联手各影院一致行动,节省广告开支,"决定所刊广告之地位,大小一致,决不竞争"[③]。1934年,因百业凋敝,市况衰颓,营业不振,上海15家电影院如中央、恩派亚、卡娜、万国、明星、华德、光华、东南、蓬莱、西海、东海、山西、天堂、荣金等召开会议,认为"缩登各报大幅广告实为必行之一最要政策,同时,更觉得缩登广告以后的步骤,就是裁削广告员。并商定十五家广告稿每日荟齐,由一家负责总发,各院按月出资二元,交归中央公司担任其劳"[④]。违反此规定者,"处罚金二百元"[⑤],以资信守。这一决议很快得到执行,此后"申"、"新"二报的电影院广告一律都以狭小地位出现,戏院因此省去广告员的工资。据统计,两报广告刊资,每院月计不足60元,较前省减之数,总和须在3 000元以上。此联合之策,"既免广告竞争,多耗费用,而所刊地位一律平均,似于营业上,亦可不至受影响,固一无可奈何中之较佳办法也"[⑥]。中央放映《人之初》,第一日仅售200余元,影片方艺华电影公司大为不满,"认为广告缩小,确为最大原因"[⑦]。要求恢复原来地位,否则自行发刊。中央影戏院因事关各院议

---

①　萍飞.电影检查会实行检查影片广告外片商无所适从[J].电声,1934(6):107.

②③　亚夫.紧缩声中电影院的广告政策[J].电声,1934(24):469.

④　萍子.搏节开支十五家电影院紧缩广告[J].电声,1935(27):538.

⑤⑥⑦　电影院限登广告后之重大反响[J].电声,1935(28):578.

约,未予应允,此可谓行业管理之初见成效也。

缩小广告政策,不仅引起制片方的不满,果真行动起来,亦引起报方的不满。1939年,在各影院公司的努力下,缩小广告"果然在千辛万苦中实现了"①。各影院还决议在"申"、"新"二报刊登《上海国产影片公司戏院为统一报纸广告联合启事》:

> 凡一新片问世,出片公司必在映期之前,向各报竞刊预告广告;开映以后,各戏院亦相互在报纸广告方面有所争执。数载以还,由于此项竞争局面所耗之广告费,为数至巨,然在外界所获之印象,则群以浪费虚掷为可惜,兹者经各公司各戏院会同商决业已签订协定,自六月一日起无论何片所刊登新闻报、申报及其他各报之广告,均须依照协定中之议定之尺寸互相遵守,不得放违,深恐各界不明真相,特此登报公告。诸者如:
>
> 艺华影业公司
> 新华制片厂
> 国华影业公司
> 新光大戏院
> 金城大戏院
> 沪光大戏院同启②

电影界不仅希望同业间互相遵守,且希望登报昭告天下,改变以往观众"非登大广告不是佳片"③的心理。不料,这则启事广告送登两报后,两报会商,"决定加以婉拒"。广告被退了回来,报方的理由是:"恐怕这个缩小广告的启事,引起其他同业的仿效,那就将使《新闻报》等蒙受太大的损失。"④

缩小广告的政策曾一度严格执行,但《一代尤物》、《林冲雪夜歼仇记》等新出品影片的广告超过规定的半版,电影公会再度集议,最后订立"君子协议",今后新片广告:"新闻报不得超过一千五百行,申报则不能超过七百五十行。公映之后,每天不得超过半版,如果一有违反,就要罚出三千元充电影公会的基金。"⑤电影业三番五次重申节约规定,反映出当时执行的困难。

1939年,上海市国产片电影院因物价飞涨,增高票价困难,为避免入不敷出的现象,召开紧急会议,决定开源节流:"自本月十六日起,各影院所载广告,除两大报外,皆暂予停刊。"⑥

---

①②④ 上海两家大报,拒登电影业统一广告联合启事,启事中限定广告尺寸,报馆方面恐引起同业仿效[J].电声,1939(27):1092.

③ 亚夫.紧缩声中电影院的广告政策[J].电声,1934(24):469.

⑤ 铁鸟.广告战白热化中,政策之新转变,影界历行统一广告政策,订合同严加限止,违约者处罚三千金[J].电影新闻,1939(14):353.

⑥ 电影院入不敷出,实行广告紧缩[J].电影,1939(46):6.

(二)医药业之广告自律

上海新药业公会在管理本市医药广告方面也十分积极,遵照执行政府下达的各项指示。1935 年,沪市卫生局下文《取缔淫秽猥亵及有碍善良风化之医药广告》,该会于 7 月 24 日召开会员大会,认为"与该会会章之规定相合",经全体讨论,"表示赞助,望公告同业,将仰体长官意旨,一致遵守;希有则改之,无则加勉"①。

1937 年,抗战爆发,外汇紧缩,依赖进口的白报纸价格飞涨,较战前涨至 10 倍之多。虽然报业一再缩减纸张,但广告篇幅仍然很大,常常反宾为主,占据大部分版面,这与战时的情况极不相符。在这种情形下,新药业率先缩小广告以节省报纸,不但各商号积极实行,"还集体实行,由同业公会的力量,约束各商号,除了有特别事故,或是有新出品,或是有纪念事件等特殊事件,事前须征得公会的许可,刊登一天半幅地位的大广告外,平时,一家商号刊登的地位,不得超过四分之一版,如果不守公约,便予以一千元罚金,以充慈善事业费用"②。不仅如此,新药业公会还希望把这一有意义的运动推及全体商业,函请与之有关的各商号公司,"希望他们也能和他们一般地实行广告节约"③,这确是一件有意义的举动。

(三)律师公会之广告自律

上海各大报的头版经常用大号字体刊登某某律师受聘为法律顾问的广告,这样的广告着实让人纳闷,"并非须经第三者的同意,方生效力之事,何以竟花许多钱登广告"④,后渐渐明白原来做律师很尴尬,不能刊登廉价的广告,又不能送赠品,只好用此方式以广招徕。鉴于此,上海律师公会于 1936 年召开会议,通告全体会员"不得登载招揽业务广告",代登广告不得妨碍他人名誉等⑤,对会员中出现的新情况给予及时指导,以其通过团体的力量约束不良广告。

近代商业团体在对广告的自律管理方面上呈现出自觉自愿的特点,遵照执行政府之广告限令,主动动员协调团体力量,限登广告地位,联合刊登小版面广告,避免因恶性竞争造成广告浪费。在民国报业纸荒时期,这显得弥足珍

---

① 沪市新药业赞同取缔猥亵医药广告[J].中华医学杂志,1935(8):942.

② 叶山.新药业广告与新闻报[J].上海评论,1939(1):12.

③ 叶山.新药业广告与新闻报[J].上海评论,1939(1):13.

④ 绍平.读广告后[J].中华周报,1933(87):3.

⑤ 致各会员函(为通知不得登载招揽业务广告由)[J].上海律师公会报告书,1936(34);法绥.致全体会员函(为律师代登广告不得妨碍他人名誉由)[J].上海律师公会报告书,1936(34).

贵,一举数得,既避免了同业间的不正当竞争,又节约了纸张,更进一步节约了外汇,于国家和社会都有利。

三、广告同业自律

1919 年,中国广告公会成立,这是中国最早的广告行业组织。发起人是美国万国函授学社的社长海格(H. R. Harger)与任美孚洋行、英美烟公司、慎昌洋行广告部主事的四位西人,联合华人中经营广告业者组织而成"中国广告公会",并与世界广告公会联络。华人会长为申报馆的张竹平,此会以"联络广告业、报纸业、商业中人之感情,务使增进各方面利益"[①]为宗旨。对会员中的华人,广告业、报纸业、商人等,教授西人最流行、最新式的广告术、报纸经营法、商业招徕法等。对于西人会员,则教授以东方学术,增进其在华经营之经验。调查部的职责在于"调查在华中外印刷界广告情形之盛衰……如有在华登载广告之商号犯有不正当之举动,该管干事部亦应立即报告董事部,并陈述方法以纠正之"[②]。后其单独将"监督不正当广告"由改良部担任,对于广告业中的不正当竞争、欺诈等现象进行监督,责令其予以更正。该会多次在《申报》上刊文介绍开会及开展活动的情况,促进了行业自律、广告业与商界的配合。

1927 年,上海"维罗广告公司"、"耀南广告社"等 6 家广告社组织成立"中华广告公会",以争取共同的利益和调节同业间的纠纷,联络与各报馆的感情。公会成立后,建议不再用"捐客"的名称,曾向《新闻报》、《申报》等报刊呈请,要求不再称"捐客",而代以"代理商"名称。公会名称后来几次更改,于 1930 年改为"上海市广告业同业公会"。1946 年,改称"上海市广告商业同业公会",成员增至 91 个广告公司、行、号、社,按其代理业务分为报纸类、路牌类和其他。公会的宗旨是"维持增进同业之公共利益及矫正弊害"[③],制定《上海市广告商业同业公会业规》七章四十二条,希望"同业须各本互助精神,谋业务之发展,不得有欺诈及不正当之行为,并不得接受有违法令之广告,更不得跌价为竞争之手段"[④]。该会设理事会 11 人,监事 3 人,每年召开一次定期会议,临时会由理事会认为必要时召开,对同业中的不正当竞争等事项讨论决议,由理

---

① 中国广告公会组织章程.蒋裕泉.实用广告学[M].上海:商务印书馆,1925:附录四 15.

② 中国广告公会组织章程.蒋裕泉.实用广告学[M].上海:商务印书馆,1925:附录四 19.

③ 如来生.中国广告事业史[M].上海:新文化社,1948:25.

④ 上海市广告商业同业公会业规.如来生:中国广告事业史[M].上海:新文化社,1948:29.

事会执行(图 4-5 为胜利后第一届第一期上海市广告商业同业公会理监事摄影)①;对违背章程业规及决议者:"经理事会之议决,予以警告,警告无效时,得按其情节轻重,按照《商业同业公会法》第二十六条之规定程序为下列之处分:一、五十元以上一千元以下之违约金;二、有时间之停业;三、永久停业。"②停业或永久停业须报经主管官署核准实行。该会不仅对同业进行营业上的管理,对媒体之非合理性抬高价格、广告商拖欠广告费等,由公会出面通告各同业一律拒登广告,以保障同业利益。这一广告同业组织的自律,在一定程度上缓和了同业之间的矛盾,促进了广告业的健康发展。

图 4-5 胜利后第一届第一期上海市广告商业同业公会理监事摄影

四、近代广告行业自律观

近代与广告业相关的报业、商业团体及广告商组织都建立了公会,在谋求同业进步的同时矫正广告活动中的弊害。广告行业组织和行规的建构,实际的自律管理,表现出对外凸显行业利益、对内统摄一切的行业自律观。

---

① 如来生.中国广告事业[M].上海:新文化社,1948:附录一.照片中第一排由右至左分别是:监事沈秋雁、监事钟鼎臣、监事孙道胜、理事长陆守伦、理事胡谭明、理事陆梅僧、理事林振彬,第二排由右至左分别是:总干事戴桐秋、理事王万荣、理事吴云梦、理事胡雄飞、理事倪高风、理事崔泉声、秘书邱蔺约。
② 上海市广告商业同业公会业规.如来生:中国广告事业史[M].上海:新文化社,1948:32.

(一)对外凸显行业利益

近代各类广告行业组织,报业公会、商业公会、广告商公会,都以行业的进步和利益为出发点,缺乏社会责任意识和协作精神。报业团体尤甚于此,因其操控着发布广告的话语权,执掌着商业团体和广告商的营业利益,对自身的约束确是微乎其微。报纸上的广告,有许多都是意存欺骗的,常引起读者的不满,"就现今上海报纸广告的内容而言,实有亟加肃清的必要"①,各报刊不仅不着力于净化广告内容,对于其他团体的行业自律也缺乏团结协作的精神。电影界限登广告,送交"申"、"新"二报时,两报当场举行会谈,婉拒其缩小广告的启事。报方的理由,"完全为自己的利益着想,恐怕这个缩小广告的启事,引起其他同业的仿效,那就将使《新闻报》等蒙受太大的损失"②。新药业实行的节约广告行为,"据调查所得,《新闻报》和《申报》确是拒绝了刊登新药业公会的实行公告,这真是一件遗憾的事"③。可见,报业团体未顾见这一行为的社会利益,拒绝与其合作,从伦理角度讲,乃私欲至上。

上海市广告商同业公会,除约束本会之不正当竞争外,对不利己行为,抬高广告位价格、拖欠广告费等采取全体一致排斥的手段,其根本也是因"经济关系"所致,行业自律以服从行业利益为根本出发点。

(二)对内总摄一切

各类行业组织,从其组织结构的性质看,仍是传统社会商帮、行帮的延续,随着近代化加速形成的新行业之同业团体。报业俱进会、新药业、电影业公会、律师公会、广告商同业公会等莫不如是,其根本的精神乃是中国近代之商会精神"对外代表本会,对内总摄一切"的延续,对外的利益大于对内的管制。但对内的管制又是其维护行业名誉、保障行业发展的出发点。从近代各广告行业组织的自律管理看,对内的管理主要体现在统一行动、遏制不正当竞争方面。

从1919年"全国报界联合会"之"拒登日商广告案"、1935年上海记者公会联合上海大报"拒登联华广告"所引发的"新女性案",到电影业、新药业之"缩小广告政策"等,无不体现出统一行动的自律特点。从《上海市广告商业同业公会章程》及《上海市广告商业同业公会业规》中,我们同样也可以领会其

---

① 文夫.报纸的广告[J].文化建设,1936(5):2~3.

② 上海两家大报,拒登电影业统一广告联合启事,启事中限定广告尺寸,报馆方面恐引起同业仿效[J].电声,1939(27):1092.

③ 叶山.新药业广告与新闻报[J].上海评论,1939(1):12~14.

"统一行动"的自律精神。章程中第九条规定："如遇客户拖欠广告费者，得用书面报告公会，由公会通告各同业在欠款未偿清前，一律拒绝接受其广告以保障同业利益"。第十二条："如遇业主抬价致使同业不能担负时，应报告本会备案，经审查确实，当由本会通知全体同业一致放弃。"①各广告行业组织不仅对外一致行动，对同业的经营价格也实行统一管理，以防止任意折扣等现象发生。章程中第十六条规定："同业经营播音、幻灯、戏院及其他各种广告者，除临时性质未经本会评定售价者，其他固定性质广告之售价，均须照本会评价单出售。"②公会业规中第五条规定："同业经营各报广告，其收费折扣由本会制定公平折扣单，分发各同业，各同业得按照服务之繁简，酌量提高之，惟以不超过百分之三十为限。"③杭州市日报广告联合营业社之章程中，同样也遵照决议之广告折扣缴账的规定，不得以个人关系破坏定规。

广告商业公会负责管理行业内把持广告地位、挖夺同业营业、任意折扣等不正当竞争行为，争执由公会集会评判，以维护同业之互助精神。

近代各行业对广告的管理和约束已通过建立各类行业组织来实现，本着促进行业进步、矫正营业之弊害为宗旨，订立各种行业规定，共谋行业之公共福祉。在促进广告版面的缩减方面，电影业和新药业身先力行，为同业节约成本，为社会节约纸张和减少广告浪费，为减轻消费者的负担做出贡献。各类广告行业组织，在自律管理中对外凸显行业利益，对内统摄一切，为近代广告同业的团结和广告业的健康发展做出努力。但在限登不正当广告这一立场上，虽然报业行规和商业团体中都有明确规定，但因措辞空泛，缺乏具体的监管和惩戒措施，使得报业和商业中只有少数人能独善其身，抵抗金钱之诱惑。这就使得近代广告行业自律呈现出认识与实践上的分离，利益与社会责任时常发生矛盾。行业组织的自律管理只能围绕在广告管理的外围打转，难以进入"里子"，不能从根本上杜绝不良广告对社会的危害。究其原因，乃近代广告业自身发展尚微所致。

随着商业的发展和社会观念的变迁，商业道德渐被人们所重视，有头脑的商人高唱商业诚实化，学者亦开始探讨广告与商业道德的关系。程景灏于1916年翻译《广告与商业道德之关系》一文，谈及纽约州一报纸拒登某煤油公司之大宗广告，原因是请专人对其公司之财力、股票价值等进行调查后发现此

---

① 上海市广告商业同业公会章程．如来生：中国广告事业史[M]．上海：新文化社，1948:25～28．

② 上海市广告商业同业公会章程．如来生：中国广告事业史[M]．上海：新文化社，1948:27．

③ 上海市广告商业同业公会业规．如来生：中国广告事业史[M]．上海：新文化社，1948:29．

广告有不实之嫌。此等"先公益后私利"之举动,功效至深。撰作此文应不仅仅是介绍西方广告事业,更多的是对我国旧时不道德、不忠实广告进行鞭挞提醒。时人对于不良广告的指摘和鄙夷,促使政府和广告行为人自省,着手推进广告业的管理,将法制管理的观念引入传统的商业道德约束,既有对广告行业的自律建设,又有较为先进的商标管理和广告法规管理。

我国政府对于商标的管理,虽源于洋人的推动,最初的商标注册章程也都由洋人起草,但因着政治外交的渐趋独立,商标管理也渐能从偏袒洋人利益随时势舆论发展保护华商之合法权益,在商标管理中注重维护国际邦交和国家权威,维护社会良俗。我国商人对于商标的认识也逐渐加强,商标广泛出现在广告中,成为商家向消费者保证品质的凭信。商人亦开始钻研商标设计,推陈出新,争奇斗艳,许多商标至今仍在使用,如"马头老牌"马利颜料、"象牌"水泥等,成为宝贵的财富。

除对商标进行管理外,广告的法规管理亦被国民政府及各地政府所重视,颁布了一系列法令法规,希冀通过行政命令的方式对广告行业中的不良广告进行管治,虽未形成具约束力之全国性广告法,但不时发布劝诫文和取缔令,对各地乱贴广告和涉淫文字图画广告进行管理。地方性的广告立法管理工作亦开展得有声有色,尤其是上海、北京、天津等广告业发达城市,率先通过行政命令、地方立法的方式对广告代理业、广告场地、广告内容、广告收费等进行管理。对乱贴广告现象管理最多,对广告中涉及国家政体、社会良俗方面管理最严,在立法和执法的过程中,呈现出以罚代管、滞后管理的特点。

广告行业的自律,相对于政府的法制管理而言,约束力无疑是最弱的。但如能得到报业部门的严格审查、主动拒登,商业团体之克己诚实,广告公司之公平竞争,必能使不道德虚假广告销声匿迹,不正当竞争无生存之空间。愿望虽至美好,行动起来却有着相当的难度。但可喜的是,尽管近代战事频仍,商业仍不发达,我们的先人已开始通过建立各类广告行业组织、开会决议、拟订行规等约束同业中不道德广告行为,为同业的广告经营提供行业性指导。对外代表本会利益,协调与各方面关系,表现出对外凸显行业利益,对内总摄一切的特点,为近代广告业的健康发展做出积极的贡献。但遗憾的是,由于没有一部严肃完整的广告法依例遵行,没有一个全国性的广告行业组织,统一协调各方面力量,使得报业公会、商业公会及广告商公会间缺乏必要的合作,缺乏团结的精神,使得近代广告管理是软弱的、无力的,广告伦理化运动未能全面有效进行。

结　语

　　近代广告观念的转变是中国广告事业发生一切变化之内驱力,观念乃客观世界在人脑的主观反映,这种反映不是与生俱来,而是要经过客观现实的侵染,并经过改造而形成。近代以前,中国的商业没有多大的规模,也无所谓大生产、大竞争、大宣传,"既无现代式之广告事业,亦几无广告之名称"①。鸦片战争以后,海禁大开,欧美商品源源不断,广告之术挟以俱至。人人喜用"洋货"的局面使得中国商人"保守"不变的广告观遇到挑战。坚持过时的广告观,必然与变化的客观现实发生矛盾,这种矛盾只有通过观念改变来解决。清末民初,广告渐为部分国人所注意,但直至民国,广告才"越来越受到工商界人士的重视"②,"中国注意广告乃近一二十年来的事,初时甚为所忽视"③。因此,近代广告观念的转变,是中外多方力量共同促进的结果,既有外界客观世界的刺激,又有内部力量觉醒的主动求变。

　　观念的更新并不是同步的,有主动认知更新观念,也有一些传统守旧的人固执己见,不喜革新。一旦新的广告观占据主导地位,就发挥强大的能动性,成为促进社会变革的先导和助推器,进而推动新观念、新认知。以新式媒介报纸为触点的主动开放的广告观,迅速蔓延至其他的新事物、新材料,使得近代广告媒介格外丰富,广告事业也从无到有地建立起来了。

　　广告学的研究和实践犹如马车的两个车轮推动着社会对于广告的认识进一步深化,步步更新。"理论研究通过纵向或横向比较分析,进行观念的鉴别,指明观念更新的方向"④,广告创作和实际效果之间的对照又进一步推动着人们更加留意创作上的方法和技巧。清末的广告创作,文字密密麻麻,毫不讲究编排艺术,使得广告"好像一家杂货店一般,使人不耐其烦去细读"⑤。随着研究的深入,广告从业者开始从受众的角度,借鉴美学、心理学的方法,"留白"以

---

　　①　孙作良.中国日报以外之广告事业.陈冷等.近十年之中国广告事业[M].上海:华商广告公司,1936:18.

　　②　朱英.近代中国广告的产生发展及其影响[J].近代史研究,2000(4):92.

　　③　高昌琦.广告[J].大夏周报,1931(1):12.

　　④　王培智.观念更新论[M].南宁:广西人民出版社,1993:42.

　　⑤　王梓廉.中国广告业应有的趋向[J].广告与推销,1935:7～9.

刺目,释人之疑,诱人以利,用有趣的语言、优美的图片、鲜艳的色彩,"不制胜无以广招徕,不操奇毋以新耳目"①的新奇创意,来吸引读者注意。广告的篇幅越来越大,布局愈发合理,富于美感。国人创作广告的时机观,值得后人学习和借鉴。每有抵制洋货、宣传国货的机会,国人必加以利用。各大城市联合行动,各大媒体通力合作,用"中国人用中国货"的爱国诉求激发国人的爱国情感,为国货的生存和发展争取机会。近代的广告创作非常注重从传统文化中寻找亮点,与国人在心理上达到契合,这种积极利用"民族特色"的创作观,一度曾被我们忽视,盲目西化,使得民族企业在国际竞争中缺乏竞争力。广告界重提"中国元素",因为他们发现民族特色才是参与国际竞争的保证。

认识与实践的交互推进,使得中国的广告事业渐成规模,广告不仅成为工商业发展的辅翼,亦成为指导人生、教育公众的工具。广告被赋予重要的商业地位,成为企业推销商品的有力手段。华商成立专门的广告部,聘用广告人才经营设计广告。这一经营观念的形成,是国人主动学习的结果,与外商相比仍显稚嫩,但是由企业自建广告部、统筹规划广告运动与市场销售相配合的经营观念毕竟建立起来了。

中国的新闻事业也"随产业之勃兴,日趋于企业化"②,经过初步的发展,报刊媒体相继确立了"精准定位,争取读者,广告与发行互为促进"的经营观念。报社在馆内设置广告科,外勤组以"叫化"的精神主动招揽广告客户;内勤组本着积极服务顾客的精神,不断创新广告刊例。在经营策略方面,报刊媒体非常注意自身形象的宣传,以优惠的折扣、组织游玩等与代理商保持良好关系。然因过于强调营业收入,社会责任方面不甚注意,报刊媒体对广告缺乏严格的限制,过于重视广告而忽视新闻。也有虽出重金,却主动拒登有伤风化广告者,这一重视信用、慎重选登广告的经营态度,亦是如今应积极提倡的。

社会上出现了介于企业与媒体之间,集合专门的广告人才,代理各种广告业务的广告社或广告公司。它们在经营中重视人才、公关媒体,创办广告刊物,拓展新的广告形式,以服务顾客;对外拉广告锲而不舍,"头钻"、"手长"、"脚快"、"皮厚",注重自身形象的宣传。诸多经营观念的促进,使得广告公司的规模日渐扩大,服务更趋"专业化"。国人"重视广告人才"、争辟新的发行渠道、重信用的经营观,直到今天都是我们学习和继承的宝贵财富。

激烈的竞争使得报纸广告篇幅越来越多,挤占新闻版面时有发生,严重影响了版面的美观和新闻价值。城市的建筑物上触目皆是广告,式样大小不一,影响了城市的市容市貌和公共安全。报社以营业为借口,对所刊广告不加审

---

① 抗白.吾国商人之弱点[J].中国实业杂志,1912(4):2.
② 周钦岳.广告与发行[J].中国新闻学会年刊,1942(1):49.

查,贸然为其介绍,于是欺诈、诲淫等广告,无日靡有,仿冒商标之事,屡有发生。在配合观念、器物发展的同时,还需要制度的建设来管理广告事业中不道德不忠实之乱象。于是,商标管理和广告法规的管理被提上政府的议事日程,各类广告行业组织纷纷建立,试图通过政府的法制管理和行业自律来肃清广告业中的不良现象。无论是商标管理,又或是广告法规管理,政府都以管理者的身份,积极维护国家政体权威和社会良俗,维护社会安定。但由于没有一部完整严肃的广告法依例遵行,没有一个全国性的广告行业组织协调各方面力量,因各行业公会自身的封闭和狭隘性,使得自律管理对外代表行业,对内统摄一切,一遇违反本行业利益之事,就缺乏必要的合作精神,缺乏社会责任意识。尤以报业方面为甚,各报刊只顾广告费的收入,不能够严格审查,保持应有的报格,承担起必要的责任,使得广告伦理化运动难以持之以恒。同时,近代广告管理,无论是商标管理,还是广告法规管理,都没有将广告行为中的直接利益者消费者考虑进去,缺乏必要的社会监督,这归根结底应是中国几千年来传统观念"管本位"的遗留。直至现在,这一观念仍没有得到很大改观。

近代广告事业的发生与成就,实乃观念意识之促动。在中外多方力量的共同作用下,传统守旧的广告观,逐渐被主动开放的观念所代替,国人主动学习广告理论,研究广告创作的方法,积极应对外商的广告战。国人主动求变、努力更新观念的精神,是我们学习的榜样。广告认识在空间的更新方面,又遵循着"中心突破"和"四周扩散"的规律,率先在上海、广州、天津等开埠城市出现,然后又以点带面领导和促进着其他地区观念的更新。"正因为中国的社会,具着畸形发展的特性,所以广告事业也难逃这个例子。"①同时,观念促动下广告事业的荣枯,亦视社会经济状况之盛衰为转移。同为广告业发达的上海、天津等地,因近代各阶段社会经济发展之高低起伏,政局的动荡不安,广告事业亦千变万化,莫可名状。与欧美、日本等国相比,因我国产业的落后,广告事业还不能望其项背。但从观念层面而言,"广告在今日之已为国人重视,固不可谓非良好现象"②。

同时观念具有继承性,一旦形成就有相对的稳定性。正因为这一主动开放的广告观,使得我国的广告事业在新中国成立后,仍然继续为党的新闻事业服务,为工商业发展服务。尤其是1979年1月《文汇报》"为广告正名"之后,广告再次成为促进市场经济发展的助推器,并在改革开放后的今天,在人们的社会生活中扮演着十分重要的角色,无处不在,无时不有。广告创作和经营管理上的观念,同样亦有着诸多对近代的继承和发展。我们翻阅近代报刊,广告

---

① 王梓廉.中国广告业应有的趋向[J].广告与推销,1935:7～9.
② 一年来之广告事业[J].时事大观,1934(上):267.

之纷繁、创意之巧妙常常让我们汗颜,有许多我们沾沾自喜的创意其实在近代就已有之,如最近引发诸多争议的植入广告。笔者发现,这一广告形式在民国时期就已随着电影业的发展相随而至。1935 年,上海明星电影公司出品的《翡翠马》是一部侦探片,片中的破案线索是从一个香烟牌子开始的,由于烟草公司的交情,便把他们的"庐山牌"香烟采用了,"而且很显明的有几个破案重要关键的'庐山牌'特写镜头"①。这应是国人运用植入广告的开始。

中国近代社会是一个万象更新的时代,国人对于广告的诸多认识,学与术的争论、定义与功能的日渐丰富,广告学与心理学、美术等学科的关系等等,基本上奠定了现代广告学发展的理论基础。创作观、经营观、管理观的各个方面,"新奇以制胜"仍是广告创作始终不变的追求;广告为媒体营业之生命,与发行互为促进,广告公司经营靠人情关系拉客户,公关争取最优媒体资源,重视人才等等,这些经营之道至今仍被奉为圭臬;广告管理执法不严,时间滞后,仍是现如今广告管理难以摆脱的弊病。诸多广告观念在近代就已经基本确立,使得中国近代广告事业的发展,在中国广告事业史上居于承上启下的地位,基本上奠定了中国广告事业的体系建设和格局发展。

中国近代广告观,从根本上讲是一种与时俱进、跟随世界经济大潮的广告观。虽然这里强调更多的是西方对中国的影响,中国向西方学习,但这种学习乃时势所趋。19 世纪末 20 世纪初,西方各国早已跨入工业化大生产,在全球市场范围内展开激烈的竞争,而吾国还处于闭关自守、小商小贩的生产规模。因此当西方进入中国推销洋货、广告之术挟以俱至时,传统落后、不思进取的广告观,必然使得华商在中外商战中濒临失败、破产的边缘。只有与时俱进,学习西方先进的广告观,才能使中国厂商在面对洋货来袭时,主动还击,在市场上赢得一席之地。时至今日,经济一体化的浪潮早已将中国卷入到全球传播的竞争行列,我们仍然需要这一与时俱进的广告观,不仅要主动学习西方先进的广告文化,还要用中国独特的文化观念影响西方。改革开放 30 年,中国的广告传播已从简单的商品告知转变为品牌传播的重要工具。广告传播不仅要有跨文化传播的全球视野,更要因地制宜、注重本土化特色。另外,中国独特的东方文化魅力,也吸引着西方的文化传播事业从中汲取营养,从好莱坞的《功夫熊猫》到广告界的"中国元素"等,都是中国文化对西方的影响。

本课题所进行的广告观研究,大体以发达地区为代表,收集的资料也主要以上海、北京、天津、杭州等地为主,因时间和精力有限,其他地区较少涉及,希望以后能够给予补充。以广告观的角度切入来研究中国近代广告事业,初时笔者意气风发,期以精诚之笔品评历史沧桑,但越往后,越发忐忑不安。广告

---

① 侦探片里香烟广告求工反拙[J].电影,1940(69):5.

观的研究,涉及的知识面非常广泛,不仅要有广告学、历史学、美学、心理学、社会学的功底,还要有哲学、经济学的思辨能力,这是笔者目前所不能尽善尽美的。尤其在提炼近代广告管理观时,笔者尽管借助了大量的法规条例,以及时人对广告的批评和建议等,仍感觉有些吃力。因当时的广告管理尚处于探索阶段,从观念层面来评判尚有些牵强,因此笔者所能及的主要还是当时管理中的一些特点,希望以后能够进一步补充和深化。

参考文献

近代文献

著作

[1][美]休曼著,史青译.实用新闻学[M].上海:上海广学会,1912.

[2]商务印书馆编译所.民律草案[M].上海:商务印书馆,1913.

[3]筹办巴拿马赛会出品协会事务所.广告法[M].巴拿马赛会出品所,1914.

[4]朱庆澜.广告学[M].香港:商务书局,1918.

[5][美]哲斯敦公司著,甘永龙编译.广告须知[M].上海:商务印书馆,1918.

[6]吴中雄.新式商业招揽法[M].上海:文明书局,1921.

[7]新闻报馆.新闻报三十年纪念文[C].上海:新闻报馆,1922.

[8]申报馆.最近之五十年——申报馆五十周年纪念[C].上海:申报馆,1923.

[9]曹志功.广告与人生[M].上海:申报馆,1924.

[10][日]井关十二郎著,唐开斌译述.广告心理学[M].上海:商务印书馆,1925.

[11][美]史可德著,吴应图译述.广告心理学[M].上海商务印书馆,1925.

[12]蒋裕泉.实用广告学[M].上海:商务印书馆,1925.

[13]蒋国珍.中国新闻发达史[M].上海:世界书局,1927.

[14]蒯世勋.广告学ABC[M].上海:世界书局,1928.

[15]张静庐.中国的新闻纸[M].上海:光华书局,1928.

[16]高伯时.广告浅说[M].上海:中华书局,1930.

[17]黄天鹏.中国新闻事业[M].上海:上海联合书店,1930.

[18]吴定九.新闻事业经营法[M].上海:现代书局,1930.

[19]项士元.浙江新闻史[M].杭州:之江日报社,1930.

[20]黄天鹏.新闻学名论集[C].上海:光新书局,1930.

[21]黄天鹏.新闻学演讲集[C].上海:现代书局,1931.

[22]钱永源.商标汇编[M].商标汇编社出版,1931.

[23]苏上达.广告学概论[M].上海:商务印书馆,1931.

[24]孙孝钧.广告经济学[M].南京:南京书店,1931.

[25]何嘉.现代实用广告学[M].上海:中国广告学会,1931.

[26]王澹如.新闻学集[C].西安:天津大公报西安分馆,1931.

[27]燕京大学新闻系.新闻学研究[M].北京:良友公司,1932.

[28]周宪文.商业概论[M].上海:中华书局,1932.

[29]李锦华、李仲诚.新闻学言论集[C].广州:新启明印务公司,1932.

[30]刘葆儒.广告学[M].上海:中华书局,1932.

[31]曹用先.新闻学[M].上海:商务印书馆,1933.

[32]邹韬奋.韬奋漫笔[M].上海:生活书店,1933.

[33]孔士鄂.商业学概论[M].上海:商务印书馆,1933.

[34]罗宗善.广告作法百日通[M].上海:世界书局,1933.

[35]罗宗善.最新广告学[M].上海:世界书局,1934.

[36]中国经济情报社.中国经济论文集[C].上海:生活书店,1934.

[37]田蕴瑾.最新北平指南[M].北京:自强书局,1935.

[38]胡道静.上海新闻事业之史的发展[M].上海:上海通志馆,1935.

[39]金忠圻.商标法论[M].上海:会文堂新记书局,1935.

[40]陈冷等.近十年之中国广告事业[M].上海:华商广告公司,1936.

[41]赵君豪.广告学[M].上海:申报馆,1936.

[42]刘觉民.报业管理概论[M].上海:商务印书馆,1936.

[43]王叔明.商标法[M].上海:商务印书馆,1936.

[44]上海机制国货联合公会.十年来之机联会[M].上海机制国货工厂联合会发行,1937.

[45]上海机制国货工厂联合会.工商手册[M].上海机制国货工厂联合会发行,1937.

[46]李家瑞.北平风俗类征[M].上海:商务印书馆,1937.

[47]赵君豪.中国近代报业[M].香港:申报馆,1938.

[48]陆梅僧.广告[M].上海:商务印书馆,1940.

[49]任白涛.综合新闻学[M].长沙:商务印书馆,1941.

[50]管冀贤.新闻学集成[M].北京:中华新闻学院,1943.

[51]丁馨伯.广告学[M].上海:立信会计图书用品社,1944.

[52]陈文.商业概论[M].重庆:立信会计图书用品社,1944.

[53]鲁风.新闻学[M].上海:新中国报社,1944.

[54]詹文浒.报业经营与管理[M].台北:正中书局,1946.

[55]吴铁声、朱胜愉.广告学[M].上海:中华书局,1946.

[56]叶心佛.广告实施学[M].上海:中国广告学社,1946.

[57]如来生.中国广告事业史[M].上海:新文化社,1948.

[58]冯鸿鑫.广告学[M].上海:中华书局,1948.

论文

[59]论商标注册不应展期[J].东方杂志,1904(12).

[60]奏定商标注册试办章程[N].申报,1904-8-21.

[61]各国会议中国商标章程[J].东方杂志,1906(3).

[62]商标禁用红十字会之标识[N].大同报,1907(22).

[63]问天.广告价值[J].东方杂志,1909(11).

[64]抗白.吾国商人之弱点[J].中国实业杂志,1912(1)、(4).

[65]李文权.告白学[J].中国实业杂志,1912(1)、(4).

[66]李文权.忠告报界诸贤[J].中国实业杂志,1912(9).

[67]李文权.广告与卖药之关系[J].中国实业杂志,1913(2).

[68]铭之.广告法之研究[J].中华实业界,1914(3).

[69]心一.说广告之利益[J].中华实业界,1914(4).

[70]忘筌.最近广告术[J].直隶实业杂志,1914(9).

[71]杨荫樾.最新广告术之应用[J].中华实业界,1914(9).

[72]致远.上海各商店广告之种类[J].中华实业界,1914(11).

[73]蔼庐.告研究广告术者[J].中华实业界,1915(12).

[74]实业浅说(续):广告之活用法[J].国货月报,1915(3).

[75]卢寿籛.广告术之研究[J].中华实业界,1915(9).

[76]任致远.最近利用窗饰之广告法[J].中华实业界,1915(11).

[77]孺仲.广告教授之新学业[J].中华实业界,1916(2).

[78]项翱.新闻广告[J].小说海,1916(2).

[79]程景灏.广告与商业道德之关系(节译世界杂志)寰球广告社联合会会长[美]赫斯敦 Herbert S. Houston[J].东方杂志,1916(12).

[80]叶贡山.广告丛谈[J].留美学生季报,1918(3).

[81]李大钊.东西文明根本之异点[J].言治,1918(7).

[82]马鸣章.广告杂谭[J].商学杂志,1919(1/2).

[83]孙科.广告心理学概论[J].建设,1919(2).

[84]焦子坚.实用广告学[J].商学杂志,1919(1/2/3)、(3/4/5)、1920(1/2/3).

[85]亚尘.广告学上美人的研究[J].美术,1920(1).

[86]戚其章.广告的研究[J].复旦,1920(11).

[87]黄炎培、刘树梅.商科应用书报之一斑[J].教育与职业,1922(36).

[88]农商部商标局.商标法[J].商标公报,1923(1).

[89]王鹭.广告管见[J].工商学报,1924(1).

[90]君豪.广告谈[N].上海总商会月报,1924(6).

[91]顾宝善.仝人俱乐部:广告杂谈[J].大陆银行月刊,1924(8).

[92]戴景素.广告运动[J].工商新闻百期汇刊,1925.

[93]杂纂:长沙创设广告公司[J].中外经济周刊,1925(106).

[94]冰如.名人与广告[J].幻洲,1926(5).

[95]商业丛谈:本公司的广告[J].英美烟公司月报,1926(10).

[96]广东第一次国内革命时期的农民运动[J].农民丛刊,1927(1).

[97]无约国商标不能注册[J].东省经济月刊,1927(10).

[98]乒乓生.滑头广告[J].上海常识,1928(1).

[99]国民政府工商部.工商部部令[J].工商公报,1928(4).

[100]各局业务丛报.公用局[J].上海市政公报副刊,1928(4).

[101]上海特别市广告规则[J].上海特别市市政府市政公报,1928(10).

[102]上海特别市市政府指令第一六三九号:令公用局:为呈复禁止张贴以赌具为商标之广告一案已饬属遵办由[J].上海特别市市政府市政公报,1928(12).

[103]广告屁股[J].上海常识,1928(52).

[104]徐宝璜.广告学[J].报学月刊,1929(2).

[105]郑飞.我国商标制度沿革及注册商标之统计分析[J].工商半月刊,1929(12).

[106]国民政府工商部.工商公报,1929(14).

[107]工财内三部审核免征国货广告税办法[J].工商半月刊,1929(18).

[108]上海特别市政府训令第一五七四号.上海特别市市政府市政公报,1929(30).

[109]为请豁免国货广告税则增加外货广告税金由.上海特别市市政府市政公报,1929(32).

[110]上海特别市公用局业务报告,1929(7-12)、1930(1-6).

[111]禁止党徽作商标[J].工商半月刊,1930(7).

[112]禁以党徽为商标或装潢[J].中央党务月刊,1930(19).

[113]工商消息:青岛洋商火柴商标之蒙混[J].工商半月刊,1930(22).

[114]训令苏州市长、各县县长奉省令准部咨开请饬禁各商店以党徽为货物商标或装潢仰遵照由(十九年三月二十一日)[J].江苏省建设厅公报,1930(32/33).

[115]训令:令社会局:准工商部咨以奉行政院令禁止各商店以党徽为货物商标或装潢等因仰转饬遵照由:案准工商部咨开案奉[J].北平特别市市政公报,1930(37).

[116]上海特别市政府训令第三六六七号:令社会局、本市商人团体整理委员会:为准工商部咨照奉行政院训令经中央常会议决禁止各商店以党徽为货物商标或[117]装潢花样令仰饬属遵照由[J].上海特别市政府公报,1930(49).

[117]高昌琦.广告[J].大夏周报,1931(1).

[118]陈子密.谈中国之广告事业[J].商业月报,1931(2).

[119]报纸广告法草案已拟就[J].中国新书月报,1931(6/7).

[120]商标局取缔冒充国货商标意见[J].工商半月刊,1931(11).

[121]上海市政府训令第六九四五号:令社会局:为实业部咨请严令三兴烟公司停止使用中山孙文两商标转行道办由[J].上海市政府公报,1931(78).

[122]西泠.闲话:夸大广告与诈欺[J].中华周报,1932(9).

[123]吴铁城.提倡国货挽救国运[J].上海市之国货运动事业,1933.

[124]达伍(廖沫沙).广告摘要[N].申报·自由谈,1933-4-20.

[125]松庐.广告与女人[N].民国日报,1933-6-6.

[126]电影版广告的抄袭——不外乎卖淫[J].电影月刊,1933(23).

[127]函覆铨叙部秘书处:禁止以党徽为商标或装潢花样,中央早有决议[J].中央党务月刊,1933(61).

[128]绍平.读广告后[J].中华周报,1933(87).

[129]徐启文.商业广告之研究[J].商业月报,1934(1).

[130]壮克.医药广告与卖药取缔[J].市政评论,1934(1).

[131]陆梅僧.中国的报纸广告[J].报学季刊,1934年创刊号.

[132]工业概况:清除残破广告[J].市政半月刊,1934(5/6).

[133]论电影的广告[J].一周间,1934(6).

[134]萍飞.电影检查会实行检查　影片广告外片商无所适从[J].电声,1934(6).

[135]史乃文.胡蝶组织广告公司潘有声拉扰最出力女星招牌胜利可期[J].电声(上海),1934(16).

[136]郁冰如.观众呼声:电影广告的堕落[J].电声,1934(23).

[137]亚夫.紧缩声中电影院的广告政策[J].电声,1934(24).

[138]全国广告业调查[J].报学季刊,1935(4).

[139]王梓廉.中国广告业应有的趋向[J].广告与推销,1935.

[140]赖希如.中华民族性弱点之改造论[J].建国月刊,1935(5).

[141]沪市新药业赞同取缔猥亵医药广告[J].中华医学杂志,1935(8).

[142]联华影片交涉案结束,记者公会以拒登广告为武器获得胜利[J].电声,1935(9).

[143]何炳勋.漫画在广告上价值的想定[J].汗血周刊,1935(20).

[144]观众.电影院广告术[J].电声,1935(21).

[145]萍子.撙节开支十五家电影院紧缩广告[J].电声,1935(27).

[146]电影院限登广告后之重大反响[J].电声,1935(28).

[147]吕何均.新广告之基本工作[J].大东月报,1936新(1).

[148]不敏.论出版业与广告经济[J].工读半月刊,1936(4).

[149]文夫.报纸的广告[J].文化建设,1936(5).

[150]前账未清,上海三大报拒登明星广告[J].电声,1936(18).

[151]发财.张翼之药房广告交涉,一万元之希望恐将引起诉讼[J].电声,1936(18).

[152]淋痼药物把她做广告,胡蝶究竟是否有毒[J].电声,1936(21).

[153]"夜半歌声"广告酿成人命,乡下女孩看见怪人黑影活活吓死,市联会函请工部局取缔该广告[J].电声,1937(11).

[154]张善吃软不吃硬,怪人广告换上新装决不拆除[J].电声,1937(13).

[155]首都警察厅取缔电影广告诱惑文字[J].电声,1937(23).

[156]电影信箱:广告·印刷·男星[J].电影,1938(16).

[157]广告上的字眼[J].电影,1939(38).

[158]毛树清.报社组织的检讨[J].新闻学季刊,1939(1).

[159]叶山.新药业广告与新闻报[J].上海评论,1939(1).

[160]刘洪兴.谈报纸广告的净化[J].新闻学季刊,1939(1).

[161]铁鸟.广告战白热化中,政策之新转变,影界历行统一广告政策,订合同严加限止,违约者处罚三千金[J].电影新闻,1939(14).

[162]上海两家大报,拒登电影业统一广告联合启事,启事中限定广告尺寸,报馆方面恐引起同业仿效[J].电声,1939(27).

[163]电影院入不敷出,实行广告紧缩[J].电影,1939(46).

[164]刘汉兴.各国报纸广告的比较[[J].新闻学季刊,1940(2).

[165]我们的话:色情化的电影广告[J].电声,1940(20).

[166]朱星.漫谈广告文字[J].工商生活,1941(1).

[167]汪英宾.报业管理要义[J].新闻学季刊.1941(2).

[168]林一苇.从报纸广告中所见的上海社会——一种研究社会问题的新尝试[J].世界文化,1941(2).

[169]沐更新.广告文字的研究[J].文心,1941(3).

［170］朱小英.做广告的［J］.大陆,1941(3).

［171］惊异.明星被寿衣店做广告［J］.大众影讯,1941(23).

［172］周钦岳.广告与发行［J］.中国新闻学会年刊,1942(1).

［173］白雪.广告的新花样［J］.公教白话报,1943(7/8).

［174］国亮.战时广告［J］.人世间,1944(1).

［175］洛羽.广告艺术［J］.中国周报,1944(140).

［176］洛神.上海广告公司的内幕［J］.一周间,1946(8).

［177］上海市广告管理规则［J］.市政评论,1946(10).

［178］陈定闳.从报纸广告看中国社会［J］.民主与统一,1946(11).

［179］立人.重庆新华日报专登性病广告［J］.大观园周报,1946(21).

［180］新闻报一家独吞全沪广告费［J］.精华,1946(革新26).

［181］管理广告［J］.天津市周刊,1947(1).

［182］天津市管理广告规则(五月二十一日第八十四次市政会议通过)［J］.天津市周刊,1947(1).

［183］申报二十四小时:一张报纸的诞生史:发行:送出并不就了［J］.申报馆内通讯,1947(2).

［184］申报掌故谭:六、通俗化的新闻［J］.申报馆内通讯.1947(3).

［185］北平市政府管理广告规则［J］.北平市政府公报,1947(3).

［186］本报招待:广告代理商游宁波［J］.申报馆内通讯,1947(8).

［187］七十五年来本报的广告发行及其他［N］.申报,1947-9-20.

［188］修正上海市广告管理规则条文［J］.上海市政府公报,1947(15).

［189］何洛.闲话广告的艺术［J］.大威周刊,1947(17).

［190］卞其蕤.略谈广告设计［J］.工商管理,1948(2).

［191］申报掌故谈:二十一、无敌牌牙粉［J］.申报馆内通讯,1948(2).

［192］涯夫.本报招待:广告商春游南京记［J］.申报馆内通讯,1948(4).

［193］天水.读广告杂感［J］.世界电影副刊,1948(5).

［194］子康.从报纸广告所见的上海社会相［J］.浙江记者,1948(5/6).

［195］穆加恒.商业广告的净化问题［J］.报学杂志,1948(10).

［196］陈如一.谈商号与商标［J］.工商新闻,1948(21).

［197］陕甘宁边区政府工商厅.商标注册暂行办法［J］.商标公报,1949(1).

报纸期刊

［1］申报

［2］新闻报

[3]大公报

[4]新华日报

[5]解放日报

[6]人民日报

[7]民国日报

[8]上海生活

[9]工商管理

[10]东方杂志

建国后文献

著作

[1]戈公振.中国报学史[M].北京:三联书店,1955.

[2]汪敬虞.中国近代工业史资料[M].北京:科学出版社,1957.

[3]穆欣.邹韬奋[M].北京:中国青年出版社,1958.

[4]韬奋.经历[M].北京:三联书店出版,1958.

[5]中国社科院上海经济研究所,上海社会科学院经济研究所.南洋兄弟烟草公司史料[M].上海:上海人民出版社,1958.

[6]中国科学院经济研究所等.北京瑞蚨祥[M].北京:三联书店,1959.

[7]中共中央马克思、恩格斯、列宁、斯大林著作编译局.资本论[M].北京:人民出版社,1975.

[8]辞源(修订本)[Z].北京:商务印书馆,1979.

[9]唐忠朴、贾斌.实用广告学[M].北京:工商出版社,1981.

[10]方汉奇.中国近代报刊史[M].太原:山西人民出版社,1981.

[11]徐铸成.报海旧闻[M].上海:上海人民出版社,1981.

[12]胡万春.广告人[M].上海:少年儿童出版社,1981.

[13]上海社会科学院经济研究所.上海永安公司的产生、发展和创造[M].上海:上海人民出版社,1981.

[14]中国民主建国会重庆市委员会、重庆市工商联合会文史资料工作委员会编.重庆工商史料选辑[M].重庆:重庆出版社,1982.

[15]杨米人、路工.清代北京竹枝词(十三种)[M].北京:北京古籍出版社,1982.

[16]郑观应著,夏东元编.郑观应集[M].上海:上海人民出版社,1982.

[17]李瞻.世界新闻史[M].台北:三民书局,1983.

[18]上海社会科学院经济研究所.英美烟公司在华资料汇编(全四册)[M].北京:中华书局,1983.

[19]上海文化史馆、上海市人民政府参事室文史资料工作委员会.上海地方史资料[M].上海:上海社会科学院出版社,1984.

[20]陶菊隐.记者生活三十年[M].北京:中华书局,1984.

[21]郑逸梅.书报话旧[M].北京:学林出版社,1984.

[22]中国人民政治协商会议天津市委员会文史资料研究委员会.天津文史资料选辑[M].天津:天津人民出版社,1985.

[23]徐百益.实用广告学[M].上海:上海翻译出版公司,1986.

[24]李瞻.中国新闻史[M].台北:台湾学生书局,1986.

[25]于谷.上海百年名厂老店[M].上海:上海文化出版社,1987.

[26]南京、重庆、北京市工商行政管理处.中华民国时期的工商行政管理[M].北京:工商出版社,1987.

[27]徐百益.广告学入门[M].上海:上海文化出版社,1988.

[28]徐载平、徐瑞芳.清末四十年申报史料[M].北京:新华出版社,1988.

[29]姚公鹤著,吴德铎标点.上海闲话[M].上海:上海古籍出版社,1989.

[30]方宪堂.上海近代民族卷烟工业[M].上海:上海社会科学院出版社,1989.

[31]张南舟.广告趣谈——古今中外广告纵横[M].厦门:厦门大学出版社,1989.

[32]黄天鹏.新闻学刊全集[C].上海:上海书店,1990.

[33]乐正.近代上海人社会心态(1860—1910)[M].上海:上海人民出版社,1991.

[34]曹正文、张国瀛.旧上海报刊史话[M].上海:华东师范大学出版社,1991.

[35]中华民国史档案资料汇编(全五辑)[C].南京:江苏古籍出版社,1991.

[36]顾执中.报人生涯:一个新闻工作者的自述[M].南京:江苏古籍出版社,1991.

[37]张泽忠.古今中外广告集趣[M].北京:中国经济出版社,1991.

[38]叶浅予.细叙沧桑记流年[M].北京:群言出版社,1992.

[39]王培智.观念更新论[M].南宁:广西人民出版社,1993.

[40]沈关生.我国商标法制的理论与实践[M].北京:人民法院出版社,1993.

[41][法]佩雷菲特著,王国卿等译.停滞的帝国——两个世界的撞击[M].北京,三联书店,1993.

[42]徐宝璜.新闻学[M].北京:中国人民大学出版社,1994.

[43]张燕风.老月份牌广告画[M].台湾汉声杂志社,1994.

[44]吴昊、黄英.都会摩登——月份牌(1910—1930)[M].香港:三联出版社,1994.

[45]益斌.老上海广告[M].上海:上海画报出版社,1995.

[46]韩伯泉、陈三株、王桂强.广告趣谈[M].广州:华南理工大学出版社,1995.

[47]潘君祥.中国近代国货运动[M].北京:中国文史出版社,1995.

[48]徐鼎新.中国近代企业的科技力量与科技效应[M].上海:上海社会科学院出版社,1995.

[49]张金海.广告经营学[M].武汉:武汉大学出版社,1996.

[50]宋军.申报的兴衰[M].上海:上海社会科学院出版社,1996.

[51]顾柄权.上海洋场竹枝词[M].上海:上海书店,1996.

[52]黄升民.广告观:一个广告学者的视点[M].北京:中国三峡出版社,1996.

[53]陈培爱.中外广告史——站在当代视角的全面回顾[M].北京:中国物价出版社,1997.

[54]宋家麟.老月份牌[M].上海:上海画报出版社,1997.

[55]陈超南、冯懿有.老广告[M].上海:上海人民美术出版社,1998.

[56]罗检秋.近代中国社会文化变迁录(第三卷)[M].杭州:浙江人民出版社,1998.

[57]梁京武、赵向标.老广告[M].北京:龙门书局,1999.

[58]蔡鸿源.民国法规集成(全100册)[C].合肥:黄山书社,1999.

[59]刘家林.新编中外广告通史[M].广州:暨南大学出版社,2000.

[60]老舍著,萧关鸿编.老舍[M].上海:文汇出版社,2001.

[61]钱穆.中国历史研究方法[M].北京:三联书店,2001.

[62]欧阳康、张明仓.社会科学研究方法[M].北京:高等教育出版社,2001.

[63]马敏.商人精神的嬗变:近代中国商人观念研究[M].武汉:华中师范大学出版社,2001.

[64][美]高家龙著,樊书华、程麟荪译.中国的大企业:烟草工业中的中外竞争[M].北京:商务印书馆,2001.

[65]朱英.辛亥革命与近代中国社会变迁[M].武汉:华中师范大学出版社,2001.

[66]由国庆.老广告[M].天津:天津人民美术出版社,2001.

[67]冯契.哲学大词典(修订本)[Z].上海:上海辞书出版社,2001.

[68]赵琛.中国近代广告文化[M].吉林:吉林科学技术出版社,2001.

[69]黄振炳.走进火花世界[M].北京:中国商业出版社,2001.

[70]于学斌.东北老招幌[M].上海:上海书店,2002.

[71]左旭初.中国商标史话[M].天津:百花文艺出版社,2002.

[72]周伟.工商侧影——一个世纪的广告经典[M].北京:光明日报出版社,2002.

[73]王文宝.吆喝与招幌[M].北京:同心出版社,2002.

[74]白云.中国老广告[M].台湾:台海出版社,2003.

[75]左旭初.中国近代商标简史[M].上海:学林出版社,2003.

[76]乐农史料整理研究小组.荣德生与兴学育才[M].上海:上海古籍出版社,2003.

[77]黄升民.新广告观[M].北京:中国物价出版社,2003.

[78]黄志伟、黄莹.为世纪代言:中国近代广告[M].上海:学林出版社,2004.

[79]陈培爱.广告学概论[M].北京:高等教育出版社,2004.

[80]赵琛.中国广告史[M].北京:高等教育出版社,2004.

[81]由国庆.再见老广告[M].天津:百花文艺出版社,2004.

[82]林升栋.中国近现代经典广告创意评析——《申报》七十七年[M].南京:东南大学出版社,2005.

[83]孙顺华等.中外广告史[M].济南:山东大学出版社,2005.

[84]郭长海、郭君兮.李叔同集[M].天津:天津人民出版社,2005.

[85]赵琛.中国广告史[M].北京:高等教育出版社,2005.

[86]左旭初.中国商标法律史[M].北京:知识产权出版社,2005.

[87]许俊基.中国广告史[M].北京:中国传媒大学出版社,2006.

[88]黄升民、丁俊杰、刘英华.中国广告图史[M].广州:南方日报出版社,2006.

[89]苏士梅.中国近现代商业广告史[M].开封:河南大学出版社,2006.

[90]姚曦、蒋亦冰.简明世界广告史[M].北京:高等教育出版社,2006.

[91]李道新.中国电影史研究专题[M].北京:北京大学出版社,2006.

[92]苏士梅.中国近现代商业广告史[M].开封:河南大学出版社,2006.

[93]寿乐英.近代中国工商人物志(第四册)[M].北京:中国文史出版社,2006.

[94]张廉.中国经济法的起源与发展[M].北京:中国法制出版社,2006.

[95]由国庆.与古人一起读广告[M].北京:新星出版社,2006.

[96]孙顺华.中国广告史[M].济南:山东大学出版社,2007.

［97］张正霞.老广告［M］.重庆:重庆出版社,2007.

［98］汪清、何玉杰.中外广告史［M］.长沙:湖南大学出版社,2007.

［99］陈树林.中国广告历史文化(古代卷)［M］.天津:天津社会科学出版社,2007.

［100］李彬.中国新闻社会史［M］.上海:上海交通大学出版社,2007.

［101］郑自隆.广告与台湾社会变迁［M］.台北:华泰文化事业股份有限公司,2008.

［102］［美］阿瑟·史密斯著,王续然译.中国人的性情［M］.北京:长征出版社:2008.

［103］李德生.烟画中国:昔日摩登女郎［M］.南昌:江西教育出版社,2009.

［104］黄玉涛.民国时期商业广告研究［M］.厦门:厦门大学出版社,2009.

［105］［日］内山完造等著,尤炳圻等译.中国人的劣根和优根［M］.南昌:江西人民出版社,2009.

论文

［106］王树村.记"沪景开彩图 中西月份牌"［J］.美术研究,1959(2).

［107］辛雨.漫话三十年代书籍广告［J］.读书,1979(4).

［108］步及.月份牌画和画家郑曼陀先生［J］.美术,1979(4).

［109］高树.我所认识的赵锡奎［J］.中国广告,1981(2).

［110］丁浩.文采风流今尚存——浅谈近代我国广告画种与广告画家［J］.中国广告,1982(4).

［111］汪仲韦、徐耻痕.又竞争又联合的"新"、"申"两报［J］.新闻与传播研究,1982(5).

［112］朱石基.上海"月份牌"年画的今昔［J］.美术,1984(8).

［113］重庆广告业话旧［J］.中国广告,1984(1).

［114］对《重庆广告业话旧》一文的补充［J］.中国广告,1985(1).

［115］李必樟.美国学者高家龙有关上海广告史的研究计划［J］.上海经济研究,1986(5).

［116］乐正.清末上海通商与社会心态变异［J］.文史哲,1988(6).

［117］宗玉梅.1927—1937年南京国民政府的经济建设述评［J］.民国档案,1992(1).

［118］许清茂.我国新闻媒介广告产生、发展的特点和规律刍议(三)［J］.中国广告,1991(2).

［119］陆幸生.销往中国——记中国广告界元老徐百益［J］.百花洲,1992

(6).

[120]曾宪明.《申报》、《大公报》1925—1935 十年间广告手法评析[J].郑州大学学报(社科版),1994(2).

[121]徐鼎新.二十至三十年代上海国货广告促销及其文化特色[J].上海社会科学院学术季刊,1995(2).

[122]徐百益.上海报纸广告探源[J].现代广告,1996(2).

[123]徐百益.户外广告,引人"驻"目[J].现代广告,1996(5).

[124]徐百益.店铺广告,多姿多彩[J].现代广告,1996(6).

[125]徐百益.中国广告行业的发源[J].现代广告,1997(1).

[126]华商:"中国广告之父"[J].现代广告,1997(2).

[127]徐百益.联合广告:四家合办的广告公司[J].现代广告,1997(3).

[128]徐百益.树一代广告人物画新风的庞亦鹏[J].现代广告,1997(5).

[129]曾宪明.可喜的"第一本"——评陈培爱《中外广告史》[J].新闻大学,1998(1).

[130]徐百益.申、新两报的广告之争[J].现代广告,1998(2).

[131]林升栋.《申报》分类广告研究[J].新闻大学,1998(3).

[132]李新华.月份牌年画兴衰谈[J].民俗研究,1999(1).

[133]刘家林.中国近代早期报刊广告源流考[J].新闻大学,1999(2).

[134]高运锋.从《生活》周刊剖析韬奋的广告观[J].新闻大学,2000(3).

[135]许爱莲.从《申报》广告看近代上海商业的繁荣与发展[J].历史教学问题,2000(4).

[136]朱英.近代中国广告的产生、发展及其影响[J].近代史研究,2000(4).

[137]王儒年.中国近代广告的最初形态——早期《申报》广告的变化发展[J].常德师范学院学报(社科版),2002(5).

[138]刘雪梅.浅议《申报》广告的阶段性演化[J].广州大学学报,2003(1).

[139]冯筱才.从"轻商"走向"重商"——晚清重商主义再思考[J].社会科学研究,2003(2).

[140]王儒年.国货广告与市民消费中的民族认同——《申报》广告解读[J].江西师范大学学报(社科版),2003(4).

[141]胡俊修.从《申报》广告看近世上海社会生活的变迁[J].历史档案,2003(4).

[142]朱明.广告与时髦——月份牌绘画[J].东南文化,2003(12).

[143]姚小鸥.《申报》的戏曲广告与早期海派京剧[J].现代传播,2004(1).

[144]李敏玲.《申报》广告初探(1872—1905年前后)[J].中山大学研究生学刊(社科版),2004(1).

[145]王儒年.早期《申报》广告价值分析[J].史林,2004(2).

[146]陈茉.从中国老广告透视上海月份牌广告画[J].攀枝花学院学报,2004(6).

[147]宋玉书、许敏玉.中国近现代广告文化的演变[J].大连理工大学学报,2004(9).

[148]秦其文.近代企业的广告促销技巧研究[J].中国经济史研究,2005(1).

[149]党芳莉.20世纪上半叶月份牌广告画中的女性形象及其消费文化[J].海南师范学院学报(社科版),2005(3).

[150]王儒年.20世纪初期上海报纸广告对市民的身份塑造——以二三十年代的《申报》为例[J].郑州大学学报(社科版),2005(3).

[151]许纪霖.近代上海消费主义意识形态之建构——20世纪20—30年代《申报》广告研究[J].学术月刊,2005(4).

[152]陈洁.谈《申报》的广告传播[J].安阳师范学院学报,2005(4).

[153]孙冉.老月份牌里的浮华世界[J].中国新闻周刊,2005(41).

[154]李广.上海"月份牌广告"的启示[J].包装工程,2006(1).

[155]秦其文.论近代企业广告宣传的原则[J].社会科学论坛(学术研究卷),2006(2).

[156]周茂君.中西古代广告传播方式比较[J].武汉大学学报,2006(3).

[157]杨海军、王成文.历史广告学——广告学研究的一个新领域[J].广告大观(理论版),2006(4).

[158]叶宇.作为镜鉴:从20世纪40年代《申报》广告看好莱坞与中国电影的关系[J].上海大学学报(社科版),2006(5).

[159]吴果中.重庆《新华日报》的广告经营初探[J].国际新闻界,2006(8).

[160]杨海军.论中国古代的广告媒介[J].史学月刊,2006(12).

[161]邹红梅.黑白世界的斑斓——20世纪初《申报》广告表达形式分析[J].电影评介,2006(21).

[162]孙会.近代中国广告转型的原因[J].江苏商论,2007(2).

[163]胡俊修.近世上海市民的理性精神——以《申报》广告为主的考察[J].湖北社会科学,2007(12).

[164]韩素梅.月份牌广告的消费文化分析[J].广告大观(理论版),2008(1).

[165]张德俊.民国初年《申报》广告研究解析[J].东南传播,2008(5).

[166]孙会.近代外商广告中的本土化战略——以《申报》《大公报》为例[J].江苏商论,2008(7).

[167]林振荣.从广告月份牌看20世纪初上海保险业的展业广告策略[J].上海保险,2008(10).

[168]夏茵茵.中国近代广告管理评析及启示[J].山东大学学报,2009(3).

[169]杜艳艳.近现代的国货广告运动探析[J].理论学刊.2009(4).

[170]丁俊杰、王昕.中国广告观念三十年变迁与国际化[J].国际新闻界,2009(5).

[171]陈培爱、杜艳艳.五四时期广告教育与广告学研究初探[J].新闻与传播研究,2011(4).

[172]李振宇.老上海月份牌绘画研究[D].西南师范大学2001届硕士论文.

[173]蒋英.老上海月份牌广告画研究[D].南京艺术学院2003届硕士论文.

[174]钱宇.略论月份牌广告画[D].苏州大学2003届硕士论文.

[175]葛菁.美女作为消费图像[D].中国艺术研究院2004届硕士论文.

[176]蒋媛.论月份牌中的女性符号[D].西北大学2005届硕士论文.

[177]顾万方.杭稚英与月份牌艺术[D].南京师范大学2005届硕士论文.

[178]王婷婷.符号与月份牌[D].湖南师范大学2005届硕士论文.

[179]赵欣.从广告视角看新记《大公报》的办报思想——兼论其对现代报纸广告的启示[D].吉林大学2006届硕士论文.

[180]时璇."五四"前后月份牌中"女学生"图像的功能研究[D].中央美术学院2008届硕士论文.

[181]秦瑶.女性形象在月份牌与当代平面广告中的比较研究[D].苏州大学2008届硕士论文.

英文文献

[1]Sherman Cochran：*Inventing Nanjing Road*：*commercial culture in Shanghai*，1900—1945. Chiara Betta. Bulletin of the School of Oriental and African Studies. University of London. Cambridge：Jun 2001. Vol. 64，Iss. 2.

[2]Hutchison，James Lafayette，*China Hand*［M］，Boston：Lothrop，Lee and Shepard Compan，1936.

图表目录

后　记

　　要出版了吗？一股初生牛犊的欣喜与不安涌上心头，欣喜于博士论文终于杀青，然一旦出版，白纸变成黑字，就停止了思考，不免汗颜自身的疏漏浅薄。

　　2007 年 9 月，跟随陈培爱教授攻读博士学位，吾师言谈中透露出，他不满足于开创广告史专著的先河，而要致力于浩大的历史广告学工程，从一般年代的广告现象研究延伸至广告的断代史和区域史研究，从个别广告现象的研究拓展至全方位的广告观察。因为有经济史的底子，硕士期间也曾致力于清代商业信息传播的研究，便幸运地得到了一小块"田地"，开始了"近代广告史"的探索与耕耘。

　　写作第一个阶段是体力劳动，搜寻厦大过刊室的每一个角落书架，发现了许多"宝贝"。2009 年 7 月，背着沉甸甸的包来到上海，每天汗流浃背倒下，迷糊中醒来，往来于复旦北区与上海图书馆之间，抢占为数不多的胶片机，盯着黑乎乎的胶片，放大，换片……那个暑假想来，不免有"累并快乐"的感慨。

　　在历史前进的隧道中，人们的意识观念也随着社会存在、技术变革、价值取向等不断变化。从广告观的角度，审视观念变革如何影响中国近代广告产业的发展，进而影响广告创作、经营管理等，必然要从近代学者、受众的亲身感受去体察，然这样的文字传世甚少，每当笔者在胶片机中发现一篇或几句评说时，就难掩心中的激动，这也是文中在表达时人对广告的态度和认知时，执着于当时的人评述当时的事，自己诉说自己的历史，尽量还原历史的本真。同时，也就使得本书的注释过多，然写作无定势，言之凿凿，确可信据。

　　三年的厦门生活，平静而幸福，有大师，有良友。有缘成为陈培爱先生的弟子，幸甚至哉！他外表平静，内心伟大，就像他的爱称"爱爱"一样，关爱着每一个学生，我们恣意地享受着，无以回报。三年来，导师待我不仅是严师，更是一位慈父。他严谨的治学态度，运筹帷幄的大师风范，待人处事的谦逊豁达，将是我人生路上不竭的动力和力量源泉。在这里惟愿恩师身体健康，家庭幸福！

　　在厦门大学攻读博士学位期间，新闻传播学院的许清茂教授、黄星民教授、黄合水教授、陈嬿如教授、朱健强副教授，人文学院的陈明光教授、王日根教授、陈衍德教授、黄顺力教授等诸位老师都给予过悉心指点,为我传道解惑、指点迷津。诸位老师的教诲我将铭记于心,在此深表谢意!

论文初稿 2010 年 6 月拿出来答辩时,暨南大学蔡铭泽教授、华中科技大学舒咏平教授作为答辩会的主席和委员,给我的论文提出许多中肯而富于建设性的意见,对论文的修改提供了重要的帮助。

2010 年 9 月,在上海大学博士后流动站期间,因地利之便常常到上海图书馆和档案馆修补资料,许正林教授、戴元光教授也为本文的修改提了许多建议,在此一并谢过!

我的硕士导师吴晓亮教授、顾士敏教授、林文勋教授,河北经贸大学的高楠教授,在我毕业后,依然一如既往地关心我的学习和生活,时常通过长途电话、网络鼓励和鞭策我成长,虽然已从大西南奔至大东南,山高水远,师友情长,感谢!

在论文资料收集过程中,厦门大学图书馆的赖寿康老师,上海图书馆的江良德老师、刁青云老师,北大叶亢同学,人大好友徐华兰同学,浙大于潇同学,中大崔军峰同学,天津的李枫同学,都曾给予我诸多帮助和极大方便,在这里一并谢过!

求学路上,有许多益友,博士同门中年龄最长的熊润珍阿姨,从她身上我看到了活到老学到老的意志,难忘一起快乐画画的场景!感谢贾丽军、胡盛、韩红星、郑昭玲,与你们同聚师门,分享学习的喜悦,留下难得的同窗之谊。佟文娟、岳森、郭志菊、申琦、夏宝君、张剑、金星、张丽萍、王静、蔡昕、余霖、杨再平、陈荣昌、罗奕、于潇等"爱爱之家"的各位同门,经常在一起唇枪舌剑,为我点燃思想的火花,感谢!好友迟老师、雅娟、小曹、小莉等,与你们一起漫步于在夕阳后的白城沙滩,搜寻五老峰的小路而上登高望远,种种美好的记忆将永藏于心,促我成长!

我要特别感谢父母和家人,感谢他们一直以来默默无闻的付出,他们用最朴实的爱和善良,教会我做人做事的道理,懂得感恩,知足常乐!

最后,感谢厦门大学出版社的王鹭鹏编辑,在本书的修改和编辑中,给予许多中肯的意见和帮助,感谢美编蒋卓群细心修改封面。

求学数十载,工作至美丽的杭城,惟愿从此,怀着感恩的心,海阔天空,勇往直前!

二零一三年于杭州盛夏